W0286186

Deutschbuch

Texte, Themen
und Strukturen

Neue Ausgabe

10

Herausgegeben von
Bernd Schurf und Andrea Wagener

Erarbeitet von
Gerd Brenner, Ulrich Campe,
Günther Einecke, Dietrich Erlach,
Ute Fenske, Karlheinz Fingerhut,
Margret Fingerhut, Heinz Gierlich,
Cordula Grunow, Rolf Kauffeldt,
Markus Langner, Angela Mielke,
Kerstin Muth, Norbert Pabelick,
Bernd Schurf und Andrea Wagener

unter Beratung von
Karlheinz Fingerhut

Cornelsen

1

Generationen im Dialog – Informative Texte verfassen

2

Umgang mit Gewalt – Argumentieren und Erörtern

3

Globale Verantwortung – Recherchieren und Präsentieren

NACHDENKEN ÜBER SPRACHE · NACHDENKEN ÜBER SPRACHE · SPRECHEN · ZUHÖREN · SCHREIBEN · SPRECHEN

9

10

11

11

12

13

LESEN · UMGANG MIT TEXTEN UND MEDIEN

14

METHODEN · ARBEITSTECHNIKEN UND METHODEN

15

ORIENTIERUNGSWISSEN

Wie ihr mit dem „Deutschbuch“ arbeiten könnt

Arbeitsbereiche

SPRECHEN – ZUHÖREN – SCHREIBEN
NACHDENKEN ÜBER SPRACHE
LESEN – UMGANG MIT TEXTEN UND MEDIEN
ARBEITSTECHNIKEN UND METHODEN

Kapitelaufbau im Dreischritt

Beispiel:
2 Umgang mit Gewalt – Argumentieren und Erörtern

Hauptlernbereich
Im ersten Teil wird das Thema des Kapitels erarbeitet.

2.1 Gewalt im Alltag – Diskutieren und Erörtern

Verknüpfung mit einem weiteren Lernbereich
Im zweiten Teil werden die erworbenen Kenntnisse und Fertigkeiten mit einem anderen Lernbereich verbunden.

2.2 Strafmündigkeit – Argumentationen analysieren und verfassen

Üben und Vertiefen des Gelernten
Der dritte Teil eines jeden Kapitels enthält Übungen zur Wiederholung und Vertiefung des Gelernten.

2.3 Gewalt im Stadion – Ein Hearing durchführen

Orientierungswissen

! Wichtige Inhalte und Begriffe sind in den Kapiteln deutlich hervorgehoben.

TIPP
Die Tipps geben euch Hilfestellungen, wie ihr an bestimmte Aufgaben herangehen könnt.

ARBEITSTECHNIK
Hier lernt ihr, eure Vorhaben Schritt für Schritt durchzuführen.

Aufgaben/ Piktogramme

- 1 Aufgabe
- 5 Zusatzaufgabe
- Partnerarbeit
- Gruppenarbeit
- Rollenspiel
- Arbeiten mit dem Computer
- fächerverbindende Aufgabe
- Arbeitstechniken und Methoden

1 Generationen im Dialog – Informative Texte verfassen

1.1 Jugend und Alter im Kontakt – Über Sachverhalte berichten

1 *a) Betrachtet die Gesichter genau. Was seht ihr?*
b) Welche Wirkung hat das Foto auf euch?

2 *Setzt eines der Zitate zu dem Foto in Beziehung.*

„Was wir im Alter finden, finden wir in uns selbst.“ *Regine Schneider*

„Die Zeit verwandelt uns nicht, sie entfaltet uns nur.“ *Max Frisch*

„Die Seele altert nicht.“ *Roswita Broszath*

„Man kann immer wieder neu anfangen.“ *Gesine Schwan*

„Man ist so jung, wie man sich fühlt.“ *Lebensweisheit*

„Ich will lange leben – ich will nicht alt werden.“ *Monika Maron*

Alles hat seine Zeit – Gespräche führen

Achtung | Bevormundung | Abgrenzung | Unverständnis

Fürsorgepflicht | Mitleid | Aktivität | Unbedarftheit

liebevolle Anteilnahme | Erfahrungsschatz | Kommunikationsprobleme

1 *Die Begriffe „Jugend" und „Alter" können verschiedene Assoziationen auslösen. Klärt in einem* ***Kreis- oder Kugellager-Gespräch*** *eure Haltungen und Einstellungen gegenüber Jugend und Alter.*
- ☐ *Wo beginnt eurer Ansicht nach die jeweilige Lebensphase, wo endet sie?*
- ☐ *Was macht die Phase aus?*
- ☐ *Welche Anforderungen, Aufgaben und welche Bedürfnisse spielen eine Rolle?*

ARBEITSTECHNIK

Meinungen im Kugellager-Gespräch austauschen
In einem Kugellager-Gespräch lassen sich Meinungen austauschen. Alle kommen dadurch miteinander ins Gespräch, dass die eigene Meinung mehrfach gegenüber wechselnden Partnern formuliert wird.

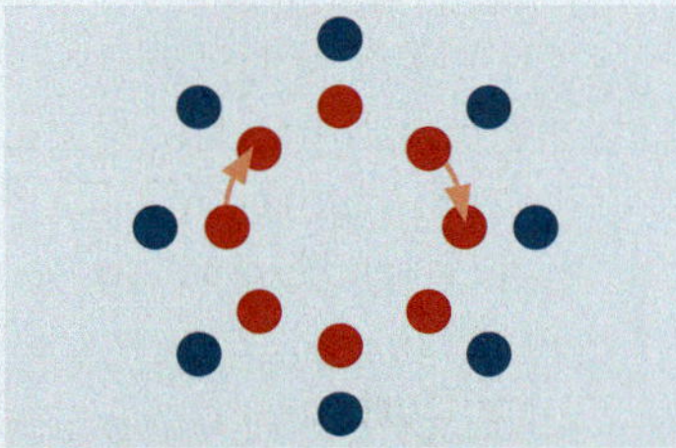

Räumt die Tische beiseite und setzt euch in zwei konzentrische Kreise. Jeweils zwei von euch sitzen sich im Innen- und Außenkreis gegenüber. Die Personen im inneren Kreis rücken in bestimmten vorher festgelegten zeitlichen Abständen (z. B. alle drei oder fünf Minuten) im Uhrzeigersinn einen Stuhl weiter.

Jung sein und alt werden wie Methusalem – Hintergrundberichte verfassen

Im Folgenden findet ihr verschiedene Materialien zum Thema „Jugend und Alter". Berichtet in einer Schülerzeitung oder einer Seniorenzeitung über die brisante Thematik.

1 *Verfasst einen Hintergrundbericht:*
a) Entscheidet euch zunächst für einen Adressaten und ein Publikationsforum und klärt, welcher Schreibstil jeweils angemessen ist.
b) Wählt für euren Bericht z. B. einen der folgenden Themenschwerpunkte aus:
- ☐ *Die Altersstruktur in der Gesellschaft – ein Problem?*
- ☐ *Aktives Miteinander zwischen Jung und Alt*
- ☐ *Mehrgenerationenhäuser – ein Zukunftsprojekt*

2 *Verschafft euch einen Überblick über die unterschiedlichen Materialien.*
a) Lest sie zügig durch. Wählt Materialien aus, die zu eurem Thema passen.
b) Notiert nach intensivem Lesen die für euch wesentlichen Informationen.

ARBEITSTECHNIK

Einen Bericht vorbereiten

- Klärt zunächst die Merkmale der **Textsorte** (hier: Hintergrundbericht) für ein bestimmtes Publikationsforum (hier: Schüler- oder Seniorenzeitung);
- führt euch die **Adressaten** vor Augen: Für welche Leserschaft/Altersgruppe schreibt ihr? Welche Interessen/Erwartungen haben die jeweiligen Berichtsempfänger?;
- legt eure **Themenschwerpunkte** fest: Worüber möchtet ihr berichten?;
- **sichtet** entsprechend Materialien und lest selektiv;
- fertigt **Exzerpte** zu den ausgewählten Texten an, d. h. schreibt Wesentliches wörtlich heraus;
- **paraphrasiert** Texte: Gebt anspruchsvoll formulierte Aussagen in eigenen Worten wieder;
- beschreibt **Diagramme** und wertet Statistiken aus;
- **formuliert** Informationen aus unterschiedlichen Textsorten **um** (z. B. Werbung, Statistiken) in die Textsorte „Bericht";
- **recherchiert** zusätzliches Material themenbezogen;
- **ordnet** Informationen übersichtlich an, indem ihr sie zum Beispiel durchnummeriert;
- ergänzt **beschreibende Passagen,** in denen ihr Sachverhalte, Organisationsstrukturen etc. anschaulich darstellt.
- bildet **Zwischenüberschriften** für eine bessere Übersichtlichkeit.

M 1 Diagramm, das den **Altersaufbau der Gesellschaft im Jahre 2050** zeigt

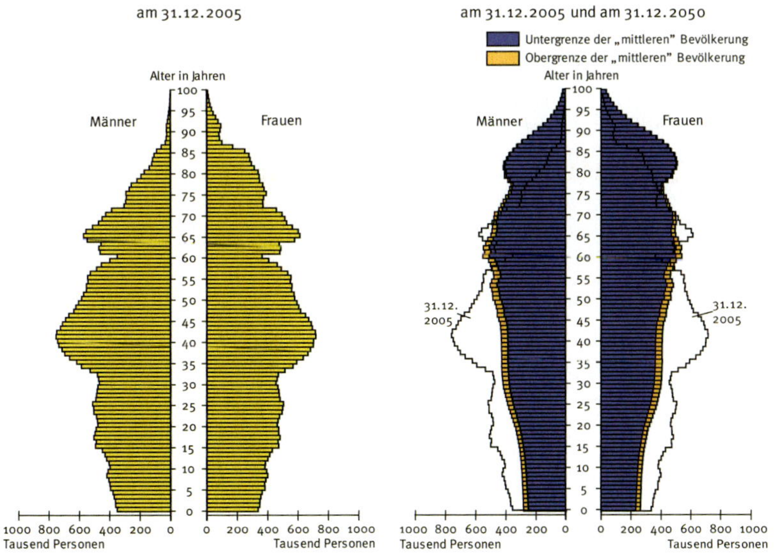

M 2 Die Lebenserwartung könnte auf 100 Jahre steigen

Rostock. Noch feiern nur wenige Menschen ihren 100. Geburtstag, doch im 22. Jahrhundert könnte dies nach Ansicht von Rostocker Bevölkerungswissenschaftlern Normalität werden. Die Lebenserwartung der Menschen in den Industriestaaten werde weiter um zwei bis drei Jahre pro Dekade steigen, prognostizierten Forscher des Max-Planck-Instituts für demografische Forschung und der Universität Rostock in einer Studie. Dies belegten auch Zahlen des Statistischen Bundesamtes. Demnach sei die Lebenserwartung für neugeborene Jungen im vergangenen Jahr um fast fünf und für Mädchen um dreieinhalb Monate gestiegen. Derzeit liegt die Lebenserwartung in Deutschland bei 76,6 Jahren für Männer und 82,1 Jahren für Frauen.

M 3 Anja Mikler Soziale Kompetenz nutzt Jung und Alt

Die Lebenswelten benachteiligter oder älterer Menschen kennenzulernen und dadurch seine soziale Kompetenz zu erweitern, ist das Ziel eines Pilotprojektes des Landesverbandes Nordrhein-Westfalen des Deutschen Roten Kreuzes. Unter dem Motto „Soziale Kompetenzen in der Schule lernen" arbeiten seit Anfang dieses Schuljahres 1400 Achtklässler zwei Stunden in der Woche ehrenamtlich in sozialen Einrichtungen. Für 60 abgeleistete Stunden gibt es am Ende ein Zertifikat, das später zum Beispiel den Einstieg ins Berufsleben erleichtern soll.

„Sozial macht Schule" nennt sich ein ähnliches Projekt des Arbeiter-Samariter-Bundes (ASB) im Landesverband Nordrhein-Westfalen. In zweiwöchigen Praktika können Schüler von der fünften bis zur 13. Klasse ihre sozialen Kompetenzen außerhalb der Schule stärken. „Das erreichen wir, indem wir die Jugendlichen in soziale Lebenswelten einführen, die sie im Alltag bisher nicht erlebt haben – dazu gehören etwa Menschen in Altenheimen, in der Aidshilfe oder an der Tafel, wo Lebensmittelspenden durch ehrenamtliche Helfer an Bedürftige verteilt werden", erklärt Projektkoordinator Frank Hoyer vom ASB.

Durch diese Praktika können die Schüler Hemmschwellen und Vorurteile gegenüber Älteren und Benachteiligten abbauen. [...] In einigen Fällen haben die Begegnungen sogar

zu nicht alltäglichen Freundschaften geführt. So besucht der 15-jährige Sebastian Pierags seit seinem Praktikum die über 80-jährige Regina Reinike jeden Samstag im Altenheim.

Computerfans der Emmaschule hatten im Praktikum eine weitere Idee: An der Schule steht ihnen ein Computerraum zur Verfügung – und viele Senioren würden gern eine E-Mail verschicken, trauen sich aber nicht, einen regulären Computerkurs zu besuchen. Die Schüler entwickelten daraus „Schüler schulen Senioren". Dies ist eine AG, in der fünf Hauptschüler zwölf Senioren einmal wöchentlich zeigen, wie sich auch Anfänger mit PC und Internet in die Informationsgesellschaft einklinken können. [...] „Das entspannte Arbeiten mit den Jugendlichen gefällt den Senioren sehr", sagt Hoyer. Auf diese Weise erfahren die Schülerinnen und Schüler ganz praktisch, wie ein gutes Lernklima entsteht.

M 4 Mehrgenerationenhäuser – Ein Aktionsprogramm der Bundesregierung

Um das Mit- und Füreinander der Generationen in Deutschland zu stärken, hat die Bundesregierung das Aktionsprogramm „Mehrgenerationenhäuser" ins Leben gerufen. In jedem Kreis und in jeder kreisfreien Stadt soll bis zum Jahr 2010 ein Mehrgenerationenhaus entstehen. Die Mehrgenerationenhäuser sind offene Tagestreffpunkte, die von der Zusammenarbeit der verschiedenen Generationen leben. Jeder und jede ist hier willkommen und aufgefordert, sich bei den täglichen Aufgaben im Mehrgenerationenhaus einzubringen.

Was leisten Mehrgenerationenhäuser für Seniorinnen und Senioren?

Insbesondere ältere Menschen sollen in den Mehrgenerationenhäusern die Möglichkeit bekommen, sich aktiv einzubringen. Der Wunsch nach gesellschaftlicher Teilhabe ist bei ihnen besonders groß. Hier werden sie gefordert, aber auch gefördert. Seniorinnen und Senioren können sich bei der Kinderbetreuung einbringen, mit Kindern spielen, ihnen vorlesen, Schülerinnen und Schülern bei den Hausaufgaben helfen oder Bewerbungscoaching anbieten. All ihre Kompetenzen sind gefragt. Gleichzeitig können sie Angebote im Rahmen der Gesundheitsförderung wahrnehmen oder sich durch Beratungs- und Bildungsangebote selbst qualifizieren. Durch die Vermittlung von haushaltsnahen Dienstleistungen werden Seniorinnen und Senioren konkret im Alltag entlastet. Aber sie können auch selbst Familien entlasten. Zum Beispiel, indem sie sich als Leihoma oder Leihopa zur Verfügung stellen. Kontakte zu Gleich- und Andersaltrigen können in dem offenen Treff des Mehrgenerationenhauses schnell und unverkrampft geknüpft werden, die auch außerhalb des Hauses Bestand haben. Seniorinnen und Senioren sind wichtig für das Mit- und Füreinander in den Mehrgenerationenhäusern. Nur mit ihrer Hilfe gelingt es, den Kreislauf von Geben und Nehmen, von Alltagssolidaritäten, Erziehungswissen und Kulturtechniken in Gang zu halten.

Was leisten Mehrgenerationenhäuser für Jugendliche?

In den Mehrgenerationenhäusern können Jugendliche neue Erfahrungen machen. Sie schlüpfen in die Rolle des Wissensvermittlers. Viele Jugendliche kennen sich weit besser mit den neuen Medien aus als ihre Eltern. Besonders die Großelterngeneration besitzt eine große Hemmschwelle, wenn es um die Arbeit mit Computer und Internet geht. Fachkundige Jugendliche sollen helfen, diese Hemmschwelle abzubauen und ältere Menschen in den neuen Medien zu unterrichten. Jugendliche können aber auch selbst in den Mehrgenerationenhäusern viel lernen. Sie können die verschiedenen Kurs- und Aktiv-Angebote wahrnehmen oder sich von älteren Menschen bei dem Einstieg ins Berufsleben helfen lassen. Der Aspekt des Lernens muss nicht zwingend in einer Schüler-Lehrer-Situation stattfinden. Auch bei gemeinsamen Unternehmungen der Generationen setzt der Prozess des Lernens ein. Bei Angeboten wie Theatergruppe, Organisation von Filmabenden und Festen, Biografienforschung oder Ähnlichem lernen Jugendliche, mit Älteren zu diskutieren, Kompromisse zu schließen und gemeinsam etwas auf den Weg zu bringen. Jugendliche können auch im Bereich Dienstleistungen in den Mehrgenerationenhäusern aktiv werden; zum Beispiel, indem sie Babysitterdienste oder Gartenhilfe anbieten.

21.09.2006

M 5 Das Kunigundenstift: Ein Lebensort für jedes Lebensalter

Dass heute weiterhin Seniorenimmobilien errichtet werden – von betreutem Wohnen bis zum Pflegeheim – können wir nicht verstehen. Immer mehr alte Menschen sind nicht gleichzusetzen mit immer mehr alten Menschen, die in diesen Einrichtungen wohnen möchten, selbst wenn sie über genügend Finanzkraft verfügen sollten. Und wenn von den Berufstätigen in zunehmendem Maße Mobilität und Engagement gefordert werden, steht dahinter nicht automatisch die Frage: „Wohin mit den Kindern?“ Doch mit dem Wunsch nach einem Hortplatz für jedes Kind und der Forderung nach Ganztagsschulen ist die Frage der Finanzierung keineswegs geklärt.

Wir wollen einen Weg gehen, der es uns erlaubt, in Würde alt zu werden, und der unseren Kindern die Chance gibt, in Geborgenheit und menschlicher Wärme aufzuwachsen. Wir wollen alternativ zur traditionellen Familienstruktur so leben, dass die Härten des Alltags abgemildert und drohende Isolation sowohl von alten als auch von jungen Menschen abgewendet werden. Es braucht Visionen und Orte, an denen eine humane Wirklichkeit erlebbar wird. Ein solcher Ort soll unser Wohnprojekt „Kunigundenstift“ werden:

Kein Wohngebäude, sondern **ein Lebensort!**

- Hier finden sich Menschen zusammen, um gemeinschaftlich, selbstbestimmt und kostengünstig zu wohnen.
- Sie mieten, kaufen oder bauen miteinander ein Haus: Dieses hat verschiedene Wohnungen oder eine große gemeinsame Wohnung.
- Sie bestimmen selbst die Art und Weise des Zusammenlebens; sie allein entscheiden, wer in ihrem Wohnprojekt leben soll.
- Sie bilden verbindliche Nachbarschaften und unterstützen sich gegenseitig im Alltag.
- Sie organisieren externe Dienstleistungen, wenn die nachbarschaftliche Hilfe nicht ausreicht.
- Jeder in der Gemeinschaft ist Gebender und Nehmender, Lehrender und Lernender. Die Potenziale mögen sich unterscheiden, doch Lebenserfahrung zählt ebenso wie jugendliche Dynamik.
- Junge Familien mit Kindern finden Entlastung bei der Koordinierung von Familienleben und Beruf.
- Kinder profitieren von den ungezwungenen Spielmöglichkeiten und lernen ganz selbstverständlich soziales Verhalten. Ältere und gebrechliche Menschen werden in den Alltag eingebunden und zu ihnen gemäßen freiwilligen Tätigkeiten herangezogen. Sie können sich zu Recht nützlich fühlen und ihr Dasein als sinnvoll empfinden.
- Jüngere und gesunde Mitbewohner werden mit dem unausweichlichen Hinfälligwerden, den Schattenseiten der Existenz konfrontiert. Das kann den persönlichen Entwicklungsprozess fördern.

3 *Formuliert Fragen zu den Materialien, z. B.:*
Welche Probleme werden gesehen?
Welche Herausforderungen werden an die Jüngeren, an die Älteren gestellt?
Welche Chancen sind angesprochen?

4 *Recherchiert weitere Materialien zu eurem Themenschwerpunkt, z. B. die so genannten „Altersberichte" der Bundesregierung, die demoskopische Entwicklung der Bevölkerung, weitere Projektideen zu „Jung hilft Alt – Alt hilft Jung".*

5 *Verfasst auf der Basis eurer Vorarbeiten die Berichte. Orientiert euch an der folgenden Arbeitstechnik.*

ARBEITSTECHNIK

Einen Hintergrundbericht verfassen
Beim **Berichten** vermittelt man Informationen sachlich und genau, sodass ein anderer einen guten Einblick in das Thema erhält. Der Schreibstil hängt v. a. vom Zweck und vom Adressaten ab.

- Ein **Hintergrundbericht** kann referierende (Bestandsaufnahme), analytische (Begründung der Zusammenhänge) und auch prognostische Elemente (Zukunftsentwicklung) enthalten. Er hat sowohl beschreibende als auch berichtende Funktion.
- Es empfiehlt sich, zuerst einen **Schreibplan** anzufertigen, in dem ihr euch zum gedanklichen Aufbau Notizen macht.
- Die **Einleitung** sollte motivieren, sich mit dem Thema zu beschäftigen. Es kann hier z. B. ein konkreter Anlass, die aktuelle Situation oder ein interessantes Zitat genannt werden.
- Der **Hauptteil** enthält die wichtigen Einzelheiten. Hier ist es notwendig, eine Reihenfolge festzulegen, z. B.:
  - Gibt man zunächst einen Überblick und kommt dann zu den Einzelheiten?
  - Geht man von den Besonderheiten zum Generellen?
  - Man nennt Ziele und konkrete Maßnahmen (z. B.: „Ziel des Aktionsprogramms ‚Mehrgenerationenhäuser' ist der flächendeckende Aufbau dieser Häuser bundesweit."),
  - geht ein auf den Ist-Zustand und auf zukünftige Entwicklungen (z. B.: „Ende 2007 existierten 439 Mehrgenerationenhäuser, bis 2010 sollen es mehr als 1000 sein.").
  - Achtet auf die richtigen Konjunktionen:
    Die einzelnen Abschnitte müssen sinnvoll und leserfreundlich miteinander verknüpft werden, z. B.: „Daraus lässt sich schließen ..."; „Wenn dies zutrifft, dann ...".
- Am **Schluss** wird die Gesamtaussage auf den Punkt gebracht, z. B: „Zusammenfassend ist festzuhalten" oder eine vorausblickende Frage gestellt, z. B.: „Wird Deutschland ein Land der Mehrgenerationenhäuser?"

1.2 Generationen im Konflikt – Die Sprache literarischer Figuren untersuchen

„Diesen exaltierten Schlingel von einem Sohn“ – Die Sprache der Alten

Thomas Mann

Buddenbrooks (1901)

Der Roman spielt im 19. Jahrhundert und handelt vom Aufstieg und Verfall der Lübecker Kaufmannsfamilie Buddenbrook. Kaufmannsideale wie Fleiß, Sparsamkeit und Pflichterfüllung werden bei der älteren Generation hochgehalten. Die jüngere Generation bricht nach und nach mit diesen Idealen. Um den Untergang der wohlhabenden bürgerlichen Generation zu verdeutlichen, hat Thomas Mann die Figuren des Romans überzeichnet.
Monsieur Johann Buddenbrook ist Repräsentant der älteren Generation. Aus seiner ersten Ehe mit einer Bremer Kaufmannstochter geht der Sohn Gotthold hervor. Die Mutter stirbt bei der Geburt. Johann Buddenbrook heiratet ein zweites Mal, wieder wird ein Sohn geboren, Johann (Jean) Buddenbrook junior, genannt „der Konsul“.

Katia und Thomas Mann 1955 in Lübeck, wo er den Ehrenbürgerbrief seiner Geburtsstadt erhält.

„Na, min Söhn Johann, wo geiht di dat!“[1] Er blieb stehen und streckte dem Sohne die Hand entgegen, die weiße, ein wenig zu kurze, aber fein gegliederte Hand der Buddenbrooks. Seine rüstige Gestalt, an der nur die gepuderte Perücke und das Spitzenjabot aufleuchtete, hob sich matt und unruhig beleuchtet von dem Dunkelrot der Fenstervorhänge ab. „Noch nicht müde?“ „Ich gehe hier und horche auf den Wind ... verflixtes Wetter! Kapitän Kloot ist von Riga unterwegs ....“ „O Vater, mit Gottes Hilfe wird alles gut gehen!“ „Kann ich mich darauf verlassen? Zugegeben, dass du mit dem Herrgott auf Du und Du stehst ...“ Dem Konsul ward wohler zumut angesichts dieser guten Laune. „Ja, um zur Sache zu kommen“, fing er an, „so wollte ich Ihnen nicht nur gute Nacht sagen, Papa, sondern ... aber Sie dürfen nicht böse werden, wie? Ich habe Sie mit diesem Briewe – er ist heute Nachmittag gekommen – bis jetzt nicht ennuyieren wollen ... an diesem heiteren Abend ...“ „Monsieur Gotthold – voilà!“ Der Alte tat, als bliebe er ganz ruhig angesichts des bläulichen, versiegelten Papiers, das er entgegennahm. „Herrn Johann Buddenbrook sen. Persönlich ...

1 **„Na, mein Sohn, wie geht es dir?“** Plattdeutsch wurde ursprünglich von allen Lübeckern gesprochen, auch von den Patriziern der Stadt

Ein Mann von conduite, dein Herr Stiefbruder, Jean! Habe ich seinen zweiten Brief neulich überhaupt beantwortet? Allein er schreibt einen dritten ...“ Während sein rosiges Gesicht sich mehr und mehr verdüsterte, zerriss er mit einem Finger das Siegel, entfaltete rasch das dünne Papier, wandte sich schräge, dass die Schrift vom Kandelaber aus beleuchtet ward, und führte einen energischen Schlag mit dem Handrücken darauf. Selbst in dieser Handschrift schien Abtrünnigkeit und Rebellion zu liegen, denn während die Zeilen der Buddenbrooks sonst winzig, leicht und schräge über das Papier eilten, waren diese Buchstaben hoch, steil und mit plötzlichem Drucke versehen; viele Wörter waren mit einem raschen, gebogenen Federzug unterstrichen. Der Konsul hatte sich ein wenig seitwärts bis zur Wand, wo die Stühle standen, zurückgezogen; aber er setzte sich nicht, da sein Vater stand, sondern erfasste nur mit einer nervösen Bewegung eine der hohen Lehnen, während er den Alten beobachtete, der, den Kopf zur Seite geneigt, mit finsteren Brauen und schnell sich bewegenden Lippen las ...

Mein Vater!

Wohl zu Unrecht verhoffe ich, dass Ihr Rechtssinn groß genug sein wird, um die *Entrüstung* zu ästimieren, welche ich empfand, als mein zweiter, so *dringlicher* Brief in Betreff der wohlbewussten Angelegenheit ohne Antwort verblieb, nachdem nur auf den ersten eine Entgegnung (ich geschweige welcher Art!) zur Hand gekommen war. Ich muss Ihnen aussprechen, dass die Art, in welcher Sie die Kluft, welche, dem Herrn sei's geklagt, zwischen uns besteht, durch Ihre Hartnäckigkeit vertiefen, eine *Sünde* ist, welche Sie einstmals vor Gottes Richterstuhl aufs *Schwerste* werden verantworten müssen. Es ist traurig genug, dass Sie vor Jahr und Tag, als ich, auch gegen Ihren Willen, dem Zuge meines Herzens folgend, meine nunmehrige Gattin ehelichte und durch Übernahme eines Ladengeschäftes Ihren *maßlosen* Stolz beleidigte, sich so überaus grausam und völlig von mir wandten; allein die Weise, in welcher Sie mich jetzt traktieren,

schreit zum Himmel, und sollten Sie vermeinen, dass ich mich angesichts Ihres Schweigens kontentiert und still verhalten werde, so irren Sie *gröblichst.* – Der Kaufpreis ihres neu erworbenen Hauses in der Mengstraße hat 100 000 Kurantmark betragen, und ist mir ferner bekannt, dass Ihr Sohn aus zweiter Ehe und Associé, *Johann*, bei Ihnen mietweise wohnhaft ist und nach Ihrem Tode mit dem Geschäfte auch das Haus als alleiniger Besitzer übernehmen wird. Mit meiner Stiefschwester in Frankfurt und ihrem Gatten haben Sie Vereinbarungen getroffen, in die ich mich nicht zu mischen habe. Was aber mich, Ihren ältesten Sohn, angeht, so treiben Sie Ihren *unchristlichen* Zorn so weit, es schlankerhand zu refüsieren, mir irgendeine Entschädigungssumme für den Anteil am Hause zukommen zu lassen! Ich habe es mit Stillschweigen übergangen, als Sie mir bei meiner Verheiratung und Etablierung 100 000 Kurantmark auszahlten und mir testamentarisch ein für allemal nur ein Erbteil von 100 000 zusprachen. Ich war damals nicht einmal hinlänglich orientiert über Ihre Vermögensverhältnisse. Jetzt jedoch sehe ich klarer, und da ich mich nicht als prinzipiell enterbt zu betrachten brauche, so *beanspruche* ich in diesem besonderen Falle eine Entschädigungssumme von

33 335 Kurantmark, will sagen, ein Drittel der Kaufsumme. Ich will keine Vermutungen darüber anstellen, welchen *verdammungswürdigen* Einflüssen ich die Behandlung verdanke, welche ich bislang zu dulden genötigt war; aber ich *protestiere* gegen dieselbe mit dem ganzen Rechtssinn des *Christen* und des *Geschäftsmannes* und versichere Sie zum letzten Male, dass, sollten Sie sich nicht entschließen können, meine gerechten Ansprüche zu respektieren, ich Sie weder als *Christ* noch als *Vater* noch als *Geschäftsmann* länger werde achten können.

Gotthold Buddenbrook

„Verzeih, wenn es mir kein Pläsier macht, dir diese Litanei noch einmal vorzubeten. – Voilà!" Und mit einer grimmigen Bewegung warf Johann Buddenbrook den Brief seinem Sohne zu. Der Konsul fing das Papier auf, als es in der Höhe seiner Knie flatterte, und folgte mit verwirrten und traurigen Augen den Schritten des Vaters. Der alte Herr ergriff den langen Kerzenlöscher, der beim Fenster lehnte, und ging stramm und erzürnt am Tische entlang in den entgegengesetzten Winkel, zum Kandelaber. „Assez! sage ich. N'en parlons plus, Punktum! Ins Bett! En avant!" Eine Flamme nach der anderen verschwand ohne Auferstehen unter dem kleinen Metalltrichter, der oben an der Stange befestigt war. Es brannten nur noch zwei Kerzen, als der Alte sich wieder nach seinem Sohne umwandte, den er dort hinten kaum zu erkennen vermochte. „Eh bien, was stehst du, was sagst du? Du musst doch irgendetwas sagen!" „Was soll ich sagen, Vater? – Ich bin ratlos." „Es passiert leicht, dass du ratlos bist!", warf Johann Buddenbrook mit böser Betonung hin, obgleich er selbst wusste, dass diese Bemerkung nicht viel Wahres enthielt und dass sein Sohn und Associé ihm manches Mal im entschlossenen Ergreifen des Vorteils überlegen gewesen war. „Schlechte und verdammungswürdige Einflüsse ...", fuhr der Konsul fort. „Das ist die erste Zeile, die ich entziffere! Sie begreifen nicht, wie mich das quält, Vater? Und er wirft uns Unchristlichkeit vor!" „Du wirst dich durch dieses miserable Geschreibsel einschüchtern lassen, – ja?!" Johann Buddenbrook kam zornig herbei, den Kerzenlöscher hinter sich herschleifend. „Unchristlichkeit! Ha! Geschmackvoll, muss ich sagen – diese fromme Geldgier! Was seid ihr eigentlich für eine Kompanei, ihr jungen Leute, – wie? Den Kopf voll christlicher und fantastischer Flausen ... und ... Idealismus! und wir Alten sind die herzlosen Spötter ... und nebenbei die Juli-Monarchie und die praktischen Ideale ... und lieber dem alten Vater die gröbsten Sottisen ins Haus schicken als auf ein paar tausend

Taler verzichten! ... Und als Geschäftsmann wird er geruhen, mich zu verachten! Nun! als Geschäftsmann weiß ich, was faux-frais sind, – faux frais!", wiederholte er mit grimmigem pariserischem Gurgel -r. „Ich mache mir diesen exaltierten Schlingel von einem Sohn nicht ergebener, wenn ich mich demütigen sollte und nachgeben ..." „Lieber Vater, was soll ich antworten! Ich will nicht, dass er recht hat mit dem, was er von ‚Einflüssen' sagt! Ich bin als Teilhaber interessiert, und gerade deshalb dürfte ich dir nicht raten, auf deinem Standpunkt zu bestehen, jedoch ... Und ich bin ein so guter Christ als Gotthold, jedoch ..." „Jedoch! Ja, du hast meiner Treu recht, ‚jedoch' zu sagen, Jean! Wie verhalten sich die Dinge denn eigentlich? Damals, als er für seine Mamsell Stüwing inflammiert war, als er mir Szene für Szene machte und am Ende, meinem strengen Verbot zum Trotz, diese Mesalliance einging, da schrieb ich ihm: Mon très cher fils, du heiratest deinen Laden, Punktum. Ich enterbe dich nicht, ich mache kein spectacle, aber mit unserer Freundschaft ist es zu Ende. Hier hast du 100 000 als Mitgift, ich vermache dir andere 100 000 im Testamente, aber damit basta, damit bist du abgefertigt, es gibt keinen Schilling mehr. – Dazu hat er geschwiegen. Was geht es ihn an, wenn wir Geschäfte gemacht haben? Wenn du und deine Schwester eine tüchtige Portion mehr bekommen werden? Wenn von dem Erbteil, das euer ist, ein Haus gekauft wurde ..." „Wenn Sie verstünden, Vater, in welchem Dilemma ich mich befinde! Um der Familieneintracht willen müsste ich raten ... aber ..."

1 *a) Klärt die folgenden Fragen:*
- ☐ *Was ist Gegenstand des Briefes?*
- ☐ *Was wirft Gotthold seinem Vater vor?*
- ☐ *Welche Reaktion ruft der Brief hervor?*

b) Worin besteht in den Augen seines Vaters die Rebellion Gotthold Buddenbrooks?

c) Stellt die Aussagen zusammen, die den Generationenkonflikt deutlich machen. Bezieht dabei die nachfolgende Information mit ein.

Gotthold über die Beziehung zum Vater	Johann Buddenbrook senior über Gotthold – stellvertretend für die junge Generation
„dass die Art, in welcher Sie die Kluft, welche, dem Herrn sei's geklagt, zwischen uns besteht, durch Ihre Hartnäckigkeit vertiefen, eine Sünde ist" (Z. 62–65) ...	„Was seid ihr eigentlich für eine Kompanei, ..." (Z. 156 f.) ...

TIPP

Unter dem Begriff „**Generationenkonflikt**" wird ein kultureller, sozialer oder wirtschaftlicher Gegensatz zwischen Generationen verstanden, der auf Grund von Wertunterschieden oder von Interessengegensätzen zwischen der jüngeren und der älteren Generation entstehen kann. Generationenkonflikte treten in der Regel innerhalb der Familie zwischen Eltern und Jugendlichen in der Ablösungsphase auf. Sie haben jedoch auch gesamtgesellschaftliche Bedeutung, insofern die entscheidungstragende Generation für die zukünftigen Generationen verantwortlich zeichnet.

2 *a) Tragt zusammen, was euch an der* ***Sprache*** *dieses Romanauszuges auffällt.*
b) Schreibt alle Wörter heraus, die euch unbekannt sind, und schlagt sie in Wörterbüchern nach (Fremdwörterlexikon, etymologisches Wörterbuch oder auch französisch-deutsches Wörterbuch).
c) Legt eine Tabelle mit den vorgegebenen Rubriken an. Schreibt die unbekannten Wörter in die entsprechenden Spalten und ergänzt die jeweilige Bedeutung.

nicht mehr geläufige/ veraltete Wörter	Anleihen aus dem Französischen	sonstige Wörter/ Lehnwörter
Spitzenjabot: im 18. Jhd. Krause zum Verdecken des vorderen Verschlusses an eleganten Herrenhemden	ennuyieren: sich ärgern	ästimieren: (lat.) hochachten, schätzen; zusätzliche Schreibweise: estimieren
Kandelaber: mehrarmiger Kerzenständer, lat. candela = Kerze – frz. candélabre		

Erbwörter, Lehnwörter, Fremdwörter
- Neben **Erbwörtern,** also Wörtern, die dem heimischen Sprachbereich entstammen („Vater“, „Bruder“), finden sich in jeder Sprache auch Lehnwörter und Fremdwörter.
- **Lehnwörter,** die aus fremden Sprachen übernommen (entlehnt) wurden, haben sich in Schreibung und Aussprache an die eigene Sprache angepasst (z. B.: „obstinat“).
- **Fremdwörter** bleiben als fremde Wörter erkennbar (z. B.: „Mesalliance“, „Sottisen“).
- Eine klare Trennung zwischen Lehn- und Fremdwort ist oft nicht möglich, da alle Lehnwörter ursprünglich Fremdwörter waren.

3 *Untersucht die Sprache der Figuren.*
a) Wie sprechen Johann Buddenbrook senior und junior miteinander?
b) Welche Sprache wählt Gotthold in seinem Brief? Charakterisiert diese, indem ihr auf die unten genannten Begriffe zurückgreift.

blasiert – gestelzt – gehoben – sachlich – vergeistigt – derb – distinguiert – floskelhaft – plattdeutsch – umgangssprachlich – hochtrabend – emotional gefärbt – nüchtern – gewandt – liebevoll – familiär – leger

4 *Welche Intention verfolgt der Autor Thomas Mann mit den verschiedenen Sprachniveaus seiner Figuren?*

5 *Wie sprechen Väter und Söhne heute miteinander? Entwerft entsprechende Dialoge, z. B. zu den Themen: Schule/Ausbildung; Führerschein/Autos; Hobbys/Sport.*

TIPP

Das **Konversationsverhalten** ist sowohl abhängig von der historischen Situation als auch von der jeweiligen sozialen Stellung der Sprecher. Im 18. und 19. Jahrhundert konnten sich z. B. Angehörige des deutschen und des russischen Adels nicht vorstellen, dass sich für eine „richtige" Konversation außer dem Französischen noch eine andere Sprache eignen könnte.

„Überhaupt hatte er ziemlich einen im Tee" – Die Sprache der Jungen

Jerome David Salinger

Der Fänger im Roggen (1951)

Die Geschichte spielt in den USA. Der 17-jährige Holden besucht inzwischen die vierte Schule und muss nun auch diese wieder verlassen: „Sie haben mich rausgeschmissen. Ich sollte nach Weihnachten nicht wiederkommen, weil ich in vier Fächern durchgerasselt war und mich nicht anstrengte und so. Sie haben mich immer wieder ermahnt, ich soll mich anstrengen – vor allem um die Mitte des Halbjahrs, als meine Eltern zu einem Gespräch mit dem guten Thurmer kamen –, aber ich hab's nicht gemacht. Also bin ich geflogen. An der Pencey fliegt man ziemlich leicht. Die Pencey hat ein ziemlich hohes akademisches Niveau. Wirklich."
Er findet allen „Kram" langweilig, fühlt sich nicht berührt. Er verläßt sein Elternhaus und sucht nachts seinen alten Lehrer Mr. Antolini auf, um sich diesem anzuvertrauen.

Mr. Antolini sagte eine Weile nichts. Er stand auf, holte sich noch einen Eisbrocken und ließ ihn in sein Glas fallen, dann setzte er sich wieder hin. Man sah gleich, dass er nachdachte. Aber ich wünschte immerzu, er würde die Unterhaltung am Morgen fortsetzen und nicht jetzt, aber er war scharf darauf. Die Leute sind meistens scharf auf eine Unterhaltung, wenn man's selber nicht ist. „Na schön. Hör mir jetzt mal einen Augenblick zu ... Vielleicht formuliere ich das nicht so denkwürdig, wie ich's gern täte, aber in ein, zwei Tagen schreibe ich dir einen Brief darüber. Aber hör jetzt trotzdem mal zu." Wieder konzentrierte er sich. Dann sagte er: „Dieser Abgrund, auf den du da zurennst – das ist ein besonderer, ein ganz schrecklicher Abgrund. Dem Menschen, der fällt, ist es nicht vergönnt, zu spüren oder zu hören, wie er unten aufschlägt. Er fällt und fällt einfach immer weiter. Dieses Konstrukt ist für Menschen gedacht, die an irgendeinem Zeitpunkt in ihrem Leben nach etwas suchten, was ihre Umgebung ihnen nicht bieten konnte. Oder wovon sie glaubten, ihre Umgebung könne es ihnen nicht bieten. Also gaben sie die Suche auf. Sie gaben sie auf, bevor sie überhaupt richtig damit angefangen hatten. Kannst du mir folgen?" „Ja, Sir." „Bestimmt?" „Ja." Er stand auf und goss sich noch was von seinem Gesöff nach. Dann setzte er sich wieder hin. Eine ganze Weile sagte er nichts. „Ich möchte dir keine Angst einjagen", sagte er, „aber ich kann sehr deutlich sehen, wie du auf die eine oder andere Weise edel stirbst, und zwar für eine äußerst unwürdige Sache." Er warf mir einen komischen Blick zu. „Wenn ich dir etwas aufschreibe, wirst du es dann auch sorgfältig lesen? Und es aufbewahren?" „Ja. Sicher", sagte ich. Und das habe ich auch getan. Ich habe den Zettel, den er mir gab, noch immer. Er ging zu seinem Schreibtisch am andern Ende des Zimmers und schrieb etwas, ohne sich zu setzen, auf ein Blatt Papier. Dann kam er zurück und setzte sich, den Zettel in der Hand. „Kurioserweise hat das kein praktizierender Dichter geschrieben. Sondern ein Psychoanalytiker namens Wilhelm Stekel. Und der hat Folgendes – Hörst du mir noch zu?" „Ja, natürlich." „Er hat Folgendes geschrieben: ‚Der unreife Mensch zeichnet sich dadurch aus, dass er edel für eine Sache sterben will, der reife dadurch, dass er bescheiden für eine leben will.'" Er beugte sich herüber und reichte mir den Zettel. Ich las ihn gleich, nachdem er ihn mir gegeben hatte, dann dankte ich ihm und so und steckte ihn ein. Es war nett von ihm, sich diese ganze Mühe zu machen.

Wirklich. Die Sache war bloß, mir war nicht besonders danach, mich zu konzentrieren. Mann, ich war auf einmal so verdammt *müde.* Man sah aber gleich, dass er überhaupt nicht müde war. Überhaupt hatte er ziemlich einen im Tee. „Ich glaube", sagte er, „irgendwann wirst du herausfinden müssen, wo du hinwillst. Und dann musst du auch da hingehen. Aber sofort. Du kannst es dir nicht leisten, auch nur einen Augenblick zu verlieren. Du nicht." Ich nickte, weil er mich direkt ansah und so, aber ich wusste nicht allzu genau, wovon er redete. Ich war mir *ziemlich* sicher, dass ich es wusste, aber absolut sicher war ich mir nicht. Ich war zu verdammt müde. „Und ich sage es dir nicht gern", fuhr er fort, „aber ich glaube, wenn du einigermaßen eine Vorstellung davon hast, wo du hinwillst, musst du dich als Erstes in der Schule anstrengen. Das musst du. Du bist Schüler – ob dir diese Vorstellung nun zusagt oder nicht. Du bist in das Wissen verliebt. Und ich glaube, wenn du erst mal all die Mr. Vineses mit ihrem mündlichen Ausd ..." „Mr. Vinsons", sagte ich. Er meinte all die Mr. Vinsons, nicht all die Mr. Vineses. Aber ich hätte ihn nicht unterbrechen sollen. „Na gut – die Mr. Vinsons. Wenn du erst mal all die Mr. Vinsons hinter dir hast, wirst du der Art von Information, die dir sehr, sehr am Herzen liegen wird, allmählich immer näher kommen – das heißt, wenn du es *willst* und wenn du danach suchst und darauf wartest. Unter anderem wirst du erkennen, dass du nicht der Erste bist, der vom menschlichen Verhalten verwirrt und verängstigt und sogar angewidert ist. Damit stehst du keineswegs allein, wie du zu deiner Begeisterung und *Anregung* erfahren wirst. Viele, viele Menschen waren moralisch und geistig ebenso umgetrieben, wie du es jetzt bist. Glücklicherweise haben einige davon ihre Nöte aufgezeichnet. Von ihnen wirst du lernen – wenn du es willst. Genauso wie jemand eines Tages, wenn du etwas anzubieten hast, etwas von dir lernen wird. Das ist ein schönes wechselseitiges Arrangement. Und es ist nicht Bildung. Es ist Geschichte. Es ist Poesie." Er hielt inne und trank einen großen Schluck von seinem Highball. Dann fing er wieder an. Mann, er war richtig scharf darauf. Ich war froh, dass ich nicht versuchte, ihn zu bremsen oder was. „Ich will dir damit gar nicht sagen", meinte er, „dass nur gebildete und gelehrte Menschen etwas Wertvolles zur Welt beitragen können. Keineswegs. Allerdings sage ich, dass gebildete und gelehrte Menschen, die auch noch brillant und kreativ sind – was bedauerlicherweise selten der Fall ist –, dazu neigen, unendlich viel wertvollere Aufzeichnungen zu hinterlassen als Menschen, die *bloß* brillant und kreativ sind. Sie neigen dazu, sich klarer auszudrücken, und sie wollen in der Regel nichts leidenschaftlicher, als ihre Gedanken ganz zu Ende zu denken. Und das Wichtigste – in neun von zehn Malen besitzen sie mehr Demut als der unwissenschaftliche Denker. Kannst du mir überhaupt folgen?" „Ja, Sir." Wieder sagte er ewig nichts. Ich weiß nicht, ob ihr das schon mal gemacht habt, aber es ist schwer, nur dazusitzen und darauf zu warten, dass einer was sagt, wenn er denkt und so. Wirklich. Ich versuchte unablässig, nicht zu gähnen. Nicht, dass ich mich gelangweilt hätte oder was – das nicht –, aber ich war auf einmal so verdammt müde. „Eine akademische Bildung leistet auch noch etwas anderes für dich. Wenn du auch nur eine ansehnliche Strecke weit dabeibleibst, gibt sie dir allmählich eine Vorstellung davon, welche Größe dein Geist hat. Was dazu passt und was vielleicht nicht. Nach einer Weile bekommst du eine Vorstellung davon, welche Gedanken genau der Größe deines Geistes entsprechen. Das erspart dir möglicherweise auch eine außerordentliche Menge Zeit, Vorstellungen auszuprobieren, die dir nicht entsprechen, zu dir nicht passen. Du wirst allmählich deine wahren Maße kennen lernen und deinen Geist entsprechend einkleiden." Dann gähnte ich auf einmal.

Was war ich doch für ein *ungehobelter Arsch*, aber ich konnte nicht anders! Mr. Antolini lachte jedoch nur. „Komm", sagte er und stand auf. „Wir machen dir die Couch zurecht."

1 *Untersucht die Sprache des jugendlichen Ich-Erzählers.*
a) Wie bringt er seine Gefühle zum Ausdruck?
b) Vergleicht seine Sprache mit der des jungen Gotthold Buddenbrook.

2 *a) Was ist Thema des Gesprächs zwischen Mr. Antolini und dem Ich-Erzähler?*
b) Skizziert den Gesprächsverlauf. Beachtet dabei die Redeanteile und das nonverbale Verhalten.

3 *a) Erklärt, was Mr. Antolini mit „wechselseitigem Arrangement" meint.*
b) Was versteht ihr unter einem gebildeten, gelehrten Menschen, der kreativ und brillant ist?
c) Früher hieß das Abiturzeugnis „Reifezeugnis" – was wurde damit zum Ausdruck gebracht? In welchen Kontexten wird heute das Wort „reif" verwendet? Nennt Beispiele.

4 *Der Begriff „Leistung" ist in unserer Gesellschaft sehr präsent.*

a) Sammelt verschiedene Komposita mit diesem Begriff, z. B.: „Leistungsbereitschaft", „Leistungszwang", „Leistungsentwicklung" etc.

b) Welche dieser Begriffe sind positiv, welche negativ konnotiert? *(▷ S. 342)*

5 *Jugendliche, die nicht den gesellschaftlichen Erwartungen entsprechen, werden von Erwachsenen häufig mit negativ besetzten Wörtern bezeichnet.*

a) Welche Begriffe fallen euch ein? Notiert sie.

b) In den 60er-Jahren des 20. Jahrhunderts war diesbezüglich der Begriff „halbstark" populär. Notiert alle Assoziationen, die ihr mit dem Begriff verbindet.

c) Vergleicht eure Überlegungen mit folgender sprachgeschichtlichen Begriffserläuterung:

„Halbstark" wurde im Verlauf der Fünfzigerjahre zum pejorisierenden Schlagwort, das auf Jugendliche angewendet wurde, die durch provozierendes Verhalten auffielen. Der Terminus „halbstark" erschien in der Presseberichterstattung im Kontext von Krawallen und Straßenrandalen – so fanden 1956 vermehrt „Halbstarkenkrawalle" statt, an denen jeweils einige Hundert Jugendliche beteiligt waren. In den Fünfzigerjahren erschien der Ausdruck „halbstark" eng gekoppelt an die Beschreibung einer als unangepasst und aggressionsbereit eingeschätzten Jugendgeneration und diente der Etikettierung von Verhaltensweisen, die sich nicht mit der „Arbeitsaskese" und dem Sicherheitsstreben der Kriegsgeneration deckten. Halbstark wurde als Synonym für „Rüpel" oder „unerzogener Flegel" verwendet; das „Halbstarkentum" galt als „eine Art unsozialen Verhaltens Jugendlicher in der Großstadt". […] Schließlich werden Rocker als „halbwüchsige Halbstarke" bezeichnet, was zeigt, dass der Ausdruck „halbstark" ab den späten Sechzigerjahren auch Anwendung auf eine von der Erwachsenenwelt kritisierte und unverstandene Jugendwelt findet.

6 *a) Welche der Begriffe, die ihr in Aufgabe 5 gesammelt habt, kommen den „Halbstarken" am nächsten? Erstellt eine Liste.*

b) Bestimmt die Herkunft dieser Begriffe. Untersucht, ob sich deren Bedeutung möglicherweise gewandelt hat.

c) Recherchiert Texte, z. B. Popsongs, die heutige Generationenkonflikte thematisieren.

!

Bedeutungswandel

Wörter können ihre Bedeutung im Laufe der Jahre verändern. Der **Bedeutungswandel** ist dabei meist Spiegel der kulturellen Entwicklung. Die Bedeutung der Wörter kann sich dabei erweitern, verengen, verbessern oder verschlechtern. So bezeichnete z. B. der Begriff „Rocker" zunächst die Anhänger des Rock 'n' Roll, wurde dann in seiner Bedeutung jedoch erweitert zur Bezeichnung von gewaltliebenden, unangepassten Jugendlichen. Mit dieser Bedeutungserweiterung ging zugleich eine Bedeutungsverschlechterung einher. Entsprechend negativ besetzt sind die Komposita „Rockerbande" oder „Rockermilieu".

1.3 Jung trifft auf Alt – Befragungen durchführen

Was halten die Generationen voneinander? – Umfragen entwickeln

Im Juli 2007 wurde eine Pressemeldung der Bertelsmann Stiftung zum Ergebnis einer Umfrage veröffentlicht, die sich in Tageszeitungen unter verschiedenen Überschriften wiederfand: „Erwachsene verteilen keine guten Noten an Jugendliche“ (General-Anzeiger Bonn, 24.07.07). „Skepsis über die Zukunft der Jugend. Umfrage unter Erwachsenen“ (Westfalenpost, 24.07.07). „Der Jugendliche, das suspekte Wesen“ (Welt online, 24.07.07).

General-Anzeiger

Erwachsene verteilen keine guten Noten an Jugendliche

Erwachsene haben ein eher skeptisches Bild der jungen Generation

---

Umfrage:

Erwachsene haben ein eher skeptisches Bild der jungen Generation

Ergebnisse einer repräsentativen Befragung der Bertelsmann Stiftung

Pressemeldung Gütersloh, 23.07.2007

„Erwachsene sollten das gesellschaftliche Engagement junger Menschen stärker anerkennen. Politik und Gesellschaft sind insbesondere aufgerufen, Mitwirkungsmöglichkeiten und gleiche Chancen für alle Kinder und Jugendlichen zu schaffen“, sagte Vorstandsmitglied Dr. Brigitte Mohn bei der Vorstellung der Ergebnisse. Die Bertelsmann Stiftung wolle mit ihrer Jugendkampagne „Vorbilder bilden“ dazu beitragen, das skeptische Jugendbild der älteren Generation zu korrigieren. Zudem sollen mit der Verleihung des Carl Bertelsmann-Preises am 6. September 2007 gesellschaftspolitische Initiativen ausgezeichnet werden, die das Engagement von Kindern und Jugendlichen systematisch fördern. Dies sind die wichtigsten Befunde einer repräsentativen Befragung der Bertelsmann Stiftung unter 1000 Erwachsenen *(älter als 34 Jahre):*

Bewertung und Akzeptanz von Jugendlichen durch Erwachsene

Erwachsene geben zwar mit großer Mehrheit an, Jugendliche sympathisch zu finden *(92,2 Prozent)* und ihre Ansichten ernst zu nehmen *(91,5 Prozent).* Mit der Lebensführung der jungen Generation sind sie hingegen nicht einverstanden. So sind sie der Auffassung, dass Jugendliche übermäßig viel Alkohol trinken *(70,5 Prozent)* und fremdes Eigentum nicht respektieren *(61,1 Prozent).* Als weitere negative Eigenschaften werden genannt: Gewalt *(57,7 Prozent),* illegale Drogen *(57,7 Prozent)* und Vandalismus *(57,2 Prozent).*

Eigenschaften Jugendlicher aus der Sicht Erwachsener

Bei der Bewertung von Eigenschaften rangieren „konsumorientiert“ *(91 Prozent)* und „nur auf persönlichen Vorteil aus“ *(64 Prozent)* im oberen Drittel. Zwischen diesen beiden eher negativen Merkmalen schiebt sich die „Kreativität“ *(75 Prozent).* Es folgen „Toleranz“ *(60 Prozent),* „Fleiß und Ehrgeiz“ *(53 Prozent),* „soziales Engagement“ *(44 Prozent),* „Pflichtbewusstsein“ *(43 Prozent)* und „Familienorientierung“ *(36 Prozent).* Fragt man die Erwachsenen, wie sie diese Eigenschaften bei sich selbst bewerten, so ergibt sich ein deutlich positiveres Bild von der eigenen als von der jüngeren Generation.

Kompetenzen Jugendlicher aus der Sicht Erwachsener

Eine besonders hohe Kompetenz besitzen Jugendliche aus der Sicht der Erwachsenen in technischen Fragestellungen *(90 Prozent)*. Eine deutliche Mehrheit gibt an, dass Jugendliche gut mit anderen Menschen umgehen können *(73 Prozent)*. Finanzielle Kompetenz wird den Jugendlichen dagegen von mehr als zwei Dritteln der Erwachsenen abgesprochen. Ein ähnlich negativer Befund zeigt sich bei politischer Kompetenz und bei Kompetenzen, die das gesellschaftliche Engagement von Jugendlichen betreffen.

Gesellschaftliches Engagement von Jugendlichen aus der Sicht Erwachsener

Zwar finden 93 Prozent der Erwachsenen das gesellschaftliche Engagement von Jugendlichen wichtig, die Einschätzung des tatsächlichen Engagements ist aber eher niedrig. 67 Prozent der Befragten sehen hier ein Defizit. Insgesamt sind die Erwachsenen also in einer deutlichen Mehrheit der Auffassung, dass sich Jugendliche zu wenig für gesellschaftliche Belange engagieren.

Entscheidungsbereiche Jugendlicher aus der Sicht Erwachsener

Während die Erwachsenen den Jugendlichen im familiären Bereich ein relativ hohes Mitspracherecht zubilligen, gilt das nicht für den öffentlichen Bereich. So lehnen über 70 Prozent der Befragten ein Wahlrecht ab 16 Jahren ab. Noch deutlicher ist das Votum gegen einen Erwerb des Führerscheins ab 16 Jahren: Dafür sprechen sich lediglich 15 Prozent der Erwachsenen aus.

1 a) *Schaut euch die Auswertung der Umfrage an und kommentiert dann die Ergebnisse. Findet ihr euch wieder? Seid ihr überrascht?*

b) *Diskutiert, ob und inwiefern eine solche Umfrage Konsequenzen für den Dialog der Generationen haben kann.*

2 a) *Die Umfrage wurde mit standardisierten Fragebogen telefonisch durchgeführt. Computerunterstützt wurden anschließend Diagramme erstellt und dann ausgewertet. Entwickelt einen solchen Fragebogen für die Umfrage. Orientiert euch dabei an der Arbeitstechnik.*

Beispiel: „Wie schätzen Sie das gesellschaftliche Engagement von Jugendlichen ein?"

b) *Führt diese Umfrage zur Sicht der Erwachsenen auf die Jugend in eurer Umgebung durch. Zu welchen Ergebnissen kommt ihr?*

ARBEITSTECHNIK

Eine Umfrage durchführen

- Umfragen werden durchgeführt, um **Mehrheitsmeinungen** zu ermitteln. In einer Meinungsumfrage äußern sich die Befragten zu einer bestimmten Fragestellung. Um die Vergleichbarkeit der Aussagen zu gewährleisten, wird meist vorher ein Fragebogen ausgearbeitet.

- Ein wichtiges **Kennzeichen von Umfragen** ist die Auswahl einer repräsentativen Untermenge der zu untersuchenden Bevölkerungsgruppe. Die Genauigkeit einer Befragung oder die Fehlergröße hängen ab von der Anzahl der befragten Personen, d. h. je mehr Personen befragt werden, desto genauer ist das Ergebnis.
- Es gibt Fragebogen mit **geschlossenen Fragen,** d. h. die Befragten müssen nicht selbst formulieren, sondern es werden
  - Meinungen/Äußerungen vorgegeben, diese sind zu bejahen oder zu verneinen;
  - Multiple-Choice-Fragen gestellt: Auswahl durch Ankreuzen;
  - Skalierungen präsentiert: graduelle Abstufung zwischen „trifft voll und ganz zu" und „trifft überhaupt nicht zu".
- Umfragen mit **offenen Fragen** lassen den Befragten einen eigenen Spielraum und fordern zu subjektiven Reaktionen heraus. Hier wird unterschieden zwischen
  - Definitionsfragen, z. B.: „Was verstehen Sie unter ...?";
  - Stellungnahmen, z. B.: „Wie beurteilen Sie ...?";
  - Zustimmung oder Ablehnung zu einer Meinung, z. B.: „Unter welchen Umständen stimmen Sie der Auffassung zu, dass ...?".
- **Auswertung von Umfragen**
  - Die Ergebnisse von Fragebogen mit geschlossenen Fragen werden meist in Diagrammform oder in Prozentzahlen dargestellt.
  - Bei Umfragen mit offenen Fragen besteht die Gefahr, dass subjektive Aussagen verfälschend interpretiert werden oder Einzelmeinungen unzulässig verallgemeinert werden.

3 *a) Wie beurteilt die jüngere Generation die ältere? Führt auch diese Umfrage an eurer Schule durch. Überlegt, ob ihr euch auf thematische Schwerpunkte konzentrieren wollt, z. B. gesellschaftliches Engagement und formuliert dann entsprechende Fragen.*
b) Wertet eure Umfrageergebnisse aus und präsentiert diese anschaulich.

„Möchtest du heute noch einmal jung sein?" – Interviews führen

„Wie war das früher bei euch?", „Wie hast du, Oma, eigentlich Opa kennen gelernt?", „Was habt ihr in eurer Freizeit gemacht?", „Inwiefern haben die Kriegserlebnisse dein Leben geprägt?" – so oder ähnlich lauten Fragen von Kindern bzw. Enkelkindern an die ältere Generation. Manche erzählen gerne aus ihrem Leben, von anderen erfährt man erst nach ihrem Tod, was sie erlebt und manchmal auch erlitten haben. Enttäuschungen, Hoffnungen, ein Lebensmotto, Ziele, Problemlösungen, Umgang mit Krankheiten – all das kann in Gesprächen zwischen Jung und Alt zur Sprache kommen.

1 *Erarbeitet einen Fragenkatalog für ein* ***Interview.*** *Überlegt, ob euch eher Fragen, die vergangenheits-, gegenwarts- oder zukunftsorientiert sind, interessieren.*

ARBEITSTECHNIK

Interviews führen

Interviews werden geführt, um eine **einzelne Person** zu ihrer individuellen Geschichte zu befragen, deren Persönlichkeit wahrzunehmen oder ihr (Experten-) Wissen zu nutzen.

- Folgende Punkte sollten vorbereitend geklärt werden:
  - Wo soll das Interview veröffentlicht werden?
  - Welche Zielsetzung hat das Interview?
  - Unterscheidet bei euren **Fragen** zwischen:
    Sachfragen (W-Fragen);
    Entscheidungsfragen (Ja-/Nein-Antworten);
    Suggestivfragen (z. B.: „Meinen Sie nicht auch, dass ...?“);
    motivierenden Fragen (z. B.: „Was sagen Sie dazu?“);
    provozierenden Fragen (z. B.: „Sollte man nicht allen Menschen über 80 den Führerschein entziehen?“).
- Legt euch **Interviewkarten** an:
  - Notiert pro Karte eine Frage;
  - nummeriert die Karten eurem roten Faden entsprechend;
  - schreibt darauf in Stichwörtern die erhaltenen Antworten (Nominalstil);
  - seid offen im Gespräch und haltet Blankokarten parat.

2 *Führt eure Interviews durch und tauscht anschließend eure Erfahrungen aus. Was ist besonders gelungen? Wo gab es Schwierigkeiten? Was würdet ihr beim nächsten Mal anders machen?*

TIPP

- Stellt überwiegend offene Fragen (W-Fragen).
- Schafft eine angenehme Atmosphäre.
- Nehmt euch als Interviewer eher zurück und hört aufmerksam zu.
- Signalisiert Interesse, z. B. durch Blickkontakt, Nicken, Anlächeln ...
- Reiht nicht mehrere Fragen aneinander. Gebt Raum für Antworten.
- Fragt nach, wenn etwas unklar erscheint oder sich als besonders interessant erweist.

3 *Verfasst auf der Grundlage der Antworten, die ihr erhalten habt, kurze **Biografien** eurer Interviewpartner.*

2 Umgang mit Gewalt – Argumentieren und Erörtern

2.1 Gewalt im Alltag – Diskutieren und Erörtern

1 *Diese Anzeige entstand im Rahmen einer Projektarbeit der Bauhaus-Universität in Zusammenarbeit mit dem „Weißen Ring", einer gemeinnützigen Organisation zur Unterstützung von Kriminalitätsopfern. Diskutiert ihre Intention.*

2 *Menschen, die Opfer von Gewalttaten geworden sind, verschweigen dies häufig. Sucht nach Argumenten für dieses Verhalten von Frauen und Männern. Stellt Gegenargumente auf.*

3 *„Du bist ein Opfer. Kein Player, kein Rapper, kein Mann!" heißt es in einem Rapsong. Bestimmt das Verständnis des Begriffs „Opfer" in diesem Zusammenhang und nehmt dazu Stellung.*

4 *Definiert den Begriff „Gewalt". Ihr könnt dies durch die Wahl eines Oberbegriffs und die Nennung spezifischer Merkmale tun („Gewalt ist ein Verhalten, das …") oder auch durch eine Aufzählung typischer Situationen, in denen man von „Gewalt" sprechen würde. Vergleicht eure Ergebnisse.*

5 *Welche verschiedenen Arten von Gewalt kann man unterscheiden? Recherchiert in Lexika und im Internet. Diskutiert eure Ergebnisse.*

Ist Gewalt immer abzulehnen? – Offen diskutieren

Während eines Fußballspiels zweier Schulmannschaften wird ein Angreifer (Peter F.) mehrfach von einem Gegenspieler gefoult. Der Schiedsrichter bemerkt jedoch nichts. Kurz vor Ende des Spiels geschieht dies erneut, der Angreifer wird zudem noch leise mit „Na, du Flasche!" von dem Gegenspieler beschimpft. Das führt zu einem Wutausbruch: Peter F. tritt den gegnerischen Verteidiger mit aller Kraft. Daraufhin wird er vom Platz gestellt. Am nächsten Tag sitzen die Sportlehrer in einer Konferenz zusammen, in der geklärt werden soll, ob Peter aus der Schulmannschaft ausgeschlossen wird. Der Schüler hat die Situation aus seiner Sicht geschildert, die Lehrer diskutieren anschließend über ihre Entscheidung.

Herr Suchatzki:

Der Antrag steht im Raum, dass Peter aus der Schulmannschaft ausgeschlossen werden soll, weil er eine Tätlichkeit begangen hat.

Ich halte das für nicht gerechtfertigt, weil der Gegenspieler ihn so lange provozierte, bis er die Nerven verloren hat – und schließlich waren auch die Fouls des Gegners Tätlichkeiten, die Beleidigung eingeschlossen.

Würden wir nicht alle so reagieren, wenn man uns beleidigen würde?

Da es sich also um eine Art Normalfall handelt, würde ich auch angemessen reagieren: das nächste Spiel ohne Peter, aber kein genereller Ausschluss aus der Mannschaft.

Frau Schmidt:

Ich finde es gefährlich, diesen Fall zu verharmlosen, indem Sie sein Handeln als Regelfall einstufen.

Ich bin der Ansicht und fordere dies auch, dass Peter nicht mehr für die Schule spielen darf.

Der oberste Grundsatz im Sport ist, dass die Gesundheit des Gegners nicht ernsthaft gefährdet wird, sie muss über allem stehen, auch über persönlichem Ehrgeiz oder über Gefühlen der Erniedrigung.

Das unterscheidet den Sport gerade vom Krieg und vom Kampf, er ist Spiel und muss es bleiben.

Wir können nur Schüler antreten lassen, die diesen Grundsatz verinnerlicht haben und reif genug sind, ihn jederzeit zu beachten.

Wenn das nicht mehr gilt, vor allem im Schulsport, ist die Gefahr, dass ernsthafte Verletzungen auftreten, immens.

Peter hat durch sein Foul gezeigt, dass er noch zu unreif ist, also kann er nicht mehr in der Mannschaft bleiben.

1 *Welcher Position könnt ihr euch anschließen? Welche Begründungen überzeugen euch?*

2 *In einer Argumentation werden* ***Thesen*** *(Behauptungen, Forderungen, Werturteile) durch* ***Argumente*** *begründet; diese werden durch weitere Aussagen* ***(Belege, Beispiele)*** *unterstützt. Analysiert die beiden Diskussionsbeiträge auf ihre Argumentationsstruktur hin. Übertragt dazu das Schema in euer Heft und vervollständigt es.*

	kontra	Ausschluss Peters?	pro
These	Peters Verhalten ist ein Regelfall.	???	Peters Verhalten ist ein Zeichen von Unreife.
Argumente	???	weil der Sport ein Spiel ist und bleiben muss	Unreif ist, wer ...
Belege/ Beispiele	So würden wir alle reagieren.	???	Das hat er durch sein Foul gezeigt.

3 *Beschreibt, wie die beiden Lehrer ihre Argumentation einleiten und abschließen.*

4 *Diskutiert den Fall weiter. Sucht dazu Thesen, die für eine der Positionen sprechen, und begründet sie. Sichert eure Argumente durch Beispiele oder Belege ab.*

5 *Diskutiert in gleicher Form einen der beiden folgenden Fälle. Achtet darauf, an Diskussionsbeiträge eurer Vorredner anzuknüpfen.*

Ein 10-jähriger Schüler wird auf der Straße vor einem Mehrfamilienhaus von zwei 15-Jährigen bedrängt, sie wollen sein Geld und sein Handy. Der Hausmeister, der die Situation zufällig mitbekommt, fordert die beiden auf, den Jungen in Ruhe zu lassen. Sie lachen ihn nur aus und beschimpfen ihn. Der Mann gibt daraufhin einem der beiden eine kräftige Ohrfeige, sodass dieser wegläuft, der andere lässt den Jungen los und verschwindet. Die Mutter des geschlagenen Jungen erstattet Anzeige wegen Körperverletzung.

Sollte der Hausmeister bestraft werden?

Ein Polizist fordert einen jungen Mann, der in einer Tankstelle die Angestellte mit einem Messer bedroht hat und mit 1 200 € Beute flüchtet, zum Stehenbleiben auf. Als dieser weiterläuft, gibt der Polizist einen Warnschuss ab. Da der Täter nicht reagiert, zielt der Polizist auf ihn – er darf einen fliehenden Täter durch einen gezielten Schuss stoppen. Allerdings riskiert er ernsthafte Verletzungen oder sogar den Tod des Flüchtenden.

Sollte der Polizist schießen?

TIPP

Eine ernsthafte **Diskussion** zeichnet sich durch die Suche nach Wahrheit oder nach einem echten Kompromiss aus. Sie ist geprägt durch eine Kultur des Zuhörens und Zu-Wort-kommen-Lassens. Ausschlaggebend ist die Kraft der Argumente.

Medien und Gewalt – Eine Expertendiskussion durchführen

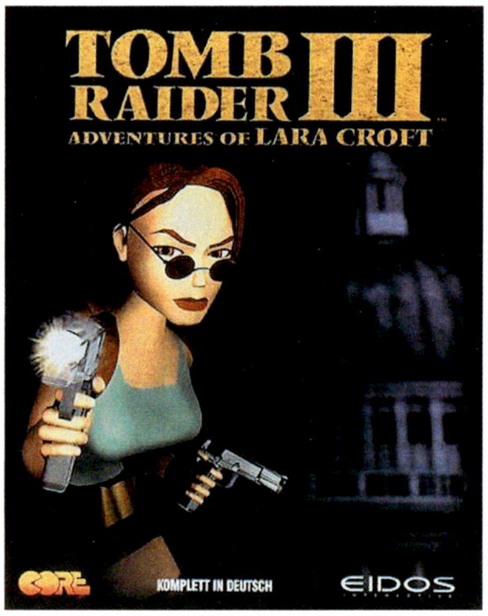

1 *In welcher Form begegnet euch Gewalt in den Medien? Sammelt in Partnerarbeit Beispiele.*

2 *Wofür stehen die Bilder? Würdet ihr zum Thema „Medien und Gewalt" anderes Bildmaterial auswählen? Warum?*

Prof. Manfred Spitzer, Hirnforscher, in einem Vortrag vor dem baden-württembergischen Landtag in Stuttgart:

Aber wenn Sie wissen, [...] dass Sie, wenn Sie 18 sind, 200000 Gewalttaten gesehen haben – und die Statistik von medialen Gewalttaten ist so, dass in 4 % gewaltfreie Konfliktlösungsmöglichkeiten angesprochen werden, in mehr als 50 % die Gewalt nicht wehtut und in mehr als 70 % der Gewalttäter ungestraft davonkommt, dann kann Ihr Gehirn bloß die Schlussfolgerung ziehen: a) Es gibt viel Gewalt, b) es gibt keine Alternative, c) man kommt davon und d) es tut nicht weh. [...] Das bringen wir unseren Kindern und Jugendlichen – wie gesagt fünfeinhalb Stunden täglich – multimedial bei.

Aus einem Interview mit dem Action-Schauspieler Jackie Chan zur Verfilmung von Jules Vernes „In achtzig Tagen um die Welt“:

Ich denke, er [der Film] ist mehr für Kinder als für Erwachsene. Aber das weiß man nie genau. Ich habe auch schon Kinderfilme gemacht, die Erwachsene besonders mochten und andersherum.

Zeigt der Film nicht zu viel Brutalität, um ein Kinderfilm zu sein?

Es gibt zwei Arten von Gewalt. Meine Gewalt ist gute Gewalt – verglichen mit der in amerikanischen Filmen, in denen viel geschossen wird. Nach meinen Actionszenen stehen alle wieder auf, und es ist, als wäre nichts passiert. Kinder mögen das. In Asien schicken Eltern ihre Kinder gezielt in meine Filme, lieber als in amerikanische. Wir sterben nie. Wir haben keine Verwundungen. Es ist kein Blut zu sehen. Ich liebe Action, hasse aber Gewalt.

3 *Fasst die Aussagen mit eigenen Worten zusammen und nehmt Stellung.*

4 *Gewaltdarstellungen in Medien (Filme, Musik, Computerspiele, Comics etc.) verkaufen sich gut und führen immer wieder zu der Frage, welche Folgen sie für Jugendliche und Kinder haben bzw. ob sie stärker reglementiert oder sogar verboten werden sollen. Wägt in einer **Expertendiskussion** Argumente für bzw. gegen eine stärkere Reglementierung gegeneinander ab.*

ARBEITSTECHNIK

Expertendiskussion

- Bildet Gruppen, die jeweils zu einem Thema recherchieren. Thematische Ausgangsfragen könnten für die Gruppen sein:
  - *Welche Erkenntnisse gibt es über Zusammenhänge von Gewalt in Medien und der Bereitschaft zur Gewalt im Alltag?*
  - *Wie ausgeprägt ist der Medienkonsum von Jugendlichen, wie hat er sich entwickelt?*
  - *Welche Möglichkeiten der Einflussnahme haben Politiker, Eltern, Verbände etc.?*
  - *Was tut die USK (Unterhaltungssoftware-Selbstkontrolle) bzw. die FSK (Freiwillige Selbstkontrolle der Filmwirtschaft), um festzustellen, ab wann ein Spiel oder ein Film freigegeben werden soll?*
  - *Wann schreitet die Bundesprüfstelle für jugendgefährdende Medien ein? Welche Kriterien legt sie an?*
- Stellt die gewonnenen Informationen so zusammen, dass sie jeder aus eurer Gruppe als Experte in der Diskussion nutzen kann.

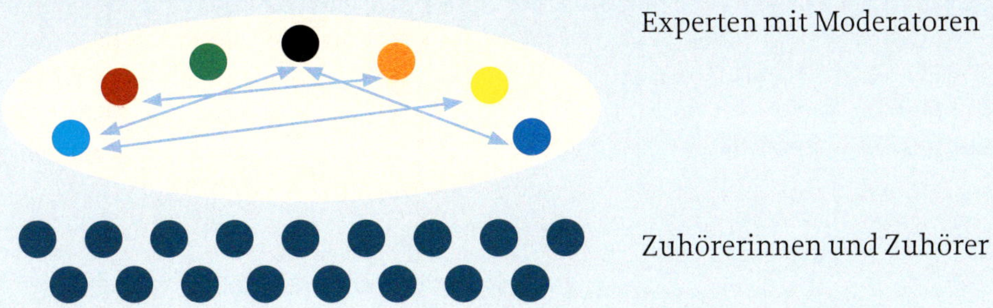

- Zur Durchführung der Expertendiskussion muss zunächst ein **Moderationsteam** aus zwei Schülerinnen bzw. Schülern bestimmt werden. Ein Podium wird gebildet, in das jede Gruppe eine Vertreterin oder einen Vertreter schickt, die zuvor ausgelost werden. Die Expertinnen und Experten setzen sich so an einen langen Tisch, dass sie von allen Zuhörerinnen und Zuhörern gesehen werden können.
- Die Moderation benennt nun das Thema bzw. die Teilthemen und gibt den einzelnen Gruppenexperten gleich viel Zeit (z. B. drei Minuten), um ihre Ergebnisse und Einschätzungen darzulegen.
- Nun können die Zuhörer Verständnisfragen an die Expertenrunde stellen. Anschließend kommentieren die Podiumsteilnehmer/innen wechselseitig ihre Ausführungen. Ziel der Diskussion ist eine möglichst umfassende Sicht des Themas, die auch kontroverse Positionen einschließt. Ein fairer Streit der Meinungen ist möglich.

Gewaltvideos als Tauschobjekte – Eine Debatte führen

Happy slapping – Bilder von enormer Schlagkraft (2007)

Sie filmen, wie sie sich prügeln, und sie prügeln sich, um es zu filmen. Auf Schüler-Handys wird alltäglich Gewalt inszeniert und konsumiert.

Es war nur eine kleine Prügelei gewesen, mehr Zuschauer drumherum als Schläger im Kreis. Nichts Besonderes einerseits, auf jedem Schulhof der Welt prügeln sich Kinder.
Und doch war dies hier etwas Ungewöhnliches, denn diese Prügelei hatte etwas von Filmaufnahmen: Zwei schlagen auf Verabredung los, die Runde johlt, acht nehmen das Geschehen mit dem Handy auf.
Marcus Lüpke ist ein lockerer Typ, Sportlehrer in Jeans und Sweatshirt, die Kinder mögen ihn. Lüpke ist nicht leicht zu schocken. Damals aber war er fassungslos. Er hatte Aufsicht auf dem Pausenhof …, er rannte hin, um die Jugendlichen zu stoppen, zog die Handys ein, dann sah er sich die Filmchen an, die dort gespeichert waren:
ein lokal produziertes Filmchen mit einem stadtbekannten Obdachlosen in der Hauptrolle.
Der Mann wurde von ein paar Schülern vor dem Schulgelände hin und her gejagt, bis er sich panisch in eine Telefonzelle flüchtete. Quälereien vor der Kamera, Quälereien für die Öffentlichkeit.
Der Lehrer zwang die Jungen, die Clips von ihren Handys zu löschen. Die Jungen taten das, aber Lüpke erntete erst einmal vor allem Schulterzucken nach dem Motto: Na und, was ist dabei? „So was anzuschauen, ist normal, das macht man eben." Und warum macht man das? „Na ja, jeder hat was, für das er sich interessiert. Wer so was guckt, der will wissen, wie das geht."

Cathrin Kahlweit

1 *Gewaltvideos als Tauschobjekt: „So was anzuschauen, ist normal, das macht man eben." Diskutiert mögliche Hintergründe einer solchen Aussage bzw. Haltung.*

2 *Wie sollte eine Schule reagieren, wenn auf ihrem Gelände solche Videos gedreht oder verbreitet werden? Tragt mögliche Maßnahmen zusammen.*

Mobiltelefone sind in der Schule verboten, sie dürfen während der gesamten Unterrichts- und Pausenzeiten weder zur Hand genommen noch benutzt werden, bei Zuwiderhandlungen werden sie eingezogen.

3 *Sollte diese Regelung auch an eurer Schule gelten, wenn Gewaltvideos auf Handys gefunden werden? Diskutiert diese Lösung in Form einer* ***Debatte.*** *Geht dabei entsprechend der folgenden Arbeitstechnik vor.*

ARBEITSTECHNIK

Debatte

Eine Debatte ist eine streng reglementierte Diskussionsform, die weniger auf Ausgleich als auf Profilierung unterschiedlicher Positionen abzielt. Durch eine Abstimmung nach der Debatte kann überprüft werden, welche Position überzeugender vertreten wurde.

- Bildet zwei Gruppen zu jeweils sechs Mitgliedern, die entgegengesetzte Meinungen zur Ausgangsfrage vertreten sollen. Entwickelt **Rollenkarten** für die verschiedenen Positionen. Orientiert euch am Beispiel auf der nächsten Seite.
- Jede Gruppe bestimmt aus ihren Reihen **drei Redner bzw. Rednerinnen,** die die Rollen übernehmen. Die Klasse bestimmt darüber hinaus einen Debattenleiter bzw. eine Debattenleiterin.
- Die Redner bekommen jeweils eine spezifische Aufgabe und erhalten im Wechsel jeweils die gleiche Redezeit, in der Regel zwei bis drei Minuten:
  - Die **Eröffnung der Debatte:** Dazu gehören das Stellen des Antrags (bzw. seiner Ablehnung) und die Darlegung zentraler Argumente.
  - Die **Kommentierung der Argumente der gegnerischen Gruppe.** Die Argumente der Eröffnungsrede werden widerlegt, es wird versucht, die gegnerische Position zu erschüttern.
  - Das **Schlussplädoyer.** Hier werden Fehler der gegnerischen Argumentation herausgestrichen, die eigene Position wird pointiert zusammengefasst.
- Am Ende stehen **Abstimmung** und Aussprache mit dem „Publikum" über die Stichhaltigkeit und Überzeugungskraft der Argumente und Belege. Für die Debattanten kann eine Videoaufnahme hilfreich sein.

Pro:

Schüler/in

Vater/Mutter

Lehrer/in
Du bist Klassenlehrerin bzw. Klassenlehrer und erlebst immer wieder, dass Handys Prestigeobjekte sind, die genauso wie entsprechende Kleidung das Image eines Schülers beeinflussen. Darüber hinaus sind dir Fälle bekannt, in denen Schüler angegriffen wurden, um ihnen das Handy zu rauben. Ein Handyverbot in der Schule erscheint dir geeignet, diese Probleme zu verringern.

Kontra:

Schüler/in

Vater/Mutter

Lehrer/in
Ob das Thema nun „Handy" oder „Schuluniform" heißt, du hast etwas dagegen, dass das Leben der Schülerinnen und Schüler zu sehr von der Schule reglementiert wird. Mit Verboten ist man noch nie sehr weit gekommen, die Schülerinnen und Schüler müssen etwas einsehen und sich freiwillig daran halten, nur dann fruchtet eine Diskussion. Außerdem: Wer soll das alles kontrollieren? Das belastet das Verhältnis Schüler – Lehrer unzumutbar.

TIPP

Der Begriff **Debatte** stammt aus dem Französischen (débattre = niederschlagen) und bezeichnet ein Streitgespräch, ein Wortgefecht. Für Angriff und Verteidigung seiner Position kann man verschiedene Taktiken einsetzen. In einer gelungenen Debatte sollte es allerdings wie im Sport fair zugehen.

4 *Untersucht folgende Beispiele für Redetaktiken und bewertet sie mit Fairness-Punkten auf einer Skala von 0 (völlig unfair) bis 5 (fair).*

A Autoritäten für die eigene Position anführen:
Wir haben einen Experten der Kriminalpolizei befragt, der unsere Ansicht bestätigt hat: Nur ein Handyverbot ist wirksam.

B Die Person des Gegners als Diskutant oder Debattant ablehnen:
Du kannst hier nicht mitreden, weil ...

C Dem Gegner wird unterstellt, ein persönliches Interesse zu haben:
Du redest doch nur so, weil du selbst etwas davon hast. Dir geht es nicht um die Sache, sondern nur um dich.

D Den Gegner auf die eigene Seite ziehen:
Eigentlich wollen wir doch alle dasselbe, eine Schule, in die man gerne geht, und zwar jeder. Überdenkt doch einmal, ob eure Position dazu führt.

E Den Gegner dumm erscheinen lassen, indem man Details nachfragt, von denen man sicher weiß oder vermutet, dass er sie nicht kennt:
Sagen Sie mir doch einmal, wie viel Speicherplatz so ein Video auf dem Handy braucht und wo man es verstecken kann – noch nicht einmal das wissen Sie!

F Aufwertung der eigenen Argumente:
Wer sich über solche Videos nicht aufregt, den kann ja wahrscheinlich nichts erschüttern, der würde wohl alles in Kauf nehmen.

G Werte ins Spiel bringen, die jeder anerkennt, und dem Gegner unterstellen, diese zu verletzen:
Versetze dich doch einmal in die Lage der Opfer von Gewaltvideos – und da kannst du noch für Handys sprechen?

H Dem Gegner unterstellen, dass er nicht genau genug ist:
Das ist ja alles schön und gut, aber das klappt im Detail nie. Wer soll das denn alles kontrollieren? Da hast du wohl zu kurz gedacht.

I Floskeln verwenden, Killerphrasen anführen, die nur scheinbar argumentieren und eine Diskussion beenden sollen:
Jeder mit gesundem Menschenverstand weiß, dass das so ist. – Wir alle wissen doch, wie es ist. – Das haben wir noch nie gemacht und es ist auch woanders noch nie versucht worden. Man wird schon wissen, warum.

5 *Sucht zu den einzelnen Taktiken weitere Beispiele.*

6 *Untersucht, ob man durch Umformulierungen die Taktiken, die ihr als besonders unfair einstuft, entschärfen kann.*

7 *Diskutiert, wie man auf unfaire Taktiken reagieren könnte.*

Gewalt als Mittel der Erziehung? – Eine steigernde Erörterung verfassen

Lehrerdienstordnung des Landes Schleswig-Holstein
§ 7 Erziehungsmittel

(1) Die Schule dient der Erziehung des Kindes zum verantwortlich handelnden freiheits- und ehrliebenden Menschen. Die Mittel der Erziehung müssen diesem Erziehungsziel entsprechen.
(2) Die körperliche Züchtigung ist an allen öffentlichen Schulen unzulässig. Das Recht der Notwehr und des Notstandes bleibt unberührt.

Titel: Wird in den USA in Schulen wirklich geschlagen?

Hallo,
ich fahre im nächsten Jahr in die USA als Austauschschülerin und hab jetzt das Gerücht gehört, dass in einigen Schulen geschlagen wird. Stimmt das? Wer war dort bzw. wenn ja, welche Staaten sind „sicher"?

Bye-bye Susan

Titel: Paddling bewährte „Lernhilfe"
Ich war von 2003–2004 in Louisiana, an einer Highschool in der Nähe von New Orleans. Leider kann ich nur sagen, dass bei uns die Prügelstrafe fast alltäglich praktiziert wurde. Das „Paddle", auch „Board of Education" genannt, war ein etwa 50 cm langes Holzbrett, wie ein Ruderpaddel in Klein, das mit Löchern versehen war und der Prügelstrafe diente. Die gab/gibt es z.B. für Schwänzen, Rauchen, Frechheit oder wiederholt schlechte Leistungen. Man bekam vorher ein Formular, auf dem die Strafe festgelegt war und das auch an die Eltern/Gasteltern gesandt wurde, die oftmals zu Hause noch einen Hintern voll drauflegten. Unser „Principal" hat mich insgesamt fünfmal mit Prügeln bestraft. Ich musste ins Büro, mich über

den Schreibtisch beugen und dann gab es zwischen 3 und 15 „licks". Das tat wirklich so weh, dass nicht nur mir danach die Tränen kamen. In Louisiana war/ist die Prügelstrafe sehr verbreitet und wird – wie ich das erfahren habe – auch breit unterstützt, viele Kinder und Jugendliche leben auch zu Hause mit der regelmäßigen Tracht Prügel.

Till

1 *Die beiden Texte stammen aus einem Internetforum von 2005. Diskutiert, wie ihr an Tills Stelle reagiert hättet.*

2 *Begründet eure Meinung zu körperlicher Bestrafung in Schulen und in der Familie.*

Aufkleber der Organisation „Nospank", die das „corporal punishment" in den USA abschaffen möchte: Brecht mit der Gewohnheit – schützt Kinder vor dem „rechtmäßigen" Angriff.

3 *Welchen Bezug seht ihr zwischen den Bildern? Entwerft zur rechten Abbildung einen Slogan für eine Kampagne gegen Gewalt in der Erziehung.*

Eine These steigernd erörtern heißt, schriftlich Stellung zu einem Problem nehmen. Wer sich an einer öffentlichen Diskussion beteiligen möchte, muss in der Lage sein, seine Position auch schriftlich klar zu vertreten. Dazu dient die lineare/steigernde Erörterung.

Warum kein Austausch mit einer Schule, an der es „körperliche Bestrafung" gibt?

4 *Verfasst eine Erörterung zu diesem Thema. Orientiert euch dabei an folgendem Schreibprozess.*

1. Schritt: Informationen recherchieren – Stoffsammlung

In einem ersten Schritt sammelt man Argumente und Belege, die die eigene Position stützen können. Dazu eignet sich besonders gut eine Mind-Map mit ihren Verzweigungen.

- ☐ Erstellt eine Mind-Map zum Thema „Austausch mit einer Schule, an der körperlich gestraft wird?“, indem ihr Argumente und Belege notiert.

2. Schritt: Gliedern – Das stärkste Argument nach hinten

Jeder argumentierende Text will Leser oder Zuhörer überzeugen. Es lohnt sich also zu bedenken, für wen man schreibt. Welche Argumente werden die Adressaten besonders stark, welche eher weniger beeindrucken? Die Anordnung der Argumente im Hauptteil der Erörterung sollte steigernd erfolgen, d.h., das stärkste Argument steht am Schluss.

- ☐ Ordnet eure Argumente
  - für eine Adressatengruppe aus Schülerinnen und Schülern,
  - für eine Adressatengruppe aus Eltern und Lehrern.

3. Schritt: Rahmen setzen – Einleitung und Schluss

Die Dreiteilung eines Textes in Einleitung, Hauptteil und Schluss ist bewährt und wird auch bei einer Erörterung vom Leser oder Hörer erwartet. Dabei haben die drei Teile jeweils unterschiedliche Aufgaben:

Aufbau einer Erörterung

- ☐ Die **Einleitung** soll Interesse wecken, das Thema bzw. Problem vorstellen und die Position, die der Autor oder Redner einnimmt, benennen. Dazu kann man
  - von einem konkreten Fall ausgehen,
  - die allgemeine Bedeutung des Problems aufzeigen,
  - das Thema in einen aktuellen Zusammenhang stellen.

- Der **Hauptteil** bildet den größten Abschnitt des Textes. In ihm wird die Argumentation klar gegliedert dargelegt. Achtet darauf, dass jedes Argument gut durch Beispiele oder Belege gestützt wird.
- Der **Schluss** rundet den Gedankengang ab. Er kann je nach Anlass zum Beispiel
  - eine Aufforderung, einen persönlichen Wunsch oder einen Antrag enthalten;
  - einen Ausblick auf verwandte Bereiche oder zukünftige Entwicklungen geben.

- Formuliert stichwortartig Gedanken zu Einleitung und Schluss einer steigernden Erörterung zum Thema „Warum kein Austausch …".

4. Schritt: Formulieren einer Erörterung – Auch eine Stilfrage

Der Stil einer Erörterung sollte sachlich und logisch klar (kohärent) sein, das heißt aber nicht, dass er langweilig sein muss. Hier sind vor allem abwechslungsreiche Wortwahl und variierender Satzbau gefordert.

- Korrigiert folgende Ausschnitte aus Erörterungen, indem ihr sie sachlicher formuliert:
  - *Wer für einen solchen Austausch stimmt, ist doch wohl nicht recht bei Trost!*
  - *Schläger sollten mal selbst verprügelt werden!*
  - *Kinder, die geschlagen werden, kriegen irgendwann einen seelischen Knacks.*
- **Synonyme** heißen bedeutungsgleiche oder bedeutungsähnliche Wörter, mit denen man Abwechslung in seine Formulierungen bringen kann. Ein Begriff kann oft auf unterschiedliche Weise ausgedrückt werden:
  bewerten: beurteilen, ein Urteil abgeben über, einschätzen, taxieren …
  anonym: namenlos, ungenannt, ohne Namensnennung …
  Sucht für folgende Wörter Synonyme:

Pranger | *strafen* | *Vergehen* | *Persönlichkeit* | *Erziehung* | *beschimpfen* | *Recht*

- Prüft die Verknüpfung der folgenden Satzgefüge auf ihren logischen Zusammenhang. Ändert, wo ihr es für sinnvoll haltet, in den folgenden Beispielen die Konjunktionen oder die Reihenfolge der Sätze.
  - *Solche Praktiken sind mit mittelalterlichen Strafen am Pranger zu vergleichen, sodass sie die Verurteilten demütigend zur Schau stellen.*
  - *Viele Schulen im Süden der Vereinigten Staaten praktizieren noch solche Strafen, weil andere Bundesstaaten sie bereits abgeschafft haben.*
  - *Wenn man auch erwachsene „Straftäter" mit Schlägen strafte, wäre dann das Schlagen von Kindern richtig?*
- Entwerft selbst einige Satzgefüge mit Satzverknüpfungen und lasst sie von den anderen korrigieren.
- Schreibt nun eure steigernde Erörterung zum Thema „Warum kein Austausch …".

TIPP

Textkohärenz

Konjunktionen dienen als Bausteine, die für die Kohärenz eines Textes sorgen. Variiert entsprechend dem logischen Satzzusammenhang folgende Verknüpfungen:

- additiv: „außerdem", „ferner", „darüber hinaus", „schließlich"
- adversativ: „während", „wohingegen", „anstatt zu"
- final: „damit" (oder Infinitivsatz mit „um zu")
- kausal: „weil", „da", „denn"
- konditional: „wenn", „falls", „gesetzt den Fall, dass", „sofern"
- konsekutiv: „sodass", „also", „folglich"
- konzessiv: „obwohl", „obgleich", „wenn auch"

5. Schritt: Überprüfen – Alles klar?

Selten sind Texte perfekt, meist lassen sie sich noch verbessern. Dazu ist das Urteil eines Lesers oft hilfreich.

- Bildet Schreibkonferenzen, in denen ihr eure Texte gegenseitig unter die Lupe nehmt. Greift dabei auf die Checkliste zurück.

ARBEITSTECHNIK

Checkliste für die Überarbeitung einer Erörterung

- Ist die Argumentation nachvollziehbar und **plausibel**?
  - Sind zutreffende Belege und Beispiele gegeben? Ist die logische Verknüpfung korrekt?
- Sind **Überleitungen** zwischen den Teilen vorhanden?
  - Von der Einleitung zum Hauptteil („Ich möchte meine Position folgendermaßen begründen …", „Was spricht für diese Position?")
  - Vom Hauptteil zum Schluss („Fasse ich nun zusammen, so komme ich eindeutig zu dem Schluss, dass …", „Als Fazit dieser Argumente lässt sich sagen, dass …")
- Stimmen die Überleitungen zwischen den Argumenten im Hauptteil, wird die **Steigerung der Argumente** deutlich?
  - Signalwörter und -ausdrücke hierfür sind: „zunächst", „darüber hinaus", „ein gewichtiger Punkt ist", „noch aussagekräftiger ist allerdings".
- Ist der Text **sachlich** gehalten?
  - Sind Beleidigungen oder Verunglimpfungen, Ironie oder offensichtliche Übertreibungen vermieden?
- Ist die **Wortwahl** verständlich und adressatengerecht?
  - Gibt es zu viele und unnötige Fachwörter?
- Sind Wortwahl und **Satzbau** abwechslungsreich?
  - Wo treten vermeidbare Wiederholungen auf? Gibt es Synonyme? Kann man Sätze umstellen?
- Sind **Rechtschreibung** und **Zeichensetzung** korrekt?

2.2 Strafmündigkeit – Argumentationen analysieren und verfassen

Zeitungs- und Gesetzestexte – Argumentationen untersuchen

Jugendschutzgesetz

§ 1 Begriffsbestimmungen

Im Sinne dieses Gesetzes

1. sind Kinder Personen, die noch nicht 14 Jahre alt sind,
2. sind Jugendliche Personen, die 14, aber noch nicht 18 Jahre alt sind,

Strafgesetzbuch

§ 19 Schuldunfähigkeit des Kindes

Schuldunfähig ist, wer bei Begehung der Tat noch nicht 14 Jahre alt ist.

Jugendgerichtsgesetz

§ 3 Verantwortlichkeit

1 Ein Jugendlicher ist strafrechtlich verantwortlich, wenn er zur Zeit der Tat nach seiner sittlichen und geistigen Entwicklung reif genug ist, das Unrecht der Tat einzusehen und nach dieser Einsicht zu handeln.

2 Zur Erziehung eines Jugendlichen, der mangels Reife strafrechtlich nicht verantwortlich ist, kann der Richter dieselben Maßnahmen anordnen wie der Familien- oder Vormundschaftsrichter.

§ 5 Die Folgen der Jugendstraftat

1 Aus Anlass der Straftat eines Jugendlichen können Erziehungsmaßregeln angeordnet werden.

2 Die Straftat eines Jugendlichen wird mit Zuchtmitteln oder mit Jugendstrafe geahndet, wenn Erziehungsmaßregeln nicht ausreichen.

§ 9 Arten

Erziehungsmaßregeln sind

1. die Erteilung von Weisungen,
2. die Anordnung, Hilfe zur Erziehung im Sinne des § 12 in Anspruch zu nehmen.

§ 10 Weisungen

(1) Weisungen sind Gebote und Verbote, welche die Lebensführung des Jugendlichen regeln und dadurch seine Erziehung fördern und sichern sollen. Dabei dürfen an die Lebensführung des Jugendlichen keine unzumutbaren Anforderungen gestellt werden.

§ 12 Hilfe zur Erziehung

Der Richter kann dem Jugendlichen nach Anhörung des Jugendamts auch auferlegen, unter den im Achten Buch Sozialgesetzbuch genannten Voraussetzungen Hilfe zur Erziehung

1. in Form der Erziehungsbeistandschaft im Sinne des § 30 des Achten Buches Sozialgesetzbuch oder
2. in einer Einrichtung über Tag und Nacht oder in einer sonstigen betreuten Wohnform im Sinne des § 34 des Achten Buches Sozialgesetzbuch in Anspruch zu nehmen.

1 *Erstellt auf der Grundlage der Gesetzestexte eine Übersicht, aus der hervorgeht, mit welchen möglichen Konsequenzen a) ein 13-Jähriger und b) ein 14-Jähriger zu rechnen haben, wenn sie eine Straftat begehen. (Weitere Informationen findet ihr auf der Seite des Justizministeriums http://bundesrecht.juris.de/jgg/index.html.)*

2 *Die Schuldfähigkeit ist auf 14 Jahre festgesetzt. Diskutiert, ob die Festlegung der Schuldfähigkeit auf ein bestimmtes Alter richtig ist.*

Die Debatte im „Deutschen Sonntagsblatt“:

Strafmündig schon mit zwölf? Immer mehr Heranwachsende unter 14 Jahren verüben Straftaten. Sollte man deshalb das Alter der Strafmündigkeit herabsetzen? Oder ist dies der falsche Weg, Jugendkriminalität vorzubeugen?

Pro

Gerhard Vogler, Bundesvorsitzender der Deutschen Polizeigewerkschaft

Im Jahre 1996 verübten Kinder unter 14 Jahren mehr als 131 000 Straftaten. Darunter fallen nicht nur entwicklungsbedingte Jugendverfehlungen, sondern vermehrt schwere Straftaten, die mit großer krimineller Energie und Brutalität begangen werden. Diese Tatsachen dürfen für unsere Gesellschaft deshalb kein Tabuthema mehr sein. Mit der Herabsetzung der Strafmündigkeit wird auch dem Umstand Rechnung getragen, dass mittlerweile die Pubertät früher einsetzt. Aus diesem Grund ist die Altersbegrenzung bei 14 Jahren, die derzeit das Kind vom Jugendlichen gesetzlich unterscheidet, überholt. Wem die geistige Reife als Wähler schon ab 16 Jahren (diskutiert wird bereits ein Wahlrecht ab 14 Jahren) zugestanden wird, der besitzt auch früher die Einsichtsfähigkeit, dass die von ihm begangene Körperverletzung strafbares Unrecht ist.

Sanktionen des Jugendstrafrechtes, die ja eine erzieherische Resozialisierung im Zusammenhang mit therapeutischen Maßnahmen zum Zweck haben, müssen deshalb bereits ab dem zwölften Lebensjahr verhängt werden können. Hierzu gehören zum Beispiel die Erteilung von richterlichen Weisungen hinsichtlich Aufenthaltsort, Leistung von gemeinnütziger Arbeit, die richterliche Verwarnung oder die Erteilung von Auflagen sowie die Verhängung von Jugendarrest.

Die Deutsche Polizeigewerkschaft fordert aber nicht, dass schon Zwölfjährige in den Knast gehören. Wie schon bisher ab 14 Jahren soll eine Freiheitsstrafe in einer Jugendstrafanstalt nur in absoluten Ausnahmefällen bei besonders schweren Straftaten verhängt werden, und auch nur dann, wenn die anderen therapeutischen Maßnahmen nicht ausreichen. Zusätzlich zu einer Herabsetzung der Strafmündigkeit ist es erforderlich, die Ursachen der Kinder- und Jugendkriminalität, vor allem Erziehungsdefizite von Familie und Schule, Aggressivität in der Gesellschaft und Gewaltdarstellungen in den Medien, zu bekämpfen.

Kontra

Norbert Geis, rechtspolitischer Sprecher der CDU/CSU

Der Anstieg der Kinder- und Jugendkriminalität in den letzten Jahren ist Besorgnis erregend. Nachlassende Wert- und Normorientierung, fehlender familiärer Rückhalt, Jugendarbeitslosigkeit sind Teilaspekte sozialer Desintegration, die als mitursächlich für die Straffälligkeit von Kindern und Jugendlichen anzusehen sind. Diese Ursachen lassen sich nicht durch Änderung des Jugendstrafrechts beseitigen, sondern nur durch Maßnahmen in grundsätzlich allen außerstrafrechtlichen Politik- und Verantwortungsbereichen.

Die gesetzliche Strafmündigkeitsgrenze von 14 Jahren ist das Ergebnis einer langen rechtspolitischen Entwicklung und hat sich grundsätzlich bewährt. Durch die Strafmündigkeit soll einerseits den Jugendlichen die Verantwortung für ihr eigenes Tun und das Einstehenmüssen für begangenes Unrecht deutlich vor Augen geführt werden. Andererseits setzt

aber die strafrechtliche Verantwortung eine zur Tatzeit nach der sittlichen und geistigen Entwicklung ausreichende Reife voraus, um das Unrecht der Tat einzusehen und nach dieser Einsicht handeln zu können. Ist die Einsichts- und Steuerungsfähigkeit auch bei einzelnen Jugendlichen unterschiedlich entwickelt, so ist aus Gründen der Rechtssicherheit eine eindeutige Altersgrenze erforderlich.
Gegen eine Herabsetzung der Strafmündigkeitsgrenze spricht auch, dass es sich bei den registrierten Rechtsverletzungen durch Kinder ganz überwiegend um Delikte leichterer Art, wie zum Beispiel Ladendiebstahl, handelt. Hier stellt das Jugendhilferecht kindergerechte Maßnahmen zur Verfügung, um Fehlentwicklungen entgegenzuwirken. Dem immer wiederkehrenden Ruf nach Herabsetzung der Strafmündigkeitsgrenze wird die Unionsfraktion nicht nachgeben. Andererseits treten wir auch den gegenläufigen Tendenzen nachdrücklich entgegen, die eine Heraufsetzung der Altersgrenze auf 16 Jahre fordern.

3 *Ordnet die folgenden Thesen, die den beiden Texten auf den Seiten 44–45 entnommen sind, den auf S. 46 genannten Kategorien zu:*

A Diese Tatsachen dürfen für unsere Gesellschaft deshalb kein Tabuthema mehr sein. (Vogler, Z. 6 ff.)

B Aus diesem Grund ist die Altersbegrenzung bei 14 Jahren, die derzeit das Kind vom Jugendlichen gesetzlich unterscheidet, überholt. (Vogler, Z. 11 ff.)

C Sanktionen des Jugendstrafrechtes müssen deshalb bereits ab dem zwölften Lebensjahr verhängt werden können. (Vogler, Z. 20 ff.)

D Zusätzlich zu einer Herabsetzung der Strafmündigkeit ist es erforderlich, die Ursachen der Kinder- und Jugendkriminalität [...] zu bekämpfen. (Vogler, Z. 38 ff.)

E Der Anstieg der Kinder- und Jugendkriminalität in den letzten Jahren ist Besorgnis erregend. (Geis, Z. 1 f.)

F Diese Ursachen lassen sich [...] nur durch Maßnahmen in grundsätzlich allen außerstrafrechtlichen Politik- und Verantwortungsbereichen beseitigen. (Geis, Z. 8 ff.)

G Die gesetzliche Strafmündigkeitsgrenze von 14 Jahren [...] hat sich grundsätzlich bewährt. (Geis, Z. 13 ff.)

Thesen
Meist lässt sich die zentrale Aussage eines argumentierenden Textes als **These** formulieren. Eine These ist syntaktisch in der Regel ein Aussagesatz. Sie kann auftreten als

- **Behauptung**
  In ihr wird festgestellt, dass etwas „der Fall" bzw. eine „Tatsache" ist.
  Beispiel: „In den letzten Jahren ist die Kriminalität von Kindern und Jugendlichen deutlich angestiegen."
- **Werturteil**
  In ihm wird etwas als wertvoll oder als wertlos und gefährlich dargestellt.
  Beispiel: „Auch die Opfer der Kinderkriminalität haben ein Recht auf Schutz." – „Drogenhandel ist kein Kavaliersdelikt."
- **Empfehlung** oder **Forderung**
  Ähnlich wie bei einem Werturteil wird etwas als wertvoll dargestellt, aber auch gefordert bzw. empfohlen.
  Beispiel: „Jede Straftat in der Schule sollte der Polizei gemeldet werden."

4 *Untersucht, wie die Thesen begründet werden. Ordnet ihnen die entsprechenden Argumente zu. Beachtet, dass im Text nur selten eine syntaktische Verknüpfung durch Konjunktionen (z. B. „denn" oder „weil") gegeben ist. Verdeutlicht durch Einfügen der entsprechenden Konjunktionen die logischen Zusammenhänge.*

Beispiel: Gegen eine Herabsetzung der Strafmündigkeitsgrenze spricht auch, dass es sich bei den registrierten Rechtsverletzungen durch Kinder ganz überwiegend um Delikte leichterer Art, wie zum Beispiel Ladendiebstahl, handelt. (Geis, Z. 30 ff.)
*→ **These:** Die Strafmündigkeitsgrenze sollte auch deshalb nicht herabgesetzt werden,*
__Argument:__ weil die Delikte oft nur leichterer Art sind.

Argumente
Ein Argument ist jede Aussage, die eine These stützen und damit deren Geltungsanspruch bekräftigen soll. Man kann verschiedene Arten unterscheiden:

- **Faktenargumente** sind Hinweise auf Tatsachen, die mit eigenen Erfahrungen belegt oder auch mit wissenschaftlichen Erkenntnissen oder statistischen Erhebungen abgesichert sein können.
  Beispiel: „[...], denn die Zahl der Straftaten ist enorm gestiegen."
- **Wertargumente** sind ausgesprochene oder unausgesprochene Berufungen auf Normen und allgemein anerkannte Werte wie Gesundheit, Meinungsfreiheit, Unverletzlichkeit der Person etc.
  Beispiel: „[...], denn jedes Kind hat ein Recht auf Unterstützung durch die Gemeinschaft."

- **Autoritätsargumente** sind Berufungen auf Autoritäten bzw. Expertinnen/Experten, die als anerkannt vorausgesetzt werden. Je nach Thema und Adressatenkreis können das ganz unterschiedliche Personengruppen wie Wissenschaftler, Politiker oder sogar Popstars sein.
  Beispiel: „[...], weil auch schon auf der Fachtagung ‚Kinderkriminalität' 1997 von namhaften Wissenschaftlern festgestellt wurde, dass [...].“

5 *Bestimmt für die Argumente, die ihr gefunden habt, die Argumentarten.*

6 *Welche Position erscheint euch überzeugender? Hängt eure Einschätzung mit der Plausibilität (= der Überzeugungskraft) der Argumente zusammen oder seht ihr andere Gründe?*

7 *Welche Argumente der Pro- und Kontra-Stellungnahmen zur Herabsetzung der Strafmündigkeit könnte man leicht durch Belege und Beispiele stützen, welche sind schwerer zu untermauern?*

!

Belege und Beispiele
In kurzen Statements verzichtet man oft auf Belege oder Beispiele, die die Argumentation stützend untermauern. In Argumentationen und Debatten sind sie aber sinnvoll, um möglichst konkret die Begründung zu veranschaulichen.
Beispiel: „(Diese Tatsachen dürfen für unsere Gesellschaft deshalb kein Tabuthema mehr sein, weil die Straftaten immer brutaler werden.) Ich möchte nur das Beispiel des 12-jährigen F. anführen, der im letzten Sommer seine Lehrerin angegriffen und geschlagen hat.“

Strittige Sachverhalte klären – Eine dialektische Erörterung verfassen

Eine Möglichkeit, sich über das Für und Wider, das Pro und Kontra einer Sache klar zu werden, ist eine **dialektische Erörterung.** In einer Erörterung wird ein strittiger Sachverhalt schriftlich diskutiert, Standpunkte und ihre jeweiligen Begründungen werden abwägend einander gegenübergestellt, abschließend folgt das begründete eigene Urteil, das sich schlüssig aus dem gesamten Gedankengang ergibt. Auch die dialektische Erörterung zeigt grundsätzlich die Dreiteilung: Einleitung – Hauptteil – Schluss und hat einen Adressaten, z. B. könnte man die unten stehende Frage für eine Schülerzeitung erörtern. Beachtet dabei die folgenden Schritte.

Sollte das Alter der Strafmündigkeit auf zwölf Jahre gesenkt werden?

1. Schritt: Eine Stoffsammlung anlegen

1 *Notiert auf Karteikarten, was für und was gegen eine Herabsetzung des Alters der Strafmündigkeit spricht. Verwendet für jeden Gedanken jeweils eine Karte, das erleichtert den Übergang zur Gliederung.*

2 *Sortiert die abgebildeten Karten und eure auf Karten festgehaltenen Gedanken nach Pro und Kontra. Ergänzt, wenn nötig, die Notizen.*

3 *Prüft eure Stoffsammlung: Besteht ein Gleichgewicht der Pro- und Kontra-Seiten? Gibt es auf jeder Seite genügend Argumentationsideen oder sollte noch weiter zum Thema recherchiert werden?*

2. Schritt: Die Gliederung des Hauptteils planen

Die Gliederung einer dialektischen Erörterung kann auf zwei verschiedene Weisen erfolgen:

Pro und Kontra im Block
Sanduhr-Prinzip

Pro-Argument 1
(Argument für die These)

Pro-Argument 2

Pro-Argument 3 ...

Überleitung

Kontra-Argument 1

Kontra-Argument 2

Kontra-Argument 3 ...

Fortlaufende Antithetik
Ping-Pong-Prinzip

Pro-Argument 1
(Argument für die These)

Kontra-Argument 1
(Argument für die Gegenthese, eventuell Entkräftung des Pro-Argumentes)

Pro-Argument 2
(eventuell Entkräftung des Kontra-Argumentes)

Kontra-Argument 2

Die Reihenfolge der Argumente ist in der Regel nach der Gewichtung geordnet, d. h., die wichtigeren Argumente stehen am Ende. Die Argumente, die schließlich den Ausschlag für das eigene Urteil geben, sollten ganz am Schluss stehen. Legt ihr die Erörterung im „Ping-Pong-Prinzip" an, wirkt es besonders elegant, wenn die Argumente aufeinander Bezug nehmen und nicht einfach nebeneinanderstehen.

Als Hilfe für die Leserin/den Leser und als Kontrolle des Aufbaus kann man eine gegliederte Inhaltsübersicht voranstellen:

0 Einleitung
1 Die Strafmündigkeit sollte auf 12 Jahre festgesetzt werden.
1.1 Die Kriminalität von Kindern hat stark zugenommen.
1.2 Kindheit und Jugend haben sich verändert.
1.3 ...
2 Die Strafmündigkeit sollte unverändert bestehen bleiben.
2.1 Jede Grenze ist willkürlich, eine Änderung verbessert nichts.
2.2 Es gibt andere Mittel, gegen die Kriminalität von Kindern vorzugehen.
2.3 ...

4 *Bestimmt, nach welchem Muster diese Erörterung gegliedert ist: „Sanduhr" oder „Ping-Pong".*

5 *Ordnet eure Karteikarten auf einem Tisch oder einer Pinnwand. Erprobt die beiden Gliederungsweisen und diskutiert ihre Vor- und Nachteile.*

3. Schritt: Einleitung und Schluss schreiben

Je nach Thema bzw. Material kann die **Einleitung**
- von einem konkreten Fall oder aktuellen Zusammenhang ausgehen,
- die allgemeine Bedeutung des Problems aufzeigen,
- eine geschichtliche Entwicklung oder neue Tendenz ansprechen,
- von einer Definition ausgehen.

Die Problematik sollte auf jeden Fall in der Einleitung noch einmal (mit einer etwas anderen Formulierung als in der Überschrift, aber ohne inhaltliche Veränderung) ausdrücklich benannt werden.

Kinder, die Straftaten begehen, gab es schon immer. Unmittelbar nach dem Krieg wurden sie zum Beispiel zum Kohlenstehlen geschickt, weil auf Kinder nicht geschossen wurde. Vergleicht man aber die damaligen Umstände mit heute, zeigt sich, dass ...

Betrachtet man die Kriminalitätsstatistik der letzten zehn Jahre, fällt die Steigerung der Kriminalität von Kindern deutlich ins Auge. Ich frage mich, ob diese Tendenz auch zu einer insgesamt gefährdeteren und gefährlicheren Gesellschaft führt, denn wenn jemand schon früh Straftaten begeht, wird er sicher später umso eher gegen das Gesetz verstoßen. Daher stellt sich die Frage, ob ...

Schuldfähigkeit, Deliktfähigkeit, Strafmündigkeit – viele Begriffe prägen eine Diskussion, die immer wieder aufkommt. Einen dieser Begriffe möchte ich genauer untersuchen und zugleich die Frage stellen, ob seine Umsetzung noch richtig ist: Die Rede ist von der Strafmündigkeit und der Problematik, dass sie heute ...

Im Juli 2007 ging ein spektakulärer Fall durch die Presse: Eine 80-jährige Frau wurde offenbar wochenlang von einigen Kindern tyrannisiert. Dies möchte ich zum Anlass nehmen, über die Frage nachzudenken, ob ...

6 *Ordnet diese Einleitungen den auf Seite 49 genannten Möglichkeiten zu.*

Den **Schluss** oder das **Fazit** einer dialektischen Erörterung formuliert man, indem man

- **die eigene Position,** die sich schlüssig aus der vorangegangenen Darstellung ergeben muss, mit einer kurzen Begründung darstellt (hierzu können die entscheidenden Argumentationsschritte zusammengefasst oder es kann ein Hauptargument konzentriert wiederholt werden, neue Argumente werden nicht mehr angeführt);
- begründet feststellt, dass man sich nicht für eine Position entscheiden kann und eventuell darauf hinweist, wo noch **Klärungsbedarf** besteht;
- einen **Kompromissvorschlag** entwickelt und begründet, indem man sowohl den Pro- als auch den Kontra-Argumenten gerecht wird bzw. diese abwägt.

Abschließend kann man die Leserin/den Leser „entlassen", indem man, möglichst an die Einleitung anknüpfend, einen **Zukunftsausblick** wagt oder einen Wunsch bzw. Appell formuliert. Einleitung und Schluss sollten nicht zu umfangreich sein, ein Fünftel der Gesamtlänge ist für beide Teile zusammen angemessen.

7 *Formuliert selbst eine Einleitung und einen Schluss zum Thema.*

4. Schritt – Die Erörterung formulieren

Beim Abfassen einer dialektischen Erörterung können folgende Hinweise nützlich sein:

- Den **Adressaten** und die **Absicht** im Blick haben:
  Vor dem Schreiben muss man sich klarmachen, welche Konsequenzen Adressat und Absicht für die Erörterung haben. Es ist ein Unterschied, ob ich einen erörternden Text für die Schülerzeitung schreibe, in dem ich ans Mitdenken appelliere, oder ob ich mich mit einem Antrag an die Schulleitung oder eine Behörde wende.
- Die **Argumente entfalten:**
  Ein Argument ist besonders überzeugend, wenn es möglichst anschaulich ist; also: Beispiele und Belege verwenden. Auch der Hinweis auf Folgen eines Verhaltens oder einer Entscheidung ist hier wichtig.
- **Sprachliche Verknüpfungen** beachten:
  Wichtig ist, dass der gedankliche Zusammenhang zwischen den verschiedenen Teilen eures Textes (seine Kohärenz) und damit zugleich seine gedankliche Gliederung auch sprachlich deutlich wird. (Kohärenzsignale, ▷ S. 42)
- **Absätze machen:**
  Achtet darauf, dass die gedankliche Gliederung auch optisch deutlich wird, indem ihr Absätze macht – und zwar nicht nur zwischen den drei großen Teilen der Erörterung. Absätze machen euren Text übersichtlich und erleichtern damit das Lesen.

8 *Schreibt eine vollständige Erörterung zum Thema „Sollte die Strafmündigkeit auf 12 Jahre gesenkt werden?“.*

5. Schritt – Die Erörterung kritisch überprüfen

9 *Überprüft euren fertigen Beitrag kritisch. Achtet besonders auf folgende Punkte:*

- *Ist der **Inhalt** schlüssig?*
- *Wird die gedankliche **Struktur** durch Kohärenzsignale sprachlich verdeutlicht?*
- *Wird die gedankliche **Gliederung** durch Absätze deutlich gemacht?*
- *Ist die Sprache **sachlich**?*
- *Werden Wertungen in **Einleitung** und **Hauptteil** vermieden und im **Schlussteil** sachlich begründet?*
- *Wird variabel formuliert?*

10 *Tauscht eure Erörterungen untereinander aus, überprüft sie und macht gegenseitig Verbesserungsvorschläge zu den oben genannten Punkten.*

2.3 Gewalt im Stadion – Ein Hearing durchführen

Leipzig. Rückblick: 10. Februar 2007. Lok-Fans attackieren nach einem Pokalspiel Polizeibeamte. Spontan. Aus der Menge heraus. 39 Beamte werden verletzt. Der Dokumentationstrupp liefert angeblich beweissichere Aufnahmen – doch die Bilder sind häufig nicht gut genug, um mutmaßliche Täter zu überführen. Die Verfahren laufen nur schleppend. Bislang gibt es nur fünf Verurteilungen. Bewährungsstrafen. Der Verein reagiert – wie viele andere – hilflos mit Stadionverboten. Verbote, die der Lok-Anhang nicht akzeptieren will. Solidarität mit den Ausgesperrten – Protest im Stadion. Einer, der seit dem 10. Februar zu den Ausgesperrten gehört, ist Ronny M. – einer, der immer wieder zuschlägt. Aus der Menge heraus. Das Stadionverbot bei Lok hat ihn kaum beeindruckt. Denn: Mitprügeln könnte er auch vor oder nach dem Spiel. „Das kann immer passieren, immer dann, wenn man am wenigsten damit rechnet", sagt Hooligan Ronny. Nachfrage von sport inside: „Ist das der Reiz dabei?" Ronny M.s Antwort kommt prompt: „Ja. Wir lassen es nicht jedes Wochenende knallen, aber wenn wir es knallen lassen, ordentlich."

DFB-Aktionen – TV-Spot: Stoppt Gewalt und Randale!

Die Nationalmannschaft des Deutschen Fußball-Bundes (DFB) tritt auch außerhalb des Sportplatzes engagiert auf. In zwei TV-Spots, die der bekannte Regisseur Sönke Wortmann gedreht hat, appelliert das Team [...] an alle Fußballfans:
„Stoppt Gewalt und Randale! Wir schlagen unseren Gegner auf dem Platz und nicht auf der Tribüne." Die Idee zu dieser Aktion kam nach den Ausschreitungen von Hooligans beim Länderspiel in Slowenien 2005 aus dem Kreis der Nationalmannschaft. Dazu betont Manager Oliver Bierhoff: „Die Spieler haben selbst die Initiative dazu ergriffen, weil sie einen klaren Akzent setzen wollen. Die Leute, die Randale machen, sind für uns keine Fans, sondern Gewalttäter, Randalierer oder Kriminelle, die die Bühne des Fußballs missbrauchen. Diese Leute gehören nicht zu uns."

Aslan: Mit 16 habe ich für die A-Jugend von Tasmania Berlin gespielt. Da habe ich erstmals diese Parolen gehört. „Scheiß-Kanaken" oder „Ausländer raus". Es war eine Zeit, in der ich intensiv über die Wiedervereinigung nachgedacht habe. Meine Eltern kamen aus der Türkei, ich wurde in Berlin geboren – und plötzlich wurde ich als Ausländer beschimpft. Dabei hatte ich das Gefühl, dass wir die Gesellschaft waren, die eine andere aufnimmt. Ich dachte: Moment mal, ihr seid später dazugekommen. Selbst unsere deutschen Spieler wurden beschimpft.

Wie hat sich das nach Ihrem Wechsel zu Türkiyemspor verändert?

Aslan: Ich erinnere mich an ein Spiel in Neuruppin. Zwei unserer Spieler waren zuvor bei einem Autounfall ums Leben gekommen. Wir haben gefragt, ob wir eine Gedenkminute einlegen können. Als der Stadionsprecher darauf einging, setzte im Publikum Jubel ein: „Tschüss Ali, zwei weniger, jawohl." Wir mussten mit den Emotionen klarkommen. Wut, Hass, Trauer. Es ging vieles in mir vor. Wir haben es geschafft, die Nerven zu behalten.

1 *Stellt aus den Texten zusammen, welche Art der Gewalt in und um die Fußballstadien herrscht und wie darauf reagiert wird.*

2 *Entwickelt Vorschläge, wie auf solche Gewaltausbrüche reagiert werden sollte. Diskutiert sie in Kleingruppen.*

ARBEITSTECHNIK

Hearing

In einem **Hearing,** einer **Expertenanhörung** bzw. **-befragung,** läuft die Kommunikation, anders als in der Debatte oder der Podiumsdiskussion, nicht unter den Experten, sondern zwischen dem Publikum und den Experten ab. Alle Teilnehmer müssen gut vorbereitet sein, um entweder sinnvoll fragen oder entsprechend antworten zu können. Eine Moderatorin oder ein Moderator sorgt dafür, dass vereinbarte Redezeiten (meist 2 bis 3 Minuten) eingehalten, die Fragen thematisch gebündelt und gleichmäßig auf die Experten/innen verteilt werden.

3 *Bereitet eine Expertenanhörung, ein Hearing, vor.*

a) Teilt die Klasse in eine ***Expertengruppe*** *(ein Drittel der Klasse) und in drei Befragergruppen (zusammen zwei Drittel der Klasse) auf. Die Mitglieder der Experten recherchieren Aspekte des Themas „Gewalt im Stadion" aus verschiedenen Perspektiven, im Hearing spielen vier aus der Gruppe die Rolle der Sachverständigen. Denkbar wären:*

Vertreter eines Fanclubs

Du möchtest gewaltfrei die Spiele deiner Mannschaft besuchen, für andere Fans Veranstaltungen organisieren, dich mit ihnen austauschen. Gewaltbereite Fans (Ultras) lehnst du ab. Du siehst aber auch das Verhalten der Fußballvereine und der Polizei, vorsorglich Stadionverbote zu erlassen, als problematisch an. Das trifft deiner Meinung nach oft die Falschen.

Vertreter der Polizei, so genannter „szenekundiger Beamter"
Du arbeitest mit einem Verein und seinen Fanclubs zusammen. Man kennt dich, du begleitest in Zivilkleidung die Fan-Gruppen, wenn sie zu Auswärtsspielen unterwegs sind. Im eigenen Stadion beobachtest du die Fan-Blocks. Du kennst die meisten der gewaltbereiten Fans und versuchst schon früh, durch Ansprechen dafür zu sorgen, dass es im Stadion ruhig bleibt. Deine Arbeit wird allerdings nicht von allen Fans gern gesehen.

Vertreter der Schiedsrichter
Mit der Gewalt außerhalb des Stadions hast du selten zu tun, nur einmal musstest du unter Polizeischutz aus dem Stadion gebracht werden. Dein Problem ist die Gewalt auf dem Platz: wenn Fan-Gruppen Gegenspieler rassistisch beleidigen, wenn Feuerwerkskörper gezündet werden oder Gegenstände von den Rängen auf das Spielfeld geworfen werden. Du musst entscheiden, wann du ein Spiel abbrichst, ob die Umstände zumutbar sind. Nicht immer leicht. Noch gefährlicher sind aber die Spieler selbst – den Schiedsrichter auch körperlich anzugreifen, ist bei vielen kein Tabu mehr – und oft werden sie sogar von Zuschauern angefeuert.

Vertreter eines Fußballclubs
Gewalt im und um das Stadion ist rufschädigend für einen Verein. Die Zuschauerzahlen gehen zurück, wenn mit Gewaltexzessen zu rechnen ist. Zudem können Spiele, die durch gewalttätige Aktionen der Ultras gestört werden, abgebrochen werden, das heißt, dass die gegnerische Mannschaft den Sieg zugesprochen bekommt. Am schlimmsten sind aber Spiele, zu denen keine Zuschauer zugelassen werden, so genannte „Geisterspiele". All das führt dazu, dass dein Verein kein Interesse an solchen „Fans" hat. Aber du weißt auch, dass es sie gibt und man auf sie reagieren muss.

b) Die **Befragergruppen** *machen sich allgemein über das Thema sachkundig, indem sie Zahlen, Daten, Fakten („Z – D – F") zu Gewalttaten in Stadien recherchieren und knapp andiskutieren, wie man ihrer Ansicht nach der Gewalt Herr werden kann. Daraus sollte jeweils eine Liste mit Fragen entstehen, die im Hearing gestellt werden.*

4 *Führt dann das Hearing durch.*

a) Zu Beginn stellen die sachverständigen Experten kurz (1–2 Minuten) den eigenen Standpunkt zur Einschätzung der Gewalt beim Fußball und zu den Möglichkeiten ihrer Bekämpfung vor.
b) Das Publikum stellt Fragen zu diesen Aussagen. Die Moderation muss darauf achten, dass die Experten auf die Fragen der Teilnehmerinnen und Teilnehmer eingehen.
c) Das Hearing ist entweder nach einer festgelegten Zeit beendet oder dann, wenn alle Fragen des Publikums bearbeitet wurden.

5 *Vergleicht in einer abschließenden Auswertung die Eindrücke des Gesprächs und der gewonnenen Einsichten mit euren Voreinstellungen. Ladet „echte" Experten ein und befragt diese, wenn ihr die Gelegenheit dazu habt.*

3 Globale Verantwortung – Recherchieren und Präsentieren

3.1 Klimawandel – Informative Referate halten

1 a) *Schreibt möglichst spontan und ohne Denkpausen auf, was euch beim Betrachten des Bildes durch den Kopf geht.*

b) *Sammelt eure Eindrücke und Assoziationen in Form eines Clusters an der Tafel.*

2 *a) Sucht aus den Kurzinformationen unten die Angabe heraus, die zu dem Foto auf S. 55 passt. Setzt sie in Beziehung zu der Original-Bildunterschrift:*
Schnell verleibt sich die Natur verlassene Häuser ein. In Namibia erobern Wanderdünen binnen Monaten einstige Wohnstätten.
b) Formuliert übergeordnete Themen, die zu allen Angaben passen.

18,7 % Anteil der Erdoberfläche, der von Luftverschmutzung betroffen ist.
500 000 ha Fläche, um die sich die Wüste jährlich ausdehnt, weil der Mensch zu viele Tropenwälder abholzt.
15 501 Anzahl der Arten, die vom Aussterben bedroht sind – 784 sind bereits ausgerottet worden.
3 421 l Ölverbrauch eines Amerikaners pro Jahr, in Deutschland sind es im Schnitt 1 560 Liter.
50,1 % Anteil der Menschen, die in Städten leben. Die Zahl liegt 2007 erstmals über der 50 %-Marke.

Klimawandel – Zu einem Begriff recherchieren

Die Themen Umweltzerstörung und Naturschutz haben in jüngster Zeit verstärkt Aufmerksamkeit gefunden. Das Interesse kristallisiert sich vor allem um einen Begriff: Klimawandel.

1 *a) Legt eine Mind-Map zum Thema „Klimawandel" an. Ordnet unter anderem die Angaben oben als Stichwörter zu.*
b) Stellt anhand eurer Mind-Map heraus, welche Lebensbereiche einerseits und welche Wissenschaften andererseits von diesem Thema betroffen sind.

2 *Das Thema „Klimawandel" bietet sich in der Schule für fächerverbindendes Arbeiten an.*

Chemie – Kunst – Physik – Geschichte – Deutsch
Geografie – Biologie – Sozialwissenschaft – Religion/Ethik

a) Erläutert an Beispielen, welchen Anteil die genannten Fächer bei einem fächerverbindenden Projekt zum Thema „Klimawandel" haben können.
Die Geschichte des Klimawandels - Der Treibhauseffekt - Das Kyoto-Protokoll - Energiesparstrategien
b) Formuliert noch weitere Unterthemen zum Thema „Klimawandel", die von Referatsgruppen bearbeitet werden sollen.
c) Sammelt in einem Brainstorming euer Vorwissen zu den genannten Themen und klärt, welches Fachwissen für Referate zu diesen Themen eine Rolle spielt.

3 *a) Recherchiert in Bibliotheken und im Internet zu den oben genannten und/oder zu den von euch selbst formulierten Themen.*
b) Fasst eure ersten Rechercheergebnisse in einer übersichtlichen Form zusammen, sodass ihr einen Überblick darüber geben könnt.

Recherche

Vor allem das Internet bietet für Rechercheaufgaben ausgezeichnete Möglichkeiten:

- Bibliotheken bieten **Online-Kataloge** an, mit deren Hilfe man gezielt nach Büchern und Zeitschriften-Aufsätzen zu bestimmten Themen (→ Schlagwörter) suchen kann.
- **Suchmaschinen** im Internet weisen in kürzester Zeit viele Internetquellen nach, unter denen man Informationen oder Beiträge zu den eingegebenen Suchwörtern findet.
- Zu einer Recherche gehören folgende **Arbeitsschritte:**
  - die Recherche planen – Recherchestrategien entwickeln;
  - die Recherche durchführen;
  - die Recherche dokumentieren;
  - Rechercheergebnisse auswerten und miteinander verknüpfen (▷ S. 331).

ein Rechercheprotokoll anfertigen – Fragen zum Thema sammeln –
die Qualität/Seriosität einer Quelle beurteilen –
Suchbegriffe zum Thema und zu den Fragen sammeln –
einen Online-Bibliothekskatalog aufrufen – das Thema eingrenzen und Sachgebieten zuordnen –
Suchmaschinen nutzen – das Literaturverzeichnis eines Sachtextes zum Thema sichten –
die Rechercheprotokolle mit Ordnungsbegriffen und Querverweisen versehen

4 *a) Ordnet die Tätigkeiten den im Merkkasten genannten Arbeitsschritten bei einer Recherche zu.*
b) Mit dem Recherchieren von Informationsquellen und Informationen ist nur der erste Schritt auf dem Weg zu einer eigenen Präsentation getan. Stellt die verschiedenen Schritte bei und nach der Informationsrecherche bis zum fertigen Vortrag in einem Flussdiagramm dar.

Svante Arrhenius, IPCC und Kyoto – Informationen prüfen, Begriffe klären, Fragen vorwegnehmen

Eine Referatsgruppe hat das Thema „Geschichte des Klimawandels" übernommen und dazu Material in einer Zeitung gefunden, nämlich die folgende Zeitleiste:

Geschichte des Klimawandels

1896 Der Schwede Svante Arrhenius berechnet, dass der Ausstoß von Kohlendioxid den Treibhauseffekt der Atmosphäre erhöht.

1975 Wallace Broecker warnt im Wissenschaftsjournal „Science", dass die Welt sich drastisch erwärmen könnte.

1988 Das IPCC (Intergovernmental Panel on Climate Change) wird gegründet. Es soll den beteiligten Regierungen regelmäßig über den Stand der Klimaforschung berichten.

1990 1. Sachstandsbericht des IPCC: Der Weltklimarat schätzt den Temperaturanstieg bis zum Jahr 2100 eher pauschal auf 2 bis 5 Grad. Lobbyisten der Industrie bestreiten die Aussage.

1992 In Rio de Janeiro wird die Klimarahmenkonvention unterschrieben. Sie soll eine gefährliche, vom Menschen verursachte Störung des Klimasystems verhindern.

1995 2. Sachstandsbericht des IPCC: Die Experten sprechen erstmals von einem „erkennbaren Einfluss des Menschen" auf das Klima.

1997 Das Kyoto-Protokoll wird verabschiedet: Die Länder verpflichten sich, den Ausstoß von Treibhausgasen bis 2012 um 5,2 Prozent im Mittel unter das Niveau von 1990 zu senken. [...]

2001 3. Bericht des IPCC: Die Klimaforscher erwarten eine Erwärmung von 1,4 bis 5,8 Grad und einen Anstieg des Meeresspiegels von 21 auf 88 Zentimeter.

2005 Das Kyoto-Protokoll tritt in Kraft, nachdem es Russland ratifiziert hat: Es sind nun mehr als 55 Staaten beigetreten, die zusammen für mehr als 55 Prozent der emittierten Treibhausgase verantwortlich sind.

2007 4. Bericht des IPCC: Seit dem 19. Jahrhundert hat sich die Erde um 0,76 Grad aufgeheizt. Die erwartete Erwärmung bis 2100 beträgt weitere 1,1 bis 6,4 Grad, der Meeresspiegel steigt um 18 bis 59 Zentimeter. [...]

Geschichte des Klimawandels

1 *Beurteilt die Tauglichkeit der Zeitleiste für eine Präsentation im Referat anhand der folgenden Kriterien:*
- *Sind alle Teilinformationen gleichermaßen von Interesse?*
- *Sind alle Informationen in der dargebotenen Form verständlich und hinreichend?*
- *Erscheinen die Informationen glaubwürdig? Sind sie belegt?*
- *Ist die Präsentationsweise in der Zeitung (Zeitleiste, Jahreszahlen, Kurztexte) auch für die Präsentation im Referat geeignet?*

2 *Formuliert Fragen, die sich aus den äußerst knappen Texten ergeben, und recherchiert Antworten.*

3 *„Geschichte des Klimawandels" – ist das eigentlich der richtige Titel? Überlegt und formuliert mögliche Alternativen.*

ARBEITSTECHNIK

Von der ersten Information zum gesicherten Wissen

Die Informationen, die man zu einem Thema recherchiert hat, können nicht ohne Weiteres für das eigene Referat übernommen werden. Vielmehr ist es nötig,
- die Informationen auf ihre Richtigkeit zu **überprüfen,** indem man z. B. eine Bestätigung in einer anderen Informationsquelle sucht (▷ S. 331);
- unvollständige, oberflächliche oder zunächst unverständliche Informationen durch weiteres Wissen zugänglich zu machen oder zu **ergänzen;**
- sich in die Rolle des Zuhörers zu versetzen und vorwegzunehmen, welche Fragen sich diesem stellen könnten.

Das Protokoll von Kyoto – Eine Quelle im Original nachlesen

Wann immer man sich mit dem Thema „Klimawandel“ beschäftigt, wird man früher oder später auf das „Kyoto-Protokoll“ stoßen. Zwar gibt es genügend Möglichkeiten, sich mehr oder weniger knapp über diesen internationalen Vertragstext zu informieren. Aber es ist sowohl reizvoll als auch wichtig, darüber hinaus auch einmal in den Originaltext zu schauen. Denn dann bekommt man einen authentischen Eindruck davon, wie es klingt, wenn sich so viele Staaten auf einen Wortlaut geeinigt haben, und kann außerdem überprüfen, ob die zusammenfassenden Informationen den Sinn des Originaltextes richtig wiedergeben.

Artikel 2

(1) Um eine nachhaltige Entwicklung zu fördern, wird jede in Anlage I aufgeführte Vertragspartei bei der Erfüllung ihrer quantifizierten Emissionsbegrenzungs- und -reduktionsverpflichtungen nach Artikel 3

a) entsprechend ihren nationalen Gegebenheiten Politiken und Maßnahmen wie die folgenden umsetzen und/oder näher ausgestalten:

- **i)** Verbesserung der Energieeffizienz in maßgeblichen Bereichen der Volkswirtschaft;
- **ii)** Schutz und Verstärkung von Senken und Speichern von nicht durch das Montrealer Protokoll geregelten Treibhausgasen unter Berücksichtigung der eigenen Verpflichtungen im Rahmen einschlägiger internationaler Umweltübereinkünfte sowie Förderung nachhaltiger Waldbewirtschaftungsmethoden, Aufforstung und Wiederaufforstung;
- **iii)** Förderung nachhaltiger landwirtschaftlicher Bewirtschaftungsformen unter Berücksichtigung von Überlegungen zu Klimaänderungen;
- **iv)** Erforschung und Förderung, Entwicklung und vermehrte Nutzung von neuen und erneuerbaren Energieformen, von Technologien zur Bindung von Kohlendioxid und von fortschrittlichen und innovativen umweltverträglichen Technologien;
- **v)** fortschreitende Verringerung oder schrittweise Abschaffung von Marktverzerrungen, steuerlichen Anreizen, Steuer- und Zollbefreiungen und Subventionen, die im Widerspruch zum Ziel des Übereinkommens stehen, in allen Treibhausgase emittierenden Sektoren und Anwendung von Marktinstrumenten;
- **vi)** Ermutigung zu geeigneten Reformen in maßgeblichen Bereichen mit dem Ziel, Politiken und Maßnahmen zur Begrenzung oder Reduktion von Emissionen von nicht durch das Montrealer Protokoll geregelten Treibhausgasen zu fördern;
- **vii)** Maßnahmen zur Begrenzung und/oder Reduktion von Emissionen von nicht durch das Montrealer Protokoll geregelten Treibhausgasen im Verkehrsbereich;
- **viii)** Begrenzung und/oder Reduktion von Methanemissionen durch Rückgewinnung und Nutzung im Bereich der Abfallwirtschaft sowie bei Gewinnung, Beförderung und Verteilung von Energie;

1 *a) Tauscht euren ersten Eindruck von diesem Auszug aus dem Protokolltext aus.*
b) Haltet markante Textmerkmale an der Tafel fest.

ARBEITSTECHNIK

Umgang mit schwierigen Texten
Manche Fachtexte (z. B. juristische, wissenschaftliche, technische Texte) sind auf Grund ihrer Fachterminologie und auf Grund ihrer komplexen Satzstrukturen besonders schwer zu lesen.

Um solche Texte zu „knacken", helfen folgende **Arbeitstechniken:**
- schwierige oder unbekannte bedeutungstragende Begriffe genau klären;
- komplexe Satzkonstruktionen in mehrere Einzelsätze auflösen;
- Beziehungen/Bezüge zwischen Satzgliedern oder Aussagen grafisch verdeutlichen.

2 *a) Legt eine Liste von Begriffen an, deren Bedeutung geklärt sein muss, wenn der Text verstanden werden soll.*
b) Bereitet kurze Erklärungen für diese Begriffe vor, die ggf. bei Nachfragen während des Referates eingebracht werden können.

Energieeffizienz

Montrealer Protokoll

nachhaltige landwirtschaftliche Bewirtschaftungsformen

Treibhausgase emittierende Sektoren

3 *Löst besonders komplexe Formulierungen (ii, iv, v, vi, viii) in Einzelsätze auf oder strukturiert sie grafisch so, dass sie verständlicher werden, z. B. iv):*

- *Erforschung* - *Förderung* - *Entwicklung* - *Nutzung*	*von*	- *neuen und erneuerbaren Energieformen,* - *Technologien zur Bindung von Kohlendioxid und* - *fortschrittlichen und innovativen umweltverträglichen Technologien*

4 *a) Klärt, welche Rolle der Originaltext im Rahmen eines Referates zum Kyoto-Protokoll spielen könnte.*
b) Recherchiert im Internet, wo ihr den gesamten Text nachlesen könnt.

Der Treibhauseffekt – Wissen strukturieren und grafisch umsetzen

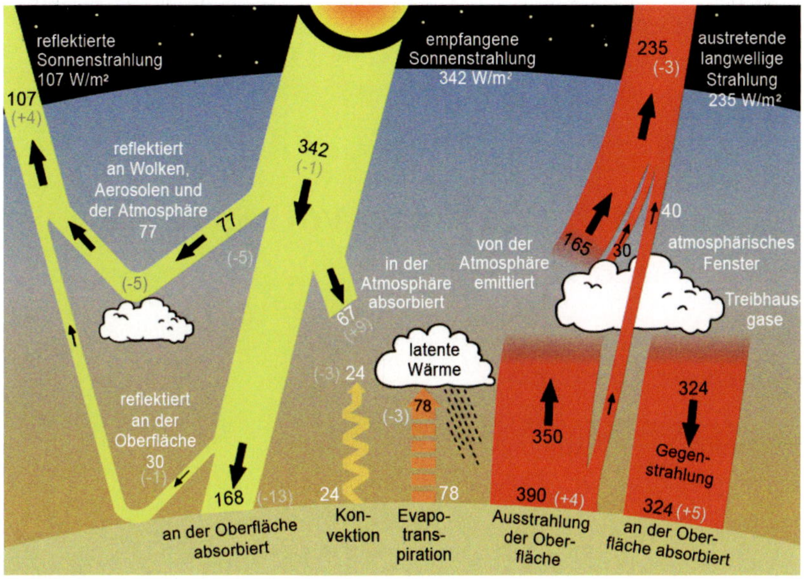

1 *Schaut euch die Grafik gründlich an und versucht, sie zu verstehen. Beschreibt und erläutert sie euch dann gegenseitig. Wo habt ihr Schwierigkeiten? Unterscheidet:*
- *Wo versteht ihr die Grafik inhaltlich nicht? → Welche Informationen benötigt ihr noch?*
- *Wo fällt es euch schwer, das Grafische in Worte umzusetzen? → Welche Formulierungsmöglichkeiten gibt es?*

2 *a) Sucht mehrere Textquellen, die ebenfalls den Treibhauseffekt erklären (z.B. bei „Wikipedia"), und setzt die Texterklärung zu der Grafik in Beziehung.*
b) Vergleicht die Texte untereinander: Klärt, welcher Text am besten verständlich ist und warum.

3 *a) Erklärt den Treibhauseffekt mit eigenen Worten. Strukturiert euren Text anhand der Grafik.*
b) Reduziert euren Text auf Stichwörter und haltet diese auf Karteikarten für euren Vortrag fest.

4 *Gleicht eure Stichwörter nun wieder mit der Grafik ab. Übt den freien Vortrag anhand eurer Stichwörter. Verweist inhaltlich und gestisch immer wieder auf die Grafik.*

ARBEITSTECHNIK

Umgang mit Grafiken im Vortrag
Grafiken können eine visuelle Hilfe und Unterstützung beim Vortrag sein, sollen diesen aber nicht ersetzen. Achtet darauf, dass
- der Inhalt der Grafik und der eures Vortrags sich ergänzen: Es darf vor allem keine Widersprüche zwischen beiden geben;
- ihr in eurem Vortrag nicht einfach nur die Begriffe aus der Grafik vorlest, sondern deren Zusammenhänge erläutert und Detailinformationen ergänzt;

- ihr während des Vortrags jeweils auf die einzelnen Stellen der Grafik deutet, um die es gerade geht;
- ihr nicht die ganze Zeit auf die Grafik starrt, sondern immer wieder auch ins Publikum blickt.

Energie sparen – Wirkungsvoll appellieren und persönlich motivieren

Kampf gegen die Erwärmung

Privathaushalt Heizwärme:	Einsparung
Dämmung, Fenster, neuer Kessel	74 %
Wäschetrockner	
Effizienzklasse A statt C	45 %
Energiesparlampe	
statt Glühbirne	80 %
Laserdrucker	
Ausschalten statt Standby	95 %
Verkehr	
sparsamstes Auto der Klasse	40 %

Erste Strategie:
Energie sparen Wer in seiner Umgebung auf den Energieverbrauch achtet, kann seine Ausgaben mindern und den Ausstoß an Treibhausgasen verringern. Die Deutsche Energieagentur hat für viele Geräte und Gebäude berechnet, welche Einsparungen möglich sind. [...] Solche Entscheidungen könnten den Stromverbrauch in Deutschland bis 2020 um acht Prozent senken, den Bedarf an Heizenergie sogar um 19 Prozent. Beim Verkehr wären fünf Prozent zu sparen.

1 *a) Erläutert die Angaben zum Energiesparen mit eigenen Worten.*
b) Ergänzt die Liste der Energiesparmöglichkeiten durch eigene Recherchen.

(einzelne?) Zuhörer direkt ansprechen?

möglichst konkrete Beispiele nennen?

Imperative verwenden?

sich selbst verpflichten als gutes Vorbild?

Ängste schüren, um Handlungsbereitschaft zu erhöhen?

2 *a) Formuliert die einzelnen Ideen für den Schlussteil eines Referats zum Thema „Strategien im Kampf gegen die Erwärmung“ aus.*
b) Wägt ab, was jeweils für und/oder gegen die einzelnen Varianten spricht.

3 *a) Probiert unterschiedliche Vortragsweisen aus (lässig, ernst, streng etc.).*
b) Haltet die Wirkung jeder Vortragsweise in einigen Stichwörtern fest und gebt abschließend ein zusammenfassendes Feedback in Form einer Empfehlung für die Vortragsweise (▷ Kriterien vgl. S. 73).

3.2 Welt ohne Menschen – Einen längeren Sachtext untersuchen und bewerten

Gedankenexperimente – Zugang zum Thema finden, Vorwissen aktivieren

Der US-Journalist Alan Weisman geht in seinem Buch „Die Welt ohne uns" von der Hypothese aus, dass der Mensch – ohne vorherige Katastrophe – von heute auf morgen von der Erde verschwindet, und beschreibt die Folgen. Hier einige Beispiele:

Den Dieselgeneratoren für die Kühlsysteme der Atomkraftwerke geht der Treibstoff aus. Die Anlagen überhitzen, Reaktorkerne schmelzen oder explodieren und verseuchen weiträumig ihre Umgebung.

Bronzestatuen sind zwar verwittert, aber immer noch in einer erkennbaren Form erhalten.

Fragmente irdischer Radiosignale sind im Weltall aufzuspüren.

Erste Mikroben haben die Eigenschaft entwickelt, Plastik zu verdauen.

Der Kohlendioxidgehalt in der Luft sinkt auf das Niveau vor der Industrialisierung.

Die ersten Lebewesen kehren in die nuklear verseuchten Zonen zurück. Die an den Menschen angepassten Kopf- und Filzläuse sterben aus.

Zeitungen sind noch lesbar, wenn sie unter Sauerstoffausschluss auf Müllkippen liegen.

Bisons haben in den USA die Rinder verdrängt. In Afrika leben 20-mal mehr Elefanten.

1 *a) Zeichnet einen Zeitstrahl mit folgenden Daten und versucht die Aussagen dort einzuordnen:*
nach einer Woche – nach einem Jahr – nach 100 Jahren –
nach 1000 Jahren – nach 100 000 Jahren – nach 1 Mio. Jahren –
nach 10 Mio. Jahren – für immer

Beispiel: nach 100 000 Jahren: Der Kohlendioxidgehalt ...

b) Sucht nach Möglichkeiten, eure Zuordnungen zu überprüfen.

2 *Führt das Gedankenexperiment von Weisman weiter und formuliert Hypothesen und Prognosen darüber, was sich nach dem Verschwinden der Menschen von der Erde innerhalb welchen Zeitraums ändern würde. Nutzt dazu euer Wissen aus verschiedenen Fächern (z. B. Biologie, Geografie, Chemie).*

ARBEITSTECHNIK

Sich einen Textzugang erschließen – Vorwissen aktivieren
Bevor ihr mit dem Lesen eines Textes beginnt, solltet ihr euch gedanklich auf die Lektüre vorbereiten, indem ihr
- Assoziationen (Vorstellungen) zum Titel des Textes entwickelt;
- Vermutungen zum Inhalt des Textes aufstellt;
- euch an andere bereits bearbeitete Texte/Medien zum gleichen Thema erinnert;
- eure Vorkenntnisse zum Thema wachruft.

Durch diese Vorbereitung werdet ihr den Textinhalt bewusster aufnehmen und leichter verstehen.

Erstes, überfliegendes Lesen – Sich einen Überblick verschaffen

1 *a) Lest zunächst nur die ersten beiden Textabschnitte des nachfolgenden Textes „Welt ohne Menschen" und den letzten. Welche Informationen erhaltet ihr hier? Welche Vermutungen lassen sich für den Rest des Textes daraus ableiten?*
b) Überfliegt nun die Anfänge aller Textabschnitte. Prüft eure Vermutungen aus Aufgabe a) und haltet eure ersten Eindrücke von der Textstruktur in einer Tafelskizze fest.

2 *Welche Textmerkmale, Wörter, Zahlen etc. sind euch beim überfliegenden Lesen ansonsten aufgefallen? Vergleicht eure Wahrnehmungen.*

ARBEITSTECHNIK

Überfliegendes Lesen

Beim überfliegenden (auch: orientierenden) Lesen liest man nicht Satz für Satz und Wort für Wort. Vielmehr lässt man die Augen in größeren Blicksprüngen über die Zeilen gleiten. Dabei werden vor allem Nomen und Namen sowie Zahlen oder Daten wahrgenommen. Mit deren Hilfe bekommt man eine erste Vorstellung von den Textinhalten und kann schnell überprüfen, ob der Text für die Aufgabe oder das Thema, das man zu bearbeiten hat, wichtig ist. Vor allem bei **längeren Texten** sollte man in dieser Weise prüfen, ob sich ein größerer Leseaufwand lohnt.

3 *a) Lest nun den ganzen Text ein erstes Mal vollständig.*
b) Versucht auf dieser Grundlage, die Fragen aus dem Titel des Textes zu beantworten:
Was wäre, würde die Menschheit plötzlich verschwinden?
Könnte sich der Planet erholen?
Wie lange blieben unsere Spuren sichtbar?
c) Leitet aus euren Ergebnissen ab, was ihr noch einmal genauer nachlesen müsst.

Welt ohne Menschen

Was wäre, würde die Menschheit plötzlich verschwinden? Könnte sich der Planet erholen? Wie lange blieben unsere Spuren sichtbar? Ein erstaunliches Gedankenexperiment.

Von Bob Holmes. Deutsche Bearbeitung: Hubert Filsner.

Die dominanteste Spezies, die jemals auf der Erde gelebt hat, ist ohne Zweifel der Mensch. In nur wenigen Jahrtausenden hat er mehr als ein Drittel der Landfläche des Planeten eingenommen, Städte gebaut, Äcker und Weiden angelegt. Von der gesamten Produktivität des Planeten beansprucht die Menschheit heute etwa 40 Prozent. Und sie hinterlässt ein ziemliches Durcheinander: umgepflügtes Grasland, zerstörte Wälder, gesunkene Grundwasserspiegel, nuklearen Abfall, chemische Verschmutzung, ein massenhaftes Artensterben – und nun das Schreckgespenst Klimawandel. Wenn sie könnten, würden die anderen Arten den Menschen einfach von der Erde verbannen.

Nehmen wir an, dies wäre möglich. Stellen wir uns vor, alle Menschen auf der Erde, also 6,5 Milliarden, wären morgen einfach verschwunden. Sie wären vielleicht in ein Erziehungscamp in einer entfernten Galaxie gebracht worden – wir wollen nicht annehmen, dass die Mutter aller Seuchen sie mit einem Mal ausradiert hat, sonst störten all die Leichen das Gedankenexperiment: Wie würde eine allein gelassene Natur den Planeten wohl zurückerobern? […] werden die Spuren der Menschheit irgendwann völlig ausgelöscht sein, oder hat sie die Erde so verändert, dass selbst noch in einer Million Jahren ein Besucher erkennen könnte, dass einst Industriegesellschaften den Planeten beherrschten?

Wenn es ein Morgen ohne Menschen gäbe, wäre es nach kürzester Zeit sogar vom Weltall aus sichtbar. Das künstliche Licht, das die Nacht zum Tag macht, würde rasch ausgehen. […] „Innerhalb von 24, vielleicht 48 Stunden sähe man Stromausfälle, weil kein Brennstoff mehr in die Kraftwerke käme", sagt Gordon Masterton, Präsident der englischen Institution of Civil Engineers. Quellen erneuerbarer Energie wie Windturbinen und Solarzellen würden ein paar Lampen weiterbrennen lassen. Aber da das Stromnetz nicht mehr gewartet wird, würden auch diese innerhalb von Wochen oder Monaten ausfallen. Ohne Strom stehen Wasserpumpen, Kläranlagen und alle anderen Maschinenparks still.

Längerfristig würden ohne Wartung auch Gebäude und Straßen nicht intakt bleiben. Obwohl moderne Bauten typischerweise so konstruiert sind, dass sie 60 Jahre halten, Brücken 120 Jahre und Dämme sogar 250 Jahre, setzt diese Lebensdauer voraus, dass jemand sie sauber hält, kleine Schäden repariert und Probleme an den Fundamenten ausgleicht. Ohne Menschen, die diese Routinearbeiten erledigen, verfällt alles.

Das beste Beispiel dafür ist die Stadt Pripjat nahe Tschernobyl in der Ukraine. Sie musste nach dem nuklearen Gau 1986 aufgegeben werden und liegt noch immer verlassen da. „Aus der Entfernung würde man annehmen, dass Pripjat eine lebendige Stadt ist, aber die Gebäude zerfallen langsam", sagt Ronald Chesser. Der Umweltbiologe von der Texas Tech University in Lubbock hat intensiv im Sperrgebiet rund um Tschernobyl gearbeitet. „Pflanzen wuchern überall, ihre Wurzelsysteme dringen in Beton ein, hinter Ziegelsteine und in Türrahmen und lassen die Gebäude rasch zerbröckeln. Man glaubt gar nicht, welch große Bedeutung wir für den Erhalt unserer Häuser haben." […]

Die Gegend um Tschernobyl zeigt, wie schnell sich die Natur wieder erholt. „Ich dachte wirklich, ich würde dort eine nukleare Wüste erleben", sagt Chesser. „Aber ich war ziemlich überrascht. Innerhalb der gesperrten Zone findet man ein gedeihendes Ökosystem." [...] Wildschweine sind innerhalb der Tschernobyl-Sperrzone zehn- bis 15-mal häufiger als außerhalb und große Raubtiere feiern ein Comeback. „Ich habe in der Ukraine nie einen Wolf außerhalb der Sperrzone gesehen, aber viele innerhalb", sagt Chesser.

Wie schnell sich Ökosysteme wieder erholen, sobald der Mensch verschwunden ist, hängt auch vom Klima ab. Wärmere, feuchtere Gebiete, in denen biochemische Prozesse schneller ablaufen, sind rascher wieder intakt als kühlere und trockenere. Regionen, die reich sind an heimischen Arten, erholen sich schneller als solche, die der Mensch nachhaltig verändert hat.

In den Wäldern Nord-Albertas in Kanada, wo der menschliche Einfluss hauptsächlich in Zugangsstraßen und Pipelines besteht, würden ohne den Menschen mehr als 80 Prozent der Spuren innerhalb von 50 Jahren zuwachsen und in 200 Jahren mehr als 95 Prozent, wie Simulationen des kanadischen Ökologen Brad Stelfox zeigen.

Hat der Mensch jedoch die einheimischen Mischwälder durch eine andere Baumart ersetzt, dauert es mehrere Baumgenerationen, also mehrere Jahrhunderte, bis der natürliche Zustand sich wieder einstellt. [...]

Vielerorts würden sich Tier- und Pflanzenwelt dauerhaft verändern. Ausgewilderte Nachkommen von Haustieren und Nutzpflanzen würden in vielen Ökosystemen heimisch, so wie Wildpferde oder -schweine bereits jetzt in einigen Gegenden. Hochgezüchtete Arten wie Rinder, Hunde oder Weizen, Ergebnisse einer jahrhundertlangen künstlichen Auslese, würden sich zu weniger spezialisierten Arten entwickeln. [...] Auch für Arten, die vom Aussterben bedroht sind, bedeutet die Abwesenheit der Menschen keine Atempause. [...] Etwa der Hälfte aller gefährdeten Spezies machen aggressive neue Arten den Lebensraum streitig. Einige dieser importierten Arten – Hausspatzen zum Beispiel, die ursprünglich aus Eurasien

kommen, nun aber viele Städte in Nordamerika beherrschen – werden verschwinden, wenn die Vogelfütterer in den Vorstädten weg sind, sie brauchen den Menschen. Andere Arten dagegen wie die Kaninchen in Australien brauchen keine menschliche Hilfe. Sie werden weiterhin heimische Tiere verdrängen.

Ironischerweise wird es ein paar bedrohten Arten, um die sich die Naturschützer gesorgt haben, sogar schlechter ergehen, wenn niemand mehr da ist, der sie schützt. [...] Insgesamt aber würde eine Erde ohne Menschen letztlich eine größere Artenvielfalt bewirken. „Ich erwarte, dass, global betrachtet, die Anzahl der Arten, die davon profitieren, deutlich größer ist als die der Spezies, die darunter leiden", sagt Wilcove [Umweltbiologe an der Universität Princeton]. [...]

Wesentlich schneller spürbar wären hingegen die Effekte der gestoppten Umweltverschmutzung. Keine Abgase strömten mehr aus Autos und Schornsteinen, keine Chemikalien aus den Abwässerkanälen der zerfallenden Fabriken. Was dann mit den vorhandenen Schadstoffen passierte, hängt von der Chemie der einzelnen Substanz ab. Oxide von Stickstoff, Schwefel oder bodennahes Ozon würden innerhalb

einiger Wochen aus der Atmosphäre gewaschen. Der Abbau von Chlor-Fluor-Kohlenwasserstoffen, Dioxinen und des Pestizids DDT bräuchte länger.
Einige Stoffe blieben jahrzehntelang stabil. Die hohen Konzentrationen von Nitraten und Phosphaten, die Seen umkippen lassen und Flüsse in Algensuppen verwandeln, würden in Oberflächengewässern innerhalb weniger Jahrzehnte abgebaut. Im Grundwasser, wo Nitrat durch mikrobiologische Prozesse langsamer in Stickstoff umgewandelt wird, könnte sich eine niedrige Nitrat-Konzentration viel länger halten. „Grundwasser ist der Langzeitspeicher in diesem System", sagt Kenneth Potter, Hydrologe an der Universität von Wisconsin in Madison.
Dem Kohlenstoffdioxid hingegen stünde ein komplizierteres Schicksal bevor. [...] „Es würde [...] CO_2 in der Atmosphäre bleiben und weiterhin das Klima beeinflussen, und zwar mehrere tausend Jahre, nachdem Menschen aufgehört haben, es zu produzieren", sagt Susan Solomon, Atmosphärenchemikerin der National Oceanic and Atmospheric Administration (NOAA) in Boulder, Colorado. [...]
Zieht man alles in Betracht, würde es nur wenige zehntausende Jahre dauern, bis nahezu jede Spur unserer derzeitigen Vormachtstellung verschwunden ist. Sollten in einhunderttausend Jahren fremde Besucher auf die Erde kommen, würden sie keine deutlichen Anzeichen mehr vorfinden, dass jemals eine weit entwickelte Zivilisation hier gelebt hat. Wenn die Fremden aber ausreichend gute wissenschaftliche Geräte mitbringen, könnten sie immer noch Hinweise entdecken.
Selbst wenn sie nur ein wenig graben, könnten sie auf verblüffende Spuren einer lange verlorenen, intelligenten Zivilisation stoßen – etwa auf eine große Zahl von Skeletten zweibeiniger Wesen, die bestattet wurden, einige mit Goldzähnen oder Grabbeigaben wie Schmuck. Und würden die Besucher zufälligerweise auf eine der heutigen Mülldeponien stoßen, könnten

sie immer noch Überreste von Glas oder Plastik finden – vielleicht sogar Papier. „Ich würde fast schwören, dass es einiges davon noch geben würde", sagt William Rathje, Archäologe an der Universität Stanford in Kalifornien. Sedimentkerne aus der Tiefsee würden eine kurze Zeitspanne zeigen, während der gewaltige Mengen von Schwermetallen abgelagert wurden, ein Überbleibsel unserer Industriegesellschaft. Die Sedimente würden auch eine Konzentration radioaktiver Isotope enthalten: aus den Reaktorkernschmelzen kurz nach unserem Verschwinden. Die Atmosphäre würde Spuren einiger Gase aufweisen, die normalerweise nicht in der Natur auftauchen, insbesondere perfluorierte Kohlenwasserstoffe wie CF_4, das einige zehntausend Jahre in der Atmosphäre bleibt. Und irgendwo in der Milchstraße und in noch ferneren Galaxien wären die einst von Menschen gesendeten Radiowellen weiter unterwegs – ein Beweis einstiger irdischer Existenz des Menschen für jeden, der fähig ist, das Signal zu empfangen. Aber dies alles wären zarte Souvenirs. Innerhalb einer Million Jahre würden die Spuren auf der Erde durch Erosion und vermutlich ein oder zwei weitere Eiszeiten ausgelöscht sein. Und sollte sich jemals wieder eine intelligente Art auf der Erde entwickeln – was beileibe nicht sicher ist, wenn man bedenkt, wie lange das Leben gedieh, bis der Mensch auf den Plan trat – hätte sie wohl keine Ahnung, dass wir jemals hier waren. Die ernüchternde und erstaunlicherweise beruhigende Wahrheit ist: Die Erde wird uns schnell vergessen.

Gezieltes Lesen – Konzentriert nach Informationen suchen

Name	Wissenschaftlicher Fachbereich	Institution
Susan Solomon	Atmosphärenchemikerin	National Oceanic and Atmospheric Administration
…	…	…

1 a) *Diese Aufgabe könnt ihr als Wettbewerb durchführen:*
Wer hat am schnellsten die Namen aller im Text zitierten Wissenschaftler (inklusive ihres Fachbereichs und der Institution, zu der sie gehören) herausgeschrieben?
b) *Beschreibt, wie ihr bei der gezielten Suche vorgegangen seid.*

2 a) *Untersucht, in welcher Beziehung die Zitate der Wissenschaftler zum übrigen Text stehen.*
b) *Erläutert die Funktion der Zitate für den Text.*

Biologie:	Geografie/SoWi:	Religion/Ethik:
Der Einfluss des Menschen auf die Artenvielfalt	Tschernobyl und die Folgen	Was ist der Mensch? Die Position des Menschen in der Schöpfung

3 *Ihr wollt den Artikel von Holmes als (eine von mehreren) Informationsquelle(n) für ein Referat zu den oben genannten Themen nutzen.*
Sucht die Textstellen heraus, die jeweils relevant für das Referat sind.

ARBEITSTECHNIK

Gezieltes Lesen
Beim gezielten Lesen sucht man in einem Text nach bestimmten Zielbegriffen oder Informationen. Man kombiniert die Technik des überfliegenden Lesens (▷ S. 64) mit bestimmten Auswahlkriterien als Raster, durch das die Augen den Text wahrnehmen. Z. B. kann man den Augen den „Suchbefehl" geben, ausschließlich Namen aus dem Text herauszufiltern. Mit dem gezielten Lesen kann man vor allem bei **längeren Texten** den Leseaufwand sinnvoll reduzieren, wenn man den Text nur als Informationsquelle nutzen will.

4 *Sucht im Text gezielt nach Fremdwörtern und Fachbegriffen. Klärt ihre Bedeutung, wenn nötig mit entsprechenden Nachschlagewerken.*

Intensives Lesen – Textstrukturen und Aussageformen durchschauen

Mensch Gedankenexperiment Planet Stromausfälle Wartung Tschernobyl Ökosystem Klima Arten Chemie Umweltverschmutzung Grundwasser Vormachtstellung Spuren Zivilisation Atmosphäre Galaxie Signal Souvenirs

1 a) *Lest im Text die Zusammenhänge nach, in denen die genannten Begriffe vorkommen, und entscheidet für jedes einzelne Wort, ob es sich um einen Schlüsselbegriff handelt. Hebt gegebenenfalls weitere oder andere Schlüsselbegriffe hervor.*
b) *Schreibt aus dem Text die zentralen Aussagen (mit Zeilenangaben) heraus.*

2 a) *Gliedert den Text in Sinnabschnitte. Formuliert Zwischenüberschriften.*
b) *Mit welchen Beispielen wird argumentativ gearbeitet?*
Architektur/Städte → Stadt Pripjat nahe Tschernobyl

3 a) *Wird für die Leserin/den Leser deutlich gemacht, was nur Hypothesen sind und wo es sich um gesichertes Wissen handelt? Wenn ja – mit welchen Mitteln?*
b) *Stellt in einer Tabelle jeweils mehrere Beispiele für unterschiedliche Aussageformen nebeneinander:*

Prognosen/Hypothesen/ Vermutungen	Fakten	Bewertungen
„Innerhalb von 24, vielleicht 48 Stunden sähe man Stromausfälle ...“ (Z. 37–38)	„Wie schnell sich Ökosysteme erholen, sobald der Mensch verschwunden ist, hängt auch vom Klima ab.“ (Z. 87–89)	„Die dominanteste Spezies, die jemals auf der Erde gelebt hat, ist ohne Zweifel der Mensch.“ (Z. 1–2)
...	...	...

ARBEITSTECHNIK

Intensives Lesen
Einen Text intensiv zu lesen bedeutet, ihn auf unterschiedlichen Ebenen zu erfassen:
- zentrale Aussagen und Schlüsselbegriffe zu identifizieren;
- die Textstruktur zu durchschauen;
- alle Textaussagen (Informationen, Wertungen, Argumente etc.) und ihren Zusammenhang zu verstehen und weiterzuverarbeiten;
- die Sprache des Textes bewusst wahrzunehmen.

Textmarkierungen, Randzeichen und Randbemerkungen unterstützen das intensive Lesen und geben Anhaltspunkte für die weitere Verarbeitung des Textes. Gerade bei **längeren Texten** sind solche Stützen unbedingt notwendig.

Gelesenes verarbeiten – Vorwissen und Textwissen verknüpfen

1 *a) Sammelt in einem Brainstorming eure Vorkenntnisse zu den Begriffen, die in der Mind-Map genannt werden (▷vgl. Kap. 3.1).*
b) Klärt die Beziehungen, die zwischen diesen Begriffen und dem Text bestehen.

2 *Beschreibt, inwiefern einerseits euer Vorwissen euer Textverständnis beeinflusst und andererseits durch den Text euer Wissen zu den Begriffen verändert wird.*

Kritisches Lesen – Sich mit der Textintention auseinandersetzen

> *„Die ernüchternde und erstaunlicherweise beruhigende Wahrheit ist: Die Erde wird uns schnell vergessen."*

1 *Nehmt Stellung zu diesem letzten Satz des Textes.*

2 *Diskutiert, welchen Effekt das Gedankenexperiment „Welt ohne Menschen" haben kann.*

Verantwortungsgefühl | Sinnlosigkeit | Angst | Neugierde | Ansporn

3 *Beurteilt die sachliche Überzeugungskraft des Textes auf der Grundlage eurer Vorarbeiten. Nutzt auch die Vergleichsmöglichkeit mit den Aussagen von Alan Weisman auf S. 63.*

ARBEITSTECHNIK

Kritisches Lesen
Einen Text kritisch zu lesen, zielt darauf ab, ein **begründetes** (positives oder negatives) **Urteil** über den Text abgeben zu können. Dabei helfen folgende Fragen:
- Welche Intention hat der Text? Ist diese Intention berechtigt und angemessen?
- Sind die Informationen, die der Text gibt, sachlich richtig?
- Stehen die Aussagen des Textes in einem schlüssigen Zusammenhang?
- Ist die Argumentation des Textes nachvollziehbar und überzeugend?
- Ist die sprachliche Gestaltung des Textes angemessen?

4 *Schreibt mit Hilfe der in der Arbeitstechnik vorgegebenen Fragen einen Kommentar zum Text von Bob Holmes.*

3.3 Verantwortung für die Welt – Eine eigene Rede verfassen und frei halten

Wangari Maathai
Offener Brief (2007)

Liebe Bundeskanzlerin Angela Merkel,
liebe BRIGITTE-Leserin,
sehr geehrter Präsident Bush,
liebe Politiker von Afrika bis Asien,

wir sitzen alle im selben Boot. Dieses Sprichwort versteht man auf der ganzen Welt – von Kenia bis China. Aber oft bleibt es ein Lippenbekenntnis. Einer wirft dem anderen vor, er tue zu wenig oder das Falsche. Globalisierungsgegner hassen Präsident Bush, die Deutschen schimpfen über den „luftverpestenden" Chinesen, und wir Afrikaner verstehen manchmal gar nichts mehr. Wir wissen nur, dass unsere Wüsten wachsen. Im letzten Frühjahr hat eine Dürre eine Million Kenianer in Existenznot gebracht. Der Fluss, in dem ich als Kind badete, ist heute ausgetrocknet. Alle 58 Staaten Afrikas zusammen produzieren so viel Treibhausgase wie Deutschland – und doch spüren wir die Klimaveränderungen am stärksten.
Weil ich vor meiner eigenen Tür etwas tun wollte, begann ich vor dreißig Jahren mit Frauengruppen Bäume zu pflanzen. Zunächst in Kenia, dann in afrikanischen Nachbarländern und heute überall, wo ich hinkomme. 40 Millionen sind es bislang. Mit unserem „Green Belt Movement" haben wir die weltweite Aktion „Lasst uns eine Milliarde Bäume pflanzen" gestartet, dokumentiert im Internet. [...] Nahezu allen Politikern der Welt ist mittlerweile klar, dass vernünftiges Ressourcenmanagement, gute Regierungsführung und eine gerechte Verteilung zusammenhängen. Das war der Durchbruch. Darauf können WIR stolz sein. Darauf können SIE stolz sein! Jetzt aber müssen die Politiker endlich handeln. Ihnen, Frau Bundeskanzlerin Merkel, danke ich, dass Sie mir in einem persönlichen Brief Ihre Unterstützung für meine neue Kampagne zur Rettung des Regenwaldes im Kongo zugesagt haben. [...] So mancher Dorfälteste hat schon 10 000 Hektar Wald gegen ein Fahrrad oder anderes Luxusgut getauscht. Leider ist es so: Ein armer Mann wird den letzten Baum fällen, um zu überleben! Darum ist es wichtig, armen Ländern internationalen Schutz zu geben. Und, liebe Frau Merkel: Bitte investieren Sie massiv in die Entwicklung alternativer Energien in Europa! Sie wissen, was zu tun ist, es muss schneller gehen!

Lieber Mr. Bush, lassen Sie den Ankündigungen beim G8-Gipfel in Heiligendamm Taten folgen. [...]

Liebe Staats- und Regierungschefs in Asien, Afrika und Südamerika, niemand kann Ihnen verbieten, sich weiterzuentwickeln. Aber seien Sie doch so schlau und setzen Sie nicht länger auf fossile Energien. Studien haben gezeigt, dass ein Bruchteil der Sahara, mit Sonnenenergie-Panelen bestückt, einen Großteil der Welt versorgen könnte. Solche Ideen sind innovativ! Prüfen Sie diese, setzen Sie sie um!

Nun zu Ihnen, liebe BRIGITTE-Leserinnen: Immer wieder werde ich gefragt: Lohnt es sich überhaupt, selbst etwas zu tun? Ja! Boykottieren Sie als Konsumentin umweltschädliche Produkte, vergleichen Sie beim nächsten Autokauf. Üben Sie weiter Druck auf Ihre Regierungen aus. Stellen Sie sich unbequemen Wahrheiten. [...]

Die Welt wird immer mehr zu einem globalen Dorf. Ich finde das gut. Wir können voneinander lernen. Und wir brauchen niemanden aus dem Boot zu stoßen.

Herzlichst, Ihre Wangari Maathai.

1 *Gebt das Anliegen der Friedensnobelpreisträgerin, das in diesem Brief zum Ausdruck kommt, mit eigenen Worten wieder.*

2 *a) Obwohl es sich um einen Brief handelt, trägt der Text viele Züge einer Rede: Belegt diese These, indem ihr*
- *euch den Text angemessen betont vorlest und*
- *beim Zuhören besonders auf sprachliche Mittel achtet.*

b) Beschreibt und beurteilt die Wirkung dieser Mittel (▷ S. 126).

3 *a) Informiert euch im Internet über das Projekt von Wangari Maathai (www.greenbeltmovement.org).*
b) Welche Möglichkeiten werden angeboten, um selbst aktiv zu werden?
c) Diskutiert, was ihr von diesen Möglichkeiten haltet.

Der Antrag – In einem Kurzvortrag informieren und appellieren

Stellt euch vor, ihr habt euch in einer Projektwoche zum Thema „Verantwortung für die Welt" mit dem Projekt von Wangari Maathai beschäftigt. Nun möchtet ihr, dass der Erlös des nächsten Schulfestes für dieses Projekt gespendet wird. Auf der Schulkonferenz soll ein entsprechender Antrag gestellt und durch eine kleine Rede, einen kurzen informativen Vortrag einer Schülervertreterin/eines Schülervertreters, gestützt werden.

1 *a) Sammelt Stichwörter: Worauf wollt ihr in eurem Vortrag eingehen? Bedenkt, dass euch etwa zehn Minuten für eure Rede zur Verfügung stehen.*

Unsere Projektgruppe vorstellen | Wer ist Wangari Maathai? | ...

Aus Maathais offenem Brief zitieren | ...

b) Bringt eure Stichwörter in eine sinnvolle Reihenfolge für den Vortrag.

Gliederung einer Rede

- Mit der **Einleitung** sollen vor allem die Aufmerksamkeit und das Interesse der Zuhörerschaft geweckt werden.
- Im **Hauptteil** der Rede werden Informationen verständlich und interessant, Argumente überzeugend und wirkungsvoll dargeboten.
- Der **Schluss** der Rede bietet noch einmal eine Zusammenfassung des Wichtigsten und formuliert das Anliegen der Rede oft als **Appell.**

2 *a) Einleitung und Schluss sind für die Wirkung einer Rede von besonderer Bedeutung. Gestaltet diese Teile eurer Rede mit sprachlichen Mitteln gezielt aus. Ihr könnt euch dazu auch an Einleitung und Schluss von Maathais Brief (**▷ S. 71–72**) orientieren.*

b) Sammelt verschiedene Möglichkeiten für die Anrede zu Beginn eurer Rede und entscheidet euch begründet für eine Variante.

c) Vergleicht die beiden folgenden Anträge an die Schulkonferenz und klärt, welcher besser geeignet ist.

Mitglieder der Schulkonferenz:
- Schulleitung
- Lehrervertreter/innen
- Elternvertreter/innen
- Schülervertreter/innen

Darum bitten wir: Lassen Sie uns die Einnahmen vom Schulfest für die Bäume von Wangari Maathai und damit für eine bessere Welt spenden!

Wir beantragen deshalb, darüber abzustimmen, dass der gesamte Erlös des Schulfestes dem „Green Belt Movement"-Projekt von Wangari Maathai zugutekommt.

3 *Entscheidet, ob ihr euren Vortrag durch ein Medium unterstützen wollt (Folien, PowerPoint-Präsentation, kopierte Tischvorlage?), und gestaltet dieses Medium.*

4 *a) Formuliert auf Karteikarten entsprechend eurer Gliederung Stichwörter zu eurer Rede.*
b) Übt den freien Vortrag vor der Klasse.
c) Konzentriert euch beim Zuhören vor allem auf die im Tipp genannten Punkte.
d) Gebt den Rednerinnen und Rednern ein Feedback anhand dieser Kriterien.

TIPP

Kriterien zur Beurteilung des freien Vortrags:

- Wie ist die **Sprechweise** (Lautstärke, klare Aussprache, Pausen, Tempo)?
- Wie werden **Mimik** und **Gestik** eingesetzt?
- Sind **Satzbau** und **Wortwahl** angemessen, abwechslungsreich, verständlich?
- Gelingt (ggf.) der gleichzeitige Einsatz von **Technik**?

Die Entscheidung – Ein Ergebnisprotokoll schreiben

Einladung an die Schulkonferenz

Sehr geehrte Damen und Herren der Schulkonferenz,
herzlich lade ich Sie zur Teilnahme an der zweiten Schulkonferenz in diesem Schuljahr ein. Sie findet am 6. Februar 2008, 19 Uhr, in Raum 011 (Lehrerzimmer) statt.
Folgende Tagesordnungspunkte sind vorgesehen:

1. Genehmigung des letzten Protokolls
2. Bewegliche Ferientage im nächsten Schuljahr
3. Ausstattung und Aufsicht der Schülerbibliothek
4. Organisation des Schulfestes
   a) Termin
   b) Programm und Stände-Angebot
   c) Aufbau und Abbau
   d) Verwendung der Einnahmen
5. Verschiedenes

Mit freundlichen Grüßen

TOP 4d)
Vortrag Schüler zu Projektarbeit und Vorschlag: Spende für Green Belt Movement;
Vorschlag Eltern: Neuanschaffungen für die Schülerbibliothek;
→ Diskussion (konsequenter Abschluss der Projektwoche; Abwägen globaler Interessen – Interessen der Schüler vor Ort; mangelhafte Ausstattung der Bibliothek vor allem für Oberstufe)
→ 1. Abstimmung: unentschieden zwischen beiden Vorschlägen
→ neuer Abstimmungsantrag: Der Erlös des Schulfestes soll zu je 50 % der Schülerbibliothek und dem Green Belt Movement zugutekommen.
Abstimmungsergebnis: 12 Ja, 3 Nein, 3 Enthaltungen.

1 *Schreibt anhand der Materialien ein Ergebnisprotokoll in Auszügen: mit Protokollkopf, den Ergebnissen zu TOP 4d) und einem Schluss.*

!

Für ein Protokoll gibt es eine festgelegte Form:
- einen **Protokollkopf** mit dem Titel der Veranstaltung, dem Datum, der Uhrzeit, dem Ort, den Namen der Anwesenden und der Protokollanten sowie dem Thema,
- einen **Hauptteil**, gegliedert nach den Tagesordnungspunkten (TOPs),
- einen **Schluss** mit dem Datum des Tages, an dem das Protokoll geschrieben wurde, und der Unterschrift des Protokollanten.

4 Menschentypen – Satirisches Schreiben

4.1 Auffälliges Verhalten im Alltag – Beobachten und überspitzt schreiben

Valente: Ach kann die Natur schön sein!

1 *Beschreibt genau, was ihr in dieser Karikatur seht.*

2 *a) Formuliert, woran diese Karikatur Kritik übt.*
b) Erklärt, mit welcher zentralen Idee dies zum Ausdruck gebracht wird.

Zeichnungen mit Witz – Aus Karikaturen Satiren entwickeln

A. Paul Weber: Mens sana in corpore sano (Ein gesunder Geist in einem gesunden Körper).

Edward McLachlan: Vorsicht, Wildleder!

1 *Beschreibt die Figuren, die in den beiden* ***Karikaturen*** *(▷ S. 78) dargestellt werden. Achtet dabei besonders auf die jeweilige Körperhaltung.*

2 *Benennt menschliche Eigenschaften und Eigenheiten, die hier verspottet werden.*

3 *Erklärt, mit welchen künstlerischen Mitteln der Betrachter jeweils zum Schmunzeln gebracht wird.*

4 *An welche Situationen aus eurem Alltag erinnern euch diese Karikaturen? Beschreibt eine solche Situation.*

5 *Schreibt zu einer der Karikaturen oben einen Text, der das Verhalten der Figuren mit Witz aufs Korn nimmt. Dabei soll nicht nur der im Bild dargestellte Moment, sondern eine ganze Handlungsabfolge entwickelt werden. Nutzt dabei die satirischen Mittel der* ***Übertreibung*** *und* ***Zuspitzung****, indem ihr:*
- ☐ *eure Beschreibungen (Aufg. 1) überzogen formuliert;*
- ☐ *für die dargestellten Figuren ausgefallene, verzerrende Vergleiche und Metaphern wählt;*
- ☐ *eure kritische Absicht auch in übertriebenen Ausgestaltungen des Satzbaus ausdrückt;*
- ☐ *eure satirischen Texte mit passenden Überschriften verseht.*

Gängige Klischees – Eine Rollensatire schreiben

Harald Martenstein: **Handwerker**

[...] Zuletzt war wieder der Mercedes kaputt. Die Werkstatt bestellte ein Ersatzteil, so ein hydraulisches Pleuellager[1] mit Schwertern und Brillanten, was weiß ich. Nach drei Tagen kam das Teil. Es war das falsche. Gleichzeitig war die Brille des Kindes beim Optiker. Es ist jetzt in einem Alter, in dem es auf Äußerlichkeiten Wert legt. Statt der Teeniebrille musste es wieder die alte Kinderbrille tragen. Es litt wie ein Tier. Die neuen Brillenbügel kamen. Sie hatten zwei verschiedene Farben, einer lindgrün, der andere rosa.

Wenn ich mein Leben Revue passieren lasse, dann sind, bei allen Reparaturen, in 30 Prozent der Fälle falsche Ersatzteile gekommen. Es ist mir ein Rätsel, wie man sich in der Illusion wiegen kann, dieses Land könne mit seinem Personal gefahrlos Kernkraftwerke betreiben, wo seine Handwerker nicht einmal ein Pleuellager mit Schwertern und Brillanten erkennen oder den Unterschied zwischen Lindgrün und Rosa. Auch Journalisten machen Fehler. Aber wenn ich in jeder dritten Woche der Redaktion statt einer Kolumne ein Glas mit selbst gemachter Marmelade schicken würde oder ein zehnseitiges Essay über die Gefahren des Klonens, dann würden sie zu zweit in die Wohnung kommen, sie würden sagen, ich solle mich setzen, und nach ein paar Minuten würden sie vorsichtig das Wort „Ruhestand" in den Mund nehmen.

Ich muss noch mal auf das Boot zu sprechen kommen. Wir hatten einen Handwerker, der das Bootsdach reparieren sollte, dabei hat er versehentlich die Windschutzscheibe kaputt gemacht. Ich stelle mir vor, ich würde eine Kolumne verfassen und dabei versehentlich in den Leitartikel lauter Gagawörter hineinschreiben, bis er kaputt ist. Damit käme ich nicht durch. Ein Handwerker kommt damit durch. Das neue Fenster sollte der Handwerker befestigen. Er sagte, okay, aber Sie besorgen bei Niemayer die Befestigungen. Ich fuhr hin. Bei Niemayer führen sie gar keine Bootsfensterbefestigungen. Ich rief den Handwerker wieder an. Er sagte, ohne Befestigungen mache er nichts. Ich solle mich an den Glaser wenden, der die Scheibe gebaut hat. Der Glaser sagte, gut, am Samstag. Am Samstag regnete es. Ich stand im Regen am Steg und wartete. Drei Stunden lang. Das Handy des Glasers war ausgeschaltet. Am Montag erreichte ich ihn. Er sagte, er habe sich nicht gut gefühlt. Ich antwortete: „Das kann ich nachvollziehen. Auch ich habe mich, bei Regen am Bootssteg, nicht gut gefühlt."

Nicht alle Handwerker sind so. Aber viele. Diese Handwerker üben in unserer Gesellschaft eine Schreckensherrschaft aus. Die Menschen haben Angst. Sie denken, wenn sie die Wahrheit aussprechen, wird nie wieder jemand bei ihnen was reparieren. [...]

1 **hydraulisches Pleuellager:** Verbindung zwischen Kolben und Kurbelwelle, die durch Flüssigkeitsdruck arbeitet

1 *Weist nach, dass in dem Text von Harald Martenstein bestimmte menschliche Verhaltensweisen wiederholt überspitzt dargestellt werden. Notiert eure Beobachtungen in Form einer Tabelle.*

Verhaltensweise	*Textstellen*
Unzuverlässigkeit	...
...	...

2 *Beurteilt die Tatsache, dass der Autor diese Verhaltensweisen generalisiert, sie also auch vielen anderen Handwerkern zuordnet und damit mit weitverbreiteten* ***Klischees*** *spielt.*

Klischees sind häufig gebrauchte Bilder und Vorstellungen (*frz.* cliché = Abklatsch). Ursprünglich bezeichnete das Wort eine im Druckerhandwerk verwendete Druckplatte, mit der Texte vervielfältigt werden konnten.

3 *Diskutiert, ob Satiren dieser Art dazu beitragen, gängige Klischees zu verfestigen, oder ob sie eher dazu geeignet sind, diese zu reflektieren und aufzulösen.*

4 *Schreibt nun selbst arbeitsteilig Satiren dieser Art.*

a) Einigt euch auf bestimmte gesellschaftliche Rollenträger wie Popstars, Fußballspieler etc., die ihr gerne einmal in Form einer Satire ins Lächerliche ziehen würdet.

b) Verwendet das folgende Schema, um Material für eure ***Rollensatiren*** *zu sammeln. Beobachtet z. B. gezielt Auftritte geeigneter Rollenträger in den Medien und macht euch dazu Notizen.*

Rollenträger	typische Situationen	typische Verhaltensweisen/Laster	typische Redewendungen
...	Bad in der Menge	ausgeprägte Gesten	...
...	...	...	...

c) Nutzt die von Harald Martenstein verwendete Möglichkeit, witzige Vergleiche anzustellen. Zieht z. B. Vergleiche zwischen dem von euch kritisierten Verhalten eines Popstars oder Fußballstars und dem Verhalten eines Musterschülers.

d) Verwendet weitere sprachliche Mittel wie Superlative und die auffällige Wiederholung von Wörtern, die eure Figuren in besonderer Weise charakterisieren.

5 *Entwickelt abschließend eine Definition des Begriffs* ***Satire.***

a) Ihr könnt dazu den Lexikonartikel zum Begriff „Karikatur" nutzen. Einige der dort genannten Besonderheiten treffen auch auf die Satire zu, allerdings sollten weitere hinzugefügt werden, die das Besondere einer Textsatire aufzeigen und somit eine Karikatur von einer Textsatire abgrenzen.

b) Bezieht in eurer Definition auch eure eigenen Textversuche mit ein (▷ S. 76 und Aufgabe 4 auf dieser Seite). Führt dabei die Rollensatire als eine Möglichkeit an, satirisch zu schreiben.

Karikatur [*italienisch* caricatura, eigentlich „Überladung", von caricare = überladen, übertrieben komisch darstellen ...]: die verzerrende, übertreibende, dazu oft überraschend-witzige Darstellung einer Person, Gruppe oder Sache. Die Karikatur dient häufig als gesellschaftliche oder politische Kritik. Neben der Karikatur in der bildenden Kunst (v. a. in der Grafik) gibt es die literarische Karikatur. Texte, die diese Absicht verfolgen, nennt man **Parodie** und **Satire.**

Sprachlich raffiniert – Satiren überarbeiten

Satireentwurf	Mögliche Überarbeitung
Mutters Putzfimmel Mutter macht die Tür zu meinem Zimmer auf und brüllt los: „Meine Güte! Dieses Chaos. Weg mit dem Zeug!“ Sie fuchtelt mit einem Müllsack durch die Gegend und ordnet an, den Mist sofort einzusammeln und in den Keller zu bringen. Ich sage ihr: „Wer aufräumt, ist zu faul zum Suchen.“ Da bekommt sie einen Anfall und verlässt mit wüsten Drohungen den Raum. Ich mache mir Sorgen um ihre Gesundheit, hebe ein paar Sachen von meinem Teppich auf – und finde den Stick für meinen Computer, den ich seit zwei Wochen vermisst habe. Sofort gehe ich zum Computer und werfe den Müllsack zurück auf den Boden. *(Linus)*	**Angriff der Ordnungskräfte** Wer kennt dieses Problem nicht: Das eigene Zimmer, ein bisschen übermöbliert, bietet eine üppige Fülle von Ablageflächen für Taschentuch-, Zeitschriften-, CD- und Socken-Arrangements. Auf der Fensterbank lagern in der obersten Schicht abgenagte Apfelreste, Ansichtskarten, ein Textmarker meiner Freundin und eine noch nicht ganz geleerte Popcorn-Tüte. In diese Idylle schreitet mit angespannter Gesichtsmuskulatur eine gewisse Frau herein …
Der ideale Schüler Er hat ein ausfahrbares Augenpaar, damit er Klassenarbeiten bis zu einer Entfernung von fünf Metern abschreiben kann. Um auch im Tiefschlaf Aufmerksamkeit vorzutäuschen, besitzt er Augenlider mit Pupillenaufmalung. Dem richtigen Riecher, woher heute der Wind weht, dient eine Nase mit Windsack. Ein flexibler Wendehals ermöglicht es, in Mathestunden unauffällig aus dem Fenster zu schauen. Wichtig ist auch ein Hochleistungsohr, damit der Schüler in 0,01 Millisekunden den Pausengong hört. Ein zusätzlicher Nackenmund erleichtert die Unterhaltung mit dem Hintermann. *(Emma)*	Die Spezies „Discipulus sapiens sapiens“ weist einige Mutationen auf, mit der sie die Herausforderungen in einer extrem überlebensfeindlichen Umwelt auf geniale Weise löst: …

1 *Beim Schreiben einer Satire folgt man am besten dem Motto „Nicht drastisch, sondern sprachlich und gestalterisch raffiniert“. Prüft die Textentwürfe von Linus und Emma in der linken Spalte.*

a) Untersucht zunächst, wie dort die Handlung entfaltet wird. Wird sofort alles „Pulver verschossen“ oder wird die Handlung Schritt für Schritt ausgestaltet und dabei zugespitzt?

b) Legt eine Folie auf die Texte und markiert Textstellen, die sich auf inhaltliche Drastik beschränken, gestalterisch und sprachlich aber wenig anspruchsvoll sind.

2 *Setzt die begonnenen Überarbeitungen fort. Nutzt dabei typische sprachliche Mittel, um eine satirische Wirkung zu erzielen.*

a) Prüft die Wirkung der Umschreibung „eine gewisse Frau" in Z. 11 f. der ersten Überarbeitung. Verwendet ähnliche Untertreibungen auch an anderen Stellen eurer Umarbeitungen.

b) Klärt, wieso in der ersten Überarbeitung mit der Wortkombination „Socken-Arrangement" eine satirische Wirkung erzielt wird. Setzt entsprechende Neologismen auch an anderen Stellen eurer Überarbeitungen ein.

c) Zeigt, wie in der ersten Überarbeitung durch genau gewählte Adjektive und Verben die gewünschte Wirkung erreicht wird. Verfahrt ebenso.

3 *Überarbeitet nun in einer Schreibkonferenz eure eigenen Satiren (*▷ *S. 76 und S. 78**) mit Hilfe des folgenden* ***Satire-Entscheidungsrades.***

a) Prüft Grundentscheidungen, auf denen eure Satiren beruhen, mit Hilfe der Abschnitte „kritisiertes Verhalten", „Verhaltensideal" und „Darstellungsverfahren". Könnt ihr die Aussage mit einer Neufassung eures Textes noch weiter zuspitzen?

b) Markiert einige eurer Formulierungen, die eurer Meinung nach noch effektvoller angelegt werden könnten. Überarbeitet sie dann mit Hilfe des Abschnitts „sprachliche Mittel". Neben Ersatzproben sind dabei auch Erweiterungsproben möglich.

c) Sucht – evtl. mit Hilfe eines Synonymwörterbuches oder des Thesaurus in eurem PC-Schreibprogramm – besonders treffsichere und aussagekräftige Nomen, Verben bzw. Adjektive und fügt diese in eure Satiren ein.

d) Prüft schließlich die Überschriften und klärt, ob sie dem Leser einen zusätzlichen Leseanreiz bieten.

Satire-Entscheidungsrad

Wer eine Satire schreibt, trifft – bewusst oder unbewusst – in jedem Feld des nebenstehenden Rades wichtige Entscheidungen.

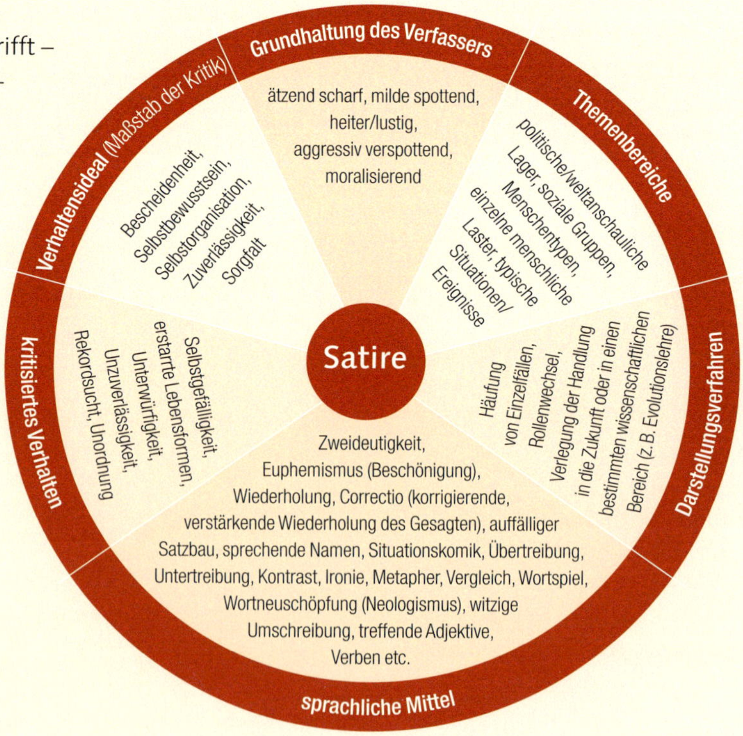

4.2 Vollkommen lächerlich – Satiren untersuchen

Daniel Kehlmann

Die Vermessung der Welt (2005)

In seinem Roman „Die Vermessung der Welt" stellt Daniel Kehlmann (geb. 1975 in München) zwei über ihre Zeit hinaus bedeutsame Wissenschaftler vor: den verschrobenen Mathematiker und Astronomen Carl Friedrich Gauß (1777–1855) und den Naturforscher und Geografen Alexander von Humboldt (1769–1859). Kehlmann beschreibt das Leben der beiden Genies als eine Gratwanderung zwischen Größe und Lächerlichkeit. Im folgenden Auszug werden die Hochzeit und die Hochzeitsnacht von Gauß mit Johanna dargestellt, zuvor hatte Gauß eine voreheliche Beziehung mit der jungen Russin Nina.

Zur Hochzeit kamen wenige Gäste: sein alter und schon sehr gebeugter Vater, seine kindisch schluchzende Mutter, Martin Bartels und Professor Zimmermann, außerdem Johannas Familie, ihre hässliche Freundin Minna sowie ein Sekretär des Hofes, der nicht zu wissen schien, warum man ihn hergeschickt hatte. Während des sparsam zubereiteten Festmahls sprach Gauß' Vater darüber, dass man sich nicht beugen lassen dürfe, niemals, von keinem, dann erhob sich Zimmermann, öffnete den Mund, lächelte liebenswürdig in die Runde und setzte sich wieder. Bartels stieß Gauß an.
Der stand auf, schluckte und sagte, er habe nicht erwartet, dass er etwas wie Glück finden würde, und im Grunde glaube er auch jetzt nicht daran. Es komme ihm wie ein Rechenfehler vor, ein Irrtum, von dem er nur hoffe, keiner werde ihn aufdecken. Er nahm wieder Platz und wunderte sich über die fassungslosen Blicke. Leise fragte er Johanna, ob er etwas Falsches gesagt habe.
Aber woher denn, antwortete sie. Genau diese Rede habe sie sich immer für ihre Hochzeit erträumt.

Eine Stunde später waren die letzten Gäste gegangen und er und Johanna auf dem Weg nach Hause. Sie sprachen wenig. Plötzlich waren sie einander fremd.
Im Schlafzimmer zog er die Vorhänge zu, trat zu ihr, spürte, wie sie zurückweichen wollte, hielt sie sanft fest und begann, die Bänder ihres Kleids zu öffnen. Ohne Licht war das nicht einfach; Nina hatte immer Sachen getragen, bei denen es leichter gewesen war. Es dauerte lange, der Stoff war so widerspenstig und der Bänder waren so viele, dass er selbst schon kaum mehr für möglich hielt, dass er sie noch immer nicht gelöst hatte. Aber dann hatte er es doch geschafft, das Kleid sank hinab, und die Nacktheit ihrer Schultern zeichnete sich weiß im Dunkel ab. Er legte ihr den Arm um die Schultern, instinktiv schützte sie ihre Brüste mit den Händen, und er spürte ihr Widerstreben, als er sie zum Bett führte. Er überlegte, wie er mit ihrem Unterrock verfahren

sollte, es war schon mit dem Kleid so schwierig gewesen. Wieso trugen Frauen nicht Sachen, die man aufbekam? Keine Angst, flüsterte er und war doch überrascht, als sie antwortete, sie habe keine, und mit einem Griff, auf dessen Zielsicherheit ihn nichts vorbereitet hatte, seinen Gürtel öffnete. Hast du das schon einmal getan? Was er denn von ihr denke, fragte sie lachend, und im nächsten Augenblick bauschte sich ihr Unterrock auf dem Boden, und da sie zögerte, zog er sie mit sich, und schon lagen sie nebeneinander und atmeten schwer, und jeder wartete darauf, dass der Herzschlag des anderen sich beruhigte. Als er seine Hand über ihre Brust zum Bauch und dann, er entschied sich, es zu wagen, obwohl ihm war, als müsse er sich dafür entschuldigen, weiter hinabwandern ließ, tauchte die Mondscheibe bleich und beschlagen zwischen den Vorhängen auf, und er schämte sich, dass ihm ausgerechnet in diesem Moment klar wurde, wie man Messfehler der Planetenbahnen approximativ[1] korrigieren konnte. Er hätte es gern notiert, aber jetzt kroch ihre Hand an seinem Rücken abwärts. So habe sie es sich nicht vorgestellt, sagte sie mit einer Mischung aus Schrecken und Neugier, so lebendig, als wäre ein drittes Wesen mit ihnen. Er wälzte sich auf sie, und weil er fühlte, dass sie erschrak, wartete er einen Moment, dann schlang sie ihre Beine um seinen Körper, doch er bat um Verzeihung, stand auf, stolperte zum Tisch, tauchte die Feder ein und schrieb, ohne Licht zu machen: *Summe d. Quadr. d. Differenz zw. beob. u. berechn. → Min.*, es war zu wichtig, er durfte es nicht vergessen. Er hörte sie sagen, sie könne es nicht glauben und sie glaube es auch nicht, selbst jetzt, während sie es erlebe. Aber er war schon fertig. Auf dem Weg zurück stieß er mit dem Fuß gegen den Bettpfosten, dann spürte er sie wieder unter sich, und erst als sie ihn an sich zog, bemerkte er, wie nervös er eigentlich war, und für einen Augenblick wunderte es ihn sehr, dass sie beide, die kaum etwas voneinander wussten, in diese Lage geraten waren. Doch dann wurde etwas anders, und er hatte keine Scheu mehr, und gegen Morgen kannten sie einander schon so gut, als hätten sie es immer geübt und immer miteinander.

1 **approximativ:** annäherungsweise

1 *Gebt an, wie die Figur des Mathematik-Genies Carl Friedrich Gauß in dieser Erzählung dargestellt wird. Einigt euch auf drei charakterisierende Adjektive.*

2 *Untersucht, welche menschlichen Verhaltensweisen und Schwächen in dieser Satire aufs Korn genommen werden. Stellt diese Schwächen in einer Liste zusammen.*

3 *Stellt dar, wo Kehlmann in seiner Satire auf* ***Situationskomik*** *setzt. Listet dazu jeweils Handlungsschritte auf, die in ihrer Kombination komisch wirken.*

4 *Analysiert, welche* ***Sprachebenen*** *der Autor in diesem Text aufeinanderprallen lässt und wie sich daraus eine satirische Wirkung ergibt. Setzt dazu die folgende Tabelle fort.*

Sprachebene I	Sprachebene II	satirische Wirkung durch
„Glück" (Z. 15)	„Rechenfehler" (Z. 17 f.)	...
„So habe sie es sich nicht vorgestellt [...] so lebendig" (Z. 72–74)	„Summe d. Quadr. d. Differenz zw. beob. u. berechn. → Min." (Z. 80 f.)	Kontrast zwischen schlichter allgemeinsprachlicher Ausdrucksweise und ...
...	...	...

5 *Klärt, wo der Autor parataktische (nebeneinanderreihende) bzw. stark hypotaktische (ineinander verschachtelte) Satzstrukturen verwendet und welche Wirkung sich dadurch im Textzusammenhang ergibt.*

Kirsten Boie

Von der unendlichen Arbeit am Kinde (1997)

Haben jemals Mütter (und Väter! Und Väter!) in Krabbelgruppen und auf Spielplatzbänken so intensiv über neueste Ansätze der Pädagogik diskutiert, gab es jemals eine Generation von Eltern, die so viel zu bedenken, so viel auf sich zu nehmen bereit war? Schon bei den Kleinsten werden die Nachmittagstreffs gestrichen, weil Kajas Mittagsschlaf von eins bis drei dauert, der von Justin dagegen von zwei bis vier, und danach hat dann auch schon Hannes seinen Termin beim Kinderschwimmen („Wieso zu früh? Ich fühle mich auf Gomera nachher einfach so viel entspannter, wenn ich weiß, er kann ruhig mal ins Wasser fallen.“); und trifft man sich doch, gestalten sich Abschied und Aufbruch zu Veranstaltungen eigenen Rechts, weil Magda-Luise immer eine Viertelstunde vor dem Aufbruch darauf vorbereitet wird, damit sie sich nicht als hilfloser Spielball der Elternentscheidung fühlen muss („Was heißt, sie weiß mit drei Jahren noch nicht, was eine Viertelstunde ist? Darum geht es doch wohl nicht!“), während Ansgar in kurzem Abstand dreimal vorbereitenden Bescheid bekommt („Du glaubst doch nicht ernsthaft, dass so ein kleines Kind sich nach einer einzigen Ankündigung innerlich von seinem Spiel lösen kann!“), und nur die Mutter von Beeke, die ohnehin schon das Schicksal trägt, ein drittes Kind zu sein („Wo die Stellung in der Geschwisterreihe doch so entscheidend ist!“), hält sich nicht an Mittagsschlafzeiten und Aufbruchsrituale und erklärt den erschrockenen Freundinnen stattdessen gereizt, dass sie erst mal drei Kinder haben sollten, dann würden sie schon sehen. Um Beekes Zukunft machen sich die Freundinnen, nachdem sie mit ihrer Mutter gegangen ist, wirklich große Sorgen.

Konsequent halten wir uns an das, was uns die Wissenschaft durch ihre Medien aufträgt; selbst wenn der Felix der Nachbarin schon lange keine Windel mehr braucht und unser eigener Jan-Kai noch keinerlei freiwilliges Interesse für das Topfen erkennen lässt, verkneifen wir uns die Anschaffung eines Plastikautotopfes, der allein durch den Aufforderungscharakter seiner Gestalt Jan-Kai unter Umständen sozusagen sekundär motivieren könnte, von sich zu geben, was er jetzt noch per Windel bei sich behält, und trösten uns stattdessen im Gespräch mit gleich gesinnten Freunden („Der Felix wird doch mal total analfixiert[1]! Willst du dein Kind schon mit zwei für alle Zeiten zu einem geizigen Leben verdammen?“); und auch auf die Tochter der früheren Arbeitskollegin, die mit zwei schon fließend spricht, sogar Nebensätze und Konjunktiv, blicken wir nicht mit Neid, weil wir uns mit allen aus gleicher Quelle gebildeten Freunden einig sind, dass bei einer derart frühen Leistungsfixierung die spätere Magersucht nur eine Frage der Zeit sein kann.

Was aber ist, wenn die Anweisungen der Ratgeber nicht eindeutig, sogar widersprüchlich sind? Dürfen Kinder fernsehen, sollen sie vielleicht sogar? Macht es der Studienkollege richtig, der den Fernseher ganz abgeschafft hat, oder eher die Nachbarin, die ein Gerät ins

1 **analfixiert:** Nach der psychoanalytischen Theorie S. Freuds kann ein Kind in der Analphase (zweites bis viertes Lebensjahr), in der es seine Ausscheidungsorgane bewusst wahrnimmt, in Konflikt mit der Reinlichkeitserziehung geraten, wobei seine Spontaneität verkümmern kann.

Kinderzimmer stellt, damit durch Übersättigung die Leidenschaft von selbst verebbt? Hier können nur Gespräche Erleichterung bringen, in denen wir uns zwar nicht darauf einigen können, wie man es richtig macht, wohl aber, dass Studienfreund und Nachbarin es falsch machen: Das tröstet.

Und sollte denn nun einer von uns seinen Beruf aufgeben (welcher? und wie lange?), um ganz für das Kind da zu sein wie die hübsche Mutter mit ihren hübschen Kindern in der Puppenstube gegenüber („Willst du dein Kind direkt in die Neurose[2] schicken?!"), oder sollen wir, um nicht gezwungen zu sein, unsere unerfüllten Sehnsüchte auf das Kind zu projizieren, einfach engagiert weiterarbeiten und zur Fremdbetreuung greifen (Krippe? Kinderfrau? Tagesmutter?), wie es jene Bekannte tut, deren Tochter in der Schule trotzdem Einser schreibt? („Unter welchem Druck dieses Kind steht! Immer beweisen zu müssen, dass die Berufstätigkeit der Mutter ihm nicht schadet!")

Was gäben wir dafür, hätten wir die naive Sicherheit unserer Großeltern zurück; ohne zu zögern würden wir unsere Waschmaschine geben, bekämen wir dafür ihren Glauben, bei den eigenen Kindern schon alles am besten zu wissen.

Aber wenn die Saskia der Freundin aus der Schwangerschaftsgymnastik seit kurzem zur Spieltherapie geht, weil sie („Mit sieben Jahren!") nachts plötzlich nur noch bei den Eltern schlafen will, und Anders bei der psychomotorischen Integration[3] zwischen die Kugeln springt, weil sein Kalt-Warm-Empfinden nicht richtig ausgeprägt ist, und Felicitas es mit Edukinesthetik[4] probiert, weil nicht auszuschließen ist, dass sie vielleicht mal Legasthenikerin wird: Wie können wir da so arrogant sein, ohne äußere Unterstützung und nur mit dem Rückhalt unserer Lektüre weiterzumachen? Was heißt denn, unser Kind kommt uns eigentlich ganz normal vor? Haben wir nicht gelernt, dem Begriff der Normalität zu misstrauen? Und sitzt die Kleine nicht manchmal ganz lustlos da, und hat neulich die Erzieherin etwas von negativer Kontaktaufnahme gesagt, und sollten wir es nicht wenigstens mal mit Bachblütentropfen versuchen?

2 **Neurose:** psychische Störung

3 **psychomotorische Integration:** Die psychomotorische Integration will Menschen fördern, indem sie das Zusammenspiel von psychisch-seelisch-emotionalem Erleben einerseits und Bewegungserleben andererseits verbessert.

4 **Edukinesthetik:** Als „Gymnastik für das Gehirn" beschäftigt sich die Edukinesthetik mit Lernblockaden und deren Auflösung.

1 *Formuliert die Intention, die Kirsten Boie mit dieser Satire eurer Meinung nach verfolgt.*

2 *Klärt, womit Eltern in Boies Satire „Pfeffer in die Augen gestreut" wird.*

> Dem Satiriker ist es verhasst, erwachsenen Menschen Zucker in die Augen und auf die Windeln zu streuen. Dann schon lieber Pfeffer! Es ist ihm ein Herzensbedürfnis, an den Fehlern, Schwächen und Lastern der Menschen Kritik zu üben. *(Erich Kästner)*

3 *Betrachtet die Begründungen für erzieherische Handlungen, die in diesem Text angeführt werden. Zeigt auf, wie sie die satirische Wirkung des Textes unterstützen.*
a) Nennt Begründungen, die besonders abwegig wirken.
b) Stellt dar, was diese Begründungen über die jeweiligen Elternfiguren aussagen.

4 *Weist an Beispielen nach, dass sich auch aus den gewählten Satzkonstruktionen satirische Effekte ergeben.*

5 *Arbeitet mit Hilfe einer Tabelle einige sprachliche Besonderheiten des Textes heraus.*

Textbelege	Kennzeichnung mit Hilfe von Fachbegriffen	Wirkung im Textzusammenhang
„Magda-Luise" (Z. 17) „Jan-Kai" (Z. 44)	auffällige Namen	…
„Mittagsschlafzeiten" (Z. 32 f.) …	häufige Verwendung von Komposita	Begriffe zeigen, wie kompliziert die Eltern denken
„analfixiert" (Z. 54) „sekundär motivieren" (Z. 49) …	pädagogisches und psychologisches Fachvokabular	…
…	…	…

Kurt Tucholsky

Herr Wendriner erzieht seine Kinder (1925)

Nehm' Sie auch noch'n Pilsner? Ja? Ober! Ober, Himmelherrgottdonnerwetter, ich rufe hier nu schon ne halbe Stunde – nu kommen Se doch ma endlich her! Also zwei Pilsner! Was willst du? Kuchen? Du hast genug Kuchen. Also zwei Pilsner. Oder lieber vielleicht – na, is schon gut. Junge, sei doch mal endlich still, man versteht ja sein eignes Wort nicht. Du hast doch schon Kuchen gegessen! Nein! Nein. Also, Ober: noch'n Apfelkuchen mit Sahne. Wissen Se, was einem der Junge zusetzt! Na, Max, nu geh spielen! Hör nicht immer zu, wenn Erwachsene reden. Zehn wird er jetzt. Ja, also ich komme nach Hause, da zeigt mir meine Frau den Brief. Wissen Sie, ich war ganz konsterniert. Ich habe meiner Frau erklärt: So geht das auf keinen Fall weiter! Raus aus der Schule – rein ins Geschäft! Max, laß das sein! Du machst dich schmutzig! Der Junge soll den Ernst des Lebens kennenlernen! Wenn sein Vater so viel arbeitet, dann kann er auch arbeiten. Wissen Se, es is mitunter nicht leicht. Dabei sieht der Junge nichts andres um sich herum als Arbeit: morgens um neun gehe ich weg, um halb neun, um acht, manchmal noch früher – abends komme ich todmüde nach Hause … Max, nimm die Finger da raus, du hast den neuen Anzug an! Sie wissen ja, die große Konjunktur in der Zeit, das war im Janu-

ar, dann die Liquidation[1] – übrigens: glauben Sie, Fehrwaldt hat bezahlt? ’n Deubel hat er! Ich habe die Sache meinem Rechtsanwalt übergeben. Der Mann ist nicht gut, glauben Sie mir! Ja, also mein Ältester ist jetzt nicht mehr da. Max, laß das! Angefangen hat er bei ... Also hören Sie zu: ich hab ihn nach Frankfurt gegeben, zu S. & S. – kennen Sie die Leute auch? – und da hat er als Volongtär[2] angefangen. Ich hab mir gedacht: So, mein Junge, nu stell dich mal auf eigne Füße und laß dir mal den Wind ein bißchen um die Nase wehn – Max, tu das nicht! – jetzt werden wir mal sehn. Meine Frau wollte erst nicht – ich bin der Auffassung, so was ist materiell und ideell sehr gut für den Jungen. Er liest immer. Max, laß das! Ich habe gesagt: Junge, treib doch Sport! Alle deine Kameraden treiben Sport – warum treibst du keinen Sport? Ich komme ja nicht dazu, mit ihm hinzugehn, mir täts ja auch mal sehr gut, hat mir der Arzt gesagt, aber er hat in Berlin doch so viel Möglichkeiten! Max, laß das!

Was meinen Sie, was der Junge macht? Er fängt sich was mit einer Schickse[3] an aus einem Lokal, ’nem Büfettfräulein, was weiß ich! Max, was willste nu schon wieder? Nein, bleib hier! Du sollst hierbleiben! Max! Max! Komm mal her! Du sollst mal herkommen! Max, hörst du nicht? Kannst du nicht hören? Du sollst mal herkommen! Hierher sollst du kommen! Komm mal her! Hierher. Was hast du denn? Sieh dich vor! Jetzt reißt der Junge die Decke ... ei weh, der ganze Kaffee auf Ihre Hose! Kaffee macht keine Flecke. Du dummer Junge, warum kommst du nicht gleich, wenn man dich ruft! Jetzt haste den ganzen Kaffee umgeworfen! Setz dich hin! Jetzt gehste überhaupt nicht mehr weg! Setz dich hin! Hier setz’t dich hin! Nicht gemuckst! Gießt den ganzen Kaffee um! Hier – haste’n Bonbon! Nu sei still. Ja – er war schon immer so komisch! Bei seiner Geburt habe ich ihm ein Sparkassenkonto angelegt – meinen Sie, er hats einem gedankt? Schule – das wollt er nicht! Aber Theater! Keine Premiere hat er versäumt, jede Besetzung bei Reinhardt[4] wußte er, und dann Film ... Nee, wissen Se, das war schon nicht mehr schön! Ja, nu hat er mit der ... em ... Max, sieh mal nach, ob da vorn die Lampen schon angezündet sind! Aber komm gleich wieder! Mit dieser Schickse geht er los! Natürlich kostet das ’n Heidengeld, können Se sich denken! Nu, es sind da Unregelmäßigkeiten vorgekommen – ich hab ihn wegnehmen müssen, und jetzt ist er in Hamburg. Ach, wissen Se, ich hab schon zu meiner Frau gesagt: Was hat einem der liebe Gott nicht zwei Mädchen gegeben! Die zieht man auf, zieht sie an, legt sie abends zu Bett, und zum Schluß werden sie verheiratet. Da hat man keine Mühe. Und hier! Nichts wie Ärger! Max! Max! Wo bloß der Junge bleibt! Max! Wo warst du denn so lange? Setz dich hierhin! Der Junge ist noch mein Grab – das sage ich Ihnen. Kommen Se, es ist kalt, wir wollen gehn.

Ich frage mich bloß eins: diese Unbeständigkeit, diese Fahrigkeit, diese schlechten Manieren – von wem hat der Junge das –? R

1 **Liquidation:** Auflösung eines Geschäfts bei Zahlungsunfähigkeit
2 **Volongtär:** Falsche Aussprache von „Volontär“ = ohne oder gegen geringe Bezahlung Arbeitender, der sich noch in Ausbildung befindet
3 **Schickse:** im 20. Jahrhundert verwendete Bezeichnung für leichtlebiges Mädchen bzw. Frau von zweifelhaftem Ruf
4 **Reinhardt:** Max Reinhardt (1873–1943) war in den ersten Jahrzehnten des 20. Jahrhunderts ein bekannter Theaterregisseur in Berlin und Wien. Reinhardt war jüdischer Abstammung und emigrierte 1937 in die USA.

1 *Charakterisiert den **Menschentyp**, der in dieser Satire kritisch betrachtet wird. Führt dazu einige Textstellen an und nennt charakterisierende Adjektive, die auf die dort dargestellten Verhaltensweisen passen.*

2 *Analysiert, in welcher Funktion **Redeweisen** in dieser Satire verwendet werden.*

3 *Analysiert unter Verwendung der folgenden Begriffe, welche weiteren inhaltlichen Schwerpunkte und sprachlichen Mittel zu der satirischen Wirkung des Textes beitragen. Gebt für eure Textbelege die entsprechende Zeilenangabe an.*

widersprüchliches Verhalten	Selbstgefälligkeit	phrasenhaftes Reden
einseitige Kommunikation	auffälliger Satzbau	Situationskomik
Stilisierung (Eigentümlichkeiten herausstreichen)		

Birgit Vanderbeke

Wir Versager (1990)

In ihrem Roman „Das Muschelessen", dem der folgende Auszug entnommen ist, erzählt Birgit Vanderbeke (geb. 1956 in Dahme), wie die jugendliche Ich-Erzählerin, ihre Schwester und ihre Mutter am Abendtisch stundenlang vergebens auf den Vater warten. Dabei löst sich eine familiäre Scheinidylle auf, je länger die Erzählerin die vergangenen Jahre Revue passieren lässt.

Wir haben uns das Verständnis von unserem Vater verscherzt, haben wir an dem Abend gesagt, als wir auch gesagt haben, dass wiederum uns das Verständnis für unseren Vater ausgegangen ist, wir haben sogar gesagt, dass unser Verständnis uns allein deswegen ausgegangen ist, weil bei unserem Vater das Verständnis schon längst ebenfalls ausgegangen war, es ist unser dauerndes, ihm das Leben verderbendes Dasein gewesen, das meinem Vater am Ende jegliches Verständnis ausgetrieben hat, wie er auch manchmal gesagt hat, ich wünschte, ihr wäret nicht auf der Welt, hat er einmal gesagt und erklärt, dass er zutiefst bereute, zuerst versehentlich mich und hernach planmäßig meinen Bruder gezeugt zu haben, was er für einen Irrtum gehalten hat, einen verhängnisvollen, wenn er sich angeschaut hat, was dabei herausgekommen ist, sein Sohn ein vollständiger und kompletter Versager, was er darauf zurückgeführt hat, dass meine Mutter und unser Schulsystem meinen Bruder fortwährend aufs Verantwortungsloseste verhätschelt haben, während er meine Verstocktheit, das Uncharmante an mir, wie er gesagt hat, von Anfang an gleich nicht gerne gehabt hat, meine Mutter hat an dem Abend gesagt, dass mein Vater von Anfang an gleich nicht das geringste Verständnis für meine unhübsche Art gehabt hat; als er mich zum ersten Mal gesehen hat, soll er entsetzt ausgerufen haben, das ist ja ein Affe, und sich die Haare gerauft haben, weil dieses hässliche Wesen keinesfalls seine Tochter hat sein können, geschweige denn sein Sohn, wie es sich doch gehört hätte, ich bin bei meiner Geburt schon sehr hässlich gewesen, meine Mutter hat gesagt, das hätte sie nicht gestört; ich habe es gar nicht bemerkt, hat sie gesagt, erst als die Hebamme tröstend zu ihr gesagt hätte, na lassen Sie mal, das kann ja noch werden, ist es ihr aufgefallen, aber dennoch hat sie mich ausnehmend hübsch gefunden und gleich in ihr Herz geschlossen, obwohl sie dann auch gesehen hat, was die Hebamme gemeint hat, als sie gesagt hat, na lassen Sie mal, das kann ja noch werden, dass ich von Kopf bis Fuß voller Haare gewesen bin, ich habe überall schwarze Haare gehabt, auch das Gesicht soll affenartig behaart gewesen sein und der ganze Leib bis hinab zu den Zehen, ich bin von so abstoßender Hässlichkeit bei meiner Geburt gewesen, dass meinen Vater mein Anblick gleich abgestoßen hat, meine Mutter hat mich gleich ausnehmend lieb gehabt, hat sie immer erzählt, und es ist ihr auch später erst aufgefallen, dass ich ausgesehen habe wie ein schwarzer Affe, die Haare sind nach ein paar Tagen ausgegangen, und danach habe ich ausgesehen wie alle anderen Säuglinge auch, da ist es aber zu spät gewesen, weil mein Vater bereits einen sehr ungünstigen Eindruck von mir gehabt hat, dieser Eindruck ist nicht mehr zu retten gewesen, mein Vater ist nämlich ein gut aussehender Mann gewesen, sogar ein bestaussehender, und es hat ihn beleidigt, dass ausgerechnet ihm das passieren musste, einen kleinen schwärzlichen Affen zu zeugen; mein Vater hat einen kräftigen Haarwuchs und muss sich zweimal am Tag rasieren, wenn er die Schatten am Kinn loswerden will, und besonders stolz ist er auf seine Haare gewesen, weil andere Männer Glatzen bekommen, mein Vater hat aber so dichtes schwarzes Haar gehabt, dass er sich darum nicht sorgen musste, er hat Männer mit Glatze nur albern gefunden, mit Ausnahme von Uwe Seeler[1], den er möglicherweise nicht ganz so albern gefunden hat, aber wenn jemand am Anfang nach meiner Geburt ihm gesagt hat, ganz der Papa, hat er wild werden können, es heißt sogar, er habe sich sofort betrunken, nachdem er die Klinik verlassen hatte, weil er die Hässlichkeit seiner Tochter nicht nüchtern habe ertragen können, während meiner Mutter diese Hässlichkeit gar nicht aufgefallen sei, sie hat gesagt, gleich von Anfang an hat er dafür nicht das geringste Verständnis gehabt; man muss sich ja schämen für so einen Affenbalg, soll mein Vater gesagt haben und untröstlich gewesen sein, dass einem so schönen Menschen ein derartig hässliches Kind widerfahren muss, und tatsächlich ist das Uncharmante an mir, wie er häufig gesagt hat, von Tag zu Tag immer deutlicher hervorgetreten. [...]

1 **Uwe Seeler:** berühmter und über viele Jahre landesweit geachteter Fußballspieler des Hamburger Sportvereins; viele erfolgreiche Einsätze in der Fußballnationalmannschaft

1 *Untersucht, durch welche Äußerungen und Ansichten die Figur des Vaters in diesem satirischen Text lächerlich wirkt.*

2 *Gebt an, welche Wirkung die Autorin in diesem Textauszug durch die mehrfache Verwendung des Leitbegriffs „Affe" erzielt.*

3 *Analysiert das sprachliche Verfahren, das die Autorin für ihren Text gewählt hat.*
a) Ergänzt dazu die folgende Tabelle.
b) Stellt die Ergebnisse eurer Analyse schriftlich dar.

auffällige sprachliche Phänomene	Fachbegriff zur Kennzeichnung des Phänomens	Wirkung auf den Leser
...	extrem hypotaktischer Satzbau	...
„Verständnis" (5 x in den Zeilen 1–11)	...	unterstreicht ironisch die geistige Unbeweglichkeit des Vaters

„mein Vater" (Z. 28)	Possessivpronomen als Ironiesignal	wirkt ironisch, da die Erzählerin sich vom Vater distanziert
„zuerst versehentlich mich und hernach planmäßig meinen Bruder gezeugt zu haben" (Z. 15 f.); „dass einem so schönen Menschen ein derartig hässliches Kind widerfahren muss" (Z. 90 ff.)	Antithese/Gegensatz	...
...	...	...

Loriot

Fernsehabend (1984)

Ein Ehepaar sitzt vor dem Fernsehgerät. Obwohl die Bildröhre ausgefallen ist und die Mattscheibe dunkel bleibt, starrt das Ehepaar zur gewohnten Stunde in die gewohnte Richtung.

SIE: Wieso geht der Fernseher denn grade heute kaputt?

ER: Die bauen die Geräte absichtlich so, daß sie schnell kaputtgehen ...

(Pause)

SIE: Ich muß nicht unbedingt fernsehen ...

ER: Ich auch nicht ... nicht nur, weil heute der Apparat kaputt ist ... ich meine sowieso ... ich sehe sowieso nicht gern Fernsehen ...

SIE: Es ist ja auch wirklich nichts im Fernsehen, was man gern sehen möchte ...

(Pause)

ER: Heute brauchen wir Gott sei Dank überhaupt nicht erst in den blöden Kasten zu gucken ...

SIE: Nee ... *(Pause)* ... Es sieht aber so aus, als ob du hinguckst ...

ER: Ich?

SIE: Ja ...

ER: Nein ... ich sehe nur ganz allgemein in diese Richtung ... aber du guckst hin ... Du guckst da immer hin!

SIE: Ich? Ich gucke da hin? Wie kommst du denn darauf?

Er: Es sieht so aus ...

Sie: Das *kann* gar nicht so aussehen ... ich gucke nämlich vorbei ... ich gucke *absichtlich* vorbei ... und wenn du ein kleines bißchen mehr auf mich achten würdest, hättest du bemerken können, daß ich absichtlich vorbeigucke, aber du interessierst dich ja überhaupt nicht für mich ...

Er: *(fällt ihr ins Wort)* Jaaa ... jaaa ... jaaa ...

Sie: Wir können doch einfach mal ganz woandershin gucken ...

Er: Woanders? ... Wohin denn?

Sie: Zur Seite ... oder nach hinten ...

Er: Nach hinten? Ich soll nach hinten sehen? ... Nur weil der Fernseher kaputt ist, soll ich nach hinten sehen? Ich laß mir doch von einem Fernsehgerät nicht vorschreiben, wo ich hinsehen soll! *(Pause)*

Sie: Was wäre denn heute für ein Programm gewesen?

Er: Eine Unterhaltungssendung ...

Sie: Ach...

Er: Es ist schon eine Un-ver-schämtheit, was einem so Abend für Abend im Fernsehen geboten wird! Ich weiß gar nicht, warum man sich das überhaupt noch ansieht! ... Lesen könnte man statt dessen, Kartenspielen oder ins Kino gehen ... oder ins Theater ... statt dessen sitzt man da und glotzt auf dieses blöde Fernsehprogramm!

Sie: Heute ist der Apparat ja nu kaputt ...

Er: Gott sei Dank!

Sie: Ja ...

Er: Da kann man sich wenigstens mal unterhalten ...

Sie: Oder früh ins Bett gehen ...

Er: Ich gehe nach den Spätnachrichten der Tagesschau ins Bett ...

Sie: Aber der Fernseher ist doch kaputt!

Er: *(energisch)* Ich lasse mir von einem kaputten Fernseher nicht vorschreiben, wann ich ins Bett zu gehen habe. R

1 *Stellt in einem Schaubild die Beziehung zwischen Ehemann, Ehefrau und (nicht funktionierendem) Fernseher dar. Drückt dabei durch besondere grafische Elemente die Art der Beziehungen aus.*

2 *Macht in einem zweiten Schaubild deutlich, welche Kommunikationsstruktur sich bei einem funktionierenden Fernseher für dieses Ehepaar ergeben würde (▷ S. 95–101).*

3 *Charakterisiert den Dialog schriftlich als eine „unfreiwillige Kommunikation". Zeigt an Beispielen, welche Momente komischer Hilflosigkeit der Fernsehschaden bewirkt (▷ S. 98).*

4 *Sammelt Ideen, wie man diesen Text mit verteilten Rollen vortragen könnte. Findet geeignete Vortragsweisen, mit denen die satirische Absicht intensiv herausgearbeitet werden könnte. Legt u.a. fest:*
- ☐ *Stimmungen, die durch bestimmte Stimmführungen abwechselnd zum Ausdruck kommen sollen (z.B. Niedergeschlagenheit, Aggressivität etc.),*
- ☐ *Lautstärke (evtl. wechselnd),*
- ☐ *Redetempo,*
- ☐ *Länge der Pausen.*

5 *Tragt den Dialog in verschiedenen Varianten vor und diskutiert die jeweilige Wirkung.*

6 *Gebt an, welche der satirischen Mittel, die ihr in den Texten auf S. 81–90 kennengelernt habt, ihr besonders wirkungsvoll findet.*
Begründet eure Entscheidung.

4.3 „Lungentorpedo" und „Rüsselpest" – Mit Jugendsprache den Alltag aufs Korn nehmen

Feinkostgewölbe (dicker Bauch) Männerabstellplatz (Bierzelt) Fummelbunker (Diskothek) Milchtanker (Kuh) Gehirnprothese (Taschenrechner) Saftschubse (Flugbegleiterin) Korallenriff (Pickelgesicht) Rüsselpest (Schnupfen) Pommespanzer (korpulente Person) Krampfadergeschwader (Ansammlung älterer Menschen) Speichelkonferenz (Zungenkuss) Lungentorpedo (Zigarette) Rentner-Bravo (Apothekenrundschau) Spargelstecher (spitz zulaufende Damenschuhe)

1 *Jugendsprache ist oft von **Drastik** und einer **aussagekräftigen Bildlichkeit** gekennzeichnet. Ergänzt die Liste drastisch-bildlicher Ausdrücke aus der Jugendsprache durch Formulierungen, die ihr in letzter Zeit gehört habt.*

TIPP

Beispiele für jugendsprachliche Ausdrücke findet man z. B. in:
Hermann Ehmann: Das voll korrekte Lexikon der Jugendsprache, München 2005, und im PONS Wörterbuch der Jugendsprache 2007. Unzensiert! Von Jugendlichen für Jugendliche, Stuttgart 2006.

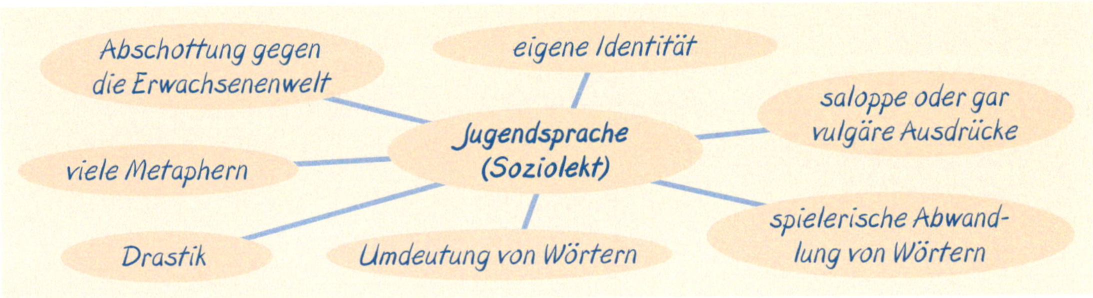

2 *Welche der im Cluster genannten Aspekte kommen in den jugendsprachlichen Begriffen jeweils zum Tragen?*

Rückansicht. Harald Martenstein betrachtet neue Entwicklungen der Tätowierkunst

Vor einigen Tagen habe ich beim Zeitunglesen ein neues deutsches Wort gelernt. Es klingt jetzt erst mal ein bisschen vulgär. […] Es lautet: Arschgeweih. Es gehört zum modernen Leben von heute dazu. Ich setze mich momentan geistig damit auseinander.

Als Arschgeweih werden in der Umgangssprache Tätowierungen knapp über dem Steißbein bezeichnet. Sie sind in der Regel geschwungen wie Flügel oder verschnörkelt wie die Geweihe größerer Huftiere. Der Fachpresse habe ich entnommen, dass eine Tätowierung in der Vertikalen mindestens doppelt so lang sein muss wie in der Horizontalen und annähernd Kreuzform besitzen sollte. Nur dann handelt es sich nach den Regeln des Bundesverbandes der Gesäß- und Schenkeltätowierer um ein deutsches Arschgeweih im klassischen Sinn. Alles andere seien Scheinarschgeweihe oder gar Arschgeweihimitate aus Billiglohnländern. [...]

Harald Martenstein

3 *Wählt aus eurer Sammlung von Wörtern aus der Jugendsprache (▷ S. 91) einen drastisch-bildlichen Ausdruck aus und schreibt über ihn eine Satire. Lasst euch dabei von dem Martenstein-Text anregen.*

a) Schreibt – ähnlich wie in dieser Satire – zunächst eine witzige Einleitung (Z. 1–6), in der Wörter aus sehr gegensätzlichen Lebensbereichen aufeinanderprallen (z. B. „Arschgeweih" und „geistige Auseinandersetzung").

b) Formuliert dann eine abstruse Definition zu dem gewählten Begriff, in der ihr euch z. B. auf Erklärungen seltsamer Berufsverbände und Fachorganisationen beruft, die es gar nicht gibt.

c) Schreibt dem Begriff – und dem Gegenstand, den er bezeichnet – dann eine völlig überzogene Wichtigkeit zu, die ihr durch einen Bezug zu einem zentralen gesellschaftlichen Bereich (z. B. der Wirtschaft) und durch entsprechende Fachbegriffe untermauert („Billiglohnländer").

„Alleinsam zotteln" – Wörter spielerisch abwandeln

Oft erzielt die Jugendsprache mit geringfügigen Abwandlungen von Wörtern einen besonderen Effekt.

Abwandlungen mit gleichen Bedeutungen:
laschi (Anhängen von „-i" an „lasch")
alleinsam (Anhängen der Nachsilbe „-sam" an „allein")
beklotzt (= bekloppt → Ersetzen von „pp" durch „tz")

Ungewöhnliche Wortartwechsel durch Hinzufügen von Buchstaben und Silben:
zotteln (abgeleitet von „Zottel" → langsam gehen)
fimmeln (abgeleitet von „Fimmel" = Macke, Spleen → eine Macke haben)
bekeimen (abgeleitet von „[Krankheits-]Keim" → jdn. zulabern)
müllen (abgeleitet von „Müll" → dummes Zeug daherreden)

1 *Studiert die Zusammenstellung von Beispielen. Ergänzt sie durch aktuelle Beispiele, die ihr in letzter Zeit in Gesprächen mit Gleichaltrigen gehört habt oder die ihr selbst verwendet.*

2 *a) Entwickelt als eine Form des kreativen Schreibens mit sechs oder mehr dieser Wörter eine kurze Erzählung, die auch andere Aspekte der Jugendsprache aufweisen kann (▷ S. 91) und in der ein bestimmter Menschentyp der Lächerlichkeit preisgegeben wird. Schreibt den Text in einem vorher festgelegten zeitlichen Rahmen (z. B. zehn oder 15 Minuten).*

b) Überarbeitet eure Texte in Gruppen und tragt ausgewählte Texte vor.

5 Funktionen von Sprache – Kommunikation untersuchen

Edward Hopper: Chop Suey, 1929, Öl auf Leinwand.

1 *a) Welchen Eindruck macht die Restaurantszene auf dem Bild von Edward Hopper auf euch?*
b) Betrachtet die Figuren einzeln, achtet dabei besonders auf ihre Blicke, ihre Hände und ihre Haltung zueinander.

2 *Sucht euch eines der Paare aus und stellt euch vor, das Bild sei ein Standbild aus einer Filmsequenz.*
a) Was könnte der Szene vorausgegangen sein?
b) Welche Biografien könnten die beiden Figuren jeweils haben?

3 *a) Welche Gedanken könnten den Figuren durch den Kopf gehen? Notiert diese Gedanken in Stichwörtern.*
b) Schreibt zu zweit – angeregt durch die Gedanken der Figuren – einen Dialog der beiden.
c) Spielt eure Szene vor. Achtet dabei auch auf Mimik, Gestik und Körperhaltung.
d) Diskutiert im Anschluss darüber, inwieweit die Kommunikation als gelungen oder als misslungen (gestört) zu bezeichnen ist.

5.1 Kommunikation im Alltag – Mögliche Störungen erklären

Yasmina Reza

Kunst (1995/1996)

Marc, allein.

MARC: Mein Freund Serge hat sich ein Bild gekauft. Ein Ölgemälde von etwa ein Meter sechzig auf ein Meter zwanzig, ganz in Weiß. Der Untergrund ist weiß, und wenn man die Augen zusammenkneift, kann man feine weiße Querstreifen erkennen. Mein Freund Serge ist ein langjähriger Freund. Er ist jemand, der Erfolg gehabt hat, er ist Dermatologe[1] und er liebt die Kunst. Am Montag bin ich bei ihm gewesen, um mir das Bild anzuschauen, das Serge am Samstag gekauft hat, mit dem er aber schon seit Monaten liebäugelte. Ein weißes Bild, mit weißen Streifen.

Bei Serge.

Auf dem Boden steht ein weißes Ölgemälde mit feinen weißen Querstreifen. Serge betrachtet vergnügt sein Bild. Marc betrachtet das Bild. Serge betrachtet Marc, der das Bild betrachtet. Eine lange Zeit, in der alle Gefühle wortlos zum Ausdruck kommen.

MARC: Teuer?

SERGE: Zweihunderttausend.

MARC: Zweihunderttausend? ...

SERGE: Handtington nimmt es für zweihundertzwanzig zurück.

MARC: Wer ist das?

SERGE: Handtington?!

MARC: Kenn ich nicht.

SERGE: Handtington! Die Galerie Handtington!

MARC: Die Galerie Handtington nimmt es für zweihundertzwanzig zurück?

SERGE: Nein, nicht die Galerie. Er. Handtington selbst. Für sich.

MARC: Und warum hat Handtington es nicht gleich gekauft?

SERGE: Weil die Kunsthändler daran interessiert sind, an Privatleute zu verkaufen. Der Markt muss in Bewegung bleiben.

MARC: Jaaa ...

SERGE: Na?

MARC: ...

SERGE: Du stehst dort nicht richtig. Betrachte es von hier aus. Siehst du die Linien?

MARC: Wie heißt der ...?

SERGE: Maler? Antrios.

MARC: Bekannt?

SERGE: Sehr. Sehr!

Pause.

MARC: Serge, du hast doch für dieses Bild keine zweihunderttausend Francs bezahlt?

SERGE: Aber Junge, das ist der Preis. Es ist ein ANTRIOS!

MARC: Du hast keine zweihunderttausend Francs für dieses Bild bezahlt!

SERGE: Ich war sicher, dass du das nicht begreifen würdest.

MARC: Hast du für diese Scheiße wirklich zweihunderttausend Francs bezahlt?!

Serge, allein.

SERGE: Mein Freund Marc, ein intelligenter Junge, den ich seit langem schätze, gute Position, Ingenieur in der Aeronautik[2], gehört zu diesen neuen Intellektuellen, die sich nicht allein damit begnügen, Feinde der Moderne zu sein, sondern die sich unbegreiflicherweise auch noch etwas darauf einbilden. Man findet bei den Anhängern der guten alten Zeit seit kurzem eine wirklich verblüffende Arroganz.

1 **Dermatologe:** Hautarzt

2 **Aeronautik:** Luftfahrtkunde

Dieselben. Selber Ort. Selbes Bild.

Serge: *(nach einiger Zeit)* Wie kannst du sagen „diese Scheiße“?

Marc: Serge, ein wenig Humor! *Lacht* ... Lach schon, alter Junge, ich finde es einfach großartig, dass du dieses Bild gekauft hast!

Marc lacht. Serge steht da wie versteinert.

Serge: Dass du diesen Kauf großartig findest, wunderbar, dass du darüber lachen musst, schön, aber ich möchte wissen, was du mit „diese Scheiße“ meinst.

Marc: Du machst dich wohl über mich lustig!

Serge: Keineswegs. „Diese Scheiße“ verglichen womit? Wenn man sagt, dies oder jenes ist eine Scheiße, muss man doch einen Wertmaßstab haben, um darüber urteilen zu können.

Marc: Mit wem sprichst du? Mit wem sprichst du im Augenblick? Huhu! ...

Serge: Du interessierst dich nicht für die zeitgenössische Malerei, du hast dich nie dafür interessiert. Du hast nicht die geringste Kenntnis auf diesem Gebiet, wie kannst du also behaupten, ein bestimmter Gegenstand, der Gesetzen gehorcht, von denen du nichts weißt, sei eine Scheiße?

Marc: ... Es ist eine Scheiße. Entschuldige bitte.

Serge, allein.

Serge: Er mag dieses Bild nicht. Schön ... Keine Zärtlichkeit in seinem Verhalten. Kein Bemühen. Keine Zärtlichkeit in seiner Art zu verurteilen. Ein selbstgefälliges, perfides Lachen. Ein Lachen, das alles besser weiß als alle andern. Ich hasse dieses Lachen.

1 *Analysiert den Anfang des Theaterstücks (die* ***Exposition),*** *indem ihr*
a) zunächst den ***Inhalt*** *des Dialogs zusammenfasst,*
b) dann die ***Beziehung*** *der Figuren zueinander und ihre Gefühle beschreibt,*
c) schließlich die ***Situation*** *genau umreißt und ihre Bedeutung für das Gespräch nennt.*

2 *Beurteilt die Kommunikation zwischen den beiden Figuren in der Szene. Begründet eure Einschätzung, indem ihr Textstellen als Belege anführt.*

3 *Spielt die Szene als Improvisation. Achtet dabei auf die Wirkung* ***nicht sprachlicher Ausdrucksmittel*** *(Gestik, Mimik, Körperhaltung).*

Kommunikationsmodelle

Wie in vielen modernen Theaterstücken spielen Beziehungs- und Kommunikationsprobleme im Stück „Kunst“ eine zentrale Rolle. Bei der Inszenierung sind nicht nur die geäußerten Wörter und Sätze, sondern auch **nonverbale** und **parasprachliche** Elemente (Intonation, Lautstärke usw.) von Bedeutung. Eine dramatische Spannung entsteht dabei häufig dadurch, dass verbale und nonverbale Äußerungen im Widerspruch zueinander stehen.

!

Nonverbales und paraverbales Verhalten

In der zwischenmenschlichen Kommunikation meint **nonverbales Verhalten** vor allem die Sprache des Körpers: Gestik, Mimik und Körperhaltung.
Unter **paraverbalem Verhalten** versteht man den Ausdruck der Stimme: Intonation, Lautstärke, Sprechtempo, Pausen usw.

Sprachphilosophen und Kommunikationstheoretiker haben verschiedene Modelle entwickelt, die die einzelnen Faktoren bei Kommunikationsprozessen gewichten und zueinander in Beziehung setzen. Im Folgenden findet ihr in knapper Form einige wesentliche **Kommunikationsmodelle.**

Friedemann Schulz von Thun: Das Kommunikationsquadrat (1981)

Das Kommunikationsquadrat ist das bekannteste und inzwischen auch weitverbreitete Modell von Friedemann Schulz von Thun. Bekannt geworden ist dieses Modell auch als „Vier-Ohren-Modell". Die vier Ebenen der Kommunikation haben nicht nur Bedeutung für das private Miteinander, sondern auch und vor allem für den beruflichen Bereich, wo das Professionelle und das Menschliche ständig miteinander „verzahnt" sind.

Wenn ich als Mensch etwas von mir gebe, bin ich auf vierfache Weise wirksam. Jede meiner Äußerungen enthält, ob ich will oder nicht, vier Botschaften gleichzeitig:

- eine Sachinformation (worüber ich informiere) – blau,
- eine Selbstkundgabe (was ich von mir zu erkennen gebe) – grün,
- einen Beziehungshinweis (was ich von dir halte und wie ich zu dir stehe) – gelb,
- einen Appell (was ich bei dir erreichen möchte) – rot.

Schulz von Thun hat daher 1981 die vier Seiten einer Äußerung als Quadrat dargestellt und dementsprechend dem Sender „vier Schnäbel" und dem Empfänger „vier Ohren" zugeordnet. Psychologisch gesehen sind also, wenn wir miteinander reden, auf beiden Seiten vier Schnäbel und vier Ohren daran beteiligt, und die Qualität des Gespräches hängt davon ab, in welcher Weise diese zusammenspielen.

Auf der **Sachebene** des Gesprächs steht die Sachinformation im Vordergrund, hier geht es um Daten, Fakten und Sachverhalte. Dabei gilt zum einen das Wahrheitskriterium wahr oder unwahr (zutreffend/nicht zutreffend), zum anderen das Kriterium der Relevanz (sind die aufgeführten Sachverhalte für das anstehende Thema von Belang/nicht von Belang?) und zum Dritten erscheint das Kriterium der Hinlänglichkeit (sind die angeführten Sachhinweise für das Thema ausreichend oder muss vieles andere auch bedacht sein?).

Für den Sender gilt es also, den Sachverhalt klar und verständlich zu vermitteln. Der Empfänger, der das Sachohr aufgesperrt hat, hört auf die Daten, Fakten und Sachverhalte und hat entsprechend den drei genannten Kriterien viele Möglichkeiten einzuhaken.

Selbstkundgabe: Wenn jemand etwas von

sich gibt, gibt er auch etwas von *sich*. Jede Äußerung enthält auch, ob ich will oder nicht, eine Selbstkundgabe, einen Hinweis darauf, was in mir vorgeht, wie mir ums Herz ist, wofür ich stehe und wie ich meine Rolle auffasse. Dies kann explizit[1] („Ich-Botschaft") oder implizit[2] geschehen. Dieser Umstand macht jede Nachricht zu einer kleinen Kostprobe der Persönlichkeit, was dem Sender nicht nur in Prüfungen und in der Begegnung mit Psychologen einige Besorgnis verursachen kann.

Während der Sender also mit dem Selbstkundgabe-Schnabel, implizit oder explizit, Informationen über sich preisgibt, nimmt der Empfänger diese mit dem Selbstkundgabe-Ohr auf: Was sagt mir das über den anderen? Was ist der für einer? Wie ist er gestimmt?

Die **Beziehungsseite:** Ob ich will oder nicht, wenn ich jemanden anspreche, gebe ich (durch Formulierung, Tonfall, Begleitmimik) auch zu erkennen, wie ich zum anderen stehe und was ich von ihm halte – jedenfalls bezogen auf den aktuellen Gesprächsgegenstand. In jeder Äußerung steckt somit auch ein Beziehungshinweis, für welchen der Empfänger oft ein besonders sensibles, (über)empfindliches Beziehungs-Ohr besitzt. Auf Grund dieses Ohres wird entschieden: „Wie fühle ich mich behandelt durch die Art, in der der andere mit mir spricht? Was hält der andere von mir und wie steht er zu mir?"

Appellseite: Wenn jemand das Wort ergreift und es an jemanden richtet, will er in der Regel auch etwas bewirken, Einfluss nehmen; den anderen nicht nur erreichen, sondern auch etwas bei ihm erreichen. Offen oder verdeckt geht es auf dieser Ebene um Wünsche, Appelle, Ratschläge, Handlungsanweisungen, Effekte. Das Appell-Ohr ist folglich besonders empfangsbereit für die Frage: Was soll ich jetzt machen, denken oder fühlen?

1 **explizit:** ausdrücklich
2 **implizit:** nicht ausdrücklich gesagt, aber mit gemeint

1 *Übertragt das Kommunikationsquadrat von Schulz von Thun in euer Heft und vervollständigt es mit Hilfe der folgenden Begriffe: Sender/Sprecher; Empfänger/Hörer; gesendete Nachricht; aufgenommene Nachricht.*

2 *a) Erläutert, wie die beiden Äußerungen aus dem Cartoon auf den vier Ebenen nach Schulz von Thun jeweils gemeint bzw. verstanden werden können.*

b) Verfasst jeweils zwei kurze Alltagsszenen, in denen die folgenden Sätze vorkommen: „Da ist was Grünes in der Suppe", „Willst du das anziehen?", „Ist dies dein neuer Freund?", „Sind die Perlen echt?"

c) Vergleicht die Szenen und erklärt mit Hilfe des Kommunikationsmodells Schulz von Thuns, welche Seiten der Nachricht in euren Szenen eine besondere Rolle spielen.

3 *a) Spielt die Szenen und nehmt die Darstellungen auf Video auf.*

b) Prüft, welche ***nonverbalen*** *und* ***paraverbalen*** *Aspekte für die Kommunikation entscheidend sind (**▷ S. 95**).*

4 *Erläutert die vier Seiten einer Nachricht an konkreten Textstellen aus der Dramenszene „Kunst" (**▷ S. 94–95**).*

Paul Watzlawick: Menschliche Kommunikation (1969)

1 [...] Es muss [...] daran erinnert werden, dass das „Material" jeglicher Kommunikation keineswegs nur Worte sind, sondern auch paralinguistische[1] Phänomene (wie z.B. Tonfall, Schnelligkeit oder Langsamkeit der Sprache, Pausen, Lachen und Seufzen), Körperhaltung, Ausdrucksbewegungen (Körpersprache) usw. innerhalb eines bestimmten Kontextes umfasst – kurz, Verhalten jeder Art.

2 [...] Verhalten hat vor allem eine Eigenschaft, die so grundlegend ist, dass sie oft übersehen wird: Verhalten hat kein Gegenteil, oder um dieselbe Tatsache noch simpler auszudrücken: Man kann sich nicht *nicht* verhalten. Wenn man also akzeptiert, dass alles Verhalten in einer zwischenmenschlichen Situation [...] Mitteilungscharakter hat, d. h. Kommunikation ist, so folgt daraus, dass man, wie immer man es auch versuchen mag, nicht *nicht* kommunizieren kann. Handeln oder Nichthandeln, Worte oder Schweigen haben alle Mitteilungscharakter: Sie beeinflussen andere, und diese anderen können ihrerseits nicht *nicht* auf diese Kommunikation reagieren und kommunizieren damit selbst. [...]

3 [...] Wenn man untersucht, *was* jede Mitteilung enthält, so erweist sich ihr Inhalt vor allem als Information. Dabei ist es gleichgültig, ob diese Information wahr oder falsch, gültig oder ungültig oder unentscheidbar ist. Gleichzeitig aber enthält jede Mitteilung einen weiteren Aspekt, der viel weniger augenfällig, doch ebenso wichtig ist – nämlich einen Hinweis darauf, wie ihr Sender sie vom Empfänger verstanden haben möchte. Sie definiert also, wie der Sender die Beziehung zwischen sich und dem Empfänger sieht, und ist in diesem Sinn seine persönliche Stellungnahme zum anderen. Wir finden somit in jeder Kommunikation einen *Inhalts- und einen Beziehungsaspekt.* [...]

Watzlawick unterscheidet in seiner Theorie grundsätzlich zwei Formen von Beziehungen, die symmetrische und die komplementäre Interaktion.

4 Sie stehen für Beziehungen, die entweder auf Gleichgewicht oder auf Unterschiedlichkeit beruhen. Im ersten Fall ist das Verhalten der beiden Partner sozusagen spiegelbildlich und ihre Interaktion daher *symmetrisch.* Dabei ist es gleichgültig, worin dieses Verhalten im Einzelfall besteht, da sich die Partner sowohl in Stärke wie Schwäche, Härte wie Güte und jedem anderen Verhalten ebenbürtig sein können. Im zweiten Fall dagegen ergänzt das Verhalten des einen Partners das des anderen, wodurch sich eine grundsätzlich andere Art von verhaltensmäßiger Gestalt ergibt, die *komplementär* ist. Symmetrische Beziehungen zeichnen sich also durch Streben nach Gleichgewicht und Verminderung von Unterschieden zwischen den Partnern aus, während komplementäre Interaktionen auf sich gegenseitig ergänzenden Unterschiedlichkeiten basieren.
[...] Komplementäre Beziehungen beruhen auf gesellschaftlichen oder kulturellen Kontexten (wie z. B. im Fall von Mutter und Kind, Arzt und Patient, Lehrer und Schüler). [...] Zwischenmenschliche Kommunikation ist entweder symmetrisch oder komplementär, je nachdem, ob die Beziehung zwischen den Partnern auf Gleichheit oder Unterschiedlichkeit beruht.

1 **paralinguistisch:** ist synonym zu betrachten zu paraverbal

1 *a) Formuliert für jede der zentralen Aussagen Watzlawicks eine oder zwei Thesen.*
b) Schildert alltägliche Situationen, die diese Thesen Watzlawicks veranschaulichen.

2 *Prüft, ob die Interaktion im Textauszug aus „Kunst" (**▷ S. 94–95**) symmetrisch oder komplementär ist. Begründet eure Einschätzung.*

Hein Retter

Im Wartezimmer

SIE: Wie war's denn beim Zahnarzt? Musstest du lange warten?

ER: Eine Viertelstunde. Warteten noch drei andere, die nach mir drankamen.

SIE: Aha, ihr habt also kommuniziert! Wovon habt ihr denn geredet?

ER: Geredet, nichts. Ich glaube, jeder hat gelesen.

SIE: Gemeinsam?

ER: Nein, jeder für sich natürlich.

SIE: Trotzdem müsst ihr nach Watzlawick doch kommuniziert haben. Was hast du denn von den anderen wahrgenommen?

ER: Dass da drei Leute waren.

SIE: Sonst nichts?

ER: Keine Ahnung, ich habe gelesen, jeder hat gelesen, oder ... ich weiß wirklich nicht, was die anderen gemacht haben.

SIE: Völlig unmöglich! Nach Watzlawick hast du kommuniziert, und du unterstellst, dass du nicht kommuniziert hast. Gib zu, dass ihr kommuniziert habt! Nämlich deshalb, weil ihr nicht kommunizieren wolltet.

ER: Unsinn! [...]

3 *a) Schreibt den Dialog zu Ende.*
b) Vergleicht eure Fassungen in Hinsicht darauf, wie gut sie zum Gesprächsbeginn passen.

4 *Beurteilt das Gespräch im Sinne der Theorie Watzlawicks.*

5 *Stellt euch die Situation im Wartezimmer vor. Welche der von Watzlawick angesprochenen Aspekte kommen zusätzlich zum Tragen, wenn einer der Wartenden das Gespräch sucht?*

6 *Analysiert den Dialog des Ehepaares anhand der Kategorien Schulz von Thuns (▷ S. 96–97).*

Watzlawick und Schulz von Thun greifen in ihren Kommunikationsmodellen auf das Organon-Modell Karl Bühlers zurück.

Karl Bühler: Funktionen der Sprache (1934)

Karl Bühler (1879–1963) hat die Ergebnisse seiner Sprachanalyse in einem **Organon-Modell** grafisch dargestellt:

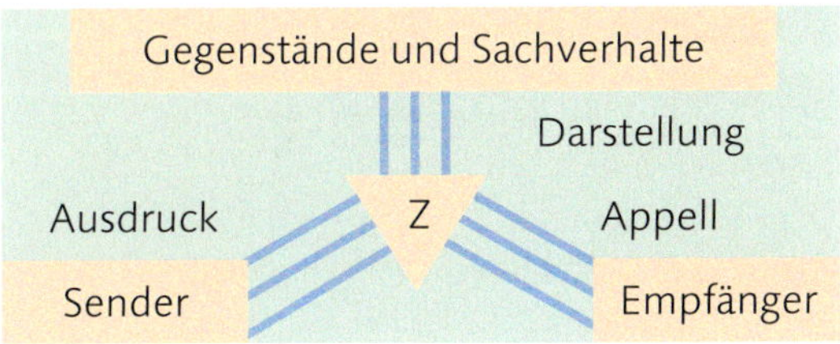

„Die Sprache", sagt Bühler, „ist dem Werkzeug verwandt; auch sie gehört zu den Geräten des Lebens, ist ein Organon [Werkzeug] wie das dingliche Gerät." Nach Bühler sind beim Sprechen immer drei Elemente beteiligt, die über das Sprachzeichen (Z) in Sinnbezug zueinander treten: (mindestens) ein Sender, (mindestens) ein Empfänger und Objekte der gegenständlichen Welt. Diese Gegenstände oder Sachverhalte sind Anlass für die Kommunikation zwischen Sender und Empfänger, aber nicht ausschließlich. Die Sprachzeichen, die zwischen Sender und Empfänger gewechselt werden, können sich auch auf diese selbst richten. Wenn sich der Sinnbezug des Sprachzeichens auf den **Sender** selbst richtet, nennt Bühler diese Funktion des Zeichens **Ausdruck;** den auf den **Empfänger** zielenden Sinnbezug bezeichnet er als **Appell.** Die **Darstellung** ist der auf **Gegenstände** und **Sachverhalte** zielende Sinnbezug des sprachlichen Zeichens.

Die Sprecherabsicht **(Intention)** entscheidet darüber, welche dieser Funktionen in einer sprachlichen Äußerung jeweils überwiegt. Ein Sender, der beim Adressaten eine bestimmte Handlung auslösen will und der deshalb werbend, überredend, überzeugend oder befehlend spricht, rückt z.B. die Appellfunktion in den Vordergrund.

In jeder Mitteilung sind alle drei Funktionen der Sprache enthalten, wobei jedoch eine Funktion mehr oder weniger stark dominieren kann.

1 *Erklärt am Beispiel des Sprachzeichens „Feuer" mit Hilfe des Organon-Modells mögliche Intentionen eines Senders.*

2 *Ordnet den Sprachfunktionen des Organon-Modells verschiedene Textsorten zu, z.B.: Brief, Rede, Flugblatt, Gebrauchsanweisung, Gedicht, Tagebucheintrag usw.*

3 *Stellt dar, in welcher Form das Organon-Modell weiterentwickelt wurde. Vergleicht es mit den Modellen von Schulz von Thun und von Watzlawick.*

Erwartungshaltungen – Kommunikation und Rolle

1 *Erklärt, warum die Cartoons komisch wirken. Unterscheidet dabei die Wirkung der Worte und die der Bilder.*

2 *Inwiefern sind die jeweiligen **Rollen** und Rollenerwartungen in den Cartoons von Bedeutung?*

Rolle

Den Begriff „Rolle" verwenden Soziologen und Kommunikationsforscher, wenn sie beschreiben, welche Erwartungen Einzelne und die Gesellschaft insgesamt an das Verhalten eines Individuums in einer bestimmten sozialen Position stellen.
Jeder Mensch spielt je nach Situation unterschiedliche Rollen, die einander zum Teil widersprechen können (**Rollenkonflikt**).
Von weit reichender Bedeutung ist dabei die Unterscheidung zwischen **Berufsrolle** und **privater Rolle.** Eine Richterin etwa verhält sich vor Gericht anders als in der Familie.
Frauen und Männern wurden und werden in verschiedenen Epochen und Kulturen bestimmte Rollen zugeschrieben (**Geschlechterrollen**). Gerade in diesem Bereich zeigt sich, dass gesellschaftliche Rollenvorstellungen im Laufe der Zeit Veränderungen unterworfen sind.

3 *Entwerft eine Spielszene, deren Komik dadurch entsteht, dass Erwartungen an eine Rolle gezielt enttäuscht werden.*

4 a) *Schildert **alltägliche Situationen,** in denen eine Person den (vermeintlichen) geschlechtsspezifischen Rollenerwartungen nicht entspricht.*
b) *Untersuchungen über das Gesprächsverhalten von Frauen und Männern haben ergeben, dass Frauen eher kooperativ, konstruktiv und einfühlsam kommunizieren, Männer hingegen eher dominant und destruktiv.*
Erörtert, inwieweit sich diese Erkenntnisse mit euren persönlichen Erfahrungen decken.

Goldene Regeln für eine gelungene Kommunikation

Viele Kommunikationssituationen sind traditionell klar geregelt, z. B. vor Gericht, im Parlament usw. Um Kommunikationsstörungen im Unterricht vorzubeugen, könnt ihr goldene Regeln für eine gelungene Kommunikation aufstellen. Nehmt dabei sowohl die Position des Sprechers/der Sprecherin als auch die des Zuhörers/der Zuhörerin in den Blick.

5 a) *Stellt zunächst Regeln auf, die euch besonders zentral erscheinen.*
b) *Diskutiert in der Gruppe, auf welche fünf Regeln sich alle einigen können.*
c) *Formuliert eine sechste Regel für die **Metakommunikation.***

! **Metakommunikation**
Wenn die Gesprächspartner über die Art ihrer Gesprächsführung sprechen, nennt man dies **Metakommunikation.** Die Kommunikation selbst wird zum Gegenstand des Gesprächs.

5.2 Beziehungen aufnehmen, leben, beenden – Kommunikation in Kurzgeschichten untersuchen

Roswitha Fröhlich

Plötzlich (1996)

Gestern hat mir Jasmine erzählt, wie das mit Philipp gekommen ist. Jasmine ist meine Kusine, sie wohnt in einer anderen Stadt, wir besuchen uns immer in den Ferien. Und dieser Philipp ist ihr Freund. Neuerdings kleben die beiden dauernd zusammen. Sogar wenn ich zu Besuch bin, können sie sich nicht trennen. Richtig störend komme ich mir dann immer vor.
Und so ungefähr hat Jasmine mir die Sache geschildert:
Am Montag vor zwei Wochen in der Hofpause sei es gewesen, hat sie gesagt. „Philipp – das ist der Junge hinten in unserer Straße, mit dem ich eigentlich denselben Schulweg habe. Aber bisher hatten wir uns nie umeinander gekümmert, weil wir ja auch in verschiedene Klassen gehen –
An diesem Montag also, als wir uns gerade mal wieder alle hinten vorm Pausen-Kiosk herumgeschubst und unser Geld gezückt haben –
da hat er plötzlich ganz dicht neben mir gestanden, obwohl ich ihn vorher gar nicht hatte kommen sehen. Aber plötzlich war er da – direkt neben mir, ganz, ganz nah! Und als die anderen immer mehr geschubst und gedrängelt haben, hat er plötzlich so getan, als ob er zu mir rüberkippt. Jedenfalls hat er sich plötzlich an mir festgehalten und dabei irgendwie seltsam geguckt, und überhaupt hat er plötzlich ganz anders gewirkt als sonst. Und dann – dann ist es passiert.
Plötzlich ist mir mein Geldbeutel aus der Hand gerutscht, und Philipp und ich haben uns gleichzeitig gebückt, um das Ding wieder aufzuheben, und dann – dann haben wir beide plötzlich auf der Erde gesessen, mitten zwischen den anderen. Und dann sind wir wieder aufgestanden – gleichzeitig – und Philipp hat mich hochgezogen. Obwohl das mit dem Hochziehen eigentlich gar nicht nötig war. Aber er wollte das eben.
Ja ... so war das mit uns ... Irgendwie ist da alles zusammengekommen, verstehst du? Als hätte das alles so sein müssen ...“
Damit war Jasmines Bericht beendet. Sie hat richtig verklärt gelächelt, nachdem sie's raus hatte.
„Hmhm“, habe ich geantwortet, als sie fertig war und immer blöder vor sich hin lächelte. „Hmhm.“
Mehr ist mir einfach nicht eingefallen.
Was hätte ich auch dazu sagen sollen?
Mit Vernunft kommt man gegen solche Geschichten ja sowieso nicht an. So viel weiß ich schließlich auch.

1 *Nehmt Stellung zu der Einschätzung der Erzählerin, die sie am Ende der Geschichte verallgemeinernd äußert.*

2 *Welche Aspekte der Kommunikation spielen bei Jasmines Bericht eine Rolle?*

3 *a) Schreibt das Ende des Textes aus der Sicht Jasmines (ab Zeile 44).*
b) Vergleicht eure Texte und prüft, ob sie sich auf die Reaktionen der Erzählerin im Original beziehen.

Gabriele Wohmann

Ein netter Kerl (1978)

Ich habe ja so wahnsinnig gelacht, rief Nanni in einer Atempause. Genau wie du ihn beschrieben hast, entsetzlich.
Furchtbar fett für sein Alter, sagte die Mutter. Er sollte vielleicht Diät essen. Übrigens, Rita, weißt du, ob er ganz gesund ist?
Rita setzte sich gerade und hielt sich mit den Händen am Sitz fest. Sie sagte: Ach, ich glaub schon, daß er gesund ist. Genau wie du es erzählt hast, weich wie ein Molch, wie Schlamm, rief Nanni. Und auch die Hand, so weich.
Aber er hat dann doch auch wieder was Liebes, sagte Milene, doch, Rita, ich finde, er hat was Liebes, wirklich.
Na ja, sagte die Mutter, beschämt fing auch sie wieder an zu lachen; recht lieb, aber doch gräßlich komisch. Du hast nicht zuviel versprochen, Rita, wahrhaftig nicht. Jetzt lachte sie laut heraus. Auch hinten im Nacken hat er schon Wammen, wie ein alter Mann, rief Nanni. Er ist ja so fett, so weich, so weich! Sie schnaubte aus der kurzen Nase, ihr kleines Gesicht sah verquollen aus vom Lachen.
Rita hielt sich am Sitz fest. Sie drückte die Fingerkuppen fest ans Holz.
Er hat so was Insichruhendes, sagte Milene. Ich find ihn so ganz nett, Rita, wirklich, komischerweise.
Nanni stieß einen winzigen Schrei aus und warf die Hände auf den Tisch; die Messer und Gabeln auf den Tellern klirrten.
Ich auch, wirklich, ich find ihn auch nett, rief sie. Könnt ihn immer ansehn und mich ekeln.
Der Vater kam zurück, schloß die Eßzimmertür, brachte kühle nasse Luft mit herein. Er war ja so ängstlich, daß er seine letzte Bahn noch kriegt, sagte er. So was von ängstlich.
Er lebt mit seiner Mutter zusammen, sagte Rita. Sie platzten alle heraus, jetzt auch Milene.
Das Holz unter Ritas Fingerkuppen wurde klebrig. Sie sagte: Seine Mutter ist nicht ganz gesund, soviel ich weiß.
Das Lachen schwoll an, türmte sich vor ihr auf, wartete und stürzte sich dann herab, es

Noma: Zwei Figuren, 2002.

spülte über sie weg und verbarg sie: lang genug für einen kleinen schwachen Frieden. Als erste brachte die Mutter es fertig, sich wieder zu fassen.
Nun aber Schluß, sagte sie, ihre Stimme zitterte, sie wischte mit einem Taschentuchklümpchen über die Augen und die Lippen. Wir können ja endlich mal von was anderem reden.
Ach, sagte Nanni, sie seufzte und rieb sich den kleinen Bauch, ach, ich bin erledigt, du liebe Zeit. Wann kommt die große fette Qualle denn wieder, sag, Rita, wann denn? Sie warteten alle ab.
Er kommt von jetzt an oft, sagte Rita. Sie hielt den Kopf aufrecht.
Ich habe mich verlobt mit ihm.
Am Tisch bewegte sich keiner. Rita lachte versuchsweise und dann konnte sie es mit großer Anstrengung lauter als die anderen, und sie rief: Stellt euch das doch bloß mal vor: mit ihm verlobt! Ist das nicht zum Lachen!
Sie saßen gesittet und ernst und bewegten vorsichtig Messer und Gabeln.
He, Nanni, bist du mir denn nicht dankbar, mit der Qualle hab ich mich verlobt, stell dir das doch mal vor!

Er ist ja ein netter Kerl, sagte der Vater. Also höflich ist er, das muß man ihm lassen.
Ich könnte mir denken, sagte die Mutter ernst, daß er menschlich angenehm ist, ich meine, als Hausgenosse oder so, als Familienmitglied.
Er hat keinen üblen Eindruck auf mich gemacht, sagte der Vater.
Rita sah sie alle behutsam dasitzen, sie sah gezähmte Lippen. Die roten Flecken in den Gesichtern blieben noch eine Weile. Sie senkten die Köpfe und aßen den Nachtisch. R

1 *a) Beschreibt, wie sich das Gespräch entwickelt. Worüber reden die Beteiligten (**Sachebene**)? Wie ändert sich das Gespräch?*
*b) Erläutert die Bedeutung der **Beziehungsebene** in der Kurzgeschichte. Dabei könnt ihr auf das Modell von Schulz von Thun zurückgreifen.*

2 *Wie bei vielen Kurzgeschichten findet sich auch hier ein **Wendepunkt.***
a) Beschreibt genau, an welcher Stelle und in welcher Weise sich die Geschichte wendet.
*b) Wie wird diese Wendung durch **nonverbale** Botschaften vorbereitet?*

3 *a) Verfasst einen inneren Monolog Ritas im Sinne einer **Selbstkundgabe.***
b) Warum äußert Rita ihre Gefühle und Gedanken in der Geschichte anders als in euren Monologen?

4 *Welche Rolle spielt der **Erzähler** im Hinblick auf die Kommunikationssituation? Nennt konkrete Textbeispiele, die eure Aussagen belegen.*

Wolfgang Borchert

Das Brot (1946)

***Wolfgang Borchert** (1921–1947) gilt als ein Hauptvertreter der unmittelbaren Nachkriegsliteratur nach 1945. Er verfasste in der Tradition der amerikanischen **Short Stories** eine Reihe von Kurzgeschichten, die dazu beitrugen, diese Textsorte auch in Deutschland sehr populär zu machen.*

Plötzlich wachte sie auf. Es war halb drei. Sie überlegte, warum sie aufgewacht war. Ach so! In der Küche hatte jemand gegen einen Stuhl gestoßen. Sie horchte nach der Küche. Es war still. Es war zu still, und als sie mit der Hand über das Bett neben sich fuhr, fand sie es leer. Das war es, was es so besonders still gemacht hatte: Sein Atem fehlte.
Sie stand auf und tappte durch die dunkle Wohnung zur Küche.
In der Küche trafen sie sich. Die Uhr war halb drei. Sie sah etwas Weißes am Küchenschrank stehen. Sie machte Licht. Sie standen sich im Hemd gegenüber. Nachts. Um halb drei. In der Küche.
Auf dem Küchentisch stand der Brotteller. Sie sah, dass er sich Brot abgeschnitten hatte. Das Messer lag noch neben dem Teller. Und auf der Decke lagen Brotkrümel. Wenn sie abends zu Bett gingen, machte sie immer das Tischtuch sauber. Jeden Abend. Aber nun lagen Krümel auf dem Tuch. Und das Messer lag da. Sie fühlte, wie die Kälte der Fliesen langsam an ihr hoch kroch. Und sie sah von dem Teller weg.
„Ich dachte, hier wäre was", sagte er und sah in der Küche umher.
„Ich habe auch was gehört", antwortete sie, und dabei fand sie, dass er nachts im Hemd doch schon recht alt aussah. So alt wie er war.

Pablo Picasso: Die Küche, 1948, Aquarell.

Dreiundsechzig. Tagsüber sah er manchmal jünger aus. Sie sieht doch schon alt aus, dachte er, im Hemd sieht sie doch ziemlich alt aus. Aber das liegt vielleicht an den Haaren. Bei den Frauen liegt das nachts immer an den Haaren. Die machen dann auf einmal so alt.

„Du hättest Schuhe anziehen sollen. So barfuß auf den kalten Fliesen. Du erkältest dich noch."

Sie sah ihn nicht an, weil sie nicht ertragen konnte, dass er log. Dass er log, nachdem sie neununddreißig Jahre verheiratet waren.

„Ich dachte, hier wäre was", sagte er noch einmal und sah wieder so sinnlos von einer Ecke in die andere, „ich hörte hier was. Da dachte ich, hier wäre was."

„Ich habe auch was gehört. Aber es war wohl nichts." Sie stellte den Teller vom Tisch und schnippte die Krümel von der Decke.

„Nein, es war wohl nichts", echote er unsicher.

Sie kam ihm zu Hilfe: „Komm man. Das war wohl draußen. Komm man zu Bett. Du erkältest dich noch. Auf den kalten Fliesen."

Er sah zum Fenster hin. „Ja, das muss wohl draußen gewesen sein. Ich dachte, es wäre hier."

Sie hob die Hand zum Lichtschalter. Ich muss das Licht jetzt ausmachen, sonst muss ich nach dem Teller sehen, dachte sie. Ich darf doch nicht nach dem Teller sehen. „Komm man", sagte sie und machte das Licht aus, „das war wohl draußen. Die Dachrinne schlägt immer bei Wind gegen die Wand. Es war sicher die Dachrinne. Bei Wind klappert sie immer."

Sie tappten sich beide über den dunklen Korridor zum Schlafzimmer. Ihre nackten Füße platschten auf den Fußboden.

„Wind ist ja", meinte er. „Wind war schon die ganze Nacht."

Als sie im Bett lagen, sagte sie: „Ja, Wind war schon die ganze Nacht. Es war wohl die Dachrinne."

„Ja, ich dachte, es wäre in der Küche. Es war wohl die Dachrinne." Er sagte das, als ob er schon halb im Schlaf wäre.

Aber sie merkte, wie unecht seine Stimme klang, wenn er log. „Es ist kalt", sagte sie und gähnte leise, „ich krieche unter die Decke. Gute Nacht."

„Nacht", antwortete er und noch: „Ja, kalt ist es schon ganz schön."

Dann war es still. Nach vielen Minuten hörte sie, dass er leise und vorsichtig kaute. Sie atmete absichtlich tief und gleichmäßig, damit er nicht merken sollte, dass sie noch wach war. Aber sein Kauen war so regelmäßig, dass sie davon langsam einschlief.

Als er am nächsten Abend nach Hause kam, schob sie ihm vier Scheiben Brot hin. Sonst hatte er immer nur drei essen können.

„Du kannst ruhig vier essen", sagte sie und ging von der Lampe weg. „Ich kann dieses Brot nicht so recht vertragen. Iss du man eine mehr. Ich vertrage es nicht so gut."

Sie sah, wie er sich tief über den Teller beugte. Er sah nicht auf. In diesem Augenblick tat er ihr leid.

„Du kannst doch nicht nur zwei Scheiben essen", sagte er auf seinen Teller.

„Doch. Abends vertrag ich das Brot nicht gut. Iss man. Iss man."

Erst nach einer Weile setzte sie sich unter die Lampe an den Tisch.

1 *Inwiefern spielt der **historische Hintergrund** eine zentrale Rolle für das Verständnis der Geschichte?*

2 *a) Wie wirkt sich die konkrete Situation, in der sich die beiden Figuren befinden, auf ihr Gespräch aus?*
b) Welchen Stellenwert haben „Lüge" und „Wahrheit" in diesem Zusammenhang?

3 *Analysiert die Äußerung der Frau in Zeile 93 f. („Ich kann dieses Brot nicht so recht vertragen") mit Hilfe der Kategorien von Schulz von Thun (vgl. S. 96–97).*

4 *a) Sammelt als Ideenstern Assoziationen zu „Licht", z. B. Licht in die Sache bringen usw.*
b) Inwiefern unterstützt das Motiv des Lichts die Wirkung des Textes?

5 *a) Zeigt an zwei Textstellen, dass die Geschichte meistens aus der Sicht der Frau erzählt ist.*
b) Inwiefern ist diese Erzählperspektive entscheidend, um das Verhalten der Frau und ihre Beziehung zu ihrem Mann zu verstehen?

6 *Prüft und nennt Belege, ob Borcherts Text „Das Brot" der Textsorte* ***Kurzgeschichte*** *zugerechnet werden kann.*

!

Kurzgeschichten zeichnen sich häufig durch folgende Besonderheiten aus:
- Kürze der Darstellung;
- Reduktion auf einen für eine der Figuren bedeutsamen Augenblick;
- unvermittelter Beginn und offenes Ende;
- alltägliche Sprache und alltägliche Themen;
- Gedankenwiedergabe durch erlebte Rede oder inneren Monolog.

Max von der Grün

Masken (1965)

Sie fielen sich unsanft auf dem Bahnsteig 3 a des Kölner Hauptbahnhofs in die Arme und riefen gleichzeitig: „Du?!" Es war ein heißer Julivormittag, und Renate wollte in den D-Zug nach Amsterdam über Aachen. Erich verließ diesen Zug, der von Hamburg kam. Menschen drängten aus den Wagen auf den Bahnsteig. Menschen vom Bahnsteig in die Wagen, die beiden aber standen in dem Gewühl, spürten weder Püffe noch Rempeleien und hörten auch nicht, dass Vorübergehende sich beschwerten, weil sie ausgerechnet vor den Treppen standen und viele dadurch gezwungen wurden, um sie herumzugehen. Sie hörten auch nicht, dass der Zug nach Aachen abfahrbereit war, und es störte Renate nicht, dass er wenige Sekunden später aus der Halle fuhr. Die beiden standen stumm, jeder forschte im Gesicht des anderen. Endlich nahm der Mann die Frau am Arm und führte sie die Treppe hinunter, durch die Sperre, und in einem Café in der Nähe des Doms tranken sie Tee.

„Nun erzähle, Renate. Wie geht es dir? Mein Gott, als ich dich so plötzlich sah ... du ... ich war richtig erschrocken. Es ist so lange her, aber als du auf dem Bahnsteig fast auf mich gefallen bist ..."

„Nein", lachte sie, „du auf mich."

„Da war es mir, als hätte ich dich gestern zum letzten Male gesehen, so nah warst du mir. Und dabei ist es so lange her ..."

„Ja", sagte sie. „Fünfzehn Jahre."

„Fünfzehn Jahre? Wie du das so genau weißt. Fünfzehn Jahre, das ist ja eine Ewigkeit. Erzähle, was machst du jetzt? Bist du verheiratet? Hast du Kinder? Wo fährst du hin?" [...]

„Langsam, Erich, langsam, du bist noch genauso ungeduldig wie vor fünfzehn Jahren. Nein, verheiratet bin ich nicht, die Arbeit, weißt du. Wenn man es zu etwas bringen will, weißt du, da hat man eben keine Zeit für Männer."

„Und was ist das für Arbeit, die dich von den Männern fernhält?"

Er lachte sie an, sie aber sah aus dem Fenster auf die Tauben: „Ich bin jetzt Leiterin eines Textilversandhauses hier in Köln, du kannst dir denken, dass man da von morgens bis abends zu tun hat und ..."

„Donnerwetter!", rief er und klopfte mehrmals mit der flachen Hand auf den Tisch. „Donnerwetter! Ich gratuliere."

„Ach", sagte sie und sah ihn an. Sie war rot geworden.

„Du hat es ja weit gebracht. Donnerwetter, alle Achtung. Und jetzt? Fährst du in Urlaub?"

„Ja, vier Wochen nach Holland. Ich habe es nötig, bin ganz durchgedreht. Und du, Erich, was machst du? Erzähle. Du siehst gesund aus."

Schade, dachte er, wenn sie nicht so eine Bombenstellung hätte, ich würde sie jetzt fragen, ob sie mich noch haben will. Aber so? Nein, das geht nicht, sie würde mich auslachen, wie damals.

„Ich?", sagte er gedehnt und brannte sich eine neue Zigarette an. „Ich ... ich ... Ach weißt du, ich habe ein bisschen Glück gehabt. Habe hier in Köln zu tun. Habe umgesattelt, bin seit vier Jahren Einkaufsleiter einer Hamburger Werft, na ja, so was Besonderes ist das nun wieder auch nicht."

„Oh", sagte sie und sah ihn starr an, und ihr Blick streifte seine großen Hände, aber sie fand keinen Ring. Sie erinnerte sich, dass sie vor fünfzehn Jahren nach einem kleinen Streit auseinandergelaufen waren, ohne sich bis heute wiederzusehen. Er hatte ihr damals nicht genügt, der schmal verdienende und immer ölverschmierte Schlosser. Er sollte es erst zu etwas bringen, hatte sie ihm damals nach-

August Macke: Futuristische Köpfe, 1913, Grafik.

gerufen, vielleicht könnte man später wieder darüber sprechen. So gedankenlos jung waren sie damals. Ach ja, die Worte waren im Streit gefallen und trotzdem nicht böse gemeint. Beide aber fanden danach keine Brücke mehr zueinander. Sie wollten und wollten doch nicht. Und nun? Nun hatte er es zu etwas gebracht.

„Dann haben wir ja beide Glück gehabt", sagte sie und dachte, dass er immer noch gut aussieht. Gewiss, er war älter geworden, aber das steht ihm gut. Schade, wenn er nicht so eine Bombenstellung hätte, ich würde ihn fragen, ja, ich ihn, ob er noch an den dummen Streit von damals denkt und ob er mich noch haben will. Ja, ich würde ihn fragen. Aber jetzt?

„Jetzt habe ich dir einen halben Tag deines Urlaubs gestohlen", sagte er und wagte nicht, sie anzusehen. „Aber Erich, das ist doch nicht so wichtig. Ich fahre mit dem Zug um fünfzehn Uhr. Aber ich, ich halte dich bestimmt auf, du hast gewiss einen Termin hier."

„Mach dir keine Sorgen, ich werde vom Hotel abgeholt. Weißt du, meinen Wagen lasse ich immer zu Hause, wenn ich längere Strecken fahren muss. Bei dem Verkehr heute, da kommt man nur durchgedreht an."

„Ja", sagte sie. „Ganz recht, das mache ich auch immer so." Sie sah ihm nun direkt ins Gesicht und fragte: „Du bist nicht verheiratet? Oder

lässt du Frau und Ring zu Hause?“ Sie lachte etwas zu laut für dieses vornehme Lokal.
„Weißt du“, antwortete er, „das hat seine Schwierigkeiten. Die ich haben will, sind nicht zu haben oder nicht mehr, und die mich haben wollen, sind nicht der Rede wert. Zeit müsste man eben haben. Zum Suchen, meine ich. Zeit müsste man haben.“ […]

1 *Für das Gespräch der beiden ist die Abschiedssituation 15 Jahre zuvor von entscheidender Bedeutung.*
a) Verfasst den Dialog zwischen den beiden Figuren, der 15 Jahre zuvor die Beziehung beendet haben könnte.
b) Tragt eure Dialoge vor.

2 *Diskutiert darüber, inwieweit die (vermeintlichen) Erwartungshaltungen damals das Gesprächsverhalten beim Wiedersehen steuern. Untersucht dazu die Textstelle der Zeilen 23–36 genauer. Geht dabei auch auf folgende Fragen ein:*
- *Wer ergreift die Initiative, wer reagiert?*
- *Wie sind die Gesprächsanteile verteilt?*
- *Inwiefern lassen die Satzstrukturen Rückschlüsse auf die Befindlichkeit der Figuren zu?*

3 *Der **Erzähler** der Geschichte teilt an einigen Stellen die Gedanken und Gefühle der Figuren mit.*
a) Nennt zwei Textstellen, die dies belegen.
*b) Achtet auf die Hinweise zur **nonverbalen** und **paraverbalen** Kommunikation, z. B. „Wagte nicht, sie anzusehen“ (Z. 97 f.); „Sie sah ihm nun direkt ins Gesicht“ (Z. 108). Welche zusätzlichen Informationen werden dadurch mitgeteilt?*
*c) Inwiefern ist es für die Leserin oder den Leser bedeutsam, dass die Perspektiven beider Figuren in **inneren Monologen** (▷ S. 204) dargestellt werden? Untersucht dazu genauer die Textstelle der Zeilen 59–95.*

4 *Schreibt die Geschichte weiter. Achtet dabei darauf,*
a) dass ihr zwischen Figurenrede und innerem Monolog abwechselt,
b) dass das im Anfang der Geschichte angelegte Verhalten der Figuren plausibel weitergeführt wird.

Nils Mohl

Schön, dass du da warst (2003)

Vor dem Fenster stürzen brennende Flugzeuge ab. Er öffnet den Kühlschrank, Flaschen klappern. Er sagt: Eistee?
Sie antwortet nicht, aber er weiß, sie nickt. Er nimmt zwei Gläser vom Regal über dem Waschbecken und spült sie aus. Sie sagt: Wenn so ein Ding mal zwischen den Wäscheständern von Frau Mawron landet, steht hier im Handumdrehen der ganze Block in Flammen.
Er schenkt den Eistee in die Gläser. Sie schließt die Balkontür und dreht sich um.
Wer weiß, sagt er, vielleicht ist Frau Mawron ja bei der freiwilligen Feuerwehr und hätte ein brennendes Inferno sofort unter Kontrolle.
Er reicht ihr den Eistee. Ihre Finger berühren sich flüchtig.
Er sagt: Gut siehst du übrigens aus.
Gegenlicht, sagt sie.

Nein, wirklich, sagt er.

Sie lächelt. Cheers, sagt sie und nippt einmal kurz an dem Glas.

Er prostet ihr zu, sagt: Auf dich.

Sie zündet sich eine Zigarette an. Sie inhaliert tief, atmet den Rauch durch die Nase aus, du rauchst nicht mehr?, fragt sie.

Nein, sagt er. Er schüttelt den Kopf. Er sagt: Die ersten Tage waren die Hölle.

Sie nickt. Sie ascht in den Ausguss. Ihre Armreifen schlagen gegeneinander, klappern. Sie fragt: Hast du die Sonnenbrille eigentlich gefunden?

Was?, sagt er, die Sonnenbrille? Ach so, ja, hab ich.

Er stellt den Eistee auf die Arbeitsplatte und geht nach nebenan. Da war noch so einiges, sagt er, deine alten Skistiefel zum Beispiel.

Er kommt mit einer roten Sporttasche aus dem Schlafzimmer zurück. Musst einfach mal gucken, sagt er, aber ich meine, das ist jetzt wirklich alles.

Sie schaut skeptisch auf die ausgebeulte Tasche. Sie sagt: Du willst mir doch nicht irgendwelchen Schrott unterjubeln, Rember.

Er zuckt mit den Schultern. Er sagt: Schmeiß weg, was du nicht brauchst.

Sie dreht den Wasserhahn auf und hält den Rest ihrer Zigarette darunter. Es zischt. Sie sagt: Hast du die Wohnung inzwischen gekündigt?

Ich bin irgendwie noch nicht dazu gekommen, sagt er. Er greift nach ihrem Einwegfeuerzeug und dreht an dem knirschenden Zahnrädchen. Um ehrlich zu sein, sagt er, habe ich momentan auch einfach nicht die Nerven, mir etwas Neues zu suchen.

Sie sagt: Ich dachte nur. Dann deutet sie mit einem Kopfnicken in Richtung Mülleimer und sagt: Darf ich mal eben?

Natürlich. Klar, sagt Rember. Er geht einen Schritt zur Seite und hebt den Deckel. Sie wirft den durchnässten Filter ihrer Zigarette hinein. Der Abfall riecht faulig. Er sagt: Was dachtest du?

Wegen der Miete, sagt sie, für einen allein ganz schön happig.

Rember kratzt sich am Hals. Weißt doch, wie das mit Geld ist, sagt er, wo was war, kommt was wieder. Sie schaltet das Radio ein, geht die vorprogrammierten Sender durch, findet nichts Passendes und schaltet das Radio wieder aus. Rember massiert sich beidseitig die Schläfen. Sie fragt: Kopfschmerzen?

Wie bitte?, fragt er.

Du siehst blass aus, sagt sie.

Rember gähnt. Er sagt: Akuter Schlafmangel.

Sie sagt: Ein Kaugummi?

Danke, sagt Rember. Er will keins. Er verlagert das Gleichgewicht von einem Bein aufs andere, lehnt sich gegen die Waschmaschine. Er sagt: Wann warst du eigentlich das letzte Mal hier?

Sie überlegt. Kurz nachdem ich ausgezogen bin, sagt sie, drei Monate muss das etwa her sein. Wieso?

Rember fährt sich mit der Hand über den Nacken. Keine Ahnung, sagt er, kommt mir ewig vor.

Sie schiebt sich einen Streifen Kaugummi in den Mund. Es war auf jeden Fall ein Mittwoch, sagt sie, Ende Mai.

Rember verschränkt die Arme vor der Brust. Er sagt: Schon seltsam alles.

Sie schaut aus dem Fenster. Sie hat die Hände in die Hüften gestützt, ihre Knie sind durchgedrückt. Sie steht auf den Fußkanten und federt leicht auf und ab. Rember schließt die Augen. Sie steht dicht neben ihm. Er spürt

ihre Nähe, riecht ihr Eau de Parfum. Ihm fallen die brennenden Flugzeuge wieder ein. Ich glaube, sagt er, Robin ist das mit den Schwalben.
Sie dreht sich um. Robin?, fragt sie abwesend.
Ja, sagt er, ich glaube, Robin präpariert die Dinger mit Spiritus.
Sie macht ein ernstes Gesicht. Sie sagt: Weiß J. P. davon?
Eltern wissen nie etwas, sagt Rember.
Sie sagt: Ein Achtjähriger und Spiritus.
Jungen in seinem Alter kokeln nun mal gerne, sagt er.
Sie schüttelt den Kopf. Wie kommt Robin überhaupt an Spiritus?
Was weiß ich, sagt Rember, vielleicht ist es auch Benzin.
Quatsch, sagt sie.
Er sagt: Brennen jedenfalls wie Zunder, diese Papierflieger.
Sie setzt sich an den Esstisch. Sie schlägt die Beine übereinander. Ihr rechter Fuß wippt auf und ab. Sie sagt: Du könntest natürlich auch jemanden zur Untermiete hier reinnehmen.
Er reibt sich mit Daumen und Ringfinger über die Augenlider. Ich weiß nicht, sagt er, ich zweifle ein bisschen an meiner Wg[1]-Tauglichkeit.
Er guckt sie an. Sie weicht seinem Blick aus. [...]

Rember schließt zweimal ab. In der Küche setzt er sich auf einen Stuhl und starrt ins Nichts. Draußen wird es langsam dunkel. In den Wohnungen gegenüber gehen vereinzelt Lichter an. Flackernde Fernsehbilder springen gen Möbel, Decken, Wände, spiegeln sich in den Scheiben, hin und wieder tauchen dahinter die Silhouetten vorbeihuschender Menschen auf. Es ist windig. Das Fenster steht auf Kipp. Rember denkt an die Hängeschränke aus Pressspan, an den Kieferntisch, an die Deckentäfelung. Ein brennendes Flugzeug, das sich in der Gardine verfängt, denkt er, nur eins.

1 **Wg:** Wohngemeinschaft

1 *Beschreibt die Situation, in der sich die beiden Figuren befinden.*

2 *Charakterisiert die Beziehung der beiden: Wie war sie? Wie ist sie? Wie wird sie sich entwickeln?*

3 *Untersucht das Gesprächsverhalten Rembers genauer: Achtet dabei darauf,*
a) wie er auf die Fragen seiner Gesprächspartnerin inhaltlich eingeht,
b) wie er seine Aussagen formuliert,
c) inwiefern sein nonverbales Verhalten mit seinen Äußerungen übereinstimmt.

4 *a) Prüft, ob Rembers Selbstaussagen im Sinne einer Selbstoffenbarung verstanden werden können.*
b) Diskutiert, ob Rembers (Gesprächs-)Verhalten als „typisch männlich" (▷ S. 101) angesehen werden kann.

5 *Verfasst den Mittelteil der Geschichte.*

6 *Diskutiert abschließend die Frage, inwieweit die Kommunikationsmodelle (▷ S. 96–100) euch geholfen haben, die Kurzgeschichten zu verstehen.*

5.3 Eingefrorene Gespräche – Schreiben zu Bildern

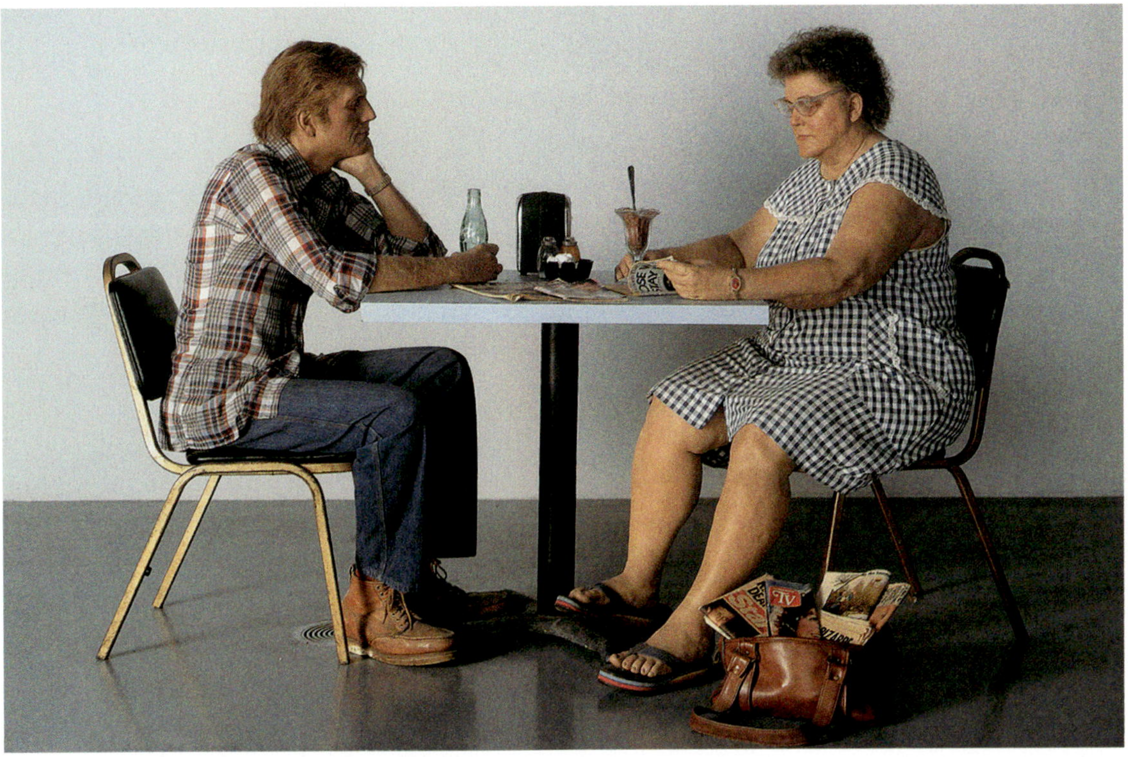

Duane Hanson: Selbstbildnis mit Modell, 1979, Vollplastik.

Der amerikanische Bildhauer Duane Hanson (1925–1996) hat sich in seinem künstlerischen Werk v. a. mit der amerikanischen Alltagswelt auseinandergesetzt. Seine aus Polyesterharz oder Bronze nachgebildeten und mit Haaren und echter Kleidung ausstaffierten lebensgroßen Figuren lösen wegen ihrer Lebensechtheit Irritationen und Betroffenheit beim Betrachten aus. Hanson gilt als bedeutendster Vertreter des **Hyperrealismus** innerhalb der Pop-Art-Bewegung.

1 *Beschreibt die Wirkung, die die von Duane Hanson gefertigte Skulptur auf euch ausübt.*
a) Geht dabei auf die Körperhaltung, Gestik und Mimik der Figuren ein.
b) Beschreibt auch die Wirkung, die durch die Verwendung der Requisiten erzeugt wird.

2 *Stellt euch vor: Ihr sitzt ebenfalls als Gast in dem Café und betrachtet die beiden am Nebentisch. Was geht euch angesichts der beiden Figuren durch den Kopf? Schreibt eure Gefühle, Assoziationen, Gedanken, Eindrücke usw. in Form eines Gedankenstroms auf.*

3 *Wählt eine der beiden Figuren aus. Versucht, euch in diese hineinzuversetzen. Schreibt einen Rollenmonolog, in dem die Figur ihre Wünsche, Erwartungen usw. äußert.*

4 *a) Schreibt zu zweit den möglichen Beginn oder das mögliche Ende eines Gesprächs zwischen den beiden Figuren.*
b) Tragt eure Texte vor und bewertet, inwieweit die Dialogtexte zum Kunstwerk passen.

Edward Hopper: Nachtschwärmer, 1942, Öl auf Leinwand.

5 *Beschreibt die dargestellte Situation und die Atmosphäre, die das Gemälde ausstrahlt.*

6 *Verfasst ausgehend von dem Bild eine Kurzgeschichte.*
a) Die Gedanken und Gefühle der Figuren sollen in Form von inneren Monologen für den Text bestimmend sein. Verzichtet weitgehend auf wörtliche Rede und auf Erzählerkommentare.
b) Gestaltet das Ende des Textes als Wendepunkt, der auch in der äußeren Handlung deutlich werden kann.

7 *Schreibt zu zweit einen Dialog (z. B. als Teil eines Theaterstücks), in dem sich die beiden rechts dargestellten Figuren erstmalig unterhalten. Die Unsicherheit zu Beginn der Kommunikation sollte hier deutlich werden. Dabei könnt ihr von Improvisationen der Szene ausgehen oder ein stummes Schreibgespräch als Grundlage wählen.*

8 *Spielt eure Szenen vor. Achtet dabei auch auf den Einsatz nonverbaler und paraverbaler Ausdrucksmittel (*▷ S. 95*).*

9 *Diskutiert die Frage, inwiefern sich die Figuren Duane Hansons und die Bilder Edward Hoppers als Schreibanlässe eignen.*

Duane Hanson: Cheerleader, 1986; Surfer, 1987, Vollplastik.

6 Sprachlenkung und Redefreiheit – Sprachkritik

6.1 „Freiheit von“ und „Freiheit zu“ – Begriffe untersuchen

Grundgesetz der Bundesrepublik Deutschland 1949 – Freiheitsrechte

Art. 2: Freiheit der Person
Art. 4: Glaubens-, Gewissens- und Bekenntnisfreiheit
Art. 5: Meinungs-, Informations-, Pressefreiheit und Freiheit der Lehre
Art. 8: Versammlungsfreiheit
Art. 9: Vereinigungsfreiheit
Art. 11: Freizügigkeit im ganzen Bundesgebiet
Art. 12: Freie Berufswahl

1 *Führt ein so genanntes „Blitzlicht“ durch. Reihum antwortet jeder knapp auf die Frage: Was verstehst du unter „Freiheit“?*

2 *Äußert euch aus eigener Erfahrung und mit Blick auf die Bildcollage zu den Möglichkeiten und Grenzen von „Freiheit“ oder „Freiheiten“.*

3 *Erläutert, worin die Schwierigkeiten bei einem Gespräch über den Begriff „Freiheit“ liegen können.*

„Freiheit" – Ein Begriff im Kontext

Warum Deutschland freie Autobahnen braucht (2007)

So, so, die SPD will ein Tempolimit. Das liegt unter anderem daran, dass die große alte Volkspartei gerade einiges versucht, um aufzufallen und ihr Profil zu schärfen. Setzte sie alle ihre Ideen um, ginge Deutschland sicher einen etwas anderen Weg, aber so etwas passiert nun mal im demokratischen Hin und Her. Könnte die SPD aber die freie Fahrt auf deutschen Autobahnen kippen, fiele eine ganze Kultur in sich zusammen, ein Teil der deutschen Identität ginge verloren. – Ja, wir haben eine Schnellfahrkultur. Man kann darüber streiten, ob die freie Fahrt für freie Bürger, so nannte einst der ADAC dieses spezielle deutsche Phänomen, als kulturelle Errungenschaft im engeren Sinne zu betrachten ist. [...] Aber auch hier herrscht doch Krieg, rufen die Kritiker. Der ungleichmäßige Verkehrsstrom erzeuge ja geradezu Aggressionen, aus den Windhunden am Steuer würden wieder Wölfe.

Ein Anschlag auf Deutschlands Freiheit

Diese Kritik ist berechtigt. Wer die freie Fahrt befürwortet, muss auch wissen, was mit denen zu tun ist, die die Freiheit zu entscheiden mit der Lizenz zum Herrschen verwechseln. Drängeln, Blenden und Ausbremsen sind die Schattenseite des Lebens ohne Limit. Was strafrechtlich schlicht als Nötigung abgehandelt wird, geht in Wahrheit tiefer, es ist wie der Ruf nach Regelung ebenfalls ein Anschlag auf die in Deutschland gewählte Form des Zusammenlebens: Der Fortschritt einer Gesellschaft funktioniert nur, wenn man die in Ruhe lässt, die nicht mitmachen wollen. – Dies ist ja nicht nur ein freies Land, weil wir wählen können und straflos über die Kanzlerin schimpfen. Im Gegensatz zu Menschen in Nordkorea oder manchen arabischen Ländern haben wir auch die Chance, abweichende Lebensentwürfe zu akzeptieren. Freiheit macht entspannt. Indem jeder Einzelne in hohem Maße tolerant ist, bestimmt das große Ganze seine Richtung im Alltag beinahe von allein – eine Balance, die längst nicht von jedem politischen Beschluss erschüttert wird. Wer aber die Autobahnen anrührt, sticht tief ins Zentrum deutschen Gleichgewichts.

Stefan Anker

1 *Welche Vorstellung von Freiheit wird in diesem Zeitungsartikel vermittelt? Paraphrasiert den Text so, dass euer Textverständnis deutlich wird (▷ S. 334).*

! Ein Begriff erhält seine Bedeutung im Kontext dadurch, dass er in einem ganz typischen Zusammenhang mit anderen Wörtern steht. Dieses Auftreten häufig benachbarter Begriffe nennt man **Kollokationen,** z. B. „frei atmen".

2 *Im „Digitalen Wörterbuch der deutschen Sprache des 20. Jahrhunderts" findet sich diese Grafik, die Kollokationen zum Begriff „Freiheit" aus sehr vielen Texten abbildet.*

a) Stellt die Kollokationen zu „Freiheit" aus dem vorliegenden Zeitungsartikel ebenfalls in einem solchen Netz zusammen.

b) Bildet mit dem Wort „Freiheit" und je zwei, drei weiteren Wörtern aus der Kollokationsgrafik kurze Sätze, die etwas über Freiheit aussagen und so z.B. in einer Zeitung vorkommen könnten. Z.B.: Jedes Volk hat das gleiche Recht auf Freiheit.

c) Zieht aus eurer Zeitungslektüre Texte heran, in denen es um Freiheit geht.

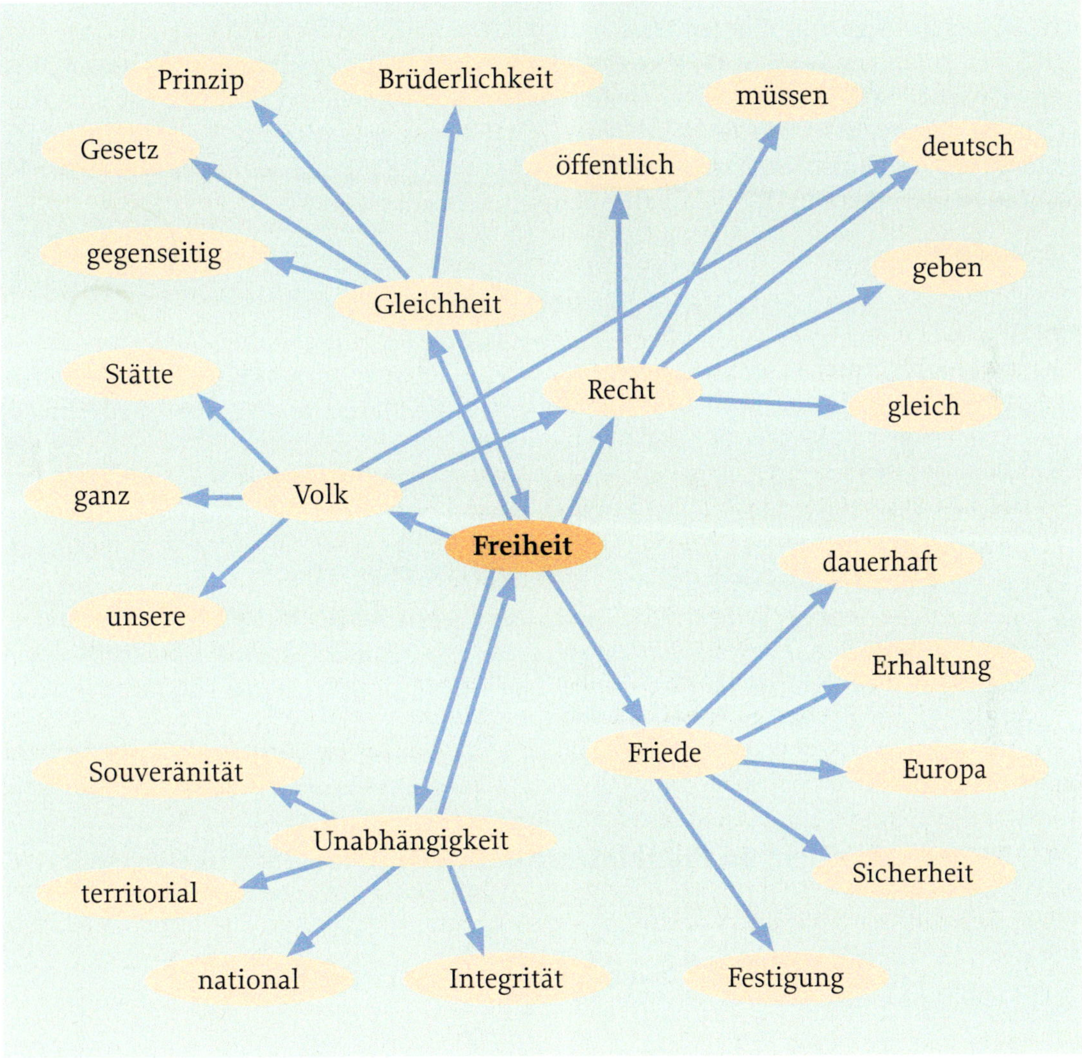

3 *„Freiheit" gehört zu den „Wertbegriffen", also zu Wörtern, denen ein positiver Wert zugemessen wird. Klärt miteinander in einer vergleichenden Begriffserläuterung die Abgrenzung von:*

Freiheit	Souveränität	Selbstständigkeit
Unabhängigkeit	Autonomie	Selbstbestimmung

„Freiheit“ – Ein Begriff im historischen Zusammenhang

Freiheit war seit der griechisch-römischen Antike ein Privileg der Gebildeten und der oberen Schichten. Es war kein gesellschaftlicher Zustand aller Menschen. Sklaven und unterworfene fremde Völker galten als unfrei. Die Freiheit aller Menschen musste und muss über Jahrhunderte politisch erkämpft und in allen Lebensbereichen durchgesetzt werden. – So gab es nach dem Vorbild der bürgerlichen Julirevolution 1830 in Frankreich auch in Deutschland eine revolutionäre Bewegung gegen die Fürstenherrschaft und für eine republikanische Verfassung sowie liberale Reformen, den „Vormärz“. Denn trotz einer rasanten Entwicklung von Technik, Industrie und Wirtschaft seit Anfang des 19. Jahrhunderts blieben das Bürgertum und das entstehende Proletariat[1] weitgehend von der politischen Gestaltung ausgeschlossen. Die Freiheitsforderungen führten zu politischen Aktionen (Hambacher Fest, 1832) und schließlich 1848 zur Märzrevolution in den Hauptstädten fast aller deutschen Bundesstaaten.

1 **Proletariat:** Arbeiterklasse

1 *Erarbeitet an den folgenden vier Textbeispielen* ***A–D*** *die Bedeutungsunterschiede von „Freiheit“:*
- *a) Erläutert den Inhalt und die Funktion des Wortes „Freiheit“ im Kontext. Geht dabei auf die Kollokationen ein. Beachtet auch die unterschiedlichen Textsorten Flugblatt oder Zeitschriftenbeitrag.*
- *b) Unterscheidet das Leben in Freiheit von dem Wunsch nach Freiheiten.*
- *c) Kommentiert – auch gegen einen Text –, inwieweit jeweils das Politische oder Private eine Rolle spielt.*

2 *Untersucht die Abhängigkeit der Bedeutung eines Begriffs von der* ***historischen Situation,*** *in der er verwendet wird: Auf welche Verhältnisse, Ursachen, Gegnerschaften, Einstellungen usw. spielt er an? Welche konkreten Forderungen und Anstrengungen, welche Visionen und Utopien umfasst er?*

A/B „Freiheit“ in Flugblättern der Revolution 1848 in Deutschland

A

Vorwärts ist der Ruf der Zeit!

Mannheim, den 27. Februar 1848

Das französische Volk hat Ludwig Philipp abgesetzt, hat das Joch[1] der Tyrannei gebrochen. Die Schweizer haben das Jesuiten[2]-Regiment gestürzt und den Sonderbund gesprengt. Die Italiener haben freie Verfassungen kräftig sich errungen. Sollen wir Deutsche allein unter dem Joche der Knechtschaft verbleiben? Der entscheidende Augenblick ist gekommen. Der Tag der Freiheit ist angebrochen. Vorwärts! ist der Ruf der Zeit. Die Not des Volkes muss ein Ende nehmen. Unser Wahlspruch sei:

Wohlstand, Bildung und Freiheit für alle Klassen des Volkes!

Überall in Deutschlands Gauen[3], in Stadt und Land mögen die Männer der Tat zusammentreten, beschließen und vollziehen, was dem Volke Not tut, die ewigen Rechte des Volkes sollen und müssen jetzt zur Wahrheit werden.
In diesem Geiste haben viele Bürger und Einwohner Mannheims die beifolgende Petition[4] beschlossen und unterzeichnet, welche sie in großer Anzahl Mittwoch, den 1. März der zweiten Kammer der Landstände überbringen werden.
Wir hoffen und erwarten, dass ähnliche Schritte in allen Teilen des Vaterlandes vorbereitet und sogleich ausgeführt werden.
Es gilt jetzt, den Augenblick zu ergreifen. Zweiunddreißig Jahre lang haben wir fruchtlos gehofft.
Jetzt gilt es zu fordern und unsern Forderungen Nachdruck zu geben.
Wo drei deutsche Männer im Geist der Freiheit beisammen sind, mögen sie einen Stützpunkt der Zukunft Deutschlands bilden!

Das Komitee

Verbreiten Sie diesen Aufruf und die Petition unverzüglich in Ihren Nachbarorten!

1 **Joch:** Zwang, Knechtschaft
2 **Jesuiten:** von Ignatius von Loyola gegründeter katholischer Orden
3 **Gauen:** Gegenden
4 **Petition:** Bittschrift, Eingabe

B

Hohe zweite Kammer!
Petition vieler Bürger und Einwohner der Stadt Mannheim, betreffend die endliche Erfüllung der gerechten Forderungen des Volkes

Eine ungeheure Revolution hat Frankreich umgestaltet. Vielleicht in wenigen Tagen stehen französische Heere an unseren Grenzmarken, während Russland die seinigen im Norden zusammenzieht. Ein Gedanke durchzuckt Europa. Das alte System wankt und zerfällt in Trümmer. Aller Orten haben die Völker mit kräftiger Hand die Rechte sich selbst genommen, welche ihre Machthaber ihnen vorenthielten. Deutschland darf nicht länger geduldig zusehen, wie es mit Füßen getreten wird. Das deutsche Volk hat das Recht zu verlangen:

Wohlstand, Bildung und Freiheit für alle Klassen der Gesellschaft, ohne Unterschied der Geburt und des Standes.

Die Zeit ist vorüber, die Mittel zu diesen Zwecken lange zu beraten. Was das Volk will, hat es durch seine gesetzlichen Vertreter, durch die Presse und durch Petitionen deutlich genug ausgesprochen. Aus der großen Zahl von Maßregeln, durch deren Ergreifen allein das deutsche Volk gerettet werden kann, heben wir hervor:

1. Volksbewaffnung mit freien Wahlen der Offiziere.
2. Unbedingte Pressfreiheit.
3. Schwurgerichte nach dem Vorbilde Englands.
4. Sofortige Herstellung eines deutschen Parlamentes.

Diese vier Forderungen sind so dringend, dass mit deren Erfüllung nicht länger gezögert werden kann und darf.
Vertreter des Volks! Wir verlangen von Euch, dass Ihr diese Forderungen zu ungesäumter Erfüllung bringet. Wir stehen für dieselben mit Gut und Blut ein und mit uns, davon sind wir durchdrungen, das ganze deutsche Volk.

Mannheim, den 27. Februar 1848

C/D Aktuelle Magazinbeiträge zu „Freiheiten“ heute

C Bundesbürger verzichten für die Liebe auf Freiheiten WEB-MAGAZIN 2005

dpa/gms München. – Für die Liebe lassen sich die meisten Bundesbürger gerne in ihrer Freiheit einschränken. Es ist ein gutes Gefühl, den anderen zu brauchen, finden 81 Prozent der Frauen und 87 Prozent der Männer, meldet die Zeitschrift „Elle“. – Grundsätzlich bedeutet Freiheit für 86 Prozent der Deutschen, jederzeit das eigene Leben bestimmen und ändern zu können. 77 Prozent verbinden mit Freiheit das Gefühl, unabhängig von Geld zufrieden zu sein, 73 Prozent besondere Erlebnisse in der Natur. Mit 60 Prozent folgt der Wunsch, so viel Spaß wie möglich am Leben zu haben, auf Platz vier.

Vor nichts und niemandem Angst zu haben ist für 59 Prozent wichtig. Nicht erreichbar zu sein ist mit 36 Prozent für jeden Dritten ein Ausdruck von Freiheit und ein großer Luxus zugleich. Im Auftrag der Zeitschrift hatte das Ipsos-Institut in Mölln (Schleswig-Holstein) 1000 Frauen und Männer ab 14 Jahren befragt.

D BURDA LIFESTYLE COMMUNITY (2006)

Jürgen Feldmann

Aus einem fast unendlichen Repertoire wählt der Einzelne den zu ihm passenden Stil aus. Dabei orientiert er sich an starken Marken und an Gruppen, die für ähnliche Trends empfänglich sind. Jeder Lifestyle ist Privatsache und Community-Kitt zugleich. Styles, das belegt die Trend- und Konsumforschung, vernetzen Menschen, die sich zugleich differenzieren und zu Gruppen gehören wollen …

Die Soziologie definiert daher Lifestyle als sorgfältige Auswahl und Collage von Konsum- und Freizeitangeboten. Lifestyle bietet ein positives Lebensgefühl und feiert die Gegenwart. In einer komplexen, globalisierten[1] Multioptionsgesellschaft[2] wird die Wahl des persönlichen „Way of Life“ zur lustvollen Selbstinszenierung: Ich genieße die Freiheit, das Leben nach meinem Geschmack gestalten zu können. Dank einer nie da gewesenen Mobilität und der digitalen Vernetzung kann der erlebnisorientierte Zeitgenosse buchstäblich aus dem Vollen schöpfen. Darf es dieses Jahr Heli-

copter-Skiing in den Rocky Mountains sein? Oder lieber ein kurzer Shopping-Trip nach Shanghai? Wie wäre es zur Abwechslung mit Wellness in Marrakesch? Die reale Welt ist spannender als jede Fiktion, vorausgesetzt, man hat genug Elan und Fantasie.

1 **globalisiert:** weltweit ausgerichtet
2 **Multioptionsgesellschaft:** Gesellschaft mit vielfältigen Wahlmöglichkeiten

6.2 Demagogie und Rhetorik – Politische Reden analysieren

Redner und Rundfunk – Propaganda im „Dritten Reich“

Im März 1933, knapp zwei Monate nach der Machtergreifung der Nationalsozialisten, wird Joseph Goebbels Minister im neu geschaffenen „Reichsministerium für Volksaufklärung und Propaganda". Mit der Einrichtung der „Reichskulturkammer" betreibt er die völlige Gleichschaltung der Propaganda in den zentralen, damals noch neuen Medien: Rundfunk und Film. Seine wichtigste Aufgabe sieht er darin, die Deutschen durch Agitation und Propaganda für die „Volksgemeinschaft" zu begeistern und auf Hitler als „Führer" einzuschwören.
In einem Aufruf der nationalsozialistischen Rundfunkkammer an alle Deutschen heißt es: „Jetzt beginnen die Parolen des Volkskanzlers, des Reichspropagandaministers Dr. Goebbels und seiner verantwortlichen Rundfunkleiter, den Rundfunk in jedes deutsche Haus zu tragen. [...] Die nationalsozialistische Rundfunkkammer wendet sich an alle deutschen Volksgenossen, die noch nicht Rundfunkhörer sind, und fordert sie auf, sich nicht länger abzuschließen von den großen Gegenwartsereignissen, die das Schicksal einer Nation bestimmen. Die jüngsten politischen Ereignisse haben wieder bewiesen, dass Rundfunkhören keine Angelegenheit der persönlichen Unterhaltung ist, sondern eine staatspolitische Pflicht und Notwendigkeit."
Zur Berliner Funkausstellung am 20. August 1933 wurde die Massenproduktion der Volksempfänger eröffnet.

Goebbels (1937): „Die Stärke eines guten Rundfunkprogramms liegt in der richtigen Dosierung zwischen Unterhaltung, Freude, Belehrung, Erziehung und Politik. Experimente gehören ins Laboratorium und nicht vor die Millionenschar der Rundfunkhörer. Es kann auch nicht Sache des Rundfunks sein, nur künstlerische Spitzenleistungen zu geben. Er muss seine Darbietungen wenigstens im großen Ganzen auf die breiten Massen einstellen, denn er hat ja nicht ein- oder zweitausend begeisterte Kunstkenner und Kunstenthusiasten, sondern er hat eine Nation als Hörer." – „Wir wollen die Menschen bearbeiten, bis sie uns verfallen sind."
Am 25. 6. 1940 nach dem Feldzug gegen Frankreich notiert Goebbels in sein Tagebuch: „Der Rundfunk [...] ist ein Volksführungsmittel erster Klasse, auf das wir auf die Dauer gar nicht verzichten können. [...] Ich arbeite ein großes und festliches Programm für den Rundfunk aus. Daran soll das ganze deutsche Volk teilnehmen. Anruf vom Führer: Er ist ganz ausgelassen glücklich. Lobt meine Propagandaarbeit, die so viel zum Erfolg mit beigetragen habe."

Hitler (1927): Der Redner [...] wenn er ein großer und genialer Volksredner ist, [...] wird sich von der breiten Masse immer so tragen lassen, dass ihm daraus gefühlsmäßig gerade die Worte flüssig werden, die er braucht, um seinen jeweiligen Zuhörern zu Herzen zu sprechen. [...] Sieht er – erstens –, dass sie ihn nicht verstehen, so wird er in seiner Erklärung so primitiv und deutlich werden, dass selbst der Letzte ihn begreifen muss; fühlt er – zweitens –, dass sie ihm nicht zu folgen vermögen, so wird er so vorsichtig und langsam seine Gedanken aufbauen, bis selbst der Schwächste unter allen nicht mehr zurückbleibt, und er wird – drittens –, sowie er ahnt, dass sie von der Richtigkeit des Vorgebrachten nicht überzeugt zu sein scheinen, dieses so oft und in immer wieder neuen Beispielen wiederholen, ihre Einwände, die er unausgesprochen spürt, selbst vorbringen und so lange widerlegen und zersplittern, bis endlich selbst die letzte Gruppe einer Opposition schon durch ihre Haltung und ihr Mienenspiel ihn die Kapitulation vor seiner Beweisführung erkennen lässt.

1 *Leitet Grundideen der nationalsozialistischen „Propagandaarbeit" aus Goebbels' Aussagen ab.*

2 *a) Nennt die Maßnahmen, die den Rundfunk in den Anfangsjahren des „Dritten Reichs" zum zentralen Propagandainstrument werden ließ.*
b) Erläutert, warum sich dieses neue Medium für die Propaganda besonders eignet. Unterscheidet dabei damalige und heutige Medienerfahrungen.

3 *Untersucht Hitlers Vorstellung vom Volksredner:*
a) Stellt aus seinem Beitrag drei zentrale Grundregeln für eine effektive Propagandarede auf.
b) Beschreibt, welches Bild er von seinen Zuhörern hat.
c) Erläutert Unterschiede zwischen einer Rundfunkrede und einer Rede vor Publikum.

4 *Stellt die Wirkungskraft der nationalsozialistischen Propagandaarbeit in den Zusammenhang mit den Zielen des totalitären Regimes.*

Politische Reden – Schriftlich analysieren

Adolf Hitler:
Rede bei der Feierstunde der Hitlerjugend auf dem Reichsparteitag 1936

Meine deutsche Jugend!
Ihr habt das Glück, Zeugen einer ebenso bewegten wie großen Zeit zu sein. Das ist nicht allen Geschlechtern beschieden gewesen. Wenn ich an die Jugend meiner Zeit und an die Zeit meiner Jugend zurückdenke, dann kommt diese mir wahrhaft leer vor gegenüber dem, was die heutige Zeit an Aufgaben stellt und was für Aufgaben auch der heutigen Jugend gestellt

Radioempfang in der Gemeinschaft der Hitlerjugend.

Hitlerjugend – HJ:
- 1926: in Weimar gegründet
- 1932: „Reichsjugendtag der NSDAP" in Potsdam: 100 000 Jugendliche ziehen vor Hitler vorbei
- Ende 1934: 3,5 Millionen Mitglieder
- 1. 12. 1936: Gesetz zur Zwangsorganisation für alle 10- bis 18-jährigen Jugendlichen in der HJ

werden. Es ist wirklich wunderbar, in einem solchen Zeitalter zu leben und in ihm wachsen und werden zu dürfen. Und ihr habt dieses große Glück!

Ihr erlebt nicht die Wiederaufrichtung eines Staates, denn ihr habt ja das alte Reich nicht gekannt.

Ihr erlebt die Geburt einer großen Zeit, die ihr messen könnt im Vergleich mit unserer Umwelt!

Wie ist unser heutiges Deutschland wieder schön und herrlich! Das werden auch eure jungen Augen fassen. Wie ist heute dieses Deutschland in seiner Ordnung, in seiner großen Disziplin, in seinen überwältigenden Leistungen der Arbeit herrlich und wundervoll! Wie fühlen wir nicht wieder, dass um uns Werke wachsen, die sich den besten Leistungen unserer deutschen Geschichte zur Seite stellen! Wir alle wissen es: Das, was wir schaffen, wird bestehen können neben unseren alten Domen, neben den Pfalzen unserer alten Kaiser, neben unseren großen Rathäusern der Vergangenheit.

Deutschland arbeitet wieder für eine völkische große Zukunft, und wir erleben das nicht nur, sondern wir alle können an diesem Schaffen teilnehmen. Das sieht man vielleicht am besten, wenn wir zum Vergleich heute den Blick von uns wenden in ein anderes Land. Hier die Ergebnisse einer wunderbaren Ordnung, die erfüllt ist von einem wahrhaft frischen Leben – dort ein anderes Land, das erfüllt ist von Gräueltaten, von Mord und von Brand, von Zertrümmerung und Erschütterung, nicht von Leben, sondern von Grauen, von Verzweiflung, von Klagen und von Jammer. Wie groß dieser Unterschied ist, der zwischen einer um uns liegenden Welt und unserem heutigen Deutschland besteht, das könnt auch ihr ermessen! Dass aber dies so ist, verdanken wir nicht einem Zufall und auch nicht dem, dass wir die Hände in den Schoß legten und auf ein Wunder warteten. Das einzige Wunder, das uns diesen neuen Aufstieg unseres Volkes geschenkt hat, ist der Glaube an unser eigenes Volk, die Überzeugung, dass dieses tausendjährige Volk nicht zugrunde gehen kann, dass wir selbst es heben und an ihm arbeiten müssen.

Wir selbst müssen das Schicksal unseres Volkes gestalten, so wie wir es zu sehen und zu erleben wünschen! *(Brausende Zustimmung)* [...]

1 *Bestimmt das Thema und das Ziel dieser Rede. Belegt eure Thesen.*

2 *a) Wendet Hitlers Grundregeln zur demagogischen Rhetorik (▷ S. 120) auf diese Redesituation an.*
b) Erklärt, wie es zu den Reaktionen der Zuhörer gekommen sein mag.
c) Untersucht Redemittel, die diese Wirkung hervorrufen konnten.

3 *Reflektiert den Zusammenhang von rhetorischer Strategie, Redesituation und politisch-gesellschaftlichem Kontext.*

Um die besondere Wirkung einer Rede zu erfassen, kann man den Text auf den zwei Ebenen der **sprachlich-rhetorischen Mittel** sowie der **Redestrategien** genauer untersuchen. Zuvor sollte man aber den Inhalt, das Thema und das Ziel der Rede erfasst haben, damit man die Bedeutung der eingesetzten Redemittel versteht und ihre Funktion im Kontext der Rede erläutern kann.

A Leselupe „sprachlich-rhetorische Mittel" *(▷ S. 121, Z. 14–33)*

Ihr erlebt nicht die Wiederaufrichtung eines Staates, denn ihr habt ja das alte Reich nicht gekannt! Ihr erlebt die Geburt einer großen Zeit, die ihr messen könnt im Vergleich mit unserer Umwelt! Wie ist unser heutiges Deutschland wieder schön und herrlich! Das werden auch eure jungen Augen fassen. Wie ist heute dieses Deutschland in seiner Ordnung, in seiner großen Disziplin, in seinen überwältigenden Leistungen der Arbeit herrlich und wundervoll! Wie fühlen wir nicht wieder, dass um uns Werke wachsen, die sich den besten Leistungen unserer deutschen Geschichte zur Seite stellen! Wir alle wissen es: Das, was wir schaffen, wird bestehen können neben unseren alten Domen, neben den Pfalzen unserer alten Kaiser, neben unseren großen Rathäusern der Vergangenheit.

Anapher
Kontrast
Metapher
Ausruf
Parallelismus
positive Wertungsadjektive
variierte Wiederholung
Alliteration
Akkumulation
Klimax
Hochwertwörter

ARBEITSTECHNIK

Analyseergebnisse umsetzen

Die Ergebnisse einer Detailanalyse müssen in einen erklärenden und deutenden Text umgesetzt werden. Dies kann in einem **argumentierenden Dreischritt** geschehen:

1. eine Behauptung über einen Textausschnitt aufstellen, z. B.: „Hitler will das heutige Deutschland" preisen (Z. 5–8);
2. diese Behauptung mit ein, zwei Textstellen belegen und fachbegrifflich einordnen, z. B.: „Dazu benutzt er eine Reihe von positiven Wertungsadjektiven, nämlich ‚schön', ‚herrlich', ‚wundervoll'".
3. die Funktion der genannten Mittel erläutern und zeigen, dass sie die Behauptung stützen, z. B.: „Damit wird dem eigenen Land ein besonderer Glanz verliehen, und die Zuhörer werden in einen Gefühlszustand der Zustimmung versetzt."

4 *a) Greift nun andere Ergebnisse der Analyse (▷ S. 121) auf und formuliert selbst solche kurzen Dreischritte.*
b) Verfasst daraus einen zusammenhängenden Text, indem ihr die einzelnen Befunde verbindet.

B Leselupe „Redestrategien"

Ziel: Zustimmung für die Arbeit am neuen Deutschland herstellen – Redestrategien
Seite 121, Z. 34–46

Deutschland arbeitet wieder für eine völkische große Zukunft, und wir erleben das nicht nur, sondern wir alle können an diesem Schaffen teilnehmen.
Das sieht man vielleicht am besten, wenn wir zum Vergleich heute den Blick von uns wenden in ein anderes Land.
Hier die Ergebnisse einer wunderbaren Ordnung, die erfüllt ist von einem wahrhaft frischen Leben – dort ein anderes Land, das erfüllt ist von Gräueltaten, von Mord und von Brand, von Zertrümmerung und Erschütterung, nicht von Leben, sondern von Grauen, von Verzweiflung, von Klagen und von Jammer.

- *indirekte Aufforderung zur Arbeit für das eigene Volk, zu aktivem Schaffen*
- *Herstellung einer Wir-Gruppe*
- *Ankündigung eines Vergleichs, aber mit einem unbestimmten Gegenpol = allgemeine, unklare Polarisierung*
- *Aufwertung der eigenen Seite*
- *Abwertung der Gegenseite (mehrfach) und allgemeine Diffamierung*
- *Aufwertung (einfach) - Abwertung (mehrfach)*

5 a) *Untersucht die Redestrategien in weiteren Textabschnitten (▷ S. 120–121). Welche der offenen Strategien werden von Hitler nicht verwendet? Begründet.*
b) *Kommentiert kritisch Hitlers gesamte Vorgehensweise, mit der er die jugendlichen Zuhörer beeinflussen will.*

!

Redestrategien sind über die einzelnen Sätze, Argumente und rhetorischen Mittel hinausgreifende, weitreichende und absichtsvolle Maßnahmen, mit denen in einer konkreten Situation eine psychologische Beeinflussung anderer erreicht werden soll. Eine Strategie ist erst wählbar, wenn der Redner sein **Ziel,** seine **Intention,** festgelegt hat. Beispiele:

kämpferische Strategien	**offene Strategien**
Aufwertung der Wir-Gruppe	Information
Abwertung der Gegner	Kritik und Selbstkritik
Polarisierung durch Freund- und Feindbilder	Offenlegung der Ziele
Verdächtigung	Offenlegung von Maßstäben
Beschwichtigung	rationale Argumentation
Desinformation	Beruhigung
Verharmlosung	Lob, Ermutigung
Emotionalisierung	Rat
Diffamierung	Dank
Umdeutung und Verzerrung anderer Positionen	Brückenbauen, Konsensfindung
Drohung, Kampfansage	Angebot, Vermittlung
Sündenbock-Methode, Schuldzuweisung	Mahnung

Adolf Hitler: Rede an die Hitlerjugend auf dem Reichsparteitag 1935

1935 war vom Reichsjugendführer zum „Jahr der Ertüchtigung" erklärt worden. Am 14. September 1935 sprach Hitler im Rahmen des „Reichsparteitages der Freiheit" auf dem stadiongleichen Zeppelinfeld in Nürnberg zur Hitlerjugend, während die Rede gleichzeitig im Radio übertragen wurde.

Deutsche Jugend!

Zum dritten Male seid ihr zu diesem Appell angetreten, über 50 000 Vertreter einer Gemeinschaft, die von Jahr zu Jahr größer wurde. Das Gewicht derer, die ihr in jedem Jahr hier verkörpert, ist immer schwerer geworden. Nicht nur zahlenmäßig, wir sehen es: *wertmäßig.* Wenn ich mich an den ersten Appell zurückerinnere und an den zweiten und diesen heutigen damit vergleiche, dann sehe ich dieselbe Entwicklung, die wir im ganzen anderen deutschen Volksleben heute feststellen können: *Unser Volk wird zusehends disziplinierter, straffer und strammer, und die Jugend beginnt damit. […]*

Was wir von unserer deutschen Jugend wünschen, ist etwas anderes, als es die Vergangenheit gewünscht hat. In unseren Augen da muss der deutsche Junge der Zukunft schlank und rank sein, flink wie Windhunde, zäh wie Leder und hart wie Kruppstahl. Wir müssen einen neuen Menschen erziehen, auf dass unser Volk nicht an den Degenerationserscheinungen der Zeit zugrunde geht.

Wir reden nicht, sondern wir *handeln.* Wir haben es unternommen, dieses Volk durch eine neue Schule zu erziehen, ihm eine Erziehung zu geben, die schon mit der Jugend anfängt und nimmer enden soll. *Von einer Schule wird in Zukunft der junge Mann in die andere gehoben werden.* Beim Kind beginnt es, und beim alten Kämpfer der Bewegung wird es enden. Keiner soll sagen, dass es für ihn eine Zeit gibt, in der er sich ausschließlich selbst überlassen sein kann. *Jeder ist verpflichtet, seinem Volke zu dienen, jeder ist verpflichtet, sich für diesen Dienst zu rüsten, körperlich zu stählen und geistig vorzubereiten und zu festigen.* […]

Wir werden uns so stählen, dass jeder Sturm uns stark findet. Wir werden aber auch nie vergessen, dass die Gesamtsumme aller Tugenden und aller Kräfte nur dann wirksam werden kann, wenn sie *einem* Willen und *einem* Befehl untertan ist. Wir stehen jetzt hier, nicht durch Zufall gefügt, nicht weil jeder Einzelne tat, was er wollte, sondern weil euch der Befehl eures Reichsjugendführers hierhergerufen hat und weil dieser Befehl sich umsetzte in tausend einzelne Befehle. Und indem jeder dieser Befehle seinen Gehorsam fand, ist in Deutschland aus Millionen einzelnen deutschen Jungen eine Organisation geworden, und aus Zehntausenden in Deutschland lebenden Kameraden diese heutige Kundgebung, dieser heutige Appell. Nichts ist möglich, wenn nicht *ein* Wille befiehlt, dem immer die anderen zu gehorchen haben, oben beginnend und ganz unten erst endend. Und das ist neben der körperlichen Erziehung und Ertüchtigung die zweite große Aufgabe.

Wir sind eine Gefolgschaft, aber wie das Wort schon sagt, Gefolgschaft heißt folgen, heißt Gefolgschaft leisten. Unser ganzes Volk müssen wir erziehen, dass immer, wenn irgendwo einer bestimmt ist zu befehlen, die anderen ihre Bestimmung erkennen, ihm zu gehorchen, weil schon in der nächsten Stunde vielleicht sie selbst befehlen müssen und es genau so nur dann können, wenn andere wieder Gehorsam üben. Es ist der Ausdruck eines autoritären Staates, nicht einer schwachen, schwätzenden Demokratie, eines autoritären Staates, bei dem jeder stolz ist, gehorchen zu dürfen, weil er weiß: Ich werde, wenn ich befehlen muss, genauso Gehorsam finden. *Deutschland ist kein Hühnerstall, in dem alles durcheinanderläuft und jeder gackert und kräht, sondern wir sind ein Volk, das von klein auf lernt, diszipliniert zu sein.* [...]

Und ihr, meine Jungens und meine Mädchen, ihr seid nun lebendige Zeugen für das Gelingen dieses Werkes. Ihr seid die Zeugen, dass diese Idee im Deutschen Reich lebendig geworden ist. Und ihr seid der Beweis, wie diese Idee nun ihre Verwirklichung erfahren hat. Glaubt mir, es wird einmal eine Zeit kommen, da wird die deutsche Jugend ein wunderbar gesundes und strahlendes Antlitz besitzen, *gesund, offen, aufrichtig, kühn und friedliebend.* Wir sind keine Raufbolde. Wenn uns die übrige Welt in unserer Disziplin verkennt, können wir nicht helfen. *Aus dieser Disziplin werden für die Welt weniger Händel entstehen als aus dem parlamentarisch-demokratischen Durcheinander der heutigen Zeit!* Wir gehen unseren Weg und wollen keines andern Weg durchkreuzen. Mögen auch die anderen uns auf unserem Weg in Ruhe lassen. Das ist der einzige Vorbehalt, den wir für unsere Friedensliebe aufstellen müssen. *Keinem etwas zuleide tun und von keinem ein Leid erdulden!*

Wenn wir so dem Deutschen Volke den Lebensweg zeichnen und festlegen, dann wird, glaube ich, auch in anderen Völkern das Verständnis für eine so anständige Gesinnung allmählich kommen und wachsen, und man wird uns vielleicht da und dort aus diesem inneren Verständnis heraus brüderlich die Hand reichen. *Nie aber wollen wir vergessen, dass Freundschaft nur der Starke verdient und der Starke gewährt.* Und so wollen wir uns denn stark machen, das ist unsere Losung.

Und dass dieser Wunsch in Erfüllung geht, dafür seid ihr mir verantwortlich. *Ihr seid die Zukunft der Nation, die Zukunft des Deutschen Reiches.*

1 *Belegt am Foto vom Nürnberger Reichsparteitagsgelände Formen der Masseninszenierung entsprechend der Rede.*

2 *Erstellt einen Überblick über die Themen der Rede und erläutert vom Text her, welche „Werte" die nationalsozialistische Erziehung bestimmten. Nehmt kritisch Stellung.*

3 *Erarbeitet den Appellcharakter der Rede: Erklärt, wie Hitler auf das zukünftige Handeln und Verhalten seiner Zuhörer Einfluss nehmen will.*

4 *Die Nazi-Sprache ist insbesondere geprägt von* ***Neologismen*** *mit den Begriffen „Volk", „Reich" und „Rasse" (z. B.: Volksschädling, Reichsparteitag, Rassenschande),* ***Euphemismen*** *(z. B.: Sonderbehandlung statt Exekution), nochmals gesteigerten* ***superlativischen Größen*** *(z. B.: total → totaler, radikal → radikaler),* ***biologischen Metaphern*** *(z. B.: der Volkskörper, der durch Parasiten, Bakterien, Schmarotzer gefährdet wird),* ***Emotionalisierung des Ausdrucks*** *(z. B.: unerschütterlicher Glaube, gigantisches Ringen),* ***sakralen Aufwertungen*** *(z. B.: ewig, heilig, Glaube, Vorsehung, Mission, Opfer).*
a) Arbeitet an Hitlers Parteitagsrede diese rhetorischen Mittel heraus.
b) Erstellt insbesondere das Netz der Wörter zu den Begriffen „Volk", „Führer" und „Kampf". Welche Kollokationen (▷ S. 114–115) kommen im Text vor?

5 *Analysiert die Rede: Erstellt einen Zusammenhang von Situation, Redeziel, Argumentation, Redestrategien, Einsatz sprachlicher und rhetorischer Mittel. Verfasst eine Textanalyse. Berücksichtigt dabei auch den Aufbau der Rede.*

6 *Überarbeitet eure Textentwürfe, erweitert und vertieft dabei einzelne Aspekte systematisch; nutzt dazu die folgende Analyseanleitung.*

ARBEITSTECHNIK

Analyse einer politischen Rede oder eines appellativen Textes

1. Lese- und Höreindruck

- Auffälliges: Was kann ich sogleich als Thema und Redeziel verstehen sowie als Wirkung erleben? (Verstehensansatz)

2. Analyse und Deutung

Notiert zu den aufgeführten Punkten Stichwörter. Belegt die Ergebnisse der Detailanalyse mit Zeilenangaben. Danach wendet ihr den argumentierenden Dreischritt (▷ S. 122) an, in dem ihr die Analyseergebnisse umsetzt.

- **Redesituation und Inszenierung:** historisch-politische Bedingungen, Formen der Inszenierung, Nutzung von Medien, Rollenverteilung von Redner und Zuhörern sowie Dritten;
- **Redeanlass:** aktuelles Ereignis, Problemlage, Neuausrichtung der Politik, ritualisierter Termin;
- **Redeziel/Intention:** Absicht des Redners;
- **Inhalte:** Informationen, Fakten, Ereignisse, Programme; Inhaltsgliederung;
- **Redestrategien:** Aufwertung, Abwertung, Beschwichtigung, Versprechungen, Drohung (▷ S. 122–123)
- **Argumentation/Aufbau:** Thesen – Antithesen; Behauptungen – Begründungen (durch: Normen, Autoritäten, logische Beweise, Konsequenzen, Vor- und Nachteile); Beispiele – Vergleiche – Zitate; Forderungen – Appelle; Argumente: zur Sache, mit Blick auf die Erwartungen der Zuhörer, mit Blick auf ihre Gefühle (wie Mitleid, Hass), mit Blick auf die Mehrheitsverhältnisse, mit Blick auf den Gegner;
- **Wortwahl:** Schlüsselwörter, politisch-ideologische (d. h. parteigebundene) Leitbegriffe, Schlagwörter und Klischees, Kollokationen (▷ S. 114), Synonyme, Antonyme, Konnotationen;
- **Stil:** Umgangssprache, Hochsprache, Standardsprache, Fachsprache, Höflichkeit und Verbindlichkeit, Kampfsprache, Flüssigkeit und Verständlichkeit (Satzbau), im Ton: feierlich, sachlich, freundlich, aggressiv, kämpferisch, ermutigend;
- **Sprachlich-rhetorische Mittel:** Akkumulation, Alliteration, Anapher, Anspielung, Antithetik, Ellipse, Euphemismus, Hyperbel, Ironie, Klimax, Metapher, Parallelismus, Wortspiel (▷ S. 122);
- **Wirkungen:** die Botschaft des Textes und ihre Wirkung auf die Zeitgenossen (vermutet oder nachweisbar aus Reaktionen und Quellen), Wirkung auf heutige Leser.

3. Auseinandersetzung und Bewertung

- **Kritisches Lesen/Hinterfragen der Ideologie:** die erschließbare Grundeinstellung des Redners, seine Weltanschauung, offene oder verdeckte Manipulation, Umgang mit der Macht;
- **Stellungnahme:** aus der eigenen Perspektive, aus der heutigen Sicht, im Vergleich mit Parallelinformationen aus der Zeit, im Vergleich mit der historischen Entwicklung und den Folgen.

7 *„Persuasion ist eine partielle[1] und sporadische[2] Überredungstechnik, mit der situationsbedingt Meinungen und Verhaltensweisen eines Hörers gelenkt werden sollen; Manipulation ist eine globale und langfristige Überrumpelungsstrategie, die auf eine tiefgreifende Bewusstseinsveränderung zielt und dabei die wahren Absichten der Sprecher verschleiert." (Gerhard Wolff) Untersucht, inwieweit Hitler in seiner Rede Mittel der Persuasion und Manipulation einsetzt.*

1 **partiell:** einseitig, zeitweise
2 **sporadisch:** vereinzelt, gelegentlich

8 *Stellt in Partnerarbeit gegenüber manipulativen Redekonzepten einen Katalog von „Anforderungen an einen Redner in einer demokratischen Redekultur" auf, die von Menschenrechten und Menschenwürde geprägt sind, vom Prinzip der Rede- und Meinungsfreiheit, aber auch von Konfliktbereitschaft und demokratischen Lösungswegen in einer rechtsstaatlichen Gesellschaft.*

„Weiße Rose" Flugblatt VI – Aufruf zum Widerstand

Im Sommer 1942 und zu Beginn des Jahres 1943 verbreitete eine studentische Widerstandsgruppe – die „Weiße Rose" – in München, im süddeutschen Raum sowie in Linz, Salzburg und Wien Flugblätter gegen Hitler und das nationalsozialistische Regime. Sie forderte darin zunächst zum passiven Widerstand auf, aber schon bald auch zum Sturz der Regierung. Die Medizinstudenten Hans Scholl und Alexander Schmorell bildeten den Kern dieser Gruppe. Christoph Probst, Sophie Scholl, Willi Graf und ihr Mentor Professor Kurt Huber schlossen sich ihnen nach und nach an und beteiligten sich an den regimekritischen Aktionen.

Das 6. Flugblatt 1943, dessen Verteilung zur Entdeckung der „Weißen Rose", zur Verhaftung und zum Tod ihrer Mitglieder führte:

Kommilitoninnen! Kommilitonen!

Erschüttert steht unser Volk vor dem Untergang der Männer von Stalingrad.
Dreihundertdreißigtausend deutsche Männer hat die geniale Strategie des Weltkriegsgefreiten sinn- und verantwortungslos in Tod und Verderben gehetzt. Führer, wir danken dir! Es gärt im deutschen Volk:
Wollen wir weiter einem Dilettanten das Schicksal unserer Armeen anvertrauen? Wollen wir den niedrigsten Machtinstinkten einer Parteiclique

den Rest unserer deutschen Jugend opfern? Nimmermehr!
Der Tag der Abrechnung ist gekommen, der Abrechnung der deutschen Jugend mit der verabscheuungswürdigsten Tyrannis, die unser Volk je erduldet hat. Im Namen des ganzen deutschen Volkes fordern wir vom Staat Adolf Hitlers die persönliche Freiheit, das kostbarste Gut der Deutschen zurück, um das er uns in der erbärmlichsten Weise betrogen hat.
In einem Staat rücksichtsloser Knebelung jeder freien Meinungsäußerung sind wir aufgewachsen. HJ, SA und SS haben uns in den fruchtbarsten Bildungsjahren unseres Lebens zu uniformieren, zu revolutionieren, zu narkotisieren versucht. „Weltanschauliche Schulung" hieß die verächtliche Methode, das aufkeimende Selbstdenken und Selbstwerten in einem Nebel leerer Phrasen zu ersticken. Eine Führerauslese, wie sie teuflischer und zugleich bornierter nicht gedacht werden kann, zieht ihre künftigen Parteibonzen auf Ordensburgen zu gottlosen, schamlosen und gewissenlosen Ausbeutern und Mordbuben heran, zur blinden, stupiden Führergefolgschaft.
Wir „Arbeiter des Geistes" wären gerade recht, dieser neuen Herrenschicht den Knüppel zu machen.
Frontkämpfer werden von Studentenführern und Gauleiteraspiranten wie Schulbuben gemaßregelt, Gauleiter greifen mit geilen Späßen den Studentinnen an die Ehre. Deutsche Studentinnen haben an der Münchner Hochschule auf die Besudelung ihrer Ehre eine würdige Antwort gegeben, deutsche Studenten haben sich für ihre Kameradinnen eingesetzt und standgehalten. Das ist ein Anfang zur Erkämpfung unserer freien Selbstbestimmung, ohne die geistige Werte nicht geschaffen werden können. Unser Dank gilt den tapferen Kameradinnen und Kameraden, die mit leuchtendem Beispiel vorangegangen sind!
Es gibt für uns nur eine Parole: Kampf gegen die Partei! Heraus aus den Parteigliederungen, in denen man uns politisch weiter mundtot halten will! Heraus aus den Hörsälen der SS-Unter- und -Oberführer und Parteikriecher! Es geht uns um wahre Wissenschaft und echte Geistesfreiheit! Kein Drohmittel kann uns schrecken, auch nicht die Schließung unserer Hochschulen. Es gilt den Kampf jedes Einzelnen von uns um unsere Zukunft, unsere Freiheit und Ehre in einem seiner sittlichen Verantwortung bewussten Staatswesen.
Freiheit und Ehre! Zehn lange Jahre haben Hitler und seine Genossen die beiden herrlichen deutschen Worte bis zum Ekel ausgequetscht, abgedroschen, verdreht, wie es nur Dilettanten vermögen, die die höchsten Werte einer Nation vor die Säue werfen. Was ihnen Freiheit und Ehre gilt, das haben sie in zehn Jahren der Zerstörung aller materiellen und geistigen Freiheit, aller sittlichen Substanz im deutschen Volk genugsam gezeigt. Auch dem dümmsten Deutschen hat das furchtbare Blutbad die Augen geöffnet, das sie im Namen von Freiheit und Ehre der deutschen Nation in ganz Europa angerichtet haben und täglich neu anrichten. Der deutsche Name bleibt für immer geschändet, wenn nicht die deutsche Jugend endlich aufsteht, rächt und sühnt zugleich, ihre Peiniger zerschmettert und ein neues geistiges Europa aufrichtet.
Studentinnen! Studenten! Auf uns sieht das deutsche Volk! Von uns erwartet es, wie 1813 die Brechung des napoleonischen, so 1943 die Brechung des nationalsozialistischen Terrors aus der Macht des Geistes. Beresina und Stalingrad flammen im Osten auf, die Toten von Stalingrad beschwören uns!
„Frisch auf mein Volk, die Flammenzeichen rauchen!"
Unser Volk steht im Aufbruch gegen die Verknechtung Europas durch den Nationalsozialismus, im neuen gläubigen Durchbruch von Freiheit und Ehre!

1 *Erarbeitet die Bedeutung von „Freiheit" im Kontext dieses Flugblatts. Erstellt dabei auch ein Netz der im Text angesprochenen weiteren Werte.*

2 *Bestimmt die Textintention und ermittelt Textstellen, die insbesondere dazu geführt haben können, dass die Nazis die Verfasser zum Tode verurteilten.*

3 *Analysiert die Sprache dieses „Flugblatts": Welche Mittel dieser Textsorte sind hier besonders beispielhaft und wirksam genutzt?*

4 *Verfasst eine zusammenhängende Textanalyse.*

Der damalige Bundespräsident Johannes Rau am 30.01.2003 zum 60. Jahrestag der Hinrichtung der Mitglieder der „Weißen Rose"

In diesem Jahr ist es sechzig Jahre her, dass hier in München die beiden ersten Prozesse gegen Mitglieder der „Weißen Rose" geführt wurden. Der Volksgerichtshof mit seinem Präsidenten Roland Freisler war dafür aus Berlin nach München gekommen. Angeklagt waren eine Studentin der Biologie und Philosophie, vier Studenten der Medizin und ein Professor für Psychologie an der Universität München. Die Angeklagten hatten seit dem Sommer 1942 eine Reihe von Flugblättern geschrieben, per Post in verschiedene Städte geschickt und in der Münchner Universität ausgelegt. Einige von ihnen hatten Parolen an die Wände von Häusern und der Universität geschrieben: „Freiheit" oder „Nieder mit Adolf Hitler!" [...] All die Menschen, die damals auf unterschiedliche Weise nicht „mitgemacht" haben, und sei es nur, indem sie sich ihr eigenständiges Denken bewahrt haben, haben gezeigt, dass es sehr wohl eine Alternative zum Mitmachen und erst recht zur aktiven Unterstützung gab, auf die die Nationalsozialisten leider bis zum Ende zählen konnten. Diese Frauen und Männer haben gezeigt, dass es neben den Tätern und Mitläufern auch andere Deutsche gab. Darum dürfen wir heute auch niemanden aus unserer Erinnerung ausgrenzen, der damals Widerstand geleistet oder auf andere Weise nicht „mitgemacht" hat, gleich welche Vorstellung von einer künftigen Gesellschaftsordnung er hatte. [...]

Es gibt viele Beispiele dafür, wie Widerstandskämpfer instrumentalisiert worden sind. Dazu gehört auch die „Weiße Rose". Wer das verstehen will, der muss sich vor Augen führen, dass Gedenken nicht nur dazu dienen kann, sich mit der Vergangenheit auseinanderzusetzen. Gedenken kann auch dazu missbraucht werden, diese Auseinandersetzung zu verhindern. Darum müssen wir auch die Motive, den Inhalt und die Form des Gedenkens immer wieder kritisch prüfen. Überlebende Mitglieder der „Weißen Rose" haben immer wieder darauf hingewiesen, dass ihr Widerstand lange Zeit zugleich idealisiert und romantisiert worden ist. Das geschah zum Teil durchaus in guter Absicht. Damit ging aber auch eine Entpolitisierung ihrer Aktionen und vor allem ihrer politischen Zielsetzungen einher. [...] Heroisierung und Verharmlosung: Beides wird dem Widerstand der „Weißen Rose" nicht gerecht. Beides konnte sogar als Beweis dafür gelesen werden, dass Widerstand im „Dritten Reich" eben von vornherein aussichtslos gewesen sei. Das konnte all die entlasten, die mitgemacht hatten, und manche wollten das auch. Darüber hinaus führte das starke Interesse am engsten Kreis der „Weißen Rose", besonders an Sophie und Hans Scholl, dazu, dass die Bedeutung der „Weißen Rose" insgesamt unterschätzt worden ist. Lange wurde versäumt, sich generell mit dem Widerstand junger Menschen im „Dritten Reich" auseinanderzusetzen. Davon hat es mehr gegeben, als wir lange gewusst haben und wissen wollten. In den letzten beiden Jahrzehnten haben wir viel Neues darüber erfahren.

Ich bin froh darüber, dass wir uns inzwischen ein wesentlich besseres Bild vom Umfang, von den Motiven und von den Zielen des Widerstands der „Weißen Rose" machen können. Dazu haben die überlebenden Mitglieder und die Angehörigen entscheidend beigetragen. Wir wissen heute, dass es Kreise der „Weißen Rose" in München und Ulm und auch in Hamburg gegeben hat. Insgesamt haben ihr wohl um die hundert Mitglieder angehört. Wir wissen, dass unter ihnen neben Studenten auch Schüler waren. [...] Die Hauptakteure der „Weißen Rose" waren Menschen mit klaren politischen Vorstellungen. Sie haben viel gelesen. Sie haben sich mit existenziellen Fragen auseinandergesetzt, im Gespräch, in Tagebüchern und in Briefen. Sie waren sich der Gefahr bewusst, der sie sich aussetzten. Anders als vielfach dargestellt, konnten sie sehr wohl unterscheiden zwischen Denken und Handeln. Ja, sie handelten gerade, weil sie zu dem Schluss gekommen waren, dass in einer bestimmten Situation dem Denken das Handeln folgen muss. All das macht deutlich, dass die Hauptakteure der „Weißen Rose" alles andere waren als „halbe Kinder" oder „jugendliche Schwärmer". [...] Sie hatten klare Vorstellungen von der Gesellschaftsordnung eines neuen Deutschlands in einem neuen Europa. Sie plädierten für eine Nachkriegsordnung, die auf demokratischen und rechtsstaatlichen Prinzipien beruhte. Im neuen Deutschland und Europa sollte die Würde des Menschen unantastbares Grundrecht sein. Das unterschied sie fundamental von Widerstandsgruppen, die eine totalitäre oder eine eher konservativ-autoritäre Gesellschaftsordnung errichten wollten. Es gab noch einen anderen wichtigen Unterschied: Die „Weiße Rose" ist die deutsche Widerstandsgruppe, für die der Mord an den europäischen Juden für ihr Handeln so wichtig gewesen ist wie für keine andere. [...]

Warum haben diese jungen Menschen sich unter den schwierigen Bedingungen der nationalsozialistischen Diktatur anders verhalten als die meisten ihrer Altersgenossen? Wenn wir das verstehen, dann wissen wir auch, worauf es ankommt, damit junge Menschen heute überzeugte und überzeugende Demokraten werden. [...] „Wir sind halt politisch erzogen worden", so hat Hans Scholl erklärt, was er gemeinsam mit anderen getan hat. Politisch erzogen: Damit meinte er offenbar eigenständiges Denken, die Fähigkeit zur Kritik und die Bereitschaft zur Selbstkritik. Dazu gehören die Achtung und der Respekt vor dem Anderen. So unterschiedlich die Auffassungen der Mitglieder der „Weißen Rose" in manchem waren: Sie alle verband die Grundüberzeugung, dass jeder einzelne Mensch unvergleichlich und einzigartig ist. Sie alle verband die Grundüberzeugung, dass keine Staatsmacht und keine Weltanschauung das Recht habe, die Würde auch nur eines Menschen anzutasten. Diese Orientierung an grundlegenden Werten macht die „Weiße Rose" und ihren Widerstand gegen den Terror der Nationalsozialisten so wichtig und noch heute zukunftsweisend. Bei vielen Entscheidungen ist ja der innere Wertekompass mindestens genauso wichtig wie die so genannten objektiven Fakten.

Die Frauen und Männer der „Weißen Rose" rufen uns in Erinnerung: Jede noch so gute Ausbildung unserer Kinder, jede noch so moderne Bildung bleibt unvollständig, wenn wir uns nicht auch um eine klare ethische Orientierung bemühen. Unsere Kinder müssen eine klare Vorstellung davon haben, dass es jenseits aller Grauzonen eindeutig Richtiges und eindeutig Falsches gibt, und sie müssen ermutigt werden, sich dazu zu bekennen.

Das ist die Voraussetzung dafür, dass unseren Kindern ihre Gegenwart und Zukunft nicht gleichgültig bleibt, dass sie an der Gestaltung unserer Zukunft aktiv und engagiert mitwirken und – wenn und wo das nötig ist – gegen den Strom schwimmen. Die Mitglieder der „Weißen Rose" haben das unter ganz schwierigen Bedingungen getan. Ihr Widerstand hat einigen von ihnen das Leben gekostet und Leid über viele gebracht.

Trotzdem waren sie nicht erfolglos. Sie haben mit ihrem Widerstand deutsche Geschichte geschrieben. Das bleibt ein Auftrag an uns alle.

1 *Kommentiert in einem Leserbrief den Redeinhalt, die Redeintention, Redemittel und Wirkung der Rede.*

2 *Ermittelt aus dem Text Anzeichen dafür, dass es sich um eine Redesituation in einer freiheitlich-demokratischen Gesellschaft handelt, z. B.: kritisch-aktuelle Bezüge.*

3 *Erstellt aus den in der Rede angesprochenen Werten eine kleine Programmschrift für heute: „Werte und ihre Umsetzung im heutigen gesellschaftlichen und politischen Leben".*

6.3 Medienumschau: Das Erregungskarussell

Terror, Krise, Frieden … – Schlüsselwörter, Fahnenwörter, Reizwörter

Kölner Stadt-Anzeiger

KÖLNISCHE ZEITUNG

UNABHÄNGIG – SEIT 1802 – ÜBERPARTEILICH

Blei in der Spielzeug-Lok

Mattel ruft 844 000 Produkte zurück WIRTSCHAFT, S. 11

Verborgene bergische Schönheit

Erstmals ist die Dhünntalsperre für Wanderer zugänglich LAND/REGION, S. 9

BKA vereitelt Terroranschläge

Drei Terrorverdächtige festgenommen – Autobomben gegen US-Einrichtungen geplant

Vor dem Zugriff wurden die drei Männer sechs Monate lang beobachtet. Kanzlerin lobt Leistung der Polizei.

1 *Terror, terrorisieren, Terroranschlag, Terrorlager, Terrorabwehr, Terrorszenarien, Terrorangst, Anti-Terrorgesetze, ETA-Terror …*
Stellt in einer Medienumschau weitere Begriffe zusammen, die in diese Wortfamilie hineinpassen.

2 *a) Entwickelt Kategorien, nach denen man die Begriffspalette sortieren könnte.*
b) Recherchiert in http://wortschatz.uni-leipzig.de zum Begriff „Terror" und schreibt danach einen eigenen Lexikontext, in dem verschiedene Bedeutungen vorkommen.

Rainer Wimmer: „Gelegenheitskomposita"

Die Häufung von Ad-hoc-Komposita kann ein Anzeichen für die Virulenz[1] eines Diskussionsthemas in der Öffentlichkeit sein. Beispielsweise kann man von auffälligen Komposita mit dem Substantiv „Bildung" als erstem, determinierendem Teil wie z.B. Bildungsfrage, Bildungsgefälle, Bildungskatastrophe, Bildungschancen, Bildungsreform auf die Brisanz des Bildungsthemas in der öffentlichen Diskussion schließen. In Einzelfällen wird man aus Beobachtungen zu Komposita auch auf Bedeutungswandel schließen können; möglicherweise hat sich der Bildungsbegriff seit den 60er-Jahren geändert; möglicherweise ist das Kompositum Bildungskatastrophe bereits teilweise lexikalisiert [2] und hat als Ganzes eine Bedeutung erlangt, die aus den Teilen nicht mehr erschließbar ist.

1 **Virulenz:** *hier:* Dringlichkeit

2 **lexikalisiert:** fester Bestandteil des Wörterbuchs

Andreas Pecht: Das Agenda-Prinzip

Sie alle kennen das Phänomen, dass an manchen Tagen die unterschiedlichsten Medien alle die gleichen Themen mit fast gleichem Tenor behandeln. Oft sind es nicht einmal Themen, die durch besondere Ereignisse gesetzt werden oder von besonderer Wichtigkeit wären. Sie tauchen wie

aus dem Nichts auf und füllen plötzlich alle Kanäle. Die Gleichheit oder Einheitlichkeit reicht bisweilen bis in die Wortwahl der Texte hinein. […]
Erklärung: das Agentur-Prinzip – die wichtigsten Presseagenturen: dpa, AFP, AP, Reuters – Mechanismus: Was die Agenturen bringen, haben alle Medien. Es zu ignorieren kann eine riskante Angelegenheit sein. […]
Erklärung: das Agenda-Prinzip – Es gibt zu bestimmten Zeitpunkten bestimmte Themen, die im öffentlichen Bewusstsein verstärkt präsent sind. Das öffentliche Bewusstsein und die Journaille sind besonders sensibilisiert dafür. Beispiele: PISA-Studie: Der große Furor war vorgestern, aber das Thema steht dennoch latent auf der Agenda; kommt irgendeine neue Studie oder gibt es irgendwo irgendwelche signifikanten Vorkommnisse im Schulbereich, kocht PISA wieder hoch. – Klimawandel dito. – Kinderarmut – Pflegenotstand […] – Die „Agenda“ ist ein geheimnisvolles Ding. Diese nirgends beschlossene, nirgends fixierte, aber quasi allmächtig durch den Äther geisternde Liste der in der Presselandschaft zurzeit wichtigen Themen zieht Politiker und alle Lobbyisten dieser Welt magisch an. Denn was die Presse auf der Agenda hat, ist Gegenstand der öffentlichen Meinung. – Die Meinungsforschung hat etwa hinsichtlich der Medienwirkung auf das Wählerverhalten Folgendes herausgefunden: Von zentraler Bedeutung ist die Thematisierungsfunktion der Massenmedien.

1 *Wie lässt sich der häufige Gebrauch des Wortes „Terror“ nach Auskunft dieser beiden Texte erklären und einschätzen?*

2 *Wie kommt eine öffentliche Debatte über „Bildungsnotstand“ oder „Klimakatastrophe“ oder nun auch „Terror“ in der Gesellschaft hoch? Stellt Zusammenhänge her zwischen aktuellen Medienmeldungen und konkreten Ereignissen sowie gesellschaftlichen Ursachen.*

3 *a) Veranschaulicht in einem grafischen Überblick, wie Medienproduzenten und Medienrezipienten bei der Mediendebatte zu „Terror“ in den verschiedenen Medienformaten beteiligt sind.*
b) Welche Rolle spielen dabei weitere Schlüsselwörter wie Angst, Krieg, Eskalation oder Freiheit, Widerstand, Rebellion?
c) Welche Rolle spielt „Terror“ für euch und wie ist das Verhältnis von „Terror“ und „Freiheit“ zu sehen?

4 *„Fahnenwort“ nennt man einen Begriff, mit dem Parteien und Interessengruppen in der politischen Auseinandersetzung Flagge zeigen und für den sie stehen, z. B. freie Marktwirtschaft, soziale Gerechtigkeit, Elite-Uni … – Könnte „Terror“ ein Fahnenwort sein?*

5 *Die Philosophen Sloterdijk und Safranski haben seit 1999 schnell wechselnden und auch hochgespielten Mediendiskussionen die Begriffe „Erregungsdemokratie“, „Erregungsgemeinschaft“ und „Erregungsjournalismus“ zugeordnet.*

a) Erörtert, ob das Thema „Terroranschläge“ mehr ist als nur eine Erregung in den Medien.
b) Welche Wörter in den aktuellen Medien signalisieren für euch einen „Erregungszustand“?
c) Kommentiert den sprachlichen Umgang in Medien und Öffentlichkeit mit einzelnen dieser Begriffe: Leitkultur – Innovation – Gerechtigkeit – Solidarität – Leistung – Datenschutz – Wachstum – Reform – Dialog – Globalisierung – Schlankheitswahn – demografischer Wandel – Klimaschutz – Integration – Freiheit – Skandal …

7 Grammatik, Rechtschreibung, Stil – Klausuren überarbeiten

7.1 Grammatik und Stil – Falsches korrigieren, Misslungenes verbessern

VORSICHT FEHLER!

Hausaufgabe: 16.11.2009

Goethe, Die Leiden des jungen Werthers – Inhaltsangabe Brief vom 16. Juni

Im Brief vom 16. Juni erzählt Werther seinem Freund Wilhelm über seiner ersten Begegnung mit Lotte. Welche sich ereignete, als er und Lotte zu einem Ball eingeladen ist und Werther sie abholt. Werthers Tanzpartnerin und ihre Kusine fährt auch mit. Werther muss beim Abholen warten, weil Lotte ist noch nicht fertig mit dem Abendbrot ihrer Geschwister. Während dem Warten findet er sie gleich schon nett. Was sich dann im Verlauf des Abends immer mehr steigert. Weil sie passen nämlich auch gut zusammen: Beide denken über bestimmten Büchern dasselbe und beiden tanzen unwahrscheinlich gerne. Und auch gut. Deshalb tauschen sie, vor allem wegen dem Walzer, auch die Tanzpartner, die nicht so gut tanzen können. Als eine andere Frau Lotte beim Tanzen „Albert, Albert" zuruft und Werther nachfragt, wer ist Albert? erzählt Lotte von ihrer Quasi-Verlobung. Werther ist geschockt, obwohl eigentlich wusste er das schon, weil die andere Frau und die Kusine in der Kutsche hat ihm das schon gesagt, bevor er Lotte abgeholt hat. Und auch, dass er sich bloß nicht in sie verlieben soll. Was nun aber doch passiert ist. Wegen einem Gewitter unterbrechen alle das Tanzen und die Frauen werden hysterisch. Nur Lotte bleibt cool und organisiert ein Spiel. Während dem Spiel vergessen alle das Gewitter und haben Fun trotz (oder gerade wegen) dem Ohrfeigen. Was nämlich zu dem Spiel gehört. Danach gehen Lotte und Werther ans Fenster und schwelgen in so komischen Gefühlen, weil sie müssen an das gleiche Gedicht von einem Dichter namens Klopstock denken. Schließlich gehen die Gefühle von Werther durch und er küsst sie. Aber nur ihre Hand, und weint dabei. Den Rest von dem Abend erfährt man nicht mehr, weil Werther bricht den Brief dann einfach ab.

1 a) *Prüft die Verständlichkeit des Schülertextes, indem ihr die dort zusammengefasste Handlung mit eigenen Worten erzählt.*
b) *Lest den Schülertext noch einmal kritisch und bewertet ihn in einem kurzen Kommentar. Geht dabei vor allem auf seine sprachliche Qualität ein.*

2 *Unterscheidet mit Hilfe des Textes von Hans Jürgen Heringer (▷ S. 134): Was erscheint euch grammatisch falsch, was nur stilistisch unschön?*

Hans Jürgen Heringer Grammatik und Stil (1989)

[...] der überlegte Schreiber [bewegt sich] zwischen Regeln und Freiheit. Das Reich der Regeln ist die Grammatik. Regeln legen fest, was überhaupt in einer Sprache möglich ist. So geht es in der Grammatik um richtig oder falsch. Sätze, die nicht den grammatischen Regeln entsprechen, sind eben keine richtigen Sätze, man kann sie nicht verstehen: Mit weißer kanst sich keines leisten. Das ist Unsinn!
Das Reich der Freiheit ist die Stilistik. Es gibt unendlich viele korrekte Sätze, aber jeder ist nur ganz bestimmten Zwecken angemessen. So geht es in der Stilistik um angemessen oder unangemessen. Immer wenn wir schreiben, haben wir nämlich mehrere Möglichkeiten. [...] Der Schreiber muss wählen und bedenken, wie sein Leser reagieren wird. [...] Wer gut schreiben will, sollte die Regeln und Normen kennen. Aber er muss sich nicht immer daran halten. Auch Verstöße gegen Normen und Regeln haben stilistische Wirkung. Wer diese Wirkung will, muss Verstöße wagen. Und trotzdem sollte er sich an einige Grundregeln halten.

3 *a) Sammelt aus eigenen Texten, aus der Zeitung und aus literarischen Texten Beipiele für die drei Kategorien: (1) grammatisch falsch, (2) stilistisch unangemessen, (3) absichtlich grammatisch falsch, um stilistische Wirkung zu erzielen.*
b) Formuliert „Grundregeln" (Z. 23), an die sich jede/r Schreiber/in halten sollte.

4 *Diskutiert, ob es auch in schulischen Texten erlaubt sein sollte, absichtlich gegen Regeln zu verstoßen, um eine besondere stilistische Wirkung zu erzielen.*

Das klingt irgendwie komisch – Kasus und Numerus überprüfen

DATIV??

statt – seit – zwischen – neben – an Stelle – kraft – um – zu Gunsten – laut – dank

GENITIV?? AKKUSATIV??

1 *a) Sucht aus dem Schülertext (▷ S. 133) alle Präpositionen mit den dazugehörenden Nomen und sammelt sie in einer nach Präpositionen geordneten Tabelle.*
b) Kontrolliert (z. B. mit einem Wörterbuch), ob das Nomen jeweils im richtigen Kasus steht. Verbessert es, wenn nötig.
c) Welche Fehlerschwerpunkte könnt ihr im Bereich der Präpositionen im Schülertext feststellen?

2 *Klärt mit Hilfe eines Wörterbuchs oder einer Grammatik, mit welchem Kasus die oben genannten Präpositionen verbunden werden.*

3 *a) Untersucht semantische und grammatische Unterschiede bei folgenden Ausdrücken:*

erzählen – von … / über … denken – von … / über …

b) Erläutert die Konstruktionsfehler in dem Satz: „Den Rest von dem Abend erfährt man nicht mehr […]“ (S. 133, Z. 25) und sucht korrekte Formulierungen.

Der Kasus nach Präpositionen
Jede **Präposition** verlangt einen bestimmten **Kasus** für das Nomen oder Pronomen, das zu ihr gehört, z. B.: „für (den Fall)“, „gegen (mich)“ mit dem Akkusativ, „von (dir)“, „mit (der Frau)“ mit dem Dativ.
Einige Präpositionen können sowohl mit dem Akkusativ als auch mit dem Dativ verwendet werden: z. B.: „auf *dem* Ball“, „auf *den* Ball“; „an *das* Fenster“, „an *dem* Fenster“.
Einige Präpositionen werden umgangssprachlich mit dem Dativ verwendet, in der Schriftsprache ist aber der Genitiv vorgeschrieben:

Umgangssprache:	**Schriftsprache:**
wegen *dem* Regen	wegen *des* Regens
trotz *dem* Sturm	trotz *des* Sturms
während *dem* Fest	während *des* Festes

[…] als er und Lotte zu einem Ball eingeladen ist und Werther sie abholt.
Werthers Tanzpartnerin und ihre Kusine fährt auch mit.
[…] die andere Frau und die Kusine in der Kutsche hat ihm das schon gesagt …
Danach gehen Lotte und Werther ans Fenster …

4 *a) Schreibt die Sätze ins Heft und unterstreicht Subjekt und Prädikat. Verbindet beides mit einem Bogen.*

b) Überprüft, ob die grammatischen Formen von Subjekt und Prädikat zusammenpassen.

Kongruenz von Subjekt und Prädikat
Subjekt und Prädikat müssen im Numerus übereinstimmen. Der Fachbegriff für diese Übereinstimmung heißt **Kongruenz.**
Besteht das Subjekt aus einer Reihung mit „und“, so gilt dies in der Regel als Plural. Deshalb muss auch das Prädikat im Plural stehen, z. B.:

„Sophie und ihre Geschwister	*bleiben* zu Hause.“
Subjekt im Plural	Prädikat im Plural

5 *Die folgenden Sätze bergen besondere Probleme bei der Kongruenz von Subjekt und Prädikat. Stellt das jeweilige Problem heraus. Prüft, ob alternative Formulierungen nötig oder möglich sind.*

1. Eine Menge Leute waren zu dem Ball gekommen.
2. Alt und Jung vergnügten sich beim Tanz.
3. Albert und ich sind verlobt.

Weil das ist so schwer – Satzbauprobleme

Die Schülerin macht in ihrem Hausaufgabentext (▷ S. 133) im Bereich des Satzbaus zwei Fehler, die sehr häufig in Schülertexten vorkommen:

Weil sie passen nämlich auch gut zusammen. (Z. 9)

1 *a) Benennt die beiden Fehler mit Hilfe des folgenden Merkkastens.*
b) Berichtigt den Satz innerhalb der Inhaltsangabe. Achtet dabei auch auf die Zeichensetzung.
c) Sammelt weitere fehlerhafte Sätze zu beiden Fehlerarten und korrigiert sie.

Nebensätze
Nebensätze sind unvollständige Sätze, die eines Hauptsatzes bedürfen. Im Nebensatz steht das finite Verb am Ende.

Und auch gut. (Z. 11)
Als [...]Werther nachfragt, wer ist Albert? erzählt Lotte [...] (Z. 12 ff.)
Und auch, dass er sich bloß nicht in sie verlieben soll. (Z. 16 f.)
Aber nur ihre Hand, und weint dabei. (Z. 24 f.)

2 *In diesen Sätzen treten weitere syntaktische Fehler auf.*
a) Lest die Sätze noch einmal in ihrem Kontext und beschreibt jeden einzelnen Fehler präzise.
b) Formuliert jeden Satz im Textzusammenhang so um, dass er syntaktisch richtig ist.

Cool bleiben – Angemessen, ausdrucksstark und abwechslungsreich formulieren

Eine Lehrkraft hat zu dem Schülertext auf S. 133 folgenden Kommentar gegeben:

Deine Ausdrucksweise ist mitunter einer schriftlichen Inhaltsangabe nicht angemessen: Du müsstest zum Beispiel teilweise sachlicher formulieren und umgangssprachliche Ausdrücke vermeiden. Auch könntest du dich an einzelnen Stellen mehr um ausdrucksstarke und abwechslungsreiche Formulierungen bemühen.

1 *a) Klärt anhand von positiven und negativen Beispielen aus dem Schülertext, was man unter einer „angemessenen", einer „ausdrucksstarken" Formulierung und einer „abwechslungsreichen" Ausdrucksweise versteht.*
b) Legt allgemeine Kriterien dafür fest.

2 *Erarbeitet Verbesserungsvorschläge für alle Textstellen, an denen die Ausdrucksweise die im Lehrerkommentar genannten Mängel aufweist.*

	misslungene Textstellen	Verbesserungsvorschläge
Angemessenheit	…	…
Ausdrucksstärke	…	…
Abwechslungsreichtum	„erzählt Lotte" (Z. 14)	„vertraut Lotte ihm an"

Der Dichter schreibt, … – Redewiedergabe mit und ohne Konjunktiv

„Ich bitte um Vergebung", sagte sie, „dass ich Sie hereinbemühe und die Frauenzimmer warten lasse. Über dem Anziehen und allerlei Bestellungen fürs Haus in meiner Abwesenheit habe ich vergessen, meinen Kindern ihr Vesperbrot zu geben, und sie wollen von niemandem Brot geschnitten haben als von mir."

1 *a) Ordnet das Zitat aus dem „Werther" in den Handlungszusammenhang (▷ S. 133) ein.*
b) Gebt Lottes Rede in **indirekter Rede** *wieder.*

Regeln zur Redewiedergabe
Die **indirekte Rede** macht deutlich, dass eine Aussage nicht von einem selbst stammt. In einem einleitenden Hauptsatz wird gesagt, wessen Äußerung wiedergegeben wird. Anschließend folgt die Äußerung
- in einem uneingeleiteten Nebensatz im Konjunktiv, z. B.: „Die Base sagt, sie *sei* schon vergeben.";
- in einem dass-Satz mit oder ohne Konjunktiv: „Die Base sagt, *dass* sie schon vergeben *sei* (oder: ist)."

Die Base fragte, ob sie mit dem Buche fertig wäre, das sie ihr neulich geschickt hätte? – Nein, sagte Lotte, es gefällt mir nicht. Sie können's wiederhaben. Das vorige war auch nicht besser. – Ich erstaunte, als ich fragte, was es für Bücher wären, [...]

2 *a) Setzt auch die wörtliche Rede aus der Textstelle oben in die indirekte Rede.*
b) Überprüft die Verwendung des Konjunktivs in diesem Ausschnitt.

Regeln zum Konjunktiv
Bei der **indirekten Rede** steht die Personalform des Verbs im Konjunktiv I. Wenn sich der Konjunktiv I im Textzusammenhang nicht vom Indikativ Präsens unterscheidet, verwendet man den Konjunktiv II oder die Umschreibung mit „würde".
Ist der Konjunktiv II im Textzusammenhang nicht vom Indikativ Präteritum zu unterscheiden, muss die „würde"-Form gewählt werden, z. B.:

„Lotte sagt, ihre Kinder *machen* keine Ausnahme." (Konjunktiv I)
„Lotte sagt, ihre Kinder *machten* keine Ausnahme." (Konjunktiv II)
„Lotte sagt, ihre Kinder *würden* keine Ausnahme *machen.*"

Auf die Ersatzform mit „würde" kann man auch dann zurückgreifen, wenn der Konjunktiv II als ungebräuchlich oder unschön empfunden wird.

3 *Entscheidet euch nach grammatischen und stilistischen Gesichtspunkten für eine Konjunktivform oder eine Umschreibung mit „würde" in folgenden Sätzen:*

1. *Lotte antwortet (mit Albert verlobt sein).*
2. *Werther meint (niemals zulassen, dass seine Freundin mit einem anderen Mann Walzer tanzt).*
3. *Lotte gesteht (sehr gerne Walzer tanzen).*
4. *Die Frauen beteuern (alle gerne tanzen).*
5. *Die Frauen in der Kutsche versichern, Lottes Kleid (dem Pariser Chic entsprechen).*
6. *Lotte erwidert, die beiden Frauen (auch sehr elegante Hüte anhaben).*

7.2 Klausuren überarbeiten – Strategisch vorgehen

„Schaut, dass ihr am Ende Zeit habt, eure Klausur noch einmal zu lesen!" Dieser gut gemeinte Rat wird häufig nicht in die Tat umgesetzt. Anders als im Unterricht lässt die Klausursituation auch tatsächlich weniger Möglichkeiten zur Textüberarbeitung – aber es gibt Möglichkeiten, und die solltet ihr nutzen!

1 *Tauscht eure Erfahrungen mit dem Überarbeiten von Texten am Ende einer Klausur aus und sammelt Gründe, warum es hierbei häufig Schwierigkeiten gibt.*

2 *Vergleicht die Schreibsituation „Texte überarbeiten" in der Klausur mit der Situation im Unterricht, zum Beispiel in einer Schreibkonferenz (▷ S. 325 f.).*

Texte überarbeiten in der Klausur	Texte überarbeiten in der Schreibkonferenz
...	...

Vor der Klausur – Mit sich in Klausur gehen

Test: Klausuren überarbeiten – Welcher Typ bist du?

1. Meistens komme ich mit der Zeit in einer Klausur nicht aus. Manchmal werde ich nicht einmal fertig, zum Überarbeiten bleibt auf keinen Fall Zeit.
2. Wenn ich mit der Klausur fertig bin, habe ich keine Lust mehr, sie noch mal zu lesen. Deshalb gebe ich gleich ab.
3. Wenn ich meine Klausur noch einmal durchlese, finde ich alles okay, was ich geschrieben habe. Erst wenn ich die Klausur korrigiert zurückbekomme, fällt mir auf, was falsch war.
4. Meistens habe ich im ersten Teil meiner Klausur kaum oder gar keine Fehler, aber zum Ende werden es dann immer mehr.
5. Meine Klausur noch einmal zu lesen, bewirkt bei mir immer eine totale Unzufriedenheit. Am liebsten würde ich alles ändern, aber das geht dann ja nicht mehr. Deshalb ändere ich dann doch gar nichts.
6. Inhaltlich fallen mir Deutschklausuren leicht, aber sprachlich habe ich Probleme.
7. Sprachliche Fehler mache ich kaum, ich habe auch immer Zeit, noch mal alles zu lesen, weil mir meistens nicht so viel einfällt.
8. Sprachlich liegt mein Problem hauptsächlich bei der Kommasetzung, Rechtschreibfehler gibt es eigentlich nicht.
9. Wenn ich die Klausur wiederbekomme, steht tausendmal „Ausdruck!" am Rand. Ich schreibe halt so, wie es mir gerade durch den Kopf geht.

1 *Welche der genannten Aussagen treffen auf dich zu?*

2 *Erstellt in Kleingruppen eine „Testauswertung" mit einem Kommentar und einem Ratschlag zu jeweils einer Selbstaussage. Beispiel:*

Aussage:	Kommentar:	Ratschlag:
Meistens komme ich mit der Zeit in einer Klausur nicht aus. Manchmal werde ich nicht einmal fertig, zum Überarbeiten bleibt auf keinen Fall Zeit.	Mangelndes Zeitmanagement ist ein häufiges Problem in Klausuren, das du nicht allein hast! Gerade hierbei ist es wichtig, sich vor und zu Beginn der Klausur Gedanken über einen sinnvollen Umgang mit der Zeit zu machen.	Kläre die genaue Ursache für deinen Zeitmangel, um dann gezielt dagegen vorzugehen: - Zögerst du am Anfang zu lange? - Schweifst du in häufigen Pausen immer wieder von der Aufgabe ab? - Bist du zu ausführlich bei der Lösung der Aufgabe? - Schreibst du zu langsam? Ist die Aufgabenstellung zu umfangreich? Sprecht darüber mit eurer Lehrkraft!

3 *a) Fasst die für euch wichtigen Ergebnisse aus den Aufgaben 1 und 2 auf einem Blatt unter der Überschrift „Mein persönlicher Klausurenratgeber" zusammen. Ergänzt ggf. weitere Selbstbeobachtungen und entsprechende Hilfen, Vorsätze oder Strategien.*

b) Nehmt auch euer persönliches Fehlerprofil (▷ S. 145) in diesen Klausurenratgeber auf.

c) Klärt mit eurer Lehrkraft, ob ihr dieses Blatt in euren Klausurheften oder Klausurmappen aufbewahren könnt.

Mein Fehlerprofil **Fach:** *Deutsch*

	1. Klausur	2. Klausur	3. Klausur	Fehlerschwerpunkt? JA	NEIN
1. Rechtschreibung					
Großschreibung					X
das/dass					X
getrennt/zusammen	2 Fehler	3 Fehler	4 Fehler	X	
s/ß/ss					X
Fremdwörter	3 Fehler	2 Fehler	2 Fehler	X	
Sonstiges					X
2. Zeichensetzung					
Kommas					X
Zeichen bei Zitaten	2 Fehler	1 Fehler	3 Fehler	X	
Sonstiges					X
3. Grammatik					
Satzbau					X
Kongruenz					X
Konjunktiv	2 Fehler	3 Fehler	1 Fehler	X	
Tempus					X
Kasus					X

Während der Klausur – Überarbeitungsbedarf im Blick haben

VORSICHT FEHLER!

Anette von Droste-Hülshoff und Rolf Dieter Brinkmann thema-
tisieren in ihren beiden Gedichten „Das Spiegelbild" (1841/42)
und „Selbstbildnis im Supermarkt" (1968) ≻— ←
In beiden Gedichten spielt das Spiegelmotiv eine zentrale Rolle. Der Spiegel
ist dabei in den beiden Gedichten ein anderer Gegenstand: einmal ein
<u>Kristall</u>, einmal die Scheibe eines Supermarktes. Daran wird bereits deutlich, ???
das die Situation, in der das lyrische Ich sich jeweils befindet eine andere
ist: mal eher privat, mal öffentlich. ≻— ←
Ein weiterer auffälliger Unterschied besteht in der Länge und Struktur der
beiden Gedichte: Frau Droste-Hülshoff gestaltet das Thema über drei regel-
mäßig gebaute siebenzeilige Strophen aus während Brinkmann mit ~~unregel-~~ ändern!
~~mäßig verteilten~~ 15 Zeilen auskommt ✓. In „Das Spiegelbild" spricht das ✓
lyrische Ich direkt mit seinem Spiegelbild, das von ihm Phantom (Z.) ≻— [!]
genannt wird indem es zu ihm flüstert (Z.) und mit ihm spricht. So ein ≻— [!]
Dialog gibt es bei Brinkmann nicht. Dafür ist es hier so, das das Spiegelbild
ihm entgegenkommt, das heißt hier ist mehr action drin. Auch dadurch das
„der Schlag ihn trotzdem trifft" (Z.), obwohl anders, als erwartet. ≻— [!]
Zwiespältig sind auch die Gefühle, die in dem Spiegelbild-Gedicht von Frau
Droste-Hülshoff beschrieben werden: Fremdheit (Z.), „Liebe oder Hass?" ≻— [!]
(Z.), Furcht (Z.), und Trauer (Z.). ≻— [!]

1 *Welche Überarbeitungen sind an der auszugsweise abgedruckten Schülerklausur zu den Gedichten in Kapitel 12.1 (▷ S. 250–251) vorgesehen?*

2 *a) Listet Möglichkeiten auf, während der Klausur Überarbeitungsbedarf so festzuhalten, dass ihr euch am Ende der Klausur daran orientieren könnt.*
b) Trainiert diese Möglichkeiten auch beim Verfassen längerer Hausaufgabentexte.

TIPP

Häufig liest man während des Schreibens der Klausur einzelne Abschnitte noch einmal nach. Wenn ihr dabei Fehler entdeckt, könnt ihr diese gleich verbessern, solltet aber die Korrektur mit Bleistift markieren, um sie am Ende der Klausur noch einmal zu überprüfen. So könnt ihr vermeiden, dass ihr etwas „verschlimmbessert".

Am Ende der Klausur – Prioritäten setzen, gezielt überarbeiten

Am Ende der Klausur lese ich sie mir von Anfang an noch einmal gründlich Satz für Satz durch. Bei jedem Satz verbessere ich alles, was mir auffällt: falsch geschriebene Wörter, schlechte Ausdrücke, inhaltliche Fehler, fehlende Kommas usw.

Wenn ich genügend Zeit habe, ziehe ich mehrere Korrekturgänge durch: Erst achte ich einmal nur auf jedes einzelne Wort, ob ich es auch richtig geschrieben habe. Dann lese ich meinen Text noch mal und prüfe, ob die Formulierungen flüssig sind und alles einleuchtend klingt. Wenn dann immer noch Zeit ist, guck ich mir bei den längeren Sätzen noch einmal die Kommasetzung an.

1 *Wägt Vor- und Nachteile der beiden Vorgehensweisen gegeneinander ab.*

2 *a) Entscheidet, welche Überarbeitungsschritte an der Klausur auf S. 141 vorgenommen werden sollten. Macht die Entscheidung auch davon abhängig, wie viel Zeit noch zur Verfügung steht. Ihr könnt auch mehrere Aktionen zuordnen – legt dann zusätzlich die Reihenfolge fest.*
b) Führt die genannten Überarbeitungsaktionen durch und kontrolliert, wie viel Zeit ihr dafür braucht.

noch 5' Zeit	Rechtschreibung überprüfen (Schwerpunkt: das – dass)
noch 10' Zeit	Ausdruck verbessern (Umgangssprache, Doppelungen …)
noch 15' Zeit	die gekennzeichneten Stellen überarbeiten
noch 20' Zeit	Zitate überprüfen
noch 25' Zeit	Kommasetzung überprüfen (Schwerpunkt: Nebensätze)

ARBEITSTECHNIK

Klausuren kontrollieren

Fehler im Bereich der Rechtschreibung und Grammatik werden bei einem vertrauten Text (und das ist euer Klausurtext ja für euch) häufig überlesen. Ihr könnt dem entgegensteuern, indem ihr die Klausur **Satz für Satz von hinten nach** vorne lest. Diese Methode ist auch deshalb gut geeignet, weil die meisten Fehler in der Regel im letzten Teil der Klausur gemacht werden. Das liegt daran, dass dann die Konzentration nachlässt.

Nach der Klausur ist vor der Klausur – Erfahrungen auswerten

1 *a) Was macht ihr mit euren Deutschklausuren, wenn ihr sie zurückbekommen habt?*
b) Sammelt Gründe, warum es nach der Rückgabe einer Klausur meistens schwerfällt, sich noch einmal mit dem eigenen Text zu beschäftigen.
c) Wägt dagegen Argumente ab, die für eine nachbereitende Analyse der Klausurleistung sprechen.

Anders als in der Klausur könnt ihr nach der Klausur wieder gemeinsam arbeiten, zum Beispiel in **Schreibkonferenzen.**

2 *Wählt mit Hilfe eurer Lehrkraft mehrere Klausurtexte zu eurem letzten Klausurthema aus. Bildet Gruppen und bearbeitet je einen Text in einer Schreibkonferenz (▷ S. 325 f.).*

3 *a) Bildet Gruppen von 4–5 Schülerinnen und Schülern und lest gegenseitig eure Klausurtexte.*
b) Legt eine Sammlung gelungener Formulierungen an, die man auch in weiteren Klausuren verwenden kann.
c) Wählt aus allen Klausuren (innerhalb der Gruppe) gute Ideen und Ergebnisse aus und erstellt daraus eine optimierte Klausur. Achtet darauf, dass ein flüssiger Text entsteht!

4 *Erstellt ein* ***Fehlerprofil*** *der gesamten Klasse, indem ihr alle Sprachfehler nach Kategorien (z. B. Kommasetzung, Groß-/Kleinschreibung, Getrennt-/Zusammenschreibung etc.) ordnet. Vereinbart mit eurer Lehrkraft eine Übungssequenz zum häufigsten Fehlerbereich.*

ARBEITSTECHNIK

Klausurentext am PC überarbeiten

Einen Klausurtext (mit seinen Fehlern) auf dem PC abzuschreiben, zwingt dazu, den Text besonders genau zu lesen. Es eröffnet viele weitere Möglichkeiten, man kann z. B.:
- mehrere Kopien ausdrucken;
- Verbesserungen am PC vornehmen;
- einzelne Sätze als Übungsmaterial zusammenstellen etc.

Aber Achtung: Keine neuen Fehler einbauen!

7.3 Rechtschreibung und Grammatik – Fehlerschwerpunkte gezielt bekämpfen

Urs Widmer

Top Dogs (1997)

3. DIE SCHLACHT DER WÖRTER

JENKINS/WRAGE Slump; slump, slump.

MÜLLER Management-buy-out.

KRAUSE Break-even-point.

WRAGE Kreativität

NEUENSCHWANDER Point-of-no-return.

DEÉR Competition.

MÜLLER New-public-Management.

DEÉR Cash-flow.

JENKINS Unternehmensphilosophie.

WRAGE Firmenkultur.

NEUENSCHWANDER Anforderungsprofil.

MÜLLER Marketingstrategie.

KRAUSE Produktqualität.

TSCHUDI Einsatz.

MÜLLER Finanzrahmen.

DEÉR Revolution.

KRAUSE Umstrukturierung.

JENKINS Umsatzwachstum.

BIHLER Produktionsausstoß.

NEUENSCHWANDER Leistungsanreiz.

DEÉR Projektmanagement.

BIHLER Kostenkontrolle.

KRAUSE Motivation.

TSCHUDI Belastbarkeit.

WRAGE Kostenvorgabe.

KRAUSE Produkttraining.

DEÉR Investitionsstrategie. [...]

R

In seinem 1997 veröffentlichten Theaterstück „Top Dogs“, beschäftigt sich der schweizer Autor Urs Widmer mit den Strukturen unserer modernen Wirtschaft. Anders als man vielleicht erwarten könnte richtet er seinen Blick allerdings nicht auf die breite Masse der schlecht verdienenden kleinen Arbeiter und Angestellten sondern auf die großen des Systems, dass heißt die Manager (und Managerinnen). Er zeigt das auch sie zu den Verlierern gehören können weil auch sie von der Erfahrung des entlassen worden sein und des arbeitslos sein nicht verschont werden. Dann reagieren die Einen mit Depressionen, die Anderen mit Aggressionen. In der dritten Szene des Stückes, die „die Schlacht der Wörter“ heißt lässt Widmer die Figuren eine lange Liste von marktwirtschaftlichen Begriffen sprechen. Die Wörter bezeichnen sowohl Anforderungen, die an Manager gestellt werden (z.B. „Kreativität“„Einsatz“„Motivation“, sowie „Belastbarkeit“) als auch verschiedene Marketing-Strategien wie „New-public-Management“ u.v.a. Besonders wenn man sich die Szene in einer Inszenierung anschaut wird deutlich, das es sich hier um wirkliche „Schlagwörter“ handelt. Widmer zeigt das mit hilfe von Sprache sowohl Macht, als auch Gewalt ausgeübt werden kann. Nicht durch äußere Gewalt sondern allein durch das gezielte einsetzen von Begriffen wird die Wirtschaftswelt, und damit das Leben der darin arbeitenden bestimmt. Vor allem Dank der Beschönigungen und Verharmlosungen (z. B. „Management by love“) gelingt es dem Autor außerdem die Scheinheiligkeit und Falschheit dieses Systems zu entlarven.

1 *Lest die Szene (▷ S. 144) mit verteilten Rollen. Probiert verschiedene Ausdrucksformen.*

2 *Sucht einen Oberbegriff für alle Begriffe und klärt die Bedeutung der Wörter.*

3 *a) Legt eine Folie über den Schülertext und markiert darauf alle Rechtschreib- und Zeichensetzungsfehler.*
b) Erstellt ein Fehlerprofil, indem ihr die Fehler in Fehlerkategorien (z.B. Groß- und Kleinschreibung, Getrennt- und Zusammenschreibung, Kommasetzung usw.) einordnet. Welche Fehlerschwerpunkte stellt ihr fest?

4 *a) Ordnet auch die Fehler aus euren letzten drei Deutschklausuren in Fehlerkategorien und bestimmt so eure Fehlerschwerpunkte.*
b) Klärt, welche Funktion es hat, ein solches „Fehlerprofil“ zu erstellen (▷ S. 140).

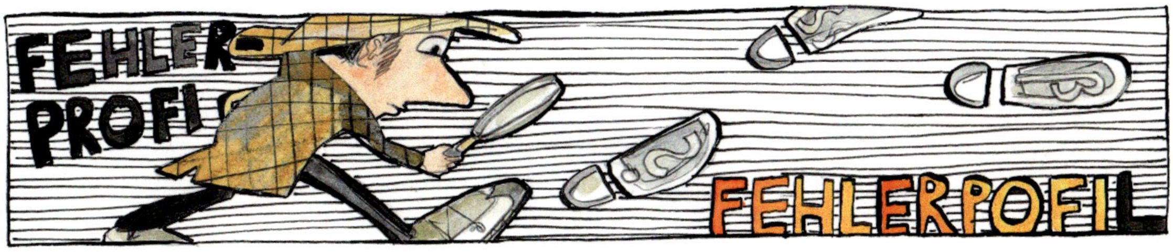

Mal zu viel, mal zu wenig – Kommaprobleme lösen

In höheren Klassenstufen und auch bei erwachsenen Schreibern erweist sich die Kommasetzung als häufigste Fehlerquelle – deshalb lohnt es sich, gerade hierauf beim Schreiben besonders zu achten. Für die richtige Kommasetzung müsst ihr nicht nur die Kommaregeln kennen, sondern ihr braucht auch grammatisches Wissen, um diese Regeln anwenden zu können: Ihr müsst Satzarten und Satzglieder bestimmen können, um zu entscheiden, wo ein Komma hingehört und wo nicht. Grundsätzlich kann man zwischen zwei Arten von Kommafehlern unterscheiden: Kommas, die zu viel gesetzt wurden, und Kommas, die fehlen.

1 *a) Sortiert alle im Schülertext auf S. 145 gemachten Kommafehler zunächst nach diesen zwei Fehlerarten: zu viel gesetzte Kommas – fehlende Kommas.*
b) Ordnet dann mit Hilfe des Merkwissens unten zu, gegen welche der folgenden Regeln jeweils verstoßen wurde.

!

Kommasetzung
Die häufigsten Kommafehler könnt ihr schon vermeiden, wenn ihr nur folgende fünf Regeln kennt und beachtet:

- **Kommas**
  - stehen bei den entgegensetzenden oder einschränkenden Konjunktionen „aber", „sondern", „doch", „jedoch", „einerseits ..., andererseits".
  - trennen **Haupt- und Nebensatz.** Eingeschobene Nebensätze werden von Kommas eingeschlossen.
  - müssen bei **Infinitivsätzen** meistens gesetzt werden.
- **Kein Komma**
  - steht, wenn gleichrangige Teilsätze, Wortgruppen oder Wörter verbunden werden durch „und", „oder", „sowie", „beziehungsweise". Dies gilt auch für die paarigen Ausdrücke „entweder ... oder", „sowohl ... als auch", „weder ... noch".
  - steht bei Vergleichen mit „wie" oder „als", wenn nur Wörter oder Wortgruppen in den Vergleich einbezogen sind, also durch „wie" oder „als" kein Nebensatz eingeleitet wird.

2 *a) Überprüft anhand eurer letzten Klausuren und Hausaufgaben, wo jeweils eure individuellen Kommaschwächen liegen.*
b) Entwerft dann für euch selbst einen „Warnzettel", auf dem ihr zu euren drei häufigsten Kommafehlern die entsprechende Regel und ein oder zwei Beispiele festhaltet.
Legt den Warnzettel in euer Heft, sodass ihr ihn immer vor Augen habt, wenn ihr einen Text schreibt.

3 *Legt auf den folgenden Text eine Folie und setzt die fehlenden Kommas. Achtet dabei auf die oben genannten Regeln sowie auf die Tipps auf S. 147. Schlagt gegebenenfalls weitere Regeln im Regelteil eines Wörterbuches nach.*

Urs Widmer Aussagen zu „Top Dogs"

1. Sie die bis vor kurzem noch unangreifbar schienen werden nun plötzlich entlassen weil Unternehmen umstrukturiert redimensioniert oder geschlossen werden.
2. Der Text ist das Echo vieler Gespräche die wir mit Betroffenen und Beratern geführt haben.
3. Ja man kann sagen dass diese an dem Stück mitgeschrieben haben auch wenn kein Interview im Maßstab 1:1 im Stück auftaucht.
4. Und dies nicht nur aus Gründen der Diskretion sondern auch aus künstlerischen.
5. Aber auch die Verdichtung und poetische Verwandlung dessen was uns erzählt worden ist enthält immer noch Wahrheiten und Informationen die nicht unserer Fantasie entsprungen sind.
6. Vielleicht sensibilisiert „Top Dogs" die Zuschauer für Vorgänge die bei vielen Betroffenen Scham auslösen obwohl sie durchaus wissen dass sie keine Schuld trifft.
7. Wir arbeiteten bei unserer Inszenierung mit beweglichen Zuschauertribünen die immer neue Räume schufen.
8. So gab es Szenen die den ganzen großen Theaterraum brauchten und andere die die Szenen in die äußerste Intimität trieben indem die Schauspieler die Schauspielerinnen den Zuschauern radikal nahe kamen.
9. Gewiss muss ein Theater an einem anderen Ort oder in einem anderen Land manche Texte den dort gegebenen Verhältnissen anpassen.

TIPP

Kommasetzung beim Nebensatz

- Die **Satzlänge** allein ist kein Kriterium dafür, dass in diesem Satz ein Nebensatz enthalten ist oder es sich dabei um eine andere, ein Komma erfordernde Satzkonstruktion handelt. Es gibt sehr lange Sätze, in denen kein Komma gesetzt werden muss! Beispiel: „In der Umfrage unter 45 Kritikern im Jahresheft 1997 der Zeitschrift ‚Theater heute' wurde Urs Widmers Königsdrama ‚Top Dogs' zum Stück des Jahres gekrönt."
- **Signalwörter für Nebensätze** sind vor allem die Relativpronomen „der", „die", „das" und den Nebensatz einleitende Konjunktionen – allen voran „dass", aber auch „weil", „obwohl", „damit", „sodass", „da", „nachdem", „als", „sobald" etc.
- Vergesst nicht das zweite Komma beim **eingeschobenen Nebensatz,** z. B.: „Er ist sich sicher, dass sie nicht mehr kommt, deshalb geht er."
- Und: **Regelmäßiges Training** hat den größten Effekt. Achtet bei jedem Text auf die Kommasetzung, damit sich Routine einstellt.

„Das“ oder „dass“? – Grammatisches Wissen und Proben nutzen

„Das“ oder „dass“? Diese Entscheidung wird beim Schreiben von Texten besonders häufig falsch getroffen. Auch hier hilft grammatisches Wissen, um sich richtig entscheiden zu können:

„das“ als Artikel	„das“ als Demonstrativpronomen	„das“ als Relativpronomen	Konjunktion „dass“
Das Thema könnte brisanter gar nicht sein.	Business, *das* ist Krieg, Blut und Tränen. So ist das.	… ein Honorar, *das* sich nach der Vermittlungsdauer richtet.	Wichtig ist, *dass* der Kopf die Fortsetzung der Wirbelsäule ist.

1 *a) Legt eine Folie über den Schülertext auf S. 145 und markiert das Wort „das“ an allen Stellen.*
b) Korrigiert die Stellen, an denen „das“ durch „dass“ ersetzt werden muss. Wendet dafür die Ersatzprobe an.
c) Prüft, ob es im Schülertext auch Stellen gibt, an denen umgekehrt „dass“ durch „das“ ersetzt werden muss.
d) Ordnet die Textstellen in die Tabelle oben ein.

TIPP

Ersatzprobe
Wenn das Wort „das“ durch „welches“ oder „dieses“ zu ersetzen ist, so wird es richtig mit nur einem s geschrieben.
Die Konjunktion „dass“ lässt sich nicht durch diese Pronomina ersetzen.

2 *a) Fügt in den folgenden Zitaten aus „Top Dogs“ „das“ oder „dass“ ein.*
b) Setzt auch die notwendigen Kommas.

1. Aber ◎ gibt es doch gar nicht ◎ einer ◎ nicht hört.
2. Wir führen sogar ◎ Senior-Executive-Programm ◎ von Konzernchefs in Anspruch genommen wird.
3. Ich bin die Hand oder ◎ Bein ◎ können Sie nicht so einfach wegamputieren.
4. Wer sagt wenn man mir einen Flammenwerfer gibt ◎ ich ◎ nicht kann?
5. Er hat ◎ Schicksal gefunden ◎ ihm seine ganze Belegschaft gewünscht hat.
6. ◎ geht echt verloren in einer Arbeitsbeziehung ◎ hinter jedem Projekt immer auch ein Mensch steht.

ARBEITSTECHNIK

Suchbefehl im Kopf
Sicherlich kennt ihr den Suchbefehl beim PC, der aus einem Text alle Stellen herausfiltert, an denen ein bestimmtes Wort vorkommt. Einen solchen Filter solltet ihr beim Kontrollieren eurer Texte für die „das"-Schreibung installieren: Trainiert, beim Überfliegen eures Textes nur die Stellen herauszufiltern, an denen „das" oder „dass" vorkommt. Prüft dann alle diese Stellen mit Hilfe der Ersatzprobe.

3 *Arbeitet mit der oben beschriebenen Arbeitstechnik zwei längere Hausaufgabentexte durch. Ihr könnt die Texte auch untereinander austauschen.*

Das Lesen, ein Muss! – Groß- und Kleinschreibung

Neben der Kommasetzung und der „das-/dass"-Schreibung gehört die Großschreibung zu den größten Schwierigkeiten der deutschen Rechtschreibung. Die Grundregel – Nomen schreibt man groß – erscheint zunächst ganz einfach. Aber bei genauerer Betrachtung zeigt sich, dass die Grenzen zwischen den Wortarten beim Gebrauch der Wörter im Satz nicht immer deutlich sind.

„... die großen des Systems ..." (Z. 6)　„... Dank der Beschönigungen ..." (Z. 20)
„... das gezielte einsetzen von Begriffen ..." (Z. 18)

1 *a) Prüft bei diesen Beispielen aus dem Schülertext auf S. 145, ob die unterstrichenen Wörter Merkmale von Nomen aufweisen. Entscheidet danach, ob sie groß- oder kleingeschrieben werden.*
b) Sucht weitere vergleichbare Beispiele aus dem Schülertext.

!

Nominalisierung und Denominalisierung
Wörter anderer Wortarten schreibt man **groß,** wenn sie als Nomen gebraucht werden (**Nominalisierung**), z. B.: „Alles *Gute*", „im *Folgenden*", „das *Lesen*", „ein absolutes *Muss*". Klein schreibt man Wörter, die formgleich als Nomen vorkommen, aber selbst keine Merkmale von Nomen aufweisen (**Denominalisierung**), z. B.: „*kraft* ihres Amtes", „*zeit* seines Lebens".

2 *Schreibt den folgenden Satz mit der richtigen Groß- und Kleinschreibung ab und begründet an schwierigen Stellen eure Schreibung:*
ich stelle mir vor, dass das inszenieren und aufführen dieses stückes für die regie führenden wie für die spielenden dank vieler ungewöhnlicher einfälle des autors etwas besonderes ist, eine besondere herausforderung.

3 *Im Schülertext auf S. 145 gibt es weitere Verstöße gegen die Groß-/Kleinschreibung, die nicht in den Bereich der Nominalisierung/Denominalisierung gehören. Benennt diese Beispiele und klärt, welche Regeln in diesen Fällen greifen.*

Point of no return – Fremdwörter mit und ohne Bindestrich

Fremdwörter, vor allem solche aus dem Englischen, sind aus der deutschen Sprache nicht mehr wegzudenken. Nicht nur in speziellen Branchen, wie dem IT-Bereich, sondern in der Wirtschaft generell bestimmen englische Fachausdrücke große Teile der Kommunikation. Die folgenden Wörter stammen aus der Szene „Die Schlacht der Wörter" in Urs Widmers Theaterstück „Top Dogs". Das Stück erschien 1997 – also vor den letzten Änderungen im Zuge der Rechtschreibreform.

Job-sharing — Outsourcing — Joint-ventures — Task-Force

Marketingstrategie — Know-how — Cash-flow — Hot-line

Training-on-the-Job — Innovations-Management — Corporate Identity

Projektmanagement — Break-even-point — Lean Management

1 *a) Klärt die Bedeutung der Begriffe.*
b) Kontrolliert mit Hilfe eines Wörterbuches, ob diese Wörter auch nach der heute gültigen Rechtschreibung so richtig geschrieben sind.

2 *Sucht im Regelteil des Wörterbuches die Regeln, nach denen ihr auch bei anderen Fremdwörtern entscheiden könnt, ob sie mit oder ohne Bindestrich, groß- oder kleingeschrieben werden.*

SCHLACHT DER WÖRTER II

Anapäst – Apostroph – Brainstorming – Daktylus – Epos – Essay – Euphemismus – Feuilleton – Forum – Genus – Jambus – Kasus – lyrisches Ich – Metrum – Modus – Neologismus – Parallelismus – Plural – Podium – Ressort – Singular – Sitcom – Sonett – Talkshow – Tempus – Theater – Trochäus

3 *a) Diktiert euch diese Fachbegriffe aus dem Deutschunterricht im Partnerdiktat.*
b) Erläutert die Bedeutung der Begriffe und setzt sie in den Plural. Wenn ihr unsicher seid, schlagt in einem Wörterbuch nach.

8 Utopien – Texte im Kontext

8.1 Visionen vom Morgen – Sachtexte und literarische Texte erschließen

1 *Welche Assoziationen stellen sich bei euch beim ersten Betrachten der Bilder ein? Sammelt sie zunächst still für euch mit Hilfe weniger Stichwörter, bevor ihr sie in der Klasse diskutiert.*

2 *Welche Vorstellungen habt ihr von einer künftigen Welt? Entwickelt Ideen zum politisch-gesellschaftlichen, technischen und biologischen Bereich.*

Der künstliche Mensch – Utopien werden greifbar

Koreas Sittenkodex[1] für Roboter

von Lim Chang-Won

Seoul (AFP) Roboter EveR-2 sieht aus wie eine 20-Jährige, kann Smalltalk machen, ein Liedchen singen und so tun, als hätte er Gefühle. Roboter Tiro trat im Juni als Zeremonienmeister bei der Hochzeit seines Schöpfers auf, und Roboter OFRO soll künftig als Wachmann in einer Schule dienen. Die drei künstlichen Wesen sind südkoreanische Erfindungen. Das asiatische Land ist neben den USA und Japan führend bei der Entwicklung von Robotern. Nun soll ein ethischer Kodex die Robotertechnologie in dem asiatischen Land in die rechten Bahnen lenken. Bis Ende des Jahres soll das Regelwerk vorliegen.

„Wir legen Regeln fest, wie weit Robotertechnologie gehen kann und wie Menschen und Roboter zusammenleben können", sagt Kim Dae Won, Professor an der Myongji-Universität, der den Kodex mit einem Team aus zwölf Wissenschaftlern, Ärzten, Psychologen und Roboterentwicklern verfasst. „Schneller als wir denken, vermutlich binnen zehn Jahren, könnte eine Gesellschaft entstehen, in der Roboter und Menschen zusammenleben." Der Kodex soll sicherstellen, dass der Mensch die Kontrolle über die Roboter behält und sie jederzeit identifizieren kann. Er soll verhindern, dass die Maschinen für illegale Zwecke genutzt werden. Daten, die von Robotern erfasst werden, sollen geschützt sein.

Auch US-Software-Mogul Bill Gates sieht das Roboter-Zeitalter heranbrechen: Die Roboterindustrie stehe heute an derselben Schwelle wie die Computerindustrie vor 30 Jahren. Roboter, die auf Kinder aufpassen oder das Geschirr spülen, könnten bis 2050 Realität werden, schätzen Experten. Südkorea hat sich ein noch ehrgeizigeres Ziel gesetzt. Schon 2013 soll in jedem Haushalt ein Roboter stehen.

Roboterethik muss deshalb nach Ansicht der südkoreanischen Forscher Teil der menschlichen Ethik werden. Mit dem Kodex wollen sie Wege für die Koexistenz von Menschen und Robotern finden, ohne die Entwicklung der intelligenten Maschinen einzuschränken, sagt Kim. Militärische Roboter bedürften jedoch eigener Regeln, schränkt der Professor ein.

Min Young Gi vom Verband der Roboter-Hersteller steht der Idee skeptisch gegenüber. „Die Roboter-Industrie braucht keine weit gefasste und unverbindliche Erklärung, sondern praktische Richtlinien." Gerade wenn es um Einsatzbereiche gehe, mit denen sich Mins Verband beschäftigt.

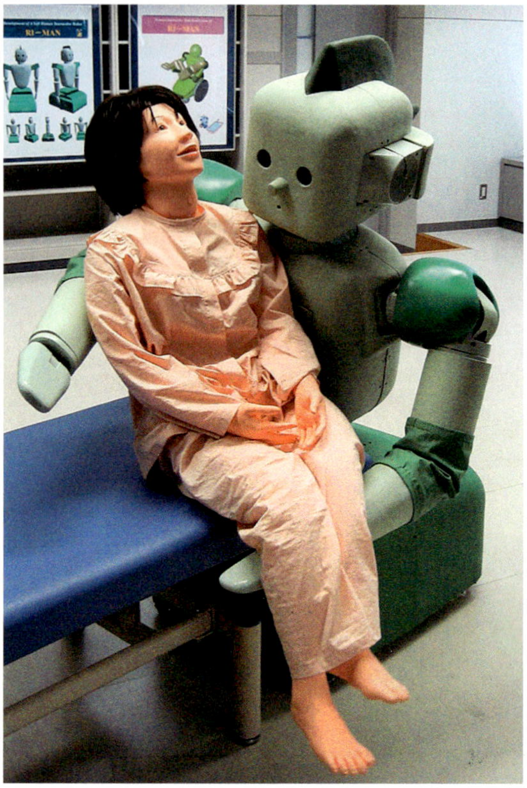

Roboter zum zukünftigen Einsatz in der Alten- und Krankenpflege.

1 **Sittenkodex:** Sammlung von Normen und Regeln, an denen sich eine Gesellschaft orientiert

Vollautomatische Kinderpflege
Im Juli vereinbarte dieser mit einem Kindergartenbetreiber die Produktion von 8000 Robotern, die mit Kindern spielen und auf sie aufpassen sollen. Auch alte Menschen sind Zielgruppe der südkoreanischen Roboterindustrie. Etwa 300 Wissenschaftler arbeiten an einem Pflege-Roboter, der den Gesundheitszustand von Senioren überwachen und ihnen bei der Hausarbeit helfen soll.
Die Roboter sollen nach dem Willen der Regierung in Seoul einmal ein Wachstumsmotor für die einheimische Wirtschaft werden. Seit 2004 investiert sie jährlich rund 100 Milliarden Won (80 Millionen Euro) in die Branche. Im Dezember wird zusätzlich ein Fonds über 100 Milliarden Won zur Entwicklung weiterer Roboter bereitgestellt werden. Bis 2012 soll außerdem der Themenpark „Robot Land" entstehen – elf Provinzregierungen und Städte haben sich bereits darum beworben.

1 *Gebt den Inhalt des Artikels in wenigen Sätzen wieder.*

2 *Welche der folgenden Aussagen treffen auf den Text zu? Begründet.*
- *Der Verfasser steht den Roboterprojekten grundsätzlich positiv gegenüber.*
- *Der Verfasser zeigt sich verwundert über das Vorhaben.*
- *Die Robotertechnologie ist ein wichtiger Wirtschaftsfaktor.*
- *Der Text lässt auch Gegenstimmen zu Wort kommen.*
- *Der Text weist auf mehrere praktische Verwendungszwecke der neuen Roboter hin.*
- *Der Schwerpunkt des Textes liegt in der Darstellung der Robotertechnik.*

3 *Der Verfasser nutzt für seinen Zeitungsbericht typische Elemente der Reportage: Hintergrundinformationen, Interviewausschnitte und anschauliche Momentaufnahmen.*
a) Haltet mit Hilfe von Notizen und Zeilenangaben fest, an welchen Stellen des Artikels diese Elemente zu finden sind.
b) Erläutert anschließend den Aufbau des Artikels. Klärt dabei die Frage, ob die Reihenfolge bei der Verwendung der Reportageelemente beliebig ist.

4 *Beschreibt die im Text erwähnten zukünftigen Einsatzbereiche der Roboter. Stellen sie für euch eher eine positive oder eine negative Utopie dar?*

5 *Formuliert gemeinsam zehn Regeln, die ein Roboter unbedingt beachten und mit denen er entsprechend programmiert werden sollte.*

GENTECHNIK-SENSATION
Forscher schaffen erstmals komplette künstliche DNA (2008)

Einer Forschergruppe um den Biologen und Unternehmer Craig Venter ist es erstmals gelungen, das vollständige Erbgut eines Bakteriums künstlich herzustellen. Der nächste Schritt ist die Schaffung synthetischer Lebewesen – Kritiker warnen vor unabsehbaren Folgen.

Craig Venter hat es fast geschafft. Schon im vergangenen Jahr hatte der Biologe und Unternehmer angekündigt, er werde demnächst das erste künstliche Lebewesen herstellen – nun ist einer Arbeitsgruppe an seinem Forschungsinstitut der wohl schwierigste Schritt auf dem Weg dorthin gelungen. Daniel Gibson, der Nobelpreisträger Hamilton Smith, Venter und eine ganze Reihe anderer Wissenschaftler haben das vollständige Genom eines Bakteriums im Labor hergestellt. Venters Kritiker werden entsetzt sein.

Erstautor Gibson spricht dagegen von einem „begeisternden Fortschritt für unsere Wissenschaftler und unsere Disziplin". Mit der Herstellung eines Bakteriumgenoms sei die vorletzte Etappe auf dem Weg zur Schaffung künstlichen Lebens erreicht. „Wir arbeiten jedoch weiter auf das Ziel hin, ein synthetisches[1] Chromosom in eine Zelle einzusetzen und so die Schaffung des ersten künstlichen Organismus in Gang zu setzen", schreiben die Forscher im Fachmagazin „Science", in dem sie über den Durchbruch berichten.

Die erste der drei Etappen auf dem Weg zu künstlichem Leben hatten Venters Forscher bereits im vergangenen Jahr zurückgelegt, als ihnen das Einsetzen eines Genoms[2] von einem Bakterium in ein anderes gelang. Nun müssen die beiden Schritte nur noch kombiniert werden. Sven Panke, Fachmann für Biotechnologie an der Eidgenössischen Technischen Hochschule Zürich, hält die letzte Hürde jedoch für ein geringes Problem für Venters Team. Panke sagte SPIEGEL ONLINE: „Ich bin mir 100 : 1 sicher, dass das funktionieren wird."

„Leben wird zu Technologie"

Künstliche Bakterien könnten eines Tages dazu dienen, Menschheitsprobleme zu lösen, betont Venter immer wieder. Erst vor wenigen Tagen erklärte er bei einem Kongress in München, der Klimawandel sei eine viel größere Bedrohung für die Menschheit als die Gentechnik. Die aber könne dagegen helfen: mit maßgeschneiderten Mikroben[3], die CO_2 fressen, zum Beispiel: „Wir können die Umwelt durch gezielte Gestaltung verändern." Das Leben sei nichts anderes als „Maschinerie, und

1 **synthetisch:** künstlich
2 **Genom:** Gesamtheit der Erbanlagen einer Zelle
3 **Mikroben:** kleine, meist einzellige Lebewesen

indem wir lernen, es zu beeinflussen, wird es zu Technologie". Künstliche Mikroorganismen könnten etwa auch Medikamente produzieren oder günstigen Biotreibstoff herstellen. Viele Kritiker mahnen aber, wenn überhaupt Lebewesen im Labor hergestellt werden sollten, müssten wenigstens Gesetze zur Kontrolle solcher Aktivitäten her.

Das Bakterium *Mycoplasma genitalium,* dessen Erbgut die Forscher nachgebaut haben, besitzt das kleinste bekannte Genom aller Zellen, die sich unabhängig reproduzieren und in einem Labor kultiviert werden können. Es umfasst 580 076 Basenpaare. Zum Vergleich: Das menschliche Genom besteht aus über drei Milliarden Basenpaaren. [...]

„Venter ist nicht Gott"

[...] Ein Lebewesen ist das künstliche Erbgut aber noch nicht – dazu fehlt der Schritt, die hergestellte DNA auch in eine vorhandene Zelle einzubringen, sodass tatsächlich ein funktionierender Organismus entsteht. Aus Sicht der synthetischen Biologie sei der Erfolg dennoch „ein großer Schritt", sagt Panke.

In der Wissenschaftswelt stieß die Studie jedoch auch auf Skepsis. Der Molekularbiologe Eckard Wimmer von der New York University etwa sieht das aktuelle Ergebnis skeptischer als Panke. Der Nachrichtenagentur AFP sagte er, nach der Herstellung eines künstlichen Genoms hätten die Wissenschaftler eigentlich auch gleich künstliches Leben schaffen können. Dass dieser letzte Schritt nicht erfolgt sei, spreche dafür, dass das hergestellte Genom nicht lebensfähig sei. Diese Möglichkeit hätten die Forscher am Ende ihrer Studie selbst eingeräumt mit dem Hinweis, dass das Genom „vielleicht nicht lebensfähig im Fall experimenteller Transplantationen" sei, unterstrich Wimmer. Helen Wallace von der Organisation Gene-Watch in Großbritannien sagte: „Venter ist nicht Gott … Er ist weit davon entfernt, Leben zu erschaffen." […]

Christian Stöcker

1 *a) Fasst die Forschungsergebnisse der synthetischen Biologie zusammen.*
b) Stellt in einer Tabelle Chancen und Gefahren der Genforschung gegenüber.

2 *a) Die Entdeckungen der Forschergruppe werden einerseits sachlich reflektiert, andererseits sehr emotional aufgenommen. Zeigt dies an Textstellen auf.*
b) Diskutiert über die Äußerung „Das Leben wird zur Technologie".

3 *Verfasst mögliche „Gesetze zur Kontrolle solcher Aktivitäten" (Z. 61 f.).*

4 *Entwickelt aus den Chancen und Gefahren, die in den Forschungsergebnissen der synthetischen Biologie gesehen werden, utopische Ideen zu unserer zukünftigen Welt/zu zukünftigen Lebewesen: Schreibt Zeitungsartikel aus dem Jahr 2050.*

Michel Houellebecq

Die Möglichkeiten einer Insel (2005)

2000 Jahre in der Zukunft existiert eine durch gentechnische Veränderungen entstandene neue Menschenart, die so genannten Neo-Menschen. Ihr Stoffwechsel ähnelt dem von Pflanzen. Sie leben ohne körperliche Kontakte und kommunizieren nur per Internet. Stirbt ein Mensch, wird aus seinem genetischen Code ein Nachfahre erschaffen. Ein Urahn der Klone erzählt von den Anfängen des neuen Menschen.

Wie dem auch sei, ich nahm an der Zusammenkunft teil, bei der der Professor uns ankündigte, dass Vincents Zeichnungen keine einfache künstlerische Sichtweise seien, sondern dass sie eine Vorstellung vom Menschen der Zukunft gäben. Schon seit langem erschiene ihm die tierisch-menschliche Ernährung als primitives System, dessen energetische Rentabilität[1] bescheiden sei und das darüber hinaus viel zu viele Abfälle produziere, die nicht nur ausgeschieden werden müssten, sondern in der Zwischenzeit auch den Organismus erheblich strapazierten. Schon seit langem denke er daran, den neuen Menschen mit dem System der Fotosynthese auszustatten, das auf Grund einer Absonderlichkeit der Evolution der Pflanzenwelt vorbehalten war. Die direkte Verwendung der Sonnenenergie sei ein System, das eindeutig robuster, leistungsstärker und zuverlässiger sei – wie die praktisch unbegrenzte Lebensdauer, die manche Pflanzenarten erreichen konnten, bezeugte. Außerdem sei der Vorgang, der menschlichen Zelle autotrophe[2] Fähigkeiten hinzuzufügen, längst nicht so schwierig, wie man sich vorge-

1 **energetische Rentabilität:** Wirtschaftlichkeit der Arbeitsleistung
2 **autotroph:** sich selbst ernährend

stellt hatte; seine Teams arbeiteten schon seit gewisser Zeit daran, und die Anzahl der betroffenen Gene sei erstaunlich gering. Ein solchermaßen umgewandeltes menschliches Wesen „ernähre“ sich außer von der Sonnenenergie von Wasser und einer kleinen Menge Mineralsalze; der Verdauungsapparat sowie die Ausscheidungsorgane könnten verschwinden – der Überschuss an Mineralsalzen könne auf dem Umweg über den Schweiß mit dem Wasser abgesondert werden.

[...] Und so wurde innerhalb weniger Minuten und auf der Grundlage einer schnell dahingekritzelten Zeichnung eines Künstlers die genetische Standard-Korrektur beschlossen, die generell bei allen eines Tages wieder ins Leben zu rufenden DNA-Einheiten vorgenommen werden sollte und die einen endgültigen Bruch zwischen den Neo-Menschen und ihren Vorfahren darstellen würde. Am Rest des genetischen Codes sollte sich nichts ändern; aber trotzdem hatte man es mit einer neuen Spezies zu tun und streng genommen mit einem neuen Zeitalter.

1 *a) Beschreibt den Neo-Menschen: Wie lebt er?*
b) Wie sieht der Neo-Mensch möglicherweise aus? Gestaltet Vincents Zeichnungen nach.
c) Sammelt Ideen, welche Vorteile ein Leben als Neo-Mensch haben könnte.

2 *a) Erklärt die „genetische Standard-Korrektur“ (Z. 40 f.).*
b) Diskutiert, ob ihr eine neue Menschenart, die durch Gentechnik entsteht, in ferner Zukunft für möglich haltet.

3 *Die Idee, es könne in der Zukunft künstliche, genetisch oder technisch veränderte Menschen geben, ist Thema vieler Filme.*
a) Recherchiert solche Filme, fasst die Inhalte zusammen und stellt sie in der Klasse vor.
b) Überlegt gemeinsam, ob es sich jeweils um positive oder um negative Utopien handelt: Existiert der Mensch noch? Wie verhält er sich der neuen Menschenart gegenüber?
FILMTIPPS: *Metropolis; Frankenstein/Mary Shelley's Frankenstein; Westworld/Futureworld; Blade Runner; Terminator; Gattaca; Matrix; Minority Report; I, Robot*

Thomas Morus: „Utopia“ – Einen literarischen Text im Kontext verstehen

Thomas Morus (1478–1535), geprägt von Jugendjahren im Hause des Erzbischofs von Canterbury, wurde später Mitglied des Parlaments in London, Diplomat und 1529 Lordkanzler unter König Heinrich VIII. Nach einem ernsten Streit über die Entwicklung der englischen Kirche ordnete Heinrich VIII einen Hochverratsprozess an, in dessen Folge Morus hingerichtet wurde. Morus gilt als bedeutender Vertreter des englischen Humanismus, einer Weltanschauung, die Glück und Wohlergehen des einzelnen Menschen und der Gesellschaft als höchsten Wert betrachtet. 1935 wurde Morus vom Papst heiliggesprochen.

Sein Werk „Utopia“ erschien 1516 in Form eines fiktiven Reiseberichts. Als Gesandter lernt Morus in Flandern einen Mann namens Raphael Hythlodeus kennen. Ausführlich berichtet dieser über seine Erlebnisse und Erfahrungen in dem Idealstaat „Utopia“. Dieser Text, der von Morus vor allem als indirekte Sozialkritik an dem England seiner Zeit gedacht war, prägte den Begriff für die neuzeitlichen Utopien.

Das Privateigentum als Hindernis gerechter Politik

Indessen, mein lieber Morus, scheint es mir – um offen zu sagen, was ich denke – in der Tat so, dass es überall da, wo es noch Privateigentum gibt, wo alle alles nach dem Wert des Geldes messen, kaum jemals möglich sein wird, gerechte oder erfolgreiche Politik zu treiben, es sei denn, man wäre der Ansicht, dass es dort gerecht zugehe, wo immer das Beste den Schlechtesten zufällt, oder dort glücklich, wo alles an ganz wenige verteilt wird und auch diese nicht in jeder Beziehung gut gestellt sind, die übrigen jedoch ganz übel.

Daher erwäge ich oft die überaus klugen und ehrwürdigen Einrichtungen der Utopier, bei denen alles durch so wenige Gesetze so zweckmäßig geordnet ist, dass einerseits die Leistung ihren Lohn findet, andererseits infolge der allgemeinen Gleichheit allen alles reichlich zugemessen ist.

Die Behörden

Je dreißig Familien wählen sich jährlich einen Vorstand, den sie in ihrer älteren Sprache „Syphogrant" nennen, in der neueren „Phylarch". An der Spitze von zehn Syphogranten mitsamt ihren Familien wird jetzt der Protophylarch gestellt, der früher „Tranibor" hieß. Schließlich ernennen alle Syphogranten, zweihundert an der Zahl, nachdem sie vorher geschworen haben, den zu wählen, den sie für den Tüchtigsten halten, in geheimer Abstimmung ein Oberhaupt, das heißt einen von den vier Männern, die ihnen das Volk benannt hat; denn von jedem Viertel der Stadt wird einer ausgewählt und dem Senat vorgeschlagen.

Das Amt des Staatspräsidenten ist lebenslänglich, sofern nicht der Verdacht, sein Inhaber strebe nach Gewaltherrschaft, aufkommt.

Die Traniboren werden jährlich gewählt, doch wechselt man nicht blindlings mit ihnen.

Die Gewerbe

Ein einziges Gewerbe üben alle Männer und Frauen gemeinsam aus: den Ackerbau. Von ihm ist keiner befreit; in ihm werden alle von Kindheit an unterwiesen, teils durch theoretischen Unterricht in der Schule, teils praktisch, indem die Kinder auf die der Stadt benachbarten Äcker, gleich wie zum Spiel, geführt werden, wo sie nicht nur zuschauen, sondern zur Übung der Körperkräfte auch zupacken.

Außer der Landwirtschaft, die, wie gesagt, alle gemeinsam ausüben, erlernt jeder noch irgendein besonderes Handwerk; das ist in der Regel die Tuchmacherei, die Leineweberei oder das Maurer-, Schmiede-, Schlosser- oder Zimmermannsgewerbe. Es gibt nämlich sonst kein anderes Handwerk, das dort eine nennenswerte Anzahl von Menschen beschäftigt. Denn die Kleider haben über die ganze Insel hin denselben Schnitt, abgesehen davon, dass sich die Geschlechter untereinander und die Ledigen von den Verheirateten durch ihre Kleidung unterscheiden; sie sind für alle Altersstufen gleich, gefällig anzusehen und den Bewegungen des Körpers angepasst, zudem für Kälte und für Hitze berechnet. Diese Kleider fertigt sich, wohlgemerkt, jede Familie selber an.

Von den anderen Handwerken aber lernt jeder eins, und zwar nicht nur die Männer, sondern auch die Frauen; diese betreiben jedoch als die Schwächeren nur leichtere Gewerbe: Gewöhnlich spinnen sie Wolle und weben Leinen; den Männern werden die übrigen, mühsameren Tätigkeiten überlassen.

Größtenteils wird jeder im väterlichen Gewerbe unterwiesen; denn dazu neigen die meisten von Natur aus. Wenn aber einen seine Neigung zu etwas anderem zieht, so wird er durch Adoption in eine Familie übernommen, die das Handwerk ausübt, zu dem es ihn treibt, wobei nicht nur sein Vater, sondern auch die Behörden dafür sorgen, dass er einem würdigen und ehrenhaften Familienvater übergeben wird. Auf dieselbe Weise wird es ermöglicht, dass einer, der ein Handwerk erlernt hat, noch ein anderes erlernen kann. Beherrscht er dann beide, so übt er das aus, das er will, falls nicht die Gemeinde das eine mehr benötigt als das andere.

Die wichtigste und fast einzige Aufgabe der

Syphogranten ist, dafür zu sorgen und darüber zu wachen, dass keiner müßig herumsitzt, sondern jeder fleißig sein Gewerbe betreibt, ohne sich jedoch vom frühen Morgen bis tief in die Nacht hinein ununterbrochen wie ein Lasttier abzumühen. Denn das wäre schlimmer als sklavische Plackerei!

Sieh ferner, wie weniger Mühe die Kleidung bedarf! Zunächst einmal tragen sie bei der Arbeit einen einfachen Anzug aus Leder oder Fellen, der bis zu sieben Jahren hält. Wenn sie ausgehen, ziehen sie ein Obergewand darüber, das jene gröbere Kleidung verdeckt; seine Farbe ist auf der ganzen Insel dieselbe, und zwar die Naturfarbe. Daher genügt nicht nur viel weniger Wollstoff als irgendwo sonst, sondern dieser selbst ist auch viel billiger. Aber noch geringer ist die Mühe mit dem Leinen, das daher noch häufiger getragen wird. Man sieht aber bei der Leinwand nur auf die Weiße, bei der Wolle nur auf die Sauberkeit; auf feinere Webart legt man keinen Wert.

So kommt es denn, dass, während nirgends sonst für eine Person vier oder fünf verschiedenfarbige Tuchanzüge und ebenso viele seidene Unterkleider ausreichen – für anspruchsvolle Leute nicht einmal zehn –, dort jeder sich mit einem einzigen Anzug, meist für zwei Jahre, begnügt. Es liegt ja auch kein Grund für ihn vor, mehr Kleider zu wünschen; bekäme er sie, so wäre er weder gegen die Kälte besser geschützt, noch sähe er in seiner Kleidung auch nur um ein Haar vornehmer aus.

Weil nun aber alle nützliche Gewerbe betreiben und dabei wiederum mit weniger Arbeit auskommen, ist es verständlich, dass sie Überfluss an allen Erzeugnissen haben und zeitweise eine gewaltige Menge von Arbeitern zur Ausbesserung der Staatsstraßen, wenn diese überholungsbedürftig sind, heranziehen können, sehr oft auch, wenn kein Bedarf an derartigen Arbeiten vorliegt, von Staats wegen die Verkürzung der Arbeitszeit verkünden. Denn die Behörden plagen die Bürger nicht gegen ihren Willen mit überflüssiger Arbeit, da die Verfassung dieses Staates vor allem nur das eine Ziel vor Augen hat, soweit es die öffentlichen Belange zulassen, allen Bürgern möglichst viel Zeit von der körperlichen Fron für die Freiheit und Pflege des Geistes sicherzustellen. Darin liegt nämlich nach ihrer Meinung das Glück des Lebens.

Lob der utopischen Staatsverfassung

Ich habe euch so wahrheitsgetreu wie möglich die Verfassung dieses Staatswesens beschrieben, das nach meiner festen Überzeugung nicht nur das beste, sondern auch das einzige ist, das mit Recht den Namen eines „Gemeinwesens" für sich beanspruchen kann. Denn wo man sonst von Gemeinwohl spricht, haben es alle nur auf den eigenen Nutzen abgesehen; hier, wo es nichts Eigenes gibt, berücksichtigt man ernstlich die Belange der Allgemeinheit. Hier wie da handelt man mit gutem Grund. Denn wie wenige gibt es anderswo, die nicht wissen, dass sie, falls sie nicht für sich selbst sorgen, trotz noch so großer Blüte des Staates Hungers sterben müssten? Und deshalb drängt jeden die Not, mehr sich selbst als das Volk, das heißt die anderen zu berücksichtigen. Hier dagegen, wo allen alles gehört, ist jeder sicher, dass keinem etwas für seine persönlichen Bedürfnisse fehlt, sofern nur dafür gesorgt wird, dass die öffentlichen Speicher gefüllt sind. Es gibt nämlich keine missgünstige Güterverteilung, es gibt weder Arme noch Bettler dort, und obwohl keiner etwas besitzt, sind doch alle reich. Denn welch größeren Reichtum kann es geben, als wenn man, jeder Sorge ledig, frohen und ruhigen Herzens leben kann, ohne um sein tägliches Brot zu bangen, ohne von der jammernden Ehefrau um Geld geplagt zu werden, ohne die Verarmung des Sohnes fürchten zu müssen und sich um die Mitgift der Tochter zu sorgen, sondern des eigenen Auskommens und Glückes genauso sicher zu sein wie dessen aller seiner Angehörigen: Frau, Kinder, Enkel, Urenkel, Ururenkel, kurz wie lang sich die Reihe seiner Nachkommen ein Edelmann vorstellt? Zumal nicht weniger für die gesorgt ist, die jetzt arbeitsunfähig sind, einst aber geschafft haben, als für die, die jetzt arbeiten.

1 *Utopievorstellungen lassen sich unter verschiedenen Gesichtspunkten untersuchen. Überlegt bei den Textauszügen aus Morus' „Utopia", welche der folgenden Themen dort angesprochen werden:*
- ☐ *Organisation des Zusammenlebens*
- ☐ *Herrschaftsstruktur – Staatsaufbau*
- ☐ *Alltagsleben*
- ☐ *Arbeit*
- ☐ *Verhältnis zu Eigentum und Geld*
- ☐ *Rolle der Frau, Rolle des Mannes*
- ☐ *Kindererziehung*
- ☐ *wirtschaftlich-technischer Entwicklungsstand*
- ☐ *Ernährung*
- ☐ *Glaube/Weltanschauung*
- ☐ *städtische oder ländliche Lebensweise*
- ☐ *Schule/Bildung/Wissenschaft*

2 *Wie stellt sich Morus die jeweiligen gesellschaftlichen Bereiche vor? Erläutert dies mit Blick auf seine Ausführungen.*

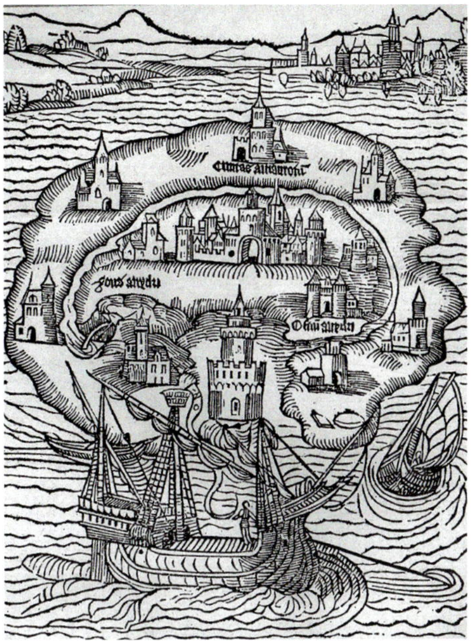

Karte der Insel „Utopia" aus dem Roman „Utopia" von Thomas Morus, erschienen 1516.

3 *Würdet ihr gerne in „Utopia" leben? Welche Merkmale „Utopias" besitzen auch noch in heutigen gesellschaftspolitischen Diskussionen und Zukunftsvorstellungen Aktualität, welchen würde man wohl nicht mehr folgen wollen?*

Wirtschaft und Gesellschaft zur Zeit des Thomas Morus

Nach den großen → *Pestepidemien* im 14. Jahrhundert ließ ein starker Bevölkerungsanstieg die englischen Städte, allen voran London, wachsen. Der Geldbedarf der Krone (u. a. für militärische Zwecke) führte zu Steuererhöhungen, aber auch zu einer wachsenden → *Inflation.* Auch im Zuge der beginnenden → *Entdeckungsreisen* bildete sich eine einflussreiche und wohlhabende Schicht von bürgerlichen Fernhändlern und Unternehmen heraus, die sich mit Angehörigen des wirtschaftlich tätigen niederen Adels (→ *gentry*) verband. Auf dem Land verarmte eine wachsende Zahl von Landarbeitern und Kleinbauern, weil Großgrundbesitzer zunehmend anfingen, die bisher von allen Bewohnern des Dorfes gemeinschaftlich genutzten Flächen zu privatisieren (→ *enclosure movement*), um ihre – in den wachsenden Städten lukrativ absetzbare – Lebensmittelproduktion zu steigern; Vertreibungen von den Bauernhöfen sowie Verwahrlosung und Landstreicherei nahmen sprunghaft zu. Auch durch das aufkommende → *Verlagssystem* erfolgte eine zunehmende Ausbeutung von Heimarbeitern. So ist die Zeit vom Ende des 15. bis zum Beginn des 17. Jahrhunderts eine Zeit des Umbruchs, der sozialen und politischen Spannungen und zuletzt sogar des Bürgerkrieges, was z. B. auch in den Schriften von Thomas Morus (Utopia) und → *Thomas Hobbes* (Leviathan) deutlich wird.

4 *a) Verschafft euch mit Hilfe des Lexikonartikels einen Überblick über die Wandlungen im England der frühen Neuzeit.*
b) Schlagt die mit Querverweisen gekennzeichneten Begriffe in Lexika oder im Internet nach.

5 *Wendet eure Untersuchungsergebnisse aus den Aufgaben 1–4 dazu an, den Auszug aus Morus' „Utopia" vor seinem historischen Hintergrund zu deuten sowie im Hinblick auf die Entwicklung der Utopien (siehe Text unten) zu beurteilen.*

„Das ist doch utopisch!" – Annäherung an einen Begriff

Im alltäglichen Sprachgebrauch begegnet einem der Begriff „Utopie" oder die Adjektivform „utopisch" recht häufig. In den Massenmedien, der Alltagskommunikation und der Werbung steht der Begriff für etwas Unrealistisches („Das ist doch utopisch!").

Der Begriff „Utopie" (gebildet aus dem griechischen u [= nicht/Verneinung] und topos [= Ort], was dann so viel bedeutet wie „Nichtort", „nirgendwo") fand Eingang in den Sprachgebrauch durch den romanhaft geschriebenen Staatsentwurf des englischen Humanisten Thomas Morus, dessen Titel in deutscher Übersetzung lautet: „Ein wahrhaft goldenes, nicht weniger heilsames denn kurzweiliges Büchlein von der besten Verfassung des Staates und von der neuen Insel Utopia".

Der Begriff „Utopie" prägte sich als Bezeichnung für die literarische Darstellung eines idealen Staatswesens und Gesellschaftssystems ein. Angesiedelt wurden diese Gesellschaftsutopien zunächst auf weit entfernten Inseln, weshalb sie oft in Form von fiktiven Reiseberichten abgefasst sind.

Nachdem die Erde aber weitgehend erforscht war, verlagerten die Autoren/Autorinnen das erdachte ideale Gemeinwesen in die Zukunft und in außerirdische Räume (→ Sciencefiction). Die Möglichkeit einer Verwirklichung sollte als denkbar erscheinen.

Das 19. Jahrhundert erlebte eine ungeheure naturwissenschaftliche und technische Revolution (Zeitalter der Industrialisierung) und das Entstehen moderner Großstädte. Der überall spürbare **Fortschrittsoptimismus** regte zahlreiche Autoren dazu an, positive soziale und technische Utopien zu verfassen. Als **Gegenreaktion** auf die von vielen als bedrohlich empfundenen Veränderungen durch die schnelle Modernisierung der Welt schreiben andererseits Autoren und Autorinnen seit Beginn des 20. Jahrhunderts verstärkt so genannte **Anti-Utopien** (auch Dystopien = negative Utopien genannt). Darin schildern sie totalitäre Staatsformen (Diktaturen) und von Technik beherrschte, von Entmündigung bedrohte Massengesellschaften. In der 2. Hälfte des 20. Jahrhunderts kamen als große Zukunftsthemen die Folgen des „Atomzeitalters", die Weltraumprojekte, die Umweltproblematik und die alles beherrschende Computer- und Robotertechnik hinzu; in jüngster Zeit Themen wie Genforschung, das Klonen und der Klimawandel. Die Filmindustrie und schließlich die Produzenten von PC-Spielen greifen in unserer Zeit diese Themen in großem Stil mit einer Mischung aus Sciencefiction und Anti-Utopie-Perspektive auf. Schon seit den ersten Hochkulturen haben die Menschen auf ihre unvollkommene und oft von Not, Hunger und Unterdrückung geprägte

Gegenwart mit der Hoffnung auf Erlösung reagiert. Dies geschah meist im Rahmen der Religion. In fast allen Kulturen findet sich deshalb die Vorstellung eines goldenen Zeitalters, das einstmals herrschte und von dem man hoffte, dass es einst wiederkomme. Die jüdisch-christliche Paradiesvorstellung ist eine Variante davon.

Utopische Züge finden sich in Literatur, Religion und Kultur der Menschheit also schon, bevor es den Begriff „Utopie" des Thomas Morus überhaupt gab.

1 *Kennzeichnet den Aufbau des Textes durch Zwischenüberschriften bzw. Randnotizen in Form von Oberbegriffen (für den jeweiligen Abschnitt).*

2 *Erklärt den Wandel von den Inselutopien zu Zukunftsutopien.*

3 *Im Text ist im Zusammenhang mit dem Begriff „Anti-Utopien" von totalitären Staatsformen die Rede.*
a) Erläutert zunächst den Begriff „totalitär".
b) Nennt totalitäre Staaten bzw. politische Systeme aus Geschichte und Gegenwart.

- Märchen (z. B. vom Schlaraffenland)
- politische Programme der Neuzeit (z. B. die Menschenrechte, das Kommunistische Manifest, die UN-Charta)
- Sciencefiction
- Robinsonaden/fantastische Reiseberichte
- Sage/Legende
- religiöse Jenseitsvorstellungen (z. B. vom himmlischen Jerusalem)
- philosophische Entwürfe eines Idealstaates (z. B. Platons „Politeia")
- Fantasy

4 *Schaut euch die Auflistung der Begriffe an. Sucht euch in Partnerarbeit einen Begriff heraus und stellt ihn der Klasse mit Hilfe eines oder mehrerer konkreter Beispiele genauer vor. Erläutert dabei die jeweiligen Überschneidungsmerkmale mit dem Begriff „Utopie".*

Literatur ist Utopie – Strategisch lesen

Literatur und generell alle künstlerischen Ausdrucksformen leben von der Einbildungskraft und der schöpferischen Fähigkeit des Menschen. Sie schaffen fiktive Erlebniswirklichkeiten, die uns vertraut (bei realistischer Darstellung) oder fremd (Märchen, Fantasy) vorkommen können. Da ihr wichtigstes Werkzeug das Vorstellungsvermögen ist, können Schriftsteller und Künstler Neuem und noch nicht Gedachtem anschaulich Ausdruck verleihen. Literatur und Kunst sind nicht identisch mit der Wirklichkeit, darin liegt ihre große Freiheit; oft spielen sie mit den vertrauten Erscheinungsformen unserer Welt, stellen sie auf den Kopf. Sie können sich über die Grenzen, die uns allen im Alltagsleben und durch die Natur gesteckt sind, hinwegsetzen. Und die Menschen können sich anregen lassen und die Ideen für Erfindungen nutzen.

Im Folgenden findet ihr eine Reihe von literarischen Texten zum Thema „Utopie". Ihr könnt sie nach folgendem **Arbeitsplan** untersuchen.

1 *Lest alle Texte mit einer passenden, euch vertrauten* ***Lesestrategie*** *(▷ S. 64–69) durch. Geht z. B. wie im Tippkasten beschrieben vor:*

TIPP

Verschafft euch einen Überblick über alle vier Texte (erstes **orientierendes Lesen**).
Lest einen ausgewählten Text ein zweites Mal. Haltet wichtige Inhalte, Reaktionen, Fragen, persönliche Wertungen stichwortartig fest (**intensives Lesen**).
Lest den Text dann gezielt auf die Aufgabenstellungen hin (**gezieltes Lesen**).

2 *Legt eine Tabelle nach folgendem Muster an und bearbeitet sie in Partnerarbeit. Notiert in Stichwörtern passende Aussagen zu den in der linken Spalte aufgeführten Aspekten.*

	Walser	Kunert	Enzensberger	Widmer
erster Leseeindruck			zunächst absurd anmutende Verse, z. B: „aus den dachluken zwitschern päpste" (S. 164, V. 9)	
Textsorte (Gedicht, Prosatext, Satire, Groteske)				
Thema/Inhalt				
sprachlich-stilistische Auffälligkeiten	Antithesen, z. B.: „Sie nähern sich einander, aber sie quälen einander nicht" (S. 163, Z. 6 ff.)			
Merkmale utopischer Gesellschaft				
negative/positive Utopie? Begründung				
Aussageabsicht				

3 *Entwickelt textbezogene Fragen und Antworten.*
a) Verständigt euch mit eurem Nachbarn auf einen der Texte, der euch besonders gefällt oder den ihr interessant findet.
b) Entscheidet, wer die Rolle des Fragenden und wer die des Antwortenden übernimmt.
c) Der eine überlegt sich mindestens fünf Fragen zum Text, der andere erhält genügend Zeit zu antworten.
d) Protokolliert sowohl die Fragen als auch die Antworten.
e) Stellt anschließend die Fragen an die Klasse. Vergleicht die Antworten mit euren eigenen und nehmt Stellung.

Robert Walser

Fantasieren (1915)

Freundlich sind dort die Menschen. Sie haben das schöne Bedürfnis, einander zu fragen, ob sie einander unterstützen können. Sie gehen nicht gleichgültig aneinander vorbei, aber ebenso wenig belästigen sie einander. Liebevoll sind sie, aber sie sind nicht neugierig. Sie nähern sich einander, aber sie quälen einander nicht. Wer dort unglücklich ist, ist es nicht lange, und wer sich dort wohlfühlt, ist nicht dafür übermütig. Die Menschen, die dort wohnen, wo die Gedanken wohnen, sind weit davon entfernt, eine Lust in irgendjemand anderes Unlust zu finden und eine abscheuliche Freude zu fühlen, wo ein anderer sich in Verlegenheit befindet. Sie schämen sich dort jeglicher Schadenfreude; lieber sind sie selber beschädigt, als dass sie gerne sähen, wie ein anderer Schaden nimmt. Diese Menschen haben insofern ein Bedürfnis nach Schönheit, als sie nicht gerne ihres Mitmenschen Schaden sehen. Alle Leute wünschen dort allen nur das Beste. Keiner lebt dort, der nur sich selber Gutes wünschte und nur seine Frau und seine Kinder wohl aufgehoben wissen will. Er will, dass auch des andern Frau und des andern Kinder sich glücklich fühlen. Wenn ein Mensch dort irgendeinen Unglücklichen sieht, ist sein eigenes Glück auch bereits zerstört, denn dort, wo die Nächstenliebe wohnt, ist die Menschheit eine Familie, und es kann dort niemand glücklich sein, wenn nicht jedermann es ist. Neid und Missgunst sind dort unbekannt, und die Rache ist ein Ding der Unmöglichkeit. Kein Mensch ist dort dem andern im Weg, es triumphiert keiner über den andern. Wo einer Schwächen an den Tag legt, findet sich niemand, der sie sich alsogleich zu Nutzen macht, denn es nehmen alle eine schöne Rücksicht aufeinander. Der Starke und Mächtige kann dort nicht Bewunderung ernten, denn alle besitzen eine ähnliche Kraft und üben eine gleichmäßige Macht aus. Die Menschen geben und nehmen in anmutigem, Vernunft und Verstand nicht verletzendem Wechsel. Liebe ist dort das bedeutendste Gesetz; Freundschaft die vorderste Regel. Arm und Reich gibt es nicht. Keine Könige und keine Kaiser hat es dort, wo der gesunde Mensch wohnt, je gegeben. Die Frau herrscht dort nicht über den Mann, der Mann aber ebenso wenig über die Frau. Es herrscht niemand, außer jedermann über sich selber. Alles dient dort allem, und der Sinn der Welt geht deutlich dahin, den Schmerz zu beseitigen. Niemand will genießen; die Folge ist, dass alle es tun. Alle wollen arm sein; hieraus folgt, dass niemand arm ist. Dort, dort ist es schön, dort möchte ich leben. Unter Menschen, die sich frei fühlen, weil sie sich beschränken, möchte ich leben. Unter Menschen, die einander achten, möchte ich leben. Unter Menschen, die keine Angst kennen, möchte ich leben. Ich sehe wohl ein, dass ich fantasiere.

Antoine Watteau: Die Hirten, 1717, Öl auf Leinwand.

Hans Magnus Enzensberger

Utopia (1957)

der tag steigt auf mit großer kraft
schlägt durch die wolken seine klauen
der milchmann trommelt auf seinen kannen
sonaten: himmelan steigen die bräutigame
auf rolltreppen: wild mit großer kraft
werden schwarze und weiße hüte geschwenkt.
die bienen streiken. durch die wolken
radschlagen die prokuristen,
aus den dachluken zwitschern päpste.
ergriffenheit herrscht und spott
und jubel. segelschiffe
werden aus bilanzen gefaltet.
der kanzler schussert[1] mit einem strolch
um den geheimfond. die liebe
wird polizeilich gestattet,
ausgerufen wird eine amnestie[2]
für die sager der wahrheit.
die bäcker schenken semmeln
den musikanten. die schmiede
beschlagen mit eisernen kreuzen
die esel. wie eine meuterei
bricht das glück, wie ein löwe aus.
die wucherer, mit apfelblüten
und mit radieschen beworfen,
versteinern. zu kies geschlagen,
zieren sie wasserspiele und gärten.
überall steigen ballone auf,
die lustflotte steht unter dampf:
steigt ein, ihr milchmänner,
bräutigame und strolche!
macht los! mit großer kraft
steigt auf
der tag. R

1 **schussern:** mit Schussern (= Spielkugeln, Murmeln) spielen
2 **Amnestie:** Begnadigung, Straferlass

Marc Chagall: Heimkehr, 1953, Öl auf Leinwand.

Günter Kunert

Unterwegs nach Utopia II (1977)

Auf der Flucht
vor dem Beton
geht es zu
wie im Märchen: Wo du
auch ankommst
er erwartet dich
grau und gründlich

Auf der Flucht findest du
vielleicht
einen grünen Fleck
am Ende
und stürzest selig
in die Halme
aus gefärbtem Glas.

Josef Albers: Huldigung an das Quadrat: Erneuerte Hoffnung, 1962, Öl auf Presspappe.

Urs Widmer

Mein Staat, eine Utopie (1973)

Urs Widmer (geb. 1938) hat mehrfach mit Schreibformen zu den Themen „Utopie" und „Sciencefiction" kreativ experimentiert. Seine Geschichte „Mein Staat, eine Utopie" knüpft an das Märchen vom Schlaraffenland an. Sie spielt (ähnlich dem „Utopia"-Gedicht Enzensbergers) inhaltlich aber auch auf die Verhältnisse in der damaligen Bundesrepublik an, die geprägt waren von schnellem Wiederaufbau nach dem 2. Weltkrieg, neuem Wohlstand und technischem Fortschritt, andererseits von Protesten der jungen Generation und Schriftsteller gegen altmodische Wertvorstellungen, politische Bevormundung und zunehmende Umweltverschmutzung.

Meine warme Sonne scheint über meinem Staat, meine Luft ist salzig, mein Wind brisig, mein Winter schneeig. Meine grünen Palmen wiegen sich im Wind meines Pazifiks. Meine eisigen Gebirge schweigen. Es gehen meine nackten braunen Frauen durchs Schilfgras. Überall sind Pergolen[1] mit Trauben. Ich höre meine Untertanen singen. Immer um 4 Uhr müssen sie ein Brombeerjoghurt essen, ich weiß, was gesund ist für sie. Rings um meinen Staat ist das Mus. Wer sich bis zu uns hineingebissen hat, wird von meinen Grenzwächtern gezwungen, sich zurückzubeißen. Da kennen wir nichts, ich und meine Untertanen.
Aus unsern Brunnen fließen Flüssigkeiten, je nachdem. An unsern Bäumen hängen Esswaren. Unsre Singvögel fliegen uns in den Mund, wenn sie nicht in ihren Nestern aus Polenta[2] sitzen und warten, bis sie gepflückt werden.
Alle Hunde sind verboten.
Ab sofort sind auch der Milchreis, der Opel und der Damenhut verboten.
Alle meine Menschen sind gut. Wenn es einen

1 **Pergolen:** Lauben, Laubengänge
2 **Polenta:** Maisgries, italienische Spezialität

Krach gibt, bin ich der Stärkere. In meinem Städtebau herrscht ein Chaos, da ich alle Architekten, die ich erwische, in die Rheinschifffahrt versetze. Da, wo das neue Schauspielhaus war, ist jetzt mein Varieté mit meiner Gartenwirtschaft und meinem Kino. Man sieht einen alten komischen Film, in dem der Inhaber mit Schweiß auf der Stirn den Angestellten erklärt, warum sie die Angestellten sind. Nachher ist Tanz. Ich wiege Susanne in meinem starken Arm, sie hat blonde Haare und einen weichen Atem, ich bin ein Staatsoberhaupt, das alle lieben. In meiner Ehrenloge sitzen meine Günstlinge, sie spielen Schach, trinken Wein und unterhalten sich.

Es wird gearbeitet. Alle schnitzeln wie die Wilden an ihren Weihnachtsgeschenken. Weihnachten ist ein alter Brauch in meinem Staat. Wir holen uns einen Nadelbaum aus dem Wald und schmücken ihn mit Wachskerzen und Engelshaar. Darunter stellen wir die Geschenke, die wir selber gemacht und in Weihnachtspapier eingewickelt haben. Nachher essen wir. Es gibt Horsd'œuvre[3], Schweinelendchen in Rahmsauce, Weine, Käse, Früchte und Eis. Wir waschen erst am andern Morgen ab, weil Weihnachten ist.

In meinem Rundfunk kann jeder senden, was er will. Es ist eine Frage der Muskelkraft, wer zuerst am Mikro ist. Jetzt ist wieder 4 Uhr. Alle essen ihr Brombeerjoghurt. Jeder kann bei uns zaubern. Meine Untertanen benützen dazu den Zylinder. Wir können fliegen.

Alle Wimpies, Gumpelmänner, Mövenpicks und Wienerwalds[4] werden zugemauert. Alle können immer mein Auto benützen, nur, es muss da sein, wenn ich es haben will. Ich bin der Förster meines Staats. Wenn ich nicht in den Wald will, wachsen die Bäume auch von allein.

Globi[5] wird von meiner Geheimpolizei sorgfältig überwacht, damit er nicht allzu viele gu-

M. C. Escher: Relativität, 1953, Lithografie.

te Taten macht. Pfadfinder, Kadetten und Katholiken werden zu Weinbauern umgeschult. In die Schulen allerdings fahre ich mit dem eisernen Besen. Tag und Nacht schleiche ich an die Fenster, um zu sehen, ob die Eltern ihren Kindern sagen, man sitzt still am Tisch, wenn der Großvater betet.

Der Rhein wird mit neuem Wasser gefüllt. Der Auto-Test wird abgeschafft. Das Auto wird abgeschafft. Es gibt keine Aussteuern mehr. In meinem Staat herrscht eine Friedhofsruhe, wenn um 4 Uhr alle ihr Brombeerjoghurt essen, jetzt in der Sonne, unter der Pergola: Nur die Vögel zwitschern. Alle haben Knoblauch gern.

Es ist Schluss damit, dass man in Malmö einen Gorgonzola kaufen kann und in Frankfurt einen Emmentaler.

Wer sich für ein vereinigtes Europa einsetzt, muss sofort durch unser Mus in die Außenwelt. Da sind die Grenzen meiner Toleranz erreicht.

Im Übrigen wird, wer gegen mein Regime stänkert, von meiner Palastwache herbeigeschleppt. Er muss das nochmals sagen. Ich höre es mir an, ich gebe nach, weil ich die Klügere bin. Mit lauter Stimme will mein Untertan mein Regime loben, aber gerade ist es 4 Uhr, glücklich sehe ich meinem ertappten Untertanen zu.

3 **Horsd'œuvre:** frz. Vorspeise
4 **Wimpies ... Wienerwald:** Namen internationaler Schnellrestaurants
5 **Globi:** in der Schweiz seit 1931 populäre Werbefigur des Globus-Warenhauses

8.2 Außerirdische Lebensräume? – Texte in Beziehung setzen und bewerten

In diesem Teilkapitel findet ihr sowohl Auszüge aus fiktionalen Texten als auch aus Sachtexten zum Themenfeld „Expeditionen zu außerirdischen Planeten am Beispiel von Mars und Venus".

1 *Bearbeitet unter diesem Leitthema die unten stehenden Materialien nach folgender Aufgabenstellung:*
a) Verschafft euch Klarheit über die jeweilige Textsorte und erschließt die Texte mit geeigneten Strategien.
b) Fasst die Informationen jeweils knapp zusammen, die
- *Aufschluss geben über die möglichen Lebensbedingungen auf den fremden Planeten;*
- *die technischen und wissenschaftlichen Voraussetzungen ansprechen;*
- *auf mögliche Schwierigkeiten und Probleme, technischer und menschlicher Art, eingehen.*

c) Vergleicht die Texte miteinander. Wo finden sich thematische Überschneidungen? Setzt die einzelnen Informationen in Beziehung und erläutert den Zusammenhang.
d) Nehmt anschließend auf der Grundlage eurer Untersuchungsergebnisse Stellung. Nutzt dafür folgende Fragestellungen:
- *Sind diese Weltraumexpeditionen eurer Meinung nach realistisch, sinnvoll, wünschenswert?*
- *Könntet ihr euch vorstellen, an einer Weltraumexpedition teilzunehmen?*
- *Profitieren Sciencefiction-Autoren von den technisch-wissenschaftlichen Fortschritten oder umgekehrt die Weltraumforschung und Raumfahrtprojekte von Ideen technisch-utopischer Literatur?*

TIPP

Wendet vertraute **Arbeitstechniken** an, z. B. Kernaussagen/Schlüsselwörter zu jedem Text notieren; wichtige Zitate herausschreiben; auf die jeweilige Textart achten; das Erscheinungsdatum; die mögliche Zielgruppe; die Intention des Verfassers/der Verfasserin; sprachlich-gestalterische Mittel ...

M1 Friedrich Dürrenmatt

Das Unternehmen der Wega (1958)

Dürrenmatt (1921–90) gehört zu den bedeutendsten Dramatikern der Gegenwart; Stücke wie „Der Besuch der alten Dame" (1956) und „Die Physiker" (1962) zählen seit langem zum Standardrepertoire des Theaters. Sein Hörspiel: „Das Unternehmen der Wega" ist weniger bekannt. Im Jahr 2255 – die Welt ist in Europa und Amerika auf der einen, Asien, Afrika und Australien auf der anderen Seite gespalten – fliegt ein Raumschiff – Wega – den Außenminister der westlichen Welt, Sir Horace Wood, auf die bis dahin von Ost und West als Strafkolonie genutzte Venus, um sie als Bundesgenossin im bevorstehenden Krieg zu gewinnen. Es ist die Zeit des Kalten Krieges, Ost- und Westmächte zeigen Drohgebärden im Zeichen der Atom- und Wasserstoffbomben. Auf der Venus hat sich inzwischen das Muster einer neuen, herrschaftslosen Gesellschaft gebildet, die sich, um den Abgesandten der Erde überhaupt offiziell begegnen zu können, in aller Eile erst eine Präsidentin besorgen muss. Als die Bürger dieser anarchischen Uto-

pie sich weigern, in den Krieg einzutreten, wird die Venus vernichtet, und auf der Erde kann der Dritte Weltkrieg beginnen. Das Hörspiel ist in 11 „Aufnahmen" gegliedert. Im folgenden Textausschnitt aus der 10. „Aufnahme" diskutieren Außenminister Wood und, als Vertreter der Lebensweise der Venusgesellschaft, sein früherer Studienfreund Bonstetten.

WOOD: Das verteufelte Licht in den Luken, zitronengelb, der stinkige Dampf dieser Luft macht mich schwindlig.

BONSTETTEN: Es gibt keine andere Luft, nur das Licht wechselt, zitronengelb, manchmal wie gleißendes Silber, oft auch sandig rot.

WOOD: Ich weiß.

BONSTETTEN: Alles müssen wir uns selber schaffen. Werkzeuge, Kleider, Schiffe, Funkapparate, Waffen gegen die riesenhaften Tiere. Alles fehlt. Die Erfahrung. Das Wissen. Das Gewohnte. Das Vertrauen in den Boden, der sich ständig ändert. Keine Medikamente; Pflanzen, Früchte, die wir nicht kennen, die meisten giftig. Selbst an das Wasser kann man sich nur langsam gewöhnen.

WOOD: Es schmeckt scheußlich.

BONSTETTEN: Es ist trinkbar.

(Schweigen.)

WOOD: Was habt ihr gegen die milde Erde eingetauscht? Dampfende Ozeane. Brennende Kontinente, rot glühende Wüsten. Ein tosender Himmel. Welche Erkenntnis habt ihr dafür bekommen?

BONSTETTEN: Der Mensch ist etwas Kostbares und sein Leben eine Gnade.

WOOD: Lächerlich. Diese Erkenntnis haben wir auf der Erde schon lange.

BONSTETTEN: Nun? Lebt ihr nach dieser Erkenntnis?

(Schweigen.)

WOOD: Und ihr?

BONSTETTEN: Die Venus zwingt uns, nach unseren Erkenntnissen zu leben. Das ist der Unterschied. Wenn wir hier einander nicht helfen, gehen wir zugrunde.

WOOD: Darum bist du auch nicht mehr zurückgekehrt.

BONSTETTEN: Darum.

WOOD: Und hast die Erde verraten.

BONSTETTEN: Ich desertierte.

WOOD: In eine Hölle, die ein Paradies ist.

[...]

BONSTETTEN: Die Freiheit, recht zu handeln und das Notwendige zu tun. Auf der Erde könnten wir es nicht. Auch ich nicht. Die Erde ist zu schön. Zu reich. Ihre Möglichkeiten sind zu groß. Sie verführt zur Ungleichheit. Auf ihr ist Armut eine Schande, und so ist sie geschändet. Nur hier ist die Armut etwas Natürliches. An unserer Nahrung, unseren Werkzeugen klebt nur unser Schweiß, nicht noch Ungerechtigkeit wie auf der Erde. Und so haben wir Furcht vor ihr. Furcht vor ihrem Überfluß, Furcht vor dem falschen Leben, Furcht vor einem Paradies, das eine Hölle ist.

(Schweigen.)

WOOD: Ich muß dir die Wahrheit sagen, Bonstetten. Wir haben Bomben bei uns.

BONSTETTEN: Atombomben?

WOOD: Wasserstoffbomben.

BONSTETTEN: Mit einem Kobaltmantel darum?

WOOD: Mit einem Kobaltmantel.

BONSTETTEN: Ich dachte es.

WOOD: Ich war ahnungslos. Es geschah auf Befehl des Präsidenten. Ich war überrascht, als ich es gestern vernahm, Bonstetten.

BONSTETTEN: Ich glaube dir ja.

WOOD: Es ist mir natürlich peinlich. Aber wir sind in einer verzweifelten Lage. An unserem guten Willen kann nicht gezweifelt werden. Die Freiheit und die Humanität werden sich schließlich durchsetzen.

BONSTETTEN: Natürlich.

WOOD: Wir sind einfach momentan gezwungen, scharfe Maßnahmen zu ergreifen.

BONSTETTEN: Selbstverständlich.

WOOD: Es tut mir wirklich leid, Bonstetten.

(Schweigen.)

BONSTETTEN: Ihr setzt die Bomben ein, wenn wir euch nicht helfen?

WOOD: Wir müssen.

BONSTETTEN: Wir können euch nicht hindern.

(Schweigen.)

WOOD: Ihr seid verloren. R

M2 Europas Express zur Venus

Seit mehr als einem Jahr nimmt die europäische Sonde Venus-Express den wolkenverhangenen Planeten unter die Lupe. Ein Ziel der Mission: Warum hat sich die Venus, die nach Größe, Masse und Zusammensetzung unserer Erde sehr ähnelt, im Laufe von etwa 4,6 Milliarden Jahren so ganz anders entwickelt? Denn auf unserem Nachbarn herrschen höllische Temperaturen von bis zu 500 Grad Celsius, in der dichten Atmosphäre hängen Wolken aus konzentrierter Schwefelsäure. Venus-Express hat jetzt unter anderem beobachtet, welche Partikel aus der Atmosphäre der Venus ins All entweichen. Vor allem Sauerstoff, Helium und Wasserstoff entkommen aus der Atmosphäre. Das könnte eine Erklärung dafür sein, wie die Venus ihr Wasser verloren hat.

Doch immer noch gibt uns die Venus Rätsel auf. Rätsel, die Forscher lösen wollen, gerade weil dieser Planet unserer Erde so ähnlich ist. Die klimatische Hölle der Venus könnte uns Aufschluss über den Treibhauseffekt auf der Erde geben. Und genau hier sind für den Venus-Express die Forschungsziele gesetzt.

Drückende Atmosphäre

Der hohe Anteil an Kohlendioxid sorgt auch dafür, dass die Luft der Venus viel „schwerer" ist als unsere. Sie ist wesentlich dichter und hat auch mehr Masse. Dadurch herrscht auf der Oberfläche ein enormer Luftdruck von rund 90 bar – 90-mal höher als bei uns auf Normalnull. Das entspricht einem Druck, der hier in der Tiefsee unter 900 Metern Wasser herrscht. Leben auf der Venus wäre vor allem flach.

M3 Venus und Erde in Zahlen

		Venus	Erde
Durchmesser	95 %	12 103,6 km	12 756 km
Volumen	86 %	$92{,}84 \times 10^{10}$ km³	$108{,}32 \times 10^{10}$ km³
Masse	81 %	$4{,}87 \times 10^{24}$ kg	$4{,}98 \times 10^{24}$ kg
Dichte	95 %	5,243 g/cm³	5,515 g/cm³
Schwerkraft	90 %	8,87 m/s²	9,81 m/s²
mittlerer Sonnenabstand	72 %	108,2 Mio. km	149,6 Mio. km
Rotationsdauer		243,01 Erdtage	24 h
Tageslänge		116,75 Erdtage	24 h

M4 Herbert W. Franke

Mars, dritter Tag (2007)

Im 23. Jahrhundert fliegt eine achtköpfige Gruppe unter dem Vorwand, an einer groß angelegten Simulation teilzunehmen, auf den Mars. Als gefährliche Situationen eintreten und kein Kontakt mehr zur Erde besteht, begreifen alle, dass aus dem Spiel bitterer Ernst geworden ist.
Herbert W. Franke, 1927 geboren, zählt neben Autoren wie Stanislaw Lem, Philip K. Dick zu den bekanntesten Sciencefiction-Autoren der Gegenwart.

Am nächsten Tag wurden sie von trübem Sonnenschein geweckt, der durch die Luken ins Innere drang – am Abend zuvor hatte keiner an die Vorschrift gedacht, sie wegen möglicher kosmischer Stürme nachtsüber zu schließen. Von seiner Liege aus schaltete Ramses den großen Bildschirm ein, und da konnten sie die Marslandschaft im strahlenden Sonnenschein sehen, darüber den merkwürdigen blassroten Himmel. Angeblich war die Intensität des Sonnenlichts auf dem Mars deutlich geringer als auf der Erde, doch ihre Augen hatten sich so schnell angepasst, dass es niemandem mehr auffiel. Je nach Temperament begannen einige mit der Morgentoilette, andere nutzten die Zeit, um noch ein wenig zu dösen.
Cassius schien sich über Nacht beruhigt zu haben; wie schon die Tage zuvor war er einer der Ersten, die sich fertig machten. Dann wandte er sich den Vorräten zu, holte das Geschirr aus der Reinigungszelle und begann den Tisch zu decken. Als er Kaffee zubereiten wollte, fand er nur noch einen kleinen Rest Wasser im Behälter, und so blieb ihnen nichts anderes übrig, als hinauszugehen, um das über Nacht hochgepumpte Wasser hereinzuholen. Alf übernahm diese Aufgabe, und Henrich kam mit ihm.
Der Behälter war gefüllt, die Heizschlangen am Boden des Gefäßes hatten ihre Aufgabe getan und das Wasser flüssig gehalten.
Als er in das Innere des Fahrzeugs kam, überraschte man ihn mit einer unangenehmen Nachricht: Das Wasser, das Sylvie in die Kanne gegossen hatte, war trüb und schmeckte bitter.
„Und außerdem riecht es ekelhaft", beschwerte sich Linette, als sie an der Kanne schnüffelte. Sie schüttelte sich.
„Ich will prüfen, ob es trinkbar ist", sagte Sylvie. Sie kramte im Medizinschrank und holte das handtellergroße Chemolyse-Geräte heraus. Sie tauchte die Sonde mit den Nanosensoren in das trübe Wasser und las das Ergebnis auf dem Minidisplay unter der Lupe ab. Dann sagte sie: „Im Prinzip ist es nicht schlimm, das Wasser ist genießbar, der Geschmack rührt nur von einigen wenigen unschädlichen Verbindungen her, vor allem Bittersalz."

M5 Leben auf dem Mars

Die Idee vom Marsmännchen kommt nicht von ungefähr. Seit im 19. Jahrhundert Astronomen mit ihren Fernrohren die so genannten „Kanäle" auf dem Mars entdeckten […], spukt die Idee von einer fremden Zivilisation auf unserem roten Nachbarplaneten durch unsere Gemüter.
Inzwischen weiß man, dass Leben keine allzu guten Chancen auf dem Mars findet.

Atmosphäre: Extrem niedriger Druck von sechs bis zehn Millibar schädigt jede organische Zellstruktur. Die Atmosphäre besteht zu 95 Prozent aus Kohlendioxid.

Trockenheit: Druck und die Temperaturen sind so niedrig, dass flüssiges Wasser nicht stabil ist. Der Mars ist trockener als die Sahara und kälter als die Antarktis.

Strahlung: Es gibt keine nennenswerte Ozonschicht. Ein Cocktail kosmischer und ultravioletter Strahlung sterilisiert die Oberfläche.

Dennoch geht die Suche nach Leben auf dem Mars weiter – denn von allen uns umgebenden Planeten ist er der einzige, der überhaupt Formen von Leben hervorbringen könnte. In vielen Punkten ähnelt der Mars der Erde: Alle lebenswichtigen chemischen Elemente wie Kohlenstoff, Sauerstoff, Phosphor, Schwefel und vermutlich auch Stickstoff sind im Marsboden vorhanden. Selbst Wasser gibt es in größeren Mengen – als Eis.

Wir sind Zeugen einer wichtigen Entwicklung! – Einen Schreibplan aufstellen, Untersuchungsergebnisse formulieren

1 *Erstellt eine Gliederung eures Aufsatzes, löst dazu die folgenden Teilaufgaben Schritt für Schritt.*

a) Führt in einer ***Einleitung*** *adressatenorientiert an das Thema heran. Geeignet sind dafür z. B. Bezüge zur Aktualität der Weltraumprojekte, ihr Stellenwert in der öffentlichen Diskussion etc. Nutzt hier euer Vorwissen. Notiert Stichwörter in euer Heft.*

b) Haltet in einem zweiten Schritt ***Hinweise zum methodischen Vorgehen*** *fest. Im vorliegenden Fall ist dies der Hinweis auf die vergleichende Untersuchung der Texte:*

In der Zielsetzung, thematische Überschneidungen festzumachen, habe ich die literarischen Sciencefiction-Texte vorrangig unter dem Aspekt gelesen, ob sich darin Errungenschaften technisch-wissenschaftlichen Fortschritts widerspiegeln.

c) Im ***Hauptteil*** *informiert ihr über die Textinhalte. Vergesst nicht die Basisinformationen, d. h. Angaben über Autor/Autorin, Titel, Textsorte. Schreibt zu jedem der fünf Materialien die notwendigen Angaben auf. M 2, M 3 und M 5 sind den Internetseiten www.br-online.de|wissen-bildung|thema|venus bzw. mars entnommen.*

d) Stellt die ***Ergebnisse des Textvergleichs*** *dar, z. B. auffällige inhaltliche Überschneidungen (Wasserthematik etc.). Weist auf die Unterschiede zwischen literarischen Texten und Sachtexten hin.*

e) Nehmt zum ***Schluss*** *eurer Ausführungen Stellung, indem ihr die Untersuchungsergebnisse sachlich abwägt und beurteilt. Formuliert eure persönliche Einschätzung des Themenfelds.*

2 *Verfasst auf der Grundlage eurer Notizen aus Aufgabe 1 euren Aufsatz.*

3 *Vergleicht eure Texte untereinander und überarbeitet sie.*

8.3 Hörspiel und Podcast – Utopieentwürfe akustisch umsetzen

Orson Welles: „Krieg der Welten" – Ein folgenreiches Hörereignis

Der Aufruhr gilt als Meilenstein in der Geschichte der Massenmedien: Als der amerikanische Radiosender CBS[1] *am Abend des 30. Oktober 1938 Orson Welles' Hörspielfassung des Sciencefiction-Romans „Krieg der Welten" ausstrahlte, brach an der Ostküste eine Massenpanik aus. Der damals 24-jährige Filmregisseur hatte die Geschichte vom Angriff der Marsbewohner aus dem Buch des britischen Sciencefiction-Schriftstellers H. G. Wells für amerikanische Radiohörer nach New Jersey verlegt und als fiktive Reportage inszeniert.*

Orson Welles im Studio.

Ein scheinbar ganz normaler Abend war das am 30. Oktober 1938. CBS übertrug Musik und hatte mit der Konkurrenz auf NBC[2] zu kämpfen […] Als die Zuhörer umschalteten, hörten sie an jenem Abend plötzlich diese Nachricht:
„Sehr geehrte Damen und Herren, wir unterbrechen unser Programm für eine aktuelle Durchsage vom Mount-Jennings-Observatorium in Chicago. Professor Ferrel hat dort um 20 Minuten vor acht Uhr abends mehrere Explosionen beobachtet, glühendes Gas, das in regelmäßigen Abständen auf dem Planeten Mars explodiert. Es scheint sich um Wasserstoff zu handeln, der sich mit enormer Geschwindigkeit in Richtung Erde bewegt. […] Wir setzen nun unser Programm fort mit Ramon Racchello und seiner Band […]."
Zwischen sechs und neun Millionen Zuhörer lauschten nach dieser Sondernachricht weiter dem Programm von CBS. Und aus dem ganz normalen Abend in den Wohnzimmern Amerikas sollte eine der größten Massenpaniken des 20. Jahrhunderts werden. Denn nach kurzer Zeit einlullender Big-Band-Musik kam die zweite Unterbrechung, schon dringlicher im Ton:
„Jetzt eine Nachricht aus der Nähe, aus Clinton, New Jersey. Es wird berichtet, dass um 20 Uhr 50 ein riesiges flammendes Objekt, vermutlich ein Meteorit[3], auf eine Farm in der Nähe von Grovers Mill, New Jersey, 22 Meilen von Clinton entfernt, abgestürzt ist. Der Blitz am Himmel war in einem Radius von mehreren hundert Meilen sichtbar, der Einschlag war hörbar bis nach Elisabeth im Norden."
Jetzt wurde es also langsam ernst. Ein mobiler Übertragungswagen wird nach Grovers Mill geschickt. […] Der Reporter vor Ort meldet, dass der vermeintliche Meteorit sich als Metallzylinder entpuppt hat. 30 Meter Durchmesser misst das Objekt, und dann öffnet sich das Ding. […]
„Einen Moment mal, hier passiert jetzt etwas. Irgendwas kommt jetzt aus dem Loch heraus, und ein kleiner Lichtstrahl wird gegen einen Spiegel gerichtet. Was ist das? Da kommt ein Flammenstrahl auf uns zu, es ist jetzt überall, es kommt auf mich zu, ungefähr 20 Yards von …"
Der Rest ist Schweigen. Dann folgt eine Schreckensmeldung auf die andere. Der Innenminister spricht zu den Amerikanern. Die gesamte Region ist unter Kriegsrecht gestellt. Das Monstrum beherrscht den mittleren Teil von New Jersey und bewegt sich auf New York City zu. […] Vom Dach des Senders in New York meldet sich dann nach etlichen Horrormeldungen und unterbrochenen Schaltungen noch einmal ein Reporter.
„This may be the last broadcast. We'll stay here until the end."
Als wenig später eine ganze Armee von Marskreaturen ihr Giftgas über der Stadt verbreitet, hustet der Reporter und stirbt.
Mittlerweile herrscht Panik an der Ostküste. Menschenmassen strömen in die Luftschutzkeller. Andere beten in den Straßen mit Taschentüchern vor der Nase, um sich vor den Giftgasen der Marsianer zu

1 **CBS:** Columbia Broadcasting System, einer der größten Hörfunk- und Fernsehsender der USA
2 **NBC:** National Broadcasting Company, einer der größten Hörfunk- und Fernsehsender der USA
3 **Meteorit:** Gesteinsbrocken aus dem Weltraum

schützen. Keiner kriegt so richtig mit, dass der Krieg der Welten nach 60 Minuten zu Ende ist.
„This is Orson Welles. Ladies and gentlemen, out of character, to assure you that the War of the Worlds has no further significance as the holiday offering it was intended to be."
Mit diesem Hinweis auf Halloween verabschiedete sich Orson Welles, junger Autor, Regisseur und Schauspieler, an jenem ganz normalen Abend am 30. Oktober 1938. Die Massenangst vor den Marsmenschen dauerte noch etliche Stunden nach der Rundfunkübertragung des Hörspiels an. Der Ruhm von Orson Welles nach diesem genialen Hörspiel hielt sich bis an sein Lebensende.

1 *Wie erklärt ihr euch die Reaktion der Zuhörer?*

2 *Welche inhaltlichen und gestalterischen Elemente hat Orson Welles in sein Hörspiel eingebaut, um das mitgeteilte Geschehen möglichst echt wirken zu lassen?*

3 *Das Original-Hörspiel ist im Internet frei zugänglich. Beurteilt die akustische Wirkung.*

Unbekannter Virus in der Umlaufbahn – Hörspielideen technisch umsetzen

Schreibt ein eigenes Hörspiel. Überlegt zunächst, ob eurem Hörspielentwurf für eine Sciencefictionutopie eher eine soziale oder eine technische Idee zu Grunde liegen soll. Beachtet zur Vorgehensweise folgende Schritte:

1. Schritt:

Sammelt **Ideen**, wovon eure Utopien handeln sollen. Ihr könnt dazu ein Brainstorming durchführen. Trefft dann wichtige Entscheidungen zu eurem Hörspiel:

- **Wo** soll es spielen: auf der Erde? unter Wasser? auf einem anderen Planeten?
- **Wann:** in der Vergangenheit? in der Gegenwart? in der Zukunft?
- **Wovon** soll es handeln: von einer Person? von einem ganzen Staat? von unbekannten Wesen?

Greift bei eurer Ideensammlung auf Elemente euch bekannter Utopien zurück und bezieht Beispiele gesellschaftlicher Experimente oder ungewohnter Lebensformen mit ein. Informiert euch über aktuelle technisch-wissenschaftliche Entwicklungen, die in der Zukunft vermutlich eine große Rolle spielen werden (z. B.: Klonen, Genforschung, Nanotechnik etc.).

2. Schritt:

Entwerft ein **Skript,** d. h. arbeitet eine überschaubare Handlungssequenz oder Rahmenhandlung aus. Beschränkt euch dabei auf eine oder zwei gut ausgearbeitete Szenen. Achtet bei der Ausgestaltung der Handlungsebenen auf die Zeitbezüge: Sind Rückblenden nötig, um Handlungs- oder Zeitsprünge zu überbrücken?
Wie gestaltet ihr die Einleitung: szenisch oder als Erzählerkommentar?

3. Schritt:

Verfasst ausgehend von eurem Skript ein **Regiebuch** für euer Hörspiel. Kennzeichnet darin alle szenischen Anweisungen: An welchen Stellen sollen Monologe vorgetragen, wo Dialoge gesprochen werden? Führt ein Erzähler durch das Geschehen? Sind Dokumente im Originalton (O-Ton) sinnvoll? Ihr könnt diese selbst produzieren oder aus Fremdmaterial übernehmen. Welche Hintergrundgeräusche werden benötigt? Wo sind auf der Handlungsebene akustische Umsetzungen nötig?
Denkt daran, dass bei den Zuhörerinnen und Zuhörern Bilder im Kopf entstehen müssen, angeregt durch die Worte, Töne und Geräusche.

Zeitebene	*Story*	*Dialog/Monolog/O-Ton*	*Geräusche/Technik*
Die Handlung spielt in der nahen Zukunft.	*[...]*	*[...]*	*Im Hintergrund ist elektronische Musik zu hören, die langsam ausgeblendet wird.*

4. Schritt:

Probt nun das Hörspiel. Entscheidet über die Verteilung der Sprecherrollen (Figuren, Erzähler etc.) und darüber, wer welche Geräusche produziert oder beisteuert.
Nehmt dann euer Hörspiel als erste Fassung auf.

TIPP

Ihr benötigt ein digitales Aufnahmegerät oder einen MP3-Player, einen PC mit Soundkarte und ein Mikrofon. Wollt ihr eure Audiodatei als Podcast zur Verfügung stellen, ist natürlich auch ein Internetanschluss vonnöten. Im Netz findet ihr auch Anleitungen zum Erstellen von Podcasts, z. B. unter www.podcast.de oder www.schulpodcasting.de.

5. Schritt:

Spielt das Hörspiel vor und achtet dabei darauf, wo noch Verbesserungen möglich sind. Macht euch beim Hören Notizen zu folgenden Punkten:

- Wie können die Dialogtexte noch wirksamer/dramatischer gesprochen werden?
- Müssen zusätzliche Pausen eingefügt werden?
- Sind die eingesetzten Geräusche wirkungsvoll und den Situationen angemessen?
- ...

6. Schritt:

Nehmt die überarbeitete Version noch einmal auf und spielt sie der Klasse vor.

9 Die Welt als Labyrinth – Parabeln verstehen und vergleichen

9.1 Rätselhafte Welt – Parabeln verschiedener Epochen in Beziehung setzen

Giovanni Battista Piranesi: Erfundene Kerker, 1760, Radierung.

Giorgio de Chirico: Die Angst vor dem Warten, 1915, Öl auf Leinwand.

1 *Beschreibt möglichst genau, was ihr auf den beiden Bildern seht.*

2 *a) Welche Gedanken gehen euch beim Betrachten der beiden Bilder durch den Kopf? Was könnten diese Bilder „bedeuten"?*
b) Vergleicht eure Beobachtungen.

3 *Erfindet zu einem der beiden Bilder eine kurze Geschichte.*

Was sollst du tun? Was kannst du hoffen? – Vom Gesagten aufs Gemeinte schließen

Franz Kafka

Eine kaiserliche Botschaft (1919)

Der Kaiser – so heißt es – hat Dir, dem Einzelnen, dem jämmerlichen Untertanen, dem winzig vor der kaiserlichen Sonne in die fernste Ferne geflüchteten Schatten, gerade Dir hat der Kaiser von seinem Sterbebett aus eine Botschaft gesendet. Den Boten hat er beim Bett niederknien lassen und ihm die Botschaft ins Ohr zugeflüstert; so sehr war ihm an ihr gelegen, dass er sich sie noch ins Ohr wiedersagen ließ. Durch Kopfnicken hat er die Richtigkeit des Gesagten bestätigt. Und vor der ganzen Zuschauerschaft seines Todes – alle hindernden Wände werden niedergebrochen und auf den weit und hoch sich schwingenden Freitreppen stehen im Ring die Großen des Reichs – vor allen diesen hat er den Boten abgefertigt. Der Bote hat sich gleich auf den Weg gemacht; ein kräftiger, ein unermüdlicher Mann; einmal diesen, einmal den andern Arm vorstreckend schafft er sich Bahn durch die Menge; findet er Widerstand, zeigt er auf die Brust, wo das Zeichen der Sonne ist; er kommt auch leicht vorwärts, wie kein anderer. Aber die Menge ist so groß; ihre Wohnstätten nehmen kein Ende. Öffnete sich freies Feld, wie würde er fliegen und bald wohl hörtest Du das herrliche Schlagen seiner Fäuste an Deiner Tür. Aber stattdessen, wie nutzlos müht er sich ab; immer noch zwängt er sich durch die Gemächer des innersten Palastes; niemals wird er sie überwinden; und gelänge ihm dies, nichts wäre gewonnen; die Treppen hinab müsste er sich kämpfen; und gelänge ihm dies, nichts wäre gewonnen; die Höfe wären zu durchmessen; und nach den Höfen der zweite umschließende Palast; und wieder Treppen und Höfe; und wieder ein Palast; und so weiter durch Jahrtausende; und stürzte er endlich aus dem äußersten Tor – aber niemals, niemals kann es geschehen – liegt erst die Residenzstadt vor ihm, die Mitte der Welt, hochgeschüttet voll ihres Bodensatzes. Niemand dringt hier durch und gar mit der Botschaft eines Toten. – Du aber sitzt an Deinem Fenster und erträumst sie Dir, wenn der Abend kommt.

Hans Fronius: Der Kaiser sendet den Boten, 1934, Holzschnitt.

1 *Sammelt in einem Brainstorming Ideen zur Deutung der rätselhaften Geschichte. Konzentriert euch dabei vor allem auf den letzten Satz.*

2 *a) Sucht in Partnerarbeit Textstellen, die für euch wichtige Schlüsselbegriffe enthalten. Notiert sie – in eigenen Worten formuliert – auf Karteikarten.*

b) Überlegt, welche Bedeutungen diese Textstellen haben könnten, und haltet sie ebenfalls auf Karten fest. Hier ist ein Anfang gemacht. ***Schlüsselbegriffe*** *stehen auf blauen Karten, mögliche* ***Deutungen*** *auf roten.*

Palast und Stadt haben eine labyrinthische Struktur. Der Bote müht sich, aber sein Weg ist unendlich. Er tritt auf der Stelle.

Eine rätselhafte Botschaft wird gesendet.

Es gibt Probleme, die überwunden werden/nicht zu überwinden sind und die mit der labyrinthischen Struktur zu tun haben.

Die Botschaft ist etwas ungeheuer Wichtiges (vielleicht eine Art Testament), aber niemand erfährt sie.

3 *Ordnet eure Karten nach folgendem Muster an der Wand. Orientiert euch an der unten stehenden Information.*

Schlüsselbegriffe (Bildteil)	mögliche Deutungen (Sachteil)
Palast und Stadt haben eine labyrinthische Struktur. Der Bote müht sich, aber sein Weg ist unendlich. Er tritt auf der Stelle.	*Es gibt Probleme, die überwunden werden/nicht zu überwinden sind und die mit der labyrinthischen Struktur zu tun haben.*
	Mit dem Palast ist möglicherweise die Welt/das Sinngefüge der Welt gemeint.
...	*Meine Schullaufbahn kommt mir manchmal so vor wie der Weg durch diesen unendlichen Palast.*
Eine Botschaft wird gesendet.	...

!

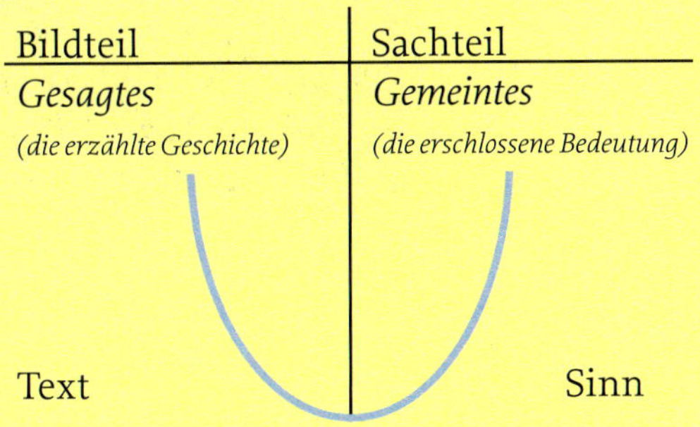

Parabel und parabolisches Erzählen

Eine erzählte **Parabel** hat – wie eine mathematische Parabel – zwei einander symmetrische Hälften. Dem **Erzählten (Bildteil)** auf der einen entspricht ein **Gemeintes (Sachteil)** auf der anderen Seite. In dem Erzählten müssen Stellen aufgespürt werden, von denen aus man auf die Bedeutung der Parabelerzählung schließen kann.

Das ist manchmal sehr einfach, weil der Erzähler einen Vergleich zwischen dem, was er vorträgt, und dem, was er meint, anbietet: „Das Himmelreich ist gleich ...“ beginnen die Gleichnisse des Lukas-Evangeliums (z. B. das vom „verlorenen Sohn“). In modernen Parabeln fehlen oft solche klaren Angaben. Sie müssen vom Leser durch eigenes Nachdenken gefunden werden.

4 *a) Prüft, ob ihr alle wichtigen Aspekte des Bildteils erfasst und die zugehörigen Deutungsmöglichkeiten entwickelt habt.*
b) Entscheidet euch für eine Deutung und baut diese zu einer Interpretation aus.

TIPP

Wenn man sieht, dass der Text mehrere Möglichkeiten bietet, eine Bedeutung zu finden, sucht man nach einem **Schlüssel**, der vielleicht außerhalb des Textes versteckt ist. Er kann in der Erfahrungswelt des Autors gesucht werden. Man fragt, ob es unter den Deutungsansätzen Themen gibt, die der Autor Franz Kafka immer wieder aufgreift.

__Franz Kafka__ (1883–1924) zählt zu den großen Repräsentanten der deutschsprachigen Literatur des 20. Jahrhunderts, seine rätselhaften Erzählungen provozieren sehr unterschiedliche Deutungen.

- *Die einen finden in ihnen __Hinweise auf moderne Lebenserfahrungen__ wie Verunsicherung und Fremdheitsgefühle in einer unübersichtlichen Welt. Sie erkennen in Kafka einen Autor, der genau die seelischen Erschütterungen der Moderne (moderne Arbeitswelt, vereinzelte Individuen, Einsamkeit) aufzeichnete.*
- *Andere sehen in seinen Erzählungen Dokumente der __Auseinandersetzung__ eines jüdischen Autors __mit der religiösen Tradition__ (Frage nach der Gerechtigkeit der Weltordnung, nach dem Sinn des Lebens).*
- *Wieder andere sehen in Kafkas Texten __Spiegelungen seiner Erfahrungen in Familie__ (Vater-Sohn-Konflikt, Autorität des Vaters, unerfüllte Erwartungen an den Sohn) __und Freundschaft__ (problematische Liebesbeziehungen).*

Michael Mathias Prechtl: Kafka arcimboldesk, 1977, Aquarellzeichnung.

Einig ist man sich aber darüber, dass ein Leser Kafkas sich immer die Frage stellen muss, was seine Geschichten unter der Erzähloberfläche an Überraschungen bereithalten. Alles Befremdliche hat einen Sinn. Einen Einstieg in eine Deutung findet man fast immer, wenn man Muster wiedererkennen kann. Zum Beispiel das Muster: Kaiser = Gott/Vater/höchste Autorität
Untertan = Mensch/Ich/Einzelner/Unbedeutender

5 *Welcher der genannten Schlüssel scheint euch für eine Deutung der Parabel (**▷ S. 176**) passend? Wählt aus und begründet. Geht dabei auf möglichst viele Einzelheiten der Erzählung ein.*

Der Palast als Labyrinth – Die Bedeutung durch Textvergleiche erschließen

Bei der Suche nach einer Bedeutung kann man auch in der **Tradition der Textsorte „Parabel"** fündig werden. Man geht intertextuell vor, d. h., man sucht Bezüge zu anderen Texten: Gibt es ähnliche Parabeln bereits in früheren Zeiten, deren Bedeutung leichter zu entschlüsseln ist? Auch die folgende Parabel zielt auf eine theologische Bedeutung. Und sie spricht, wie die Kafkas, von einem unübersichtlichen, labyrinthischen Palast.

Gotthold Ephraim Lessing

Die Parabel (1778)

Ein weiser, tätiger König eines großen, großen Reiches hatte in seiner Hauptstadt einen Palast von ganz unermesslichem Umfange, von ganz besonderer Architektur. [...]

Der ganze Palast stand nach vielen, vielen Jahren noch in eben der Reinlichkeit und Vollständigkeit da, mit welcher die Baumeister die letzte Hand angelegt hatten; von außen ein wenig unverständlich, von innen überall Licht und Zusammenhang.

Was Kenner von Architektur sein wollte, ward besonders durch die Außenseiten beleidiget, welche mit wenig hin und her zerstreuten, großen und kleinen, runden und viereckigen Fenstern unterbrochen waren, dafür aber desto mehr Türen und Tore von mancherlei Form und Größe hatten.

Man begriff nicht, wie durch so wenige Fenster in so viele Gemächer genugsames Licht kommen könne. Denn dass die vornehmsten derselben ihr Licht von oben empfingen, wollte den wenigsten zu Sinne. [...] Und so entstand unter den vermeinten Kennern mancherlei Streit, den gemeiniglich diejenigen am hitzigsten führten, die von dem Innern des Palastes viel zu sehen die wenigste Gelegenheit gehabt hatten.

Auch war da etwas, wovon man bei dem ersten Anblicke geglaubt hätte, dass es den Streit notwendig sehr leicht und kurz machen müsse, was ihn aber gerade am meisten verwickelte, was ihm gerade zur hartnäckigsten Fortsetzung die reichste Nahrung verschaffte. Man glaubte nämlich, verschiedne alte Grundrisse zu haben, die sich von den ersten Baumeistern des Palastes herschreiben sollten, und diese Grundrisse fanden sich mit Worten und Zeichen bemerkt, deren Sprache und Charakteristik so gut als verloren war.

Ein jeder erklärte sich daher diese Worte und Zeichen nach eignem Gefallen. Ein jeder setzte sich daher aus diesen alten Grundrissen einen beliebigen neuen zusammen, für welchen neuen nicht selten dieser und jener sich so hinreißen ließ, dass er nicht allein selbst darauf schwor, sondern auch andere darauf zu schwören bald beredete, bald zwang.

Nur wenige sagten: „Was gehen uns eure Grundrisse an? Dieser oder ein andrer, sie sind uns alle gleich. Genug, dass wir jeden Augenblick erfahren, dass die gütigste Weisheit den ganzen Palast erfüllet, und dass sich aus ihm nichts als Schönheit und Ordnung und Wohlstand auf das ganze Land verbreitet."

Sie kamen oft schlecht an, diese wenigen! Denn wenn sie lachenden Muts manchmal einen von den besondern Grundrissen ein wenig näher beleuchteten, so wurden sie von denen, welche auf diesen Grundriss geschworen hatten, für Mordbrenner des Palastes selbst ausgeschrien.

Aber sie kehrten sich daran nicht und wurden gerade dadurch am geschicktesten, denjenigen zugesellet zu werden, die innerhalb des Palastes arbeiteten und weder Zeit noch Lust hatten, sich in Streitigkeiten zu mengen, die für sie keine waren.

Einstmals, als der Streit über die Grundrisse nicht sowohl beigelegt als eingeschlummert war, – einstmals um Mitternacht erscholl plötzlich die Stimme der Wächter: „Feuer! Feuer in dem Palaste!“

Und was geschah? Da fuhr jeder von seinem Lager auf, und jeder, als wäre das Feuer nicht in dem Palaste, sondern in seinem eignen Hause, lief nach dem Kostbarsten, was er zu haben glaubte – nach seinem Grundrisse. „Lasst uns *den* nur retten!“, dachte jeder; „der Palast kann dort nicht eigentlicher verbrennen, als er hier stehet!“

Und so lief ein jeder mit seinem Grundrisse auf die Straße, wo, anstatt dem Palaste zu Hilfe zu eilen, einer dem andern es vorher in seinem Grundrisse zeigen wollte, wo der Palast vermutlich brenne. „Sieh, Nachbar! Hier brennt er! Hier ist dem Feuer am besten beizukommen.“ – „Oder hier vielmehr, Nachbar, hier!“ – „Wo denkt ihr beide hin? Er brennt hier!“ – „Was hätt’ es für Not, wenn er da brennte? Aber er brennt gewiss hier!“ – „Lösch’ ihn hier, wer da will. Ich lösch’ ihn hier nicht.“ – „Und ich hier nicht!“ – „Und ich hier nicht!“

Über diese geschäftigen Zänker hätte er denn auch wirklich abbrennen können, der Palast, wenn er gebrannt hätte. – Aber die erschrocknen Wächter hatten ein Nordlicht für eine Feuersbrunst gehalten.

1 *Lest die Parabel sorgfältig zwei Mal durch und schreibt dann aus dem Gedächtnis eine möglichst genaue Zusammenfassung. Jede Einzelheit der Erzählung kann wichtig sein und Hinweise auf die Bedeutung enthalten.*

2 *Den Schlüssel zu finden wird euch leichter fallen, wenn ihr wisst, welche Umstände den Autor veranlasst haben, seine Parabel zu schreiben. Informiert euch in den nachstehenden biografischen Angaben über Lessings Streit mit dem Hamburger Pastor.*

Der Pfarrerssohn ***Gotthold Ephraim Lessing*** *(1729–1781), in Kamenz geboren, studierte in Leipzig, begann bald für das Theater und als Literaturkritiker zu schreiben. Er wäre gern königlicher Bibliothekar geworden, aber Friedrich II. zog ihm Voltaire als Gesprächspartner vor. In Berlin lernte er den jüdischen Philosophen Moses Mendelssohn und auch seinen späteren Verleger Nicolai kennen. Mit diesen beiden bildete er den wichtigsten Kern der Aufklärung in Deutschland. Eine dauerhafte, aber wenig befriedigende Beschäftigung fand er endlich an der herzoglichen Bibliothek*

Adolf Neumann: G. E. Lessing. Nach dem Gemälde von G. O. May (1767).

in Wolfenbüttel. Dort gab er philosophische Abhandlungen heraus, die den Zorn des Hamburger Hauptpastors Götze erregten. Lessings Frage, ob denn der christlichen Religion ein Vorrang gegenüber den anderen Weltreligionen gebühre, wurde überall in Deutschland diskutiert.
Als Lessing von seinem Herzog Publikationsverbot in Sachen des Glaubens und der Religion erhielt, verfasste er „Nathan der Weise“. Das Zentralstück dieses Dramas, die „Ringparabel“, enthält eine ähnliche Botschaft wie die Parabel vom Palast des Königs und den Rechthabern, die ihn beinahe hätten verbrennen lassen.

3 Stellt den einzelnen Aussagen des Textes als Elemente des Bildteils die entsprechenden Bedeutungen des Sachteils gegenüber. Vervollständigt die Tabelle:

Bildteil (das Erzählte)	Sachteil (die Bedeutung)
Der große König lässt einen großen Palast bauen.	Gott inspiriert die Menschen, ein riesiges und komplexes Gedankengebäude (die Religion) aufzubauen.
Der Palast steht nach vielen Jahren noch ganz so da, wie die ersten Baumeister ihn entworfen haben.	Die Bibel, der Koran, die heiligen Schriften sind seit über tausend Jahren noch immer ganz so, wie sie zuerst geschrieben worden sind.
Vielen gefiel die Fassade nicht, aber alles war weise eingerichtet, alle Zimmer empfingen Licht.	Es gibt Kritiker an den Schriften der Religion, aber sie stammen zumeist von Leuten, die nicht erkennen, dass alles weise angeordnet ist, sodass überallhin „Licht“ fällt.
...	...

4 Welche Bedeutung haben die „Grundrisse“ für die Konstruktion des Palastes, welche haben sie für die Bürger, die nicht im Palast wohnen, sondern ihn nur von außen kennen?

TIPP

„König“, „Palast“, „Bauplan“ sind Bildbestandteile, die in Parabeln immer wieder eingesetzt werden, um die Ordnung der Religion, die Ordnung des Staates oder die göttliche Ordnung der Welt darzustellen. Das Labyrinth ist das Bild einer Ordnung, die nicht mehr durchschaut werden kann.

5 Vergleicht die beiden Palast-Parabeln von Kafka und Lessing. Wählt dazu den Aspekt der theologischen Deutung.
- ☐ Die göttliche Ordnung in der Welt: Wie sieht sie Lessing, wie Kafka?
- ☐ Die Beziehung des einzelnen Menschen zu Gott: Was ist Lessings Meinung, wie denkt Kafka?

Martin Buber

Der Baalschem erzählte (1908)

Martin Buber (1878–1965) war jüdischer Religionsphilosoph. Er sammelte die ostjüdischen, chassidischen Legenden[1] („Die Legenden des Baalschem[2]"), von denen man annimmt, dass sie auch Kafka kannte. Buber war Redakteur bei der jüdischen Zeitschrift „Der Jude", die auch Kafka regelmäßig las. 1924 bis 1933 war Buber Lehrbeauftragter und Honorarprofessor für jüdische Religionslehre und Ethik in Frankfurt am Main. 1938 konnte er aus dem nationalsozialistischen Deutschland nach Jerusalem entkommen, wo er bis 1951 an der Hebräischen Universität von Jerusalem Anthropologie und Soziologie lehrte.

1 **Die Chassidim:** Eine Glaubensgemeinschaft innerhalb der ostjüdischen Gemeinden in Polen, in der Ukraine, in Ungarn. An der Spitze der Gemeinde steht ein Lehrer, der in Glaubens- und Lebensfragen um Rat gefragt werden kann und der oftmals seine Antworten in Geschichten und Gleichnisse kleidet.

2 **Baalschem:** chassidischer Gemeindevorsteher und Lehrer. Von ihm werden zahlreiche Legenden erzählt.

Ein König baute einst einen großen und herrlichen Palast mit zahllosen Gemächern, aber nur ein Tor war geöffnet. Als der Bau vollendet war, wurde verkündet, es sollten alle Fürsten vor dem König erscheinen, der in dem letzten der Gemächer throne. Aber als sie eintraten, sahen sie: Da waren Türen offen nach allen Seiten, von denen führten gewundene Gänge in die Fernen, und da waren wieder Türen und wieder Gänge, und kein Ziel erstand vor dem verwirrten Auge. Da kam der Sohn des Königs und sah, dass all der Irrbau eine Spiegelung war, und sah seinen Vater sitzen in der Halle vor seinem Angesicht.

1 *Was ist eurer Meinung nach das Thema der parabolischen Erzählung des Baalschem? Formuliert die Frage, auf die die Erzählung des Baalschem die Antwort gibt.*

2 *Vergleicht die Parabel Bubers mit der Lessings. Stellt die Botschaften der beiden Texte in Form von Thesen gegeneinander. Verwendet dazu die nachstehende Tabelle.*

	Die Parabel des Baalschem	Lessings Palast-Parabel
Die auf Gott bezogene Bedeutung		
Die auf die Menschen bezogene Bedeutung		
Handlungsaufforderung an die Zuhörer/Leser		

3 *Was sagen die beiden Parabeln über den Erbauer des Palastes? Was über die, die in den Palast eintreten? Was über die Erkenntnis, die die Zuhörer der Parabeln über beides (Palast und Erbauer) gewinnen?*

4 *Setzt abschließend die drei Palast-Parabeln von Kafka, Buber und Lessing miteinander in Beziehung: Vergleicht Bildmotive und Deutungsansätze.*

Leben, schwimmen, leben – Parabeln als Lektionen in Lebensweisheit

Der Kern einer Parabel ist ein Vergleich, der von einem speziellen Fall zu einem Muster, einer allgemeinen Erkenntnis führt. Ein Fluss kann so zum Beispiel ein Bild des menschlichen Lebens sein.
Martin Buber bringt in den Parabeln der osteuropäischen Juden, der Chassidim, die religiösen Erfahrungen der frommen Rabbis und Zaddikim (der Lehrer und Gemeindevorsteher) zum Ausdruck. Bertolt Brecht erfindet mit Herrn Keuner einen Lehrer und einen „Denkenden", der wie ein Rabbi zum Nachdenken anregende Beobachtungen im Alltagsleben zu kurzen Geschichten formt.

Martin Buber

Der vollkommene Schwimmer (1949)

Als der Sohn des Rabbi von Lentschno noch ein Knabe war, sah er einst Rabbi Jizschak von Worki beten. Voller Verwunderung kam er zum Vater gelaufen und fragte ihn, wie das zugehe, dass so ein Jaddik ganz ruhig und schlicht ohne alle Äußerung der Verzückung bete. „Wer nicht gut schwimmen kann", antwortete der Vater, „muss sich heftig bewegen, um sich über Wasser zu halten. Der vollkommene Schwimmer legt sich auf die Flut, und sie trägt ihn."

Bertolt Brecht

Herr Keuner und die Flut (1948)

Herr Keuner ging durch ein Tal, als er plötzlich bemerkte, daß seine Füße in Wasser gingen. Da erkannte er, daß sein Tal in Wirklichkeit ein Meeresarm war und daß die Zeit der Flut herannahte. Er blieb sofort stehen, um sich nach einem Kahn umzusehen, und solange er auf einen Kahn hoffte, blieb er stehen. Als aber kein Kahn in Sicht kam, gab er diese Hoffnung auf und hoffte, daß das Wasser nicht mehr steigen möchte. Erst als ihm das Wasser bis ans Kinn ging, gab er auch diese Hoffnung auf und schwamm. Er hatte erkannt, daß er selber ein Kahn war. R

1 *Vergleicht die Bedeutung des Schwimmens in den beiden Parabeln.*

2 *Sucht konkrete Beispiele aus eurem Alltag, die sich auf die beiden Texte beziehen lassen, und formuliert die Weisheit der Parabeln mit eigenen Worten.*

3 *Nehmt das Bild vom Flusslauf als Bildteil einer Parabel und veranschaulicht damit Erfahrungen eines Lebenslaufs als Sachteil (Deutung).*
Überlegt, welches Erlebnis im Leben eines Menschen eine besondere Rolle spielen könnte und wie man es im Bild des Flusses sichtbar machen kann.

Absurde Zeiten – Parabeln nach 1945

Günter Kunert

Mann über Bord (1972)

***Günter Kunert** (geb. 1929 in Berlin). Als Sohn einer Jüdin konnte Günter Kunert keine höhere Schule besuchen. Nach Ende des Krieges studierte er Grafik in Ost-Berlin. Kunert galt bereits in der DDR als einer der vielseitigsten deutschen Gegenwartsschriftsteller. Er gehörte 1976 zu den Unterzeichnern der Petition gegen die Ausbürgerung von Wolf Biermann. Daraufhin wurde er aus der SED ausgeschlossen und verließ die DDR. In seinen Texten nimmt er eine kritische Haltung zu philosophischen und politischen Themen ein. Kunert erhielt für seine Werke zahlreiche Auszeichnungen und Preise, zuletzt den Heinrich-Heine-Preis der Stadt Düsseldorf.*

Der Wind wehte nicht so stark. Bei einem Schlingern des Schiffes verlor der Matrose, angetrunken und leichtfertig tänzelnd, das Gleichgewicht und stürzte von Deck. Der Mann am Ruder sah den Sturz und gab sofort Alarm. Der Kapitän befahl, ein Boot auf das mäßig bewegte Wasser hinunterzulassen, den langsam forttreibenden Matrosen zu retten.

Die Mannschaft legte sich kräftig in die Riemen, und schon nach wenigen Schlägen erreichten sie den um Hilfe Rufenden. Sie warfen ihm einen Rettungsring zu, an den er sich klammerte. Im näher schaukelnden Boot richtete sich im Bug einer auf, um den im Wasser Treibenden herauszufischen, doch verlor der Retter selber den Halt und fiel in die Fluten, während eine ungeahnte hohe Woge das Boot seitlich unterlief und umwarf. Der Kapitän gab Anweisung, auf die Schwimmenden und Schreienden mit dem Dampfer zuzufahren. Doch kaum hatte man damit begonnen, erschütterte ein Stoß das Schiff, das sich schon zur Seite legte, sterbensmüde, den stählernen Körper aufgerissen von einem zackigen Korallenriff, das sich knapp unter der Oberfläche verbarg. Der Kapitän versackte wie üblich zusammen mit dem tödlich verwundeten Schiff.

Er blieb nicht das einzige Opfer: Haie näherten sich und verschlangen, wen sie erwischten. Wenige der Seeleute gelangten in die Rettungsboote, um ein paar Tage später auf der unübersehbaren Menge salziger Flüssigkeit zu verdursten. Der Matrose aber, der vom Dampfer gestürzt war, geriet unversehrt in eine Drift, die ihn zu einer Insel trug, auf deren Strand sie den Erschöpften warf; dort wurde er gefunden, gepflegt, gefeiert als der einzige Überlebende der Katastrophe, die er selber als die Folge einer Kesselexplosion schilderte, welche ihn weit in die Lüfte geschleudert habe, sodass er aus der Höhe zusehen konnte, wie die Trümmer mit Mann und Maus versanken.

Von dieser Geschichte konnte der einzig Überlebende auf jener Insel trefflich leben; Mitleid und das Hochgefühl, einen seines Schicksals zu kennen, ernährten ihn. Nur schien den Leuten, dass sein Verstand gelitten haben musste: Wenn ein Fremder auftauchte, verschwand der Schiffbrüchige, erblassend und zitternd und erfüllt von einer Furcht, die keiner deuten konnte: ein stetes Geheimnis und daher ein steter Gesprächsstoff für die langen Stunden der Siesta.

1 *Formuliert das Thema der Parabel in eigenen Worten.*
Wählt eine der folgenden Deutungsansätze aus und begründet sie möglichst nahe am Text:

- ☐ *Die unglückliche Verkettung von Umständen (und Zufällen) führt zum Untergang der Retter und zur Rettung des Verursachers der Katastrophe.*
- ☐ *Die einzige Wahrheit, die wir über die Wirklichkeit haben, sind Erzählungen, und die sind zumeist falsch, weil sie immer etwas rechtfertigen und etwas anderes verschweigen.*
- ☐ *Hinter dem auffälligen Verhalten von Menschen steckt zumeist etwas, wovon sie nicht sprechen.*

Günter Eich

Episode (1968)

***Günter Eich** (1907–1972) wurde als Hörspielautor der Gruppe 47 bekannt. Schon vor dem Krieg schrieb er für den Rundfunk und gehörte dem Autorenkreis der Literaturzeitschrift „Die Kolonne" an. 1945 geriet er in amerikanische Kriegsgefangenschaft. Die in der Gefangenschaft entstandenen „Gedichte" sind zum ersten Mal in der Zeitschrift „Der Ruf" erschienen (z. B.: „Inventur"). Zu den erst später bekannt gewordenen und umstrittenen Werken zählt die Kurzprosa-Sammlung „Maulwürfe" (1968), aus der der folgende Text entnommen ist. Eich erhielt viele wichtige Literatur- und Hörspielpreise. Berühmt geworden ist die Schlusszeile seiner Hörspielserie „Träume" (1951/1953): „Seid unbequem, seid Sand, nicht das Öl im Getriebe der Welt!"*

Ich wache auf und bin gleich im Notstand. Die Gründe weiß ich nicht genau, verhafte aber vorsorglich meine Kinder, Verhaftungen müssen sein. Im Rundfunk stelle ich Tanzmusik ein, drehe die Antenne in Richtung Luxemburg. Mit den Handschellen klirrend patrouilliere ich durch die Etagen. Im Mezzanin[1] ist alles in Ordnung, im Keller auch, aber sonst? Kein Erkennen der Lage, kein Ernst, kein Verlass, Bananenschalen auf den Treppen. So weit kommt es, wenn man die Zügel locker lässt.
Unter dem Dach herrscht volle Anarchie, jemand liest Karsunke[2], meine Hauswirtin schläft, mit achtzig Jahren sollte sie wissen, was man zu tun hat. Webern[3] liegt auf dem Plattenteller, so zersetzt ist alles und die Wände voll Schimmel. Durchgreifen. Ordnung ist das halbe Leben, die andere Hälfte auch. Mit feuchten Augen höre ich die ersten Nachrichten aus dem Hauptquartier. Man beglückwünscht sich, es wird alles besser, das Strafgesetz schon umgearbeitet, man hatte es in den Schubladen. Im ersten Stock stellt man sich inzwischen um, beginnt realistisch zu denken. Ein Polizist aus Berlin, auf Urlaub, übernimmt das Standrecht und die Löscheimer. Viel Idealismus.
Um elf habe ich auch das Erdgeschoss auf Vordermann gebracht, mit etwas Nachhilfe, aber nicht viel. Um zwölf sortiere ich staatsfeindliches und jugendgefährdendes Schrifttum aus. Um eins versammle ich die Hausgemeinschaft zu einer Ansprache, die als Mittagessen eingelegt wird. Um zwei umstellt Gendarmerie das Haus und verhaftet uns alle. So gemütlich ist es immer noch.

1 **Mezzanin:** Zwischengeschoss, halbhohe Etage zwischen Erdgeschoss und erster Etage
2 **Yaak Karsunke:** Schriftsteller, dessen Texte braven Bürgern politisch verdächtig sind
3 **Webern:** Anton Webern, österreichischer Komponist atonaler Musik

1 *Stellt erste Überlegungen an, aus welcher Absicht heraus Günter Eich diese „Maulwurf"-Geschichte verfasst haben könnte.*

2 *„Notstand" ist laut Lexikon eine „durch unvorhergesehene Umstände bedingte Zwangslage". In welche Zwangslage könnte der Erzähler während des Schlafes geraten sein?*

3 *Charakterisiert den Erzähler. Stellt die einzelnen Aktionen/Maßnahmen zusammen, mit denen er auf seine neue Situation reagiert.*

4 *a) Auf der Suche nach Wirklichkeitsspuren im Erzähltext stoßt ihr auf Ungereimtheiten (die eigenen Kinder verhaften ...). Verwendet das Bild von der Welt als undurchsichtigem Labyrinth, um zu einer Deutung dieser irritierenden Aussagen zu kommen, und beantwortet die Frage: Was läuft schief in der Welt dieser Erzählung – und was sagt das über die wirkliche Welt aus?*
b) Wie deutet ihr den Schlusssatz des Textes?

5 *Eich gibt seiner Parabel den Titel „Episode". Er verfasste sie im Jahre 1968, zu einer Zeit, als sich der politische Protest der jungen Generation u. a. gegen die „Notstandsgesetze" richtete. Könnt ihr die Parabel, wenn ihr sie als politische Satire lest, auch auf andere Situationen übertragen?*

Hannelies Taschau

Parabel (1959)

Im März 1945 war ich sieben Jahre und
entkam der Obhut meiner Großmutter

Ich sprang in die Donau an einer Stelle
von der ich glaubte sie sei grundlos
Als ich zu ertrinken begann wehrte ich
mich
Man zog mich heraus und prügelte Wasser
und Schlamm aus mir
Drei Wochen hütete ich voll Sanftmut das
Bett ohne das Anzeichen irgendeiner
Krankheit
dann lernte ich schwimmen an derselben
Stelle.

1 *Die Parabel steht in einem Band mit dem Titel „Verworrene Route". Findet eine Beziehung zwischen diesem Titel und der „Parabel".*

2 *Formuliert eine Lebensregel, die aus der Erfahrung des erzählten Falls abgeleitet werden kann, und begründet sie am Text.*

!

Die Parabel

- Die Parabel ist eine **Gleichniserzählung.** Sie wird – wie die Fabel, die Kalendergeschichte, das Gleichnis – zur so genannten „Lehrdichtung" gezählt. Die Parabel verlangt Nachdenken, sie belehrt nicht direkt, sondern sie fordert auf, ein eigenes Urteil zu bilden.
- Den Kern einer Parabel bildet meist ein **Vergleich.**
- Ihre Beweiskraft gewinnt die Parabel daraus, dass die Leser hinter dem erzählten Fall (**dem Gesagten**) eine allgemeine Botschaft entdecken (**das Gemeinte**).
- Das Tempus der Parabel ist zumeist das **Präteritum.**

9.2 Franz Kafka: „Der Nachbar“ – Eine schriftliche Interpretation anfertigen

Franz Kafka

Der Nachbar (1917)

Mein Geschäft ruht ganz auf meinen Schultern. Zwei Fräulein mit Schreibmaschinen und Geschäftsbüchern im Vorzimmer, mein Zimmer mit Schreibtisch, Kasse, Beratungstisch, Klubsessel und Telefon, das ist mein ganzer Arbeitsapparat. So einfach zu überblicken, so leicht zu führen. Ich bin ganz jung und die Geschäfte rollen vor mir her. Ich klage nicht, ich klage nicht.

Seit Neujahr hat ein junger Mann die kleine, leer stehende Nebenwohnung, die ich ungeschickterweise so lange zu mieten gezögert habe, frischweg gemietet. Auch ein Zimmer mit Vorzimmer, außerdem aber noch eine Küche – Zimmer und Vorzimmer hätte ich wohl brauchen können – meine zwei Fräulein fühlten sich schon manchmal überlastet –, aber wozu hätte mir die Küche gedient? Dieses kleinliche Bedenken war daran schuld, dass ich mir die Wohnung habe nehmen lassen. Nun sitzt dort dieser junge Mann. Harras heißt er. Was er dort eigentlich macht, weiß ich nicht. Auf der Tür steht: „Harras, Bureau“. Ich habe Erkundigungen eingezogen, man hat mir mitgeteilt, es sei ein Geschäft ähnlich dem meinigen. Vor Kreditgewährung könne man nicht geradezu warnen, denn es handle sich doch um einen jungen, aufstrebenden Mann, dessen Sache vielleicht Zukunft habe, doch könne man zum Kredit nicht geradezu raten, denn gegenwärtig sei allem Anschein nach kein Vermögen vorhanden. Die übliche Auskunft, die man gibt, wenn man nichts weiß.

Manchmal treffe ich Harras auf der Treppe, er muss es immer außerordentlich eilig haben, er huscht förmlich an mir vorbei. Genau gesehen habe ich ihn noch gar nicht, den Büroschlüssel hat er schon vorbereitet in der Hand. Im Augenblick hat er die Tür geöffnet. Wie der Schwanz einer Ratte ist er hineingeglitten und ich stehe wieder vor der Tafel „Harras, Bureau“, die ich schon viel öfter gelesen habe, als sie es verdient.

Die elend dünnen Wände, die den ehrlich tätigen Mann verraten, den Unehrlichen aber decken. Mein Telefon ist an der Zimmerwand angebracht, die mich von meinem Nachbar trennt. Doch hebe ich das bloß als besonders ironische Tatsache hervor. Selbst wenn es an der entgegengesetzten Wand hinge, würde

man in der Nebenwohnung alles hören. Ich habe mir abgewöhnt, den Namen der Kunden beim Telefon zu nennen. Aber es gehört natürlich nicht viel Schlauheit dazu, aus charakteristischen, aber unvermeidlichen Wendungen des Gesprächs die Namen zu erraten. – Manchmal umtanze ich, die Hörmuschel am Ohr, von Unruhe gestachelt, auf den Fußspitzen den Apparat und kann es doch nicht verhüten, dass Geheimnisse preisgegeben werden.
Natürlich werden dadurch meine geschäftlichen Entscheidungen unsicher, meine Stimme zittrig. Was macht Harras, während ich telefoniere? Wollte ich sehr übertreiben – aber das muss man oft, um sich Klarheit zu verschaffen –, so könnte ich sagen: Harras braucht kein Telefon, er benutzt meines, er hat sein Kanapee an die Wand gerückt und horcht, ich dagegen muss, wenn geläutet wird, zum Telefon laufen, die Wünsche des Kunden entgegennehmen, schwerwiegende Entschlüsse fassen, großangelegte Überredungen ausführen – vor allem aber während des Ganzen unwillkürlich durch die Zimmerwand Harras Bericht erstatten.
Vielleicht wartet er gar nicht das Ende des Gesprächs ab, sondern erhebt sich nach der Gesprächsstelle, die ihn über den Fall genügend aufgeklärt hat, huscht nach seiner Gewohnheit durch die Stadt und, ehe ich die Hörmuschel aufgehängt habe, ist er vielleicht schon daran, mir entgegenzuarbeiten.

1 *a) Lest den Text intensiv und notiert eure ersten Eindrücke.*
b) Tauscht eure Notizen untereinander aus und klärt euer Verständnis der Parabel.

1. Schritt: Eine Deutungsthese formulieren

Beobachtungen zum Verhalten der Figuren und zum Erzähler und dessen Einstellung führen zu einer ersten Vermutung, wofür dieser erzählte Fall stehen soll, was auffällig an ihm ist und was überrascht oder irritiert.

Ist das Thema der Erzählung „Der Nachbar" die konkrete Angst des Erzählers um sein Geschäft, ein übertriebenes Misstrauen anderen Menschen gegenüber? Ist es der Wunsch nach absoluter Ruhe (Einsamkeit)?

Konkurrenzangst könnte auch im übertragenen Sinne als allgemeine Lebensangst verstanden werden. Was würde die Parabel besagen, wenn von existenzieller Unsicherheit die Rede wäre?
Was würde dann z. B. die Vermutung des Erzählers bedeuten, dass der Nachbar Harras es darauf angelegt hat, ihm „entgegenzuarbeiten"?

1 *Scheint euch eine der beiden Deutungsthesen für eine Interpretation geeignet? Begründet.*

2 *Formuliert eine eigene Deutungsthese bzw. gestaltet eine der vorliegenden Thesen in eurem Sinne weiter aus.*

2. Schritt: Inhalt und Form der Parabel untersuchen

Die Textanalyse hat die Aufgabe, durch eine genaue Untersuchung des Textes den ersten Deutungsansatz zu untermauern oder aber zu einer Änderung der ersten Einschätzung zu gelangen.

Bei der **Analyse** wird der Text in Einzelschritten und auf Aussageebenen hin untersucht. Danach müssen diese Einzelergebnisse in Beziehung gesetzt werden. Aus der Einordnung der einzelnen Analyseergebnisse in das Gesamtkonzept entsteht dann erst die **Interpretation**.

Zeitgeschichtlicher Kontext

(Lebensumstände des Dichters, Bezug zu Politik, Gesellschaft …)

Inhaltlicher Aufbau
Überschrift, Thema, Motive
Figuren (Charakter, Beziehung, Konstellation)
Handlung, Konflikt

Sprachliche Mittel
rhetorische Mittel (z. B.: Vergleich, Metapher, Symbol, Hyperbel, Klimax, Ellipse)
Auffälligkeiten in Satzbau und Wortwahl

Analyse einer Parabel

Form der Textsorte Parabel
Der Bildteil der Parabel
Handlungsaufbau
Um welches Problem geht es?
Lösung oder deren Andeutung in der Pointe?

Erzählstrategien
Haltung des Erzählers, Perspektive, Darbietungsform
Wie bewertet der Erzähler (implizit) das Erzählte?
Zieht er allgemeine Schlussfolgerungen?
Gibt es eine Ansprache an den Leser?

Der Sachteil der Parabel
Übertragung auf Grund von Ähnlichkeiten zwischen Bildteil und Wirklichkeit (psychologische, historische, philosophische Deutung)

berichtendes, kommentierendes oder szenisches Erzählen (Figurenrede)

Bewertung
(Welche Bedeutung hat die Parabel für heutige Leser?)

1 *Untersucht die Parabel „Der Nachbar“ in Hinblick auf* ***Inhalt und Form****.*
a) Übertragt die Grafik in euer Heft. Wählt dazu ein großes Blatt Papier, lasst großzügig Zwischenräume bei den einzelnen Analyseaspekten.
b) Tragt dann stichwortartig mit einem andersfarbigen Stift die Ergebnisse eurer nachfolgenden Analyse in die Grafik ein.

2 *Geht zunächst auf die* ***Figuren*** *und die* ***Figurenkonstellation*** *der Geschichte ein.*
a) Wie sind die Figuren der Parabel vorgestellt? Lest dazu v.a. auch die ersten beiden Absätze der Erzählung noch einmal genau.
b) In den Zeilen 34–40 findet eine Begegnung der Figuren statt. Wie verläuft diese?
c) Wie stehen die Figuren zueinander? Lässt sich eine Veränderung in der jeweiligen Charakteristik beobachten? Lest hierzu auch noch einmal den ersten und letzten Satz der Geschichte.

3 *Untersucht dann* ***die Erzählperspektive.***
a) Aus welcher Perspektive wird erzählt?
b) Warum erzählt der junge, erfolgreiche Geschäftsmann diese Geschichte? Beantwortet die folgenden Fragen nach dem Erzähler der Parabel aus dem Text:
- ☐ *Will er darauf aufmerksam machen, wie schwer er es im Beruf hat?*
- ☐ *Ist er ein Mensch mit zwei Gesichtern, dem des Machers und dem, der von Verfolgungsängsten gepeinigt wird?*
- ☐ *Sucht er Hilfe bei demjenigen, dem er seine Geschichte erzählt, oder*
- ☐ *möchte er seinem (vermuteten) Konkurrenten Harras schaden?*
- ☐ *Will er erklären, warum er das Gefühl hat, seine Selbstsicherheit zu verlieren?*

4 *Fragt nach besonders auffälligen* ***Motiven*** *des Textes.*
a) Im ersten Absatz ist die Ausstattung des Büros beschrieben, das Telefon ist der wichtigste Arbeitsapparat. Sucht weitere Begriffe, die sich im thematischen Umfeld ansiedeln. Haltet diese in einem Cluster fest.
b) Vergegenwärtigt euch noch einmal das Grundmuster der Parabel (▷ S. 186). Welche Entsprechungen könnten die Motive „Telefon" und „dünne Wände" im Bildteil auf der Sachebene haben?

5 *Beschreibt die* ***sprachlichen Mittel,*** *die der Autor verwendet.*
a) Tragt die Beobachtungen zur Wortwahl und zum Satzbau in eure Grafik ein.
b) Untersucht die Vergleiche, die Übertreibungen, die Beschreibungen des eigenen Verhaltens, die der Erzähler gibt.

6 *Verknüpft die Beobachtungen zu Figuren, Erzähler und sprachlichen Mitteln mit eurem* ***Wissen zur Textsorte*** *Parabel.*
a) Die folgenden beiden Schülertexte konzentrieren sich auf die Beobachtungen „Bedrohung", „Angst" und „Gefahr". Keiner der Begriffe kommt im Text vor. Was leistet hier das Wissen um die Textsorte Parabel?
b) Teilt ihr Verenas Vermutung, es ginge Kafka „um eine andere Form der Angst, über die er am Beispiel dieses ‚Falles' nachdenkt"? Begründet.

Kafkas Geschichte heißt „Der Nachbar"; Herr Harras wird vom Erzähler aber mit einer Ratte verglichen. Das lässt bereits vermuten, dass er ihn für eine Gefahr oder sogar für eine Bedrohung hält. Einen eigentlichen Grund für seine Vermutung hat er nicht, seine Beschuldigungen sind reine Fantasien. Es fragt sich, woher diese kommen [...]
Andreas

Kafka erzählt in seiner Parabel von einem Paranoiker. Genauer genommen lässt er einen solchen zu Wort kommen. Dieser Erzähler stellt sich als ein aufstrebender Geschäftsmann vor, der allerdings den Fehler gemacht hat, seinen Aufstieg nicht genügend abgesichert zu haben. Nun sieht er sich von einem Feind bedroht, der ihn ausspioniert. Ist es Konkurrenzangst, die ihn umtreibt, oder geht es Kafka um eine andere Form der Angst, über die er am Beispiel dieses „Falles" nachdenkt? [...]

Verena

7 *Am Ende der Analyse steht ein* ***Blick auf den Autor.*** *Überlegt, inwieweit ein genaueres Wissen über den Schriftsteller Kafka zu einem besseren Textverständnis beitragen könnte.*

a) Warum lässt der Autor Kafka einen jungen Geschäftsmann über diesen Nachbarn Harras erzählen? Wählt die Auffassung, die euch am plausibelsten erscheint, und tragt alle Beobachtungen am Text zusammen, die euch eure Analyse zur Verfügung stellt.

- ☐ *Macht er auf die Unsicherheit im Erwerbsleben des kleinen selbstständigen Kaufmanns aufmerksam?*
- ☐ *Macht er eine plötzlich auftretende psychische Erkrankung zu seinem Thema (Verfolgungswahn)?*
- ☐ *Geht es ihm um ein Gespür für eine umfassende Bedrohung des Lebens durch eine scheinbar harmlose Umwelt?*

b) Prüft, ob ihr wesentliche Aspekte eurer Analyse in eurem Deutungsansatz unterbringen könnt.

TIPP

- ☐ Auch Informationen über den **biografischen Hintergrund** können in einer Analyse als „Schlüssel" des Textverstehens genutzt werden (im Falle des „Nachbarn" heißt die Frage z. B.: „Was weiß ich über Kafkas Wohnung in der ‚Alchimistengasse'?").
- ☐ Der biografische Hintergrund kann sich auch auf **Zeitumstände** beziehen (den Verdrängungswettbewerb zwischen kleinen Händlern und Geschäftsleuten, wie Kafka ihn im Geschäft seiner Eltern miterleben konnte).

Der Entstehungskontext der Erzählung

Kafka zieht im Sommer 1916 aus der elterlichen Wohnung aus. Seine Schwester Ottla unterstützt ihn dabei. In einem Brief an seine Verlobte Felice Bauer schreibt er:

„Im Sommer ging ich mit Ottla Wohnung suchen, an die Möglichkeit wirklicher Ruhe glaubte ich nicht mehr, immerhin ging ich suchen [...]. Zum Spaß fragten wir in dem kleinen Gässchen nach. Ja, ein Häuschen wäre im November zu vermieten. Ottla, die auch, aber in ihrer Art, Ruhe sucht, verliebte sich in den Gedanken, das Haus zu mieten ..."

Ottla überließ die Wohnung in der „Alchimistengasse" (die vom Burgberg des Hradschins in die Stadt hinunterführt) ihrem Bruder, der sie für sein nächtliches Schreiben nutzte. In dem Brief an Felice erklärt er:

„Heute entspricht es mir ganz und gar. In allem: Der schöne Weg hinauf, die Stille dort, von einem Nachbar trennt mich nur eine sehr dünne Wand, aber der Nachbar ist still genug; ich trage mir das Abendessen hinauf und bin dort meistens bis Mitternacht; dann der Vorzug des Weges nach Hause: Ich muss mich entschließen aufzuhören, ich habe dann den Weg, der mir den Kopf kühlt. Und das Leben dort: Es ist etwas Besonderes, sein Haus zu haben, hinter der Welt die Tür nicht des Zimmers, nicht der Wohnung, sondern gleich des Hauses abzusperren; aus der Wohnungstür geradezu in den Schnee der stillen Gasse zu treten."

8 *Deutet die Parabel vor dem Hintergrund dieses biografischen Wissens. Fragt dazu: Wie könnte die Geschichte entstanden sein? Setzt den nachstehenden Beginn einer Übertragung von der Bildebene auf die Sachebene fort:*
Kafka sucht Ruhe und Einsamkeit für sein Schreiben, aber er befürchtet, dass ...

9 *Kafka ist der Auffassung, dass moderne Literatur wie ein Seismograf die Erschütterungen der Zeit aufzeichnet.*
Was scheint euch das „Moderne" an dieser Parabel zu sein, was das Zeittypische am Verhalten und an den Denkmustern des Erzählers?

3. Schritt: Die schriftliche Ausarbeitung

Im zweiten Schritt habt ihr eine ausführliche Analyse der Parabel „Der Nachbar" geleistet. Nun müsst ihr die einzelnen Ergebnisse miteinander in Beziehung setzen und in eure Gesamtinterpretation einmünden lassen.

1 *Schreibt eine Interpretation zu Franz Kafkas Parabel „Der Nachbar". Nutzt dazu die Ergebnisse eurer Analyse und beachtet das nachfolgende Gliederungsschema.*

!

Gliederungsschema einer schriftlichen Interpretation

- Die **Einleitung** führt an den Text heran und gibt die wichtigsten Informationen, die für den Einstieg in die Interpretation erforderlich sind:
  - kurze Vorstellung des Textes und seiner Autorin/seines Autors;
  - Angaben zur Textart (bei schwer einzuordnenden Texten der Hinweis auf eine Abweichung vom bekannten Muster, z. B.: eine Parabel, deren Bedeutung sich nicht sofort erschließt);
  - das vermutete Thema des Textes und ein Vorschlag zur Deutung im letzten Satz der Einleitung.

- Der **Hauptteil** gibt eine Textbeschreibung: Inhalt, Aufbau und Struktur desselben. Er enthält die Ergebnisse der Analyse und setzt diese in Beziehung zum Kontext der Entstehung. Dabei geht man aus von dem erzählten Geschehen, den Figuren, dem dargestellten Problem.
  Darauf folgen mit Textbelegen gestützte Ausführungen zu folgenden Aspekten:
  - Sprachliche Gestaltung (z. B. auffällige Formulierungen, Wortwahl, Satzbau);
  - Textstellen, die auf eine mögliche zweite Bedeutung verweisen könnten;
  - Erzählstrategie (z. B. Haltung, Perspektive des Erzählers);
  - Wissen zur Textsorte Parabel (z. B. Bild- und Sachteil);
  - das deutungsrelevante Kontextwissen, das eine Deutung besonders effektiv stützt (z. B. zu Autor und Werk, Zeitgeschichte).
- Der **Schluss** dient im Interpretationsaufsatz der zusammenfassenden Positionierung der eigenen Deutung in Form einer eigenen **Schlussfolgerung** oder **Stellungnahme**.

4. Schritt: Textüberarbeitung

Der Schreibprozess ist mit der Niederschrift der Analyse und der Begründung der eigenen Deutung noch nicht abgeschlossen. Oft kommt es vor, dass man beim Schreiben selbst noch interessante Entdeckungen macht, oft erhält man auch nachträglich noch Anregungen durch die Lektüre von Interpretationen, die andere angefertigt haben.
Die erste Fassung sollte daher ergänzt und verbessert werden. Ziel der Textüberarbeitung ist es, einen möglichst geschlossenen, logisch aufgebauten eigenen Text zu erhalten, der die zuvor gesammelten Beobachtungen und die eigene Deutung überzeugend vorstellt.

1 *Überarbeitet euren Textentwurf nach den in der Arbeitstechnik genannten Gesichtspunkten.*

ARBEITSTECHNIK

Kriterien für die Textüberarbeitung

- Kommen Wortwiederholungen vor, die besser ausgetauscht werden?
- Gibt es weniger geglückte Formulierungen, die besser ersetzt werden?
- Müssen neue Übergänge geschaffen werden auf Grund der Einarbeitung neuer Einsichten/Erkenntnisse?
- Sollen fremde Deutungsansätze, die aus der Recherche für die Analyse gewonnen wurden, bei der Überarbeitung der eigenen Deutung berücksichtigt werden? Wenn ja, dann muss kritisch dazu Stellung genommen werden.
- Sind Zitate korrekt verwendet (Zitierweise)?
- Finden sich Absätze bei neuen Gliederungsaspekten, können evtl. Zwischenüberschriften hilfreich sein?
- Sind Rechtschreibung, Zeichensetzung und Syntax richtig?

VORSICHT FEHLER!

„Der Nachbar“ von Franz Kafka

In dieser Geschichte geht es um einen Geschäftsmann der anscheinend gar nicht darüber erfreut ist, dass ein junger Mann der angeblich in ähnlichen Geschäftsbereich tätig ist die leerstehende Nebenwohnung mietet.
Diese Geschichte wird von einem Mann in Ich-Erzählform dargestellt, der ein kleines privates Geschäft führt. Er erzählt über seinen neuen Nachbarn, Harras Bureau der die Nebenwohnung gemietet hat und über die damit zusammenhängenden Ereignisse an seinen Arbeitsplatz. Diese Geschichte wird durch das Misstrauen des Ich-Erzählers gegenüber seinem Nachbarn geprägt. Er ist verunsichert durch die Unwissenheit und durch die Angst vor dem Unbekannten. Dadurch wird sein Zielobjekt der Nachbar automatisch negativ eingestuft (unehrlich, hinterhältig usw.). Durch die dünnen Trennwände zu seinem Nachbarn fühlt er sich in seinen Geschäftsräumen nicht mehr sicher, bloßgestellt, verraten als würde man ihn beobachten. Er glaubt, dass er von seinem Nachbarn ausspioniert und ausgenutzt wird. Er versucht, sich umzustellen, Geheimnisse zu verbergen, das hat Unruhe, Nervosität und auch Unsicherheit als Folge. Sogar seine Fähigkeit, Entscheidungen zu treffen stellt er als unsicher dar.

Meiner Meinung nach will der Verfasser dieser Parabel uns verdeutlichen, dass wir zu schnell Vorurteile gegen Personen bilden, die wir überhaupt nicht kennen. Wir machen uns ein bestimmtes Bild von der Person und weisen ihr Eigenschaften zu, die kaum der Realität entsprechen. Misstrauen, Unverständnis und Konflikte können die Folge solcher Vorurteile sein.

In Franz Kafkas Erzählung wird der Verfall des Selbstwertgefühls eines Menschen geschildert. Der Auslöser für diesen Abstieg ist eine Veränderung im persönlichen Umfeld dieser Person. Als Erzählform wurde der Ich-Erzähler gewählt, der seine Erkenntnisse in Form eines Berichtes formuliert. Daraus resultiert, dass der Bericht auch ausschnittsweise erbracht werden kann. Die Erzählung „Der Nachbar“ ist ein solcher Ausschnitt.
Die Erzählung ist in zwei Abschnitte gegliedert. Die Zeilen 1–9 erwecken beim Leser den Eindruck, dass der Erzähler zufrieden ist. Ab der Zeile 10 ist ein schlagartiger Umschwung zu verzeichnen. Von anfänglicher Unruhe bzw. Nervosität steigert sich die Handlung bis zur Depression am Ende. Der Erzähler zeigt Reue über die Unschlüssigkeit, selbst die Wohnung anzumieten.
Die Unruhe steigert sich. Fehlende Informationen regen dazu an, wüste Spekulationen anzustellen.
Kafka erreicht mit seiner Erzählperspektive, dass der Eindruck entsteht, er sei ein Betroffener.

2 *Prüft in einer **Redaktionssitzung**, ob die oben abgedruckten Aussagen und Deutungsansätze*
- ☐ *„haltbar“ und durch Textstellen belegt sind;*
- ☐ *mit eurer eigenen Interpretation übereinstimmen;*
- ☐ *als Anregung für eine eigene Überarbeitung hilfreich sind;*
- ☐ *einen Gedanken enthalten, der euch noch fehlt;*
- ☐ *klar und unmissverständlich formuliert sind.*

Wendet auch die Kriterien der Textüberarbeitung an (siehe Arbeitstechnik).

9.3 Projekt: Parabeln umgestalten am Beispiel von „Gibs auf!“

Man kann eine Parabel so umgestalten, dass der Sinn des Textes im Rahmen seines Deutungsspielraums eine neue, eigene Akzentuierung erfährt. Der Träumende in Kafkas „Eine kaiserliche Botschaft“ könnte den Boten im Traum über alle Hindernisse hinweg zu sich heranziehen, der Nachbar Harras könnte eine Parallelgeschichte erzählen usw.
Die ersten Autoren, die Kafka in diesem Sinne „produktiv“ gelesen haben, waren Dichter, Schriftsteller, Intellektuelle, die aus politischen Gründen ins Exil gehen mussten.
Nach ihrem Beispiel könnt ihr selbst Handlung oder Figurenkonstellation umbauen, um eure Sicht auf ein Kafka'sches Problem zum Ausdruck zu bringen.

Eigenhändige Skizzen Kafkas.

Ein Experiment mit einer Parabel – Schreiben als Gedächtnistest

Franz Kafka

Gibs auf! (1922)

Es war sehr früh am Morgen, die Straßen rein und leer, ich ging zum Bahnhof. Als ich eine Turmuhr mit meiner Uhr verglich, sah ich, dass es schon viel später war, als ich geglaubt hatte, ich musste mich sehr beeilen, der Schrecken über diese Entdeckung ließ mich im Weg unsicher werden, ich kannte mich in dieser Stadt noch nicht sehr gut aus, glücklicherweise war ein Schutzmann in der Nähe, ich lief zu ihm und fragte ihn atemlos nach dem Weg. Er lächelte und sagte: „Von mir willst du den Weg erfahren?“ „Ja“, sagte ich, „da ich ihn selbst nicht finden kann.“ „Gibs auf, gibs auf“, sagte er und wandte sich mit einem großen Schwunge ab, so wie Leute, die mit ihrem Lachen allein sein wollen.

1 *Eine Schülerin oder ein Schüler liest die Parabel ausdrucksvoll vor. Nach zweimaligem Anhören schreiben alle möglichst wörtlich auf, was sie vom Text behalten haben.*

2 *Aus dem Unterschied zwischen Original und Nachschrift soll dann ermittelt werden, wie das Gehörte im Kopf angekommen ist. Was war so wichtig, dass es wörtlich wiederkehrt, was wird nur zusammenfassend resümiert, wo werden eigene Wörter hinzuerfunden – und warum?*

Eine Nachschrift wird vorgelesen:

Eines Morgens, als die Straßen noch rein und leer waren, ging ich zum Bahnhof. Da ich schon sehr spät dran war, verglich ich meine Uhrzeit mit der Turmuhr. Da stellte ich mit Schrecken fest, dass ich nicht mehr viel Zeit hatte. Vor lauter Panik wusste ich nicht mehr, in welcher Richtung es zum Bahnhof ging. Zu meinem Glück stand an der Kreuzung ein Polizist. Ich fragte, ob er mir den Weg zum Bahnhof beschreiben könne, da ich fremd in der Stadt sei. Der Polizist sagte: „Gibs auf, gibs auf" (Original, Z. 13). Er wandte sich abrupt ab, wie jemand, der sein Lachen nicht zeigen möchte.

Beobachtungen beim Vortrag der Nachschrift:

Der Vortrag des Kafka'schen Originals war von ruckigen, harten Gesten unterstrichen („Es war sehr früh am Morgen, die Straßen rein und leer, ich ging zum Bahnhof" [Original, Z. 1–2]), die Lektüre der Nachschrift dagegen von fließenden Bewegungen begleitet („Eines Morgens, als die Straßen noch rein und leer waren, ging ich zum Bahnhof" [Nachschrift, Z. 1–2]).

Beim Textvergleich fällt auf:

- Früh und spät – dieser Gegensatz, der die Angst des Erzählers ausmacht, ist nicht bemerkt (= weggelassen).
- „Der Schrecken [...] ließ mich [...] unsicher werden" (Original, Z. 5–7) – „Da stellte ich mit Schrecken fest [...] Vor lauter Panik" (Nachschrift, Z. 4–6): Der Schrecken scheint dem Zuhörer von großer Bedeutung, er besetzt ihn mit zwei Wörtern, das eine davon kam im Original nicht vor. Dafür fehlen andere Begründungen: „Ich kannte mich [...] noch nicht gut aus" (Original, Z. 7–8).
- Der Mini-Dialog zwischen Polizist und Erzähler wird nicht als Dialog wiedergegeben, am Ende des Gedächtnistests treten die eigenen Formulierungen mehr und mehr an die Stelle der exakt erinnerten Formulierungen.

3 *Orientiert euch bei der Besprechung eurer Texte an folgenden Fragen:*
- *Worauf führt ihr zurück, dass Kafkas Text anders vorgelesen wurde als die eigenen Nachschriften?*
- *Wie erklärt ihr, dass die Zuhörer mehr Satzverknüpfungen gehört haben als vorgelesen wurden?*
- *Wie erklärt ihr, dass der Dialog zwischen Polizist und Erzähler in indirekte Rede umgewandelt wurde?*

4 *Verfasst eine Parallelgeschichte zu „Gibs auf!".*

5 *Vergleicht eure Erzählungen. Welche Parallelfälle zum Uhrenvergleich und zur Begegnung mit einem Schutzmann habt ihr aufgegriffen? Welche Ergebnisse (Pointen) sind euch eingefallen? Wo liegt die Überraschung für die Leser?*

Ein deutscher Jude im Pariser Exil – Schreiben nach literarischem Vorbild

Zu den ersten intensiven Lesern Kafkas gehörten jüdische Autoren im Exil. Kurt Tucholsky zum Beispiel und Anna Seghers lasen ihn in Paris.
Auch Bertolt Brecht zählte zu der kleinen Gruppe der Autoren, die in Kafkas Parabeln literarische Verarbeitungen von Erfahrungen sahen, die den eigenen im Exil ähnlich waren.

Stephan Hermlin

Ein Maler in Paris (1947)

Stephan Hermlin *(1915–1997) war einer der bekanntesten Schriftsteller der DDR. Zunächst machte er eine Lehre als Drucker und trat früh in die KPD ein. Als Sohn jüdischer Einwanderer emigrierte er 1936 nach Frankreich, nach dem Einmarsch der Deutschen in Paris nach Palästina. Seit 1947 lebte Hermlin in Ost-Berlin und arbeitete für bekannte Zeitschriften der DDR. Im Auftrag Erich Honeckers organisierte er die erste Berliner Begegnung von Schriftstellern aus Ost und West. Nach 1996 wurde an Hermlins fiktiver Autobiografie „Abendlicht“ (1979) kritisiert, dass Hermlin sich als Mitglied der französischen Résistance ausgegeben habe. Hermlin war Nationalpreisträger der DDR.*

Drei- oder viermal kamen ihm Passanten entgegen, und jedesmal glaubte er, neugierig-unverschämte Blicke oder ein ironisches Lächeln zu erspähen. Wohin ging er eigentlich? Seine Wohnung war nicht weit, auch wäre es Zeit gewesen, ein Restaurant aufzusuchen, um das Mittagsmahl einzunehmen, aber der Gedanke an Speisen und Speisengeruch brachte ihm ein Würgen in die Kehle. Er fühlte sich einer Ohnmacht nahe, und immer stärker meinte er versteckten Hass und anonyme Drohung um sich zu spüren. An der Ecke des Boulevard St. Germain stieß er fast mit zwei jungen Männern zusammen, die ihm anscheinend den Weg verstellen wollten. Der eine, dunkelhäutig und mit ölig schillerndem schwarzem Haar, schnitt eine Grimasse, während sein Kumpan etwas Unverständliches rief und heiser auflachte. All sein Blut strömte dem Maler vom Herzen weg. Die Straße füllte sich Stück für Stück mit sausender Stille – nur die rätselhafte Bewegung der beiden Fremden blieb, ihre unverständlichen Worte, ihr herzbeklemmender Hohn. In diesem Augenblick erblickte Reichmann an der gegenüberliegenden Ecke einen Polizeibeamten, der, die Mütze schief auf dem Kopf, das Mäntelchen kokett um die Schultern geworfen, mit träger Grazie seinen weißen Stab kreisen ließ. Reichmann legte sich keine Rechenschaft ab über sein Tun – in aufwallender Erleichterung ging, ja lief er auf den Beamten zu und bat ihn in hartem Französisch um Schutz vor der Belästigung, deren Urheber seine zitternde Hand über die

Schulter hinweg bezeichnete. Der Agent[1] maß ihn, ohne sein Spiel mit dem Stab zu unterbrechen, mit jener übertrieben höflichen Aufmerksamkeit, die das stets gerechtfertigte Misstrauen des Gesetzesvertreters gegenüber dem ordinären Bürger nicht verbergen, sondern unterstreichen soll. „Machen Sie, daß Sie weiterkommen", pfiff er plötzlich durch die Zähne, und einer erneuten Beteuerung seines Notstands seitens des Malers kam er durch die nochmalige schroffe Aufforderung zum Weitergehen zuvor: „Hauen Sie ab, Herr, ehe ich mich ärgere! Allez-y, circulez![2]" Der Beamte fasste den Dachfirst des gegenüberliegenden Hauses ins Auge, während Reichmann, die hinter ihm aufklingende Lache noch im Ohr, blind vor Scham und Angst den Boulevard hinabtaumelte. R

1 **Agent:** eigentlich: agent de police, frz: für Polizist
2 **allez-y, circulez!:** frz. für: Weitergehen!

1 *Vergleicht die Situation, in der sich der Erzähler in Kafkas Parabel „Gibs auf!" befindet, mit der des Malers. Achtet auf das Anliegen des Fußgängers und auf das Verhalten des Schutzmanns. Welchen Einfluss haben die Unterschiede auf die mögliche Bedeutung der Parabel?*

2 *Wie ändert sich euer Verständnis des Textes „Ein Maler in Paris", wenn ihr berücksichtigt, dass Hermlin*
a) sich im Jahre 1941/42 als untergetauchter (polizeilich nicht gemeldeter) deutscher Jude versteckt halten musste,
b) Kafkas Erzählung „Gibs auf!" in einem von Max Brod herausgegebenen Nachlassband gelesen hat?

3 *Schreibt Hermlins „Ein Maler in Paris" in eine Kafka'sche Parabel um.*

Ich bin allein in der großen Stadt. Mein Zimmer, das ich unter falschem Namen gemietet habe, geht auf einen Hinterhof. Angemeldet habe ich mich nicht, ich muss vorsichtig sein. Es gibt französische Behörden, die mit den deutschen Besatzern zusammenarbeiten. Wie lange werde ich mich in dem Labyrinth der Großstadt verstecken können, gibt es Verräter, gibt es Häscher? Wann werde ich weiter fliehen müssen? […]

4 *Erzählt selbst von einer Situation, in der ihr eine vergleichbare Erfahrung gemacht habt wie Kafkas Erzähler oder dieser „Illegale" in Paris: Ihr habt die Orientierung verloren, ihr fühlt euch von jemandem verfolgt oder bedroht und sucht Hilfe oder Unterstützung. Achtet darauf, dass ihr auf einen irritierenden Schluss zuschreiben müsst, der den Fall zu einer Parabel macht.*

10 Jugend und Erwachsenwerden – Romanauszüge interpretieren

1 *Analysiert die Collage aus einer 10. Klasse daraufhin, welche Vorstellung von Jugend vermittelt wird.*

2 *Schreibt an den Jugendlichen, der diese Collage erstellt hat, einen Brief mit eurer Stellungnahme.*

3 *Fertigt selbst eine Collage zum Thema „Jugend“ an.*

10.1 Konfrontationen – Romane aus verschiedenen Zeiten vergleichen

„Ich" und „sie" – Vom Erwachsenwerden erzählen im 20. und 21. Jahrhundert

Sven Regener

Neue Vahr Süd (2004)

Sven Regener, 1961 in Bremen geboren, wurde bekannt als Songschreiber und Sänger der Berliner Band „Element of Crime". 2001 veröffentlichte er den Roman „Herr Lehmann", der bald die Bestsellerlisten anführte und verfilmt wurde. Der Roman bietet eine hochkomische Studie des Kreuzberger Milieus im Wendejahr 1989 aus der Sicht des in den Tag hinein lebenden 30-jährigen Bierzapfers Frank Lehmann. 2004 folgte Regeners zweiter Roman „Neue Vahr Süd", der die Jugend Frank Lehmanns in Bremen erzählt, 2008 der dritte Roman „Der kleine Bruder".

Am letzten Tag, bevor er zur Bundeswehr musste, war Frank Lehmann in keiner guten Stimmung. Es war der 30. Juni, ein Montag, und er hatte nichts zu tun, es gab nicht einmal irgendwelche Scheinaktivitäten, in die er sich hätte stürzen können, um seine Gedanken von der unausweichlichen Tatsache abzulenken, dass er sich am nächsten Tag in der Niedersachsen-Kaserne in Dörverden/Barme einzufinden hatte, um dort seinen Dienst als Soldat zu beginnen. Das schöne Wetter machte die Sache nicht besser, im Gegenteil, hätte es wenigstens geregnet, dann hätte er vielleicht zu Hause in seinem Zimmer bleiben können, wäre mit einem Buch und einer Tasse Tee auf seinem Bett liegen geblieben und hätte den Tag vergammelt, aber das ging bei schönem Wetter nicht.

Genau das impfen sie einem als kleinem Kind schon ein, dachte er, als er am Vormittag in seinem alten Opel Kadett sinnlos durch Bremen fuhr, dass man bei schönem Wetter auf keinen Fall zu Hause bleiben darf, das kriegt man nie wieder raus, dachte er, als er sich ein bisschen am Osterdeich ans Weserufer setzte und darauf wartete, dass ein Bockschiff vorbeikäme, dem er hinterherschauen konnte, dabei ergibt das für jemanden, der zwanzig Jahre alt ist und gerade ausgelernt hat, überhaupt keinen Sinn, bei schönem Wetter draußen herumzuhängen, dachte er, als er wieder im Auto saß und zurück in die Neue Vahr Süd fuhr, einem großen Neubauviertel im Osten von Bremen, wo er noch immer bei seinen Eltern wohnte, und das ist ja auch Quatsch, mit zwanzig noch bei seinen Eltern zu wohnen, dachte er, eigentlich ist das eine Schande, Manni wäre das nie passiert, dachte Frank und merkte wieder einmal, wie sehr ihm sein großer Bruder fehlte, seit der aus Bremen weg nach Berlin gegangen war. Mit Manni hätte er sich jetzt gerne unterhalten, Manni hätte irgendwas gesagt, das einen aufgemuntert hätte, dachte er, als er durch das Einkaufszentrum Berliner Freiheit schlenderte, Manni weiß immer irgendeinen Ausweg, oder jedenfalls sagt er immer etwas, das die Sache in einem anderen Licht darstellt, dachte er, oder er hat irgendeine Idee, obwohl er, was diese Bundeswehrsache betrifft, auch nur Quatschideen im Kopf hatte, dachte Frank, aber ich habe noch nicht einmal das, dachte er, bei mir reicht's noch nicht einmal für Quatschideen, ich weiß noch nicht einmal, wie alles überhaupt so weit kommen konnte.

Irgendwas ist schiefgelaufen, dachte er und setzte sich, des Schlenderns durch das Einkaufszentrum Berliner Freiheit müde geworden, auf eine Mauer mit Blick auf den Vorplatz des Bürgerzentrums, so viel ist mal klar. Da unten war zum Beispiel mal der Minigolfplatz, dachte er fahrig, der ist nun auch weg, und Manni auch, und ich ab morgen irgendwie auch, und so müssen sich Arbeitslose vorkommen, dachte er, ich hätte die Lehre nicht machen sollen, das war schon mal ein Fehler, die hat mich irgendwie rausgehauen, aus der Kurve getragen, dachte er, man verliert seine alten Freunde, wenn man eine Lehre macht, jedenfalls die aus der Schule, dachte Frank, und man gewinnt nicht viele neue dazu, genauer gesagt gar keine, dachte er, letztendlich ist nur Martin Klapp übrig geblieben, und der ist untauglich, außerdem bin ich zu alt für die Bundeswehr, dachte er, und alle anderen haben verweigert und fahren Behinderte, wie Ralf Müller, und der ist auch schon fast fertig damit, und danach studieren sie oder was, dachte er, und ich bin gelernter Speditionskaufmann und wohne noch bei meinen Eltern und muss zum Bund, wer konnte damit rechnen, und wenn man schon wie ein Arbeitsloser hier rumhängt, dann kann man auch gleich in den Vahraonenkeller gehen, dachte er und stieg kurzentschlossen aus der sonnendurchfluteten Berliner Freiheit hinab in den Vahraonenkeller, in dem er früher, als er noch gegenüber auf das Gymnasium an der Kurt-Schumacher-Allee gegangen war, immer seine Freistunden und auch die unentschuldigten und entschuldigten Fehlstunden verbracht hatte, die seiner Schulkarriere schließlich das Genick gebrochen hatten.
Wahrscheinlich ein Fehler, hier reinzugehen, dachte er, als er den grottenhaften Raum betrat, in dem nur ein paar Trinker fortgeschrittenen Alters herumsaßen, von ein paar Schülern einmal abgesehen, die – wie um ihm einen Spiegel vorzuhalten – in einer der Sitzbuchten saßen und miteinander schwatzten und lachten, es war damals schon ein Fehler, hier reinzugehen, aber da hat es wenigstens Spaß gemacht, dachte er, heute ist es nur noch

falsch. Er setzte sich so weit wie möglich von den Schülern weg an einen leeren Tisch und bestellte eine Tasse Tee. Das ist Quatsch, das hätte man gleich lassen können, das ist jetzt alles Vergangenheit, dachte er, im Vahraonenkeller sitzen und Tee trinken, das bringt nichts, man muss nach vorne schauen, dachte er, aber als er da so saß, in seinem Tee rührte und nach vorne schaute, sah er da nur die Bundeswehr, die in Dörverden/Barme auf ihn wartete, dahinter war gar nichts, er hatte nicht den Hauch einer Ahnung, was er danach machen sollte, außer vielleicht in seinem erlernten Beruf weiterarbeiten, aber das geht ja auch nicht, das ist ja total sinnlos, wenn man so einen Quatsch wie die Bundeswehr durchzieht und dann einfach da wieder weitermacht, wo man vorher aufgehört hat, dachte er.

1 a) *Stellt alle Informationen zur Lebenssituation und Befindlichkeit der Hauptfigur zusammen und erarbeitet auf dieser Basis in Zweierteams ein Interview mit Frank Lehmann. Das Interview könnte ein Journalist führen, der ein Rundfunkfeature über die Jugend der Zeit plant.*
b) *Tragt eure Interviews in einem Rollenspiel vor und lasst dabei in Haltung, Gestik, Mimik und Sprechweise eure Vorstellung von Frank Lehmann lebendig werden.*

2 *„Genau das impfen sie einem als kleinem Kind schon ein." (▷ Z. 19–20) Erläutert, wer mit dem Pronomen „sie" gemeint ist und in welchem Verhältnis die Hauptfigur und diese Personen zueinander stehen.*

3 *Fasst eure Eindrücke von Frank Lehmann in einer kurzen Charakteristik zusammen.*

4 *Wie wird Frank Lehmanns Leben weiter verlaufen? Schreibt ein* **Exposé** *zu einer möglichen Fortsetzung der Eingangssequenz des Romans.*

5 *Untersucht, wie der Romaneingang erzähltechnisch aufgebaut ist.*
a) *Markiert dazu auf einer Folie, die ihr über den Text legt, wo der Erzähler spricht und wo er die Äußerungen oder Gedanken einer Figur (Figurenrede) in direkter Form wiedergibt. Wertet eure Markierungen aus, indem ihr Aussagen über die Erzählperspektive macht.*
b) *Wählt einen der drei letzten Abschnitte aus und schreibt ihn in der Weise um, dass ihr alle Anmerkungen des Erzählers weglasst, sodass nur die Hauptfigur mit ihren Gedanken in der Ich-Form (innerer Monolog) zu Wort kommt.*
c) *Stellt fest, inwiefern sich die Wirkung ändert und worin die Funktion der Erzählereinschübe im Originaltext besteht.*

!

Exposé
Mit **Exposé** ist allgemein ein kurzer, skizzenhafter Entwurf zur Erläuterung eines Sachverhalts, einer Situation oder eines Plans gemeint.
Auf literarische Werke bezogen soll in diesem der grobe Handlungsgang vorgestellt werden. Es skizziert die Hauptfiguren und gibt die thematische Grundlinie wieder. Das Exposé ist meist nur einige Seiten lang und enthält weder Dialoge noch Einzelheiten.

Wolfgang Koeppen

Jugend (1976)

Der Schriftsteller Wolfgang Koeppen, geb. 1906 in Greifswald, ging in die Literaturgeschichte mit den drei Romanen „Tauben im Gras" (1951), „Das Treibhaus" (1953) und „Der Tod in Rom" (1954) ein. Er setzte sich darin kritisch mit der gesellschaftlich-politischen Entwicklung in der jungen Bundesrepublik auseinander und gab mit seiner höchst kunstvollen Erzähltechnik der neuen deutschen Literatur nach dem Kriege wichtige Impulse. 1976 veröffentlichte er die Erzählung „Jugend", Fragment eines umfangreicheren Romanprojekts, das aber bis zu seinem Tod 1996 niemals ausgeführt wurde. In 54 bruchstückhaften Textpassagen erzählt er in enger Anlehnung an die eigene Biografie eine Kindheit und Jugend in der kleinen Hansestadt Greifswald zur Zeit des Ersten Weltkriegs. In der folgenden Passage geht der Ich-Erzähler auf seine Zeit als Jugendlicher in den ersten Jahren der Weimarer Republik nach Deutschlands Niederlage im Ersten Weltkrieg ein.

In meiner Stadt war ich allein. Ich war jung, aber ich war mir meiner Jugend nicht bewusst. Ich spielte sie nicht aus. Sie hatte keinen Wert. Es fragte auch niemand danach. Die Zeit stand still. Es war eher ein Leiden. Doch es gab keinen, der mir glich.

Ich trieb mich herum. Ich war unterwegs. Ich war auf den Straßen und Plätzen. Ich fiel überall auf. Ich hatte kein Ziel. Ich stellte mich mitten auf den Markt. Ich war unnütz; das gefiel mir. Ich genoss es, auf dem Markt zu stehen. Einfach nur so. Ich hatte nichts anzubieten. Nicht einmal mich selbst. Ich kaufte nichts. Ich wollte nicht teilhaben. Ich verachtete sie. Ich kannte die Kurse nicht. Ich fragte nicht nach dem Preis.

Ich ging absichtlich gebeugt. Ich wünschte mir einen Buckel. Ich wollte ausgestoßen sein. Sie sollten es sehen. Sie sahen es. Ich hörte sie und hörte sie nicht. Sie riefen hinter mir her. Sie höhnten, geh, hol dir den Krankenschein zum Haareschneiden. Ich war in keiner Krankenkasse; ich war stolz, in keiner Kasse zu sein. Es berührte mich nicht. Sie schrien Bubikopf, Bubikopf. Das schulterlange Haar stand mir für eine bessere Welt. Ich zog meine Schuhe aus, knüpfte sie zusammen, hängte sie über die Schulter, ging barfuß weiter.

So fühlte ich die Stadt. Sie war unter meinem Fuß. Sie war hart und kalt. Die anderen merkten es nicht. Viele liebten Stiefel. Sie marschierten gern. Sie hatten den Krieg verloren. Sie würgten an der Niederlage und hassten die Republik. Sie sagten, wenn wir die Wehrpflicht hätten. Sie riefen, die Hammelbeine lang ziehen. Sie kniffen die Augen zusammen. Sie hofften, mich zu zerschneiden. Sie hatten alle nur ein Gesicht.

Ich war nicht traurig. Ich amüsierte mich. Ich war der Ritter von der traurigen Gestalt. Das war lustig. Ich sehnte mich nach Freuden. Ich wollte es bunt. Ich fand sie komisch, wie sie die Augen zusammenkniffen, die Stirn in strenge Falten legten, die eiserne Zeit des Krieges beschworen und die Toten vergessen hatten. Ich versagte mir das Lachen. Ich dachte an die Leichenfelder, an die Siege, die wir gefeiert hatten.

[...]

Ich zündete die Stadt an. Erdmanns Warenhaus brannte. Eine Fackel in der Nacht. Das Rathaus brannte. Meine Stammrolle verbrannte. Das war gut. In Flammen stand das Gericht. Ich öffnete das Gefängnis. Ich verteilte die Waren der Geschäfte an die Armen und die befreiten Gefangenen. Aus Buggenhagens Buchhandlung bekam jeder ein Buch. Das Geld der Sparkasse auf die Straße. Kinder spielten mit den Scheinen, formten Schiffchen, setzten sie in die Gosse.

Vielleicht liebte ich die Stadt. Ich stülpte sie um. Ich vernichtete ihre Ordnung. Ich störte die Feier.

[...]

Ich ruhte, wo ich im Weg war. Ich legte mich auf die Straße, lang vor die Türen. Ich saß auf den Stufen zu den Denkmalen toter Männer. Ich streckte mich ins Gras der Verschönerungen, dem Schutz der Bürger empfohlen.

[...]

Ich versuchte die Stadt. Ich war ein Ärgernis. Ich wollte ein Ärgernis sein. Die Ordnung beobachtete mich. Die Bürger mikroskopierten mich in ihren Fensterspiegeln. Sie sahen ein Ungeheuer. Die Ordnung fühlte sich herausgefordert und wünschte ein Gesetz. Alle Ertüchtiger bliesen zur Jagd. Sie pirschten sich ran. Sie umstellten mich. Sie bauten Fallen, in die ich nicht fiel. Ich tat nichts. Ich tat keinem etwas. Das war verdächtig. Das war böse.

Ich wollte ich sein, für mich allein.

1 *Schreibt in der Er-Form ein Porträt des jugendlichen Protagonisten. Geht dabei auch auf die Zeitumstände ein, in denen er lebt.*

2 *„Ich verachtete sie.“ (Z. 14)*
a) Sucht alle Textstellen heraus, die klären, wer mit dem Pronomen „sie“ gemeint ist.
b) Erläutert, warum der Ich-Erzähler diese Personen verachtet.

3 *„Ich zündete die Stadt an.“ (Z. 50) Wie versteht ihr den Abschnitt, der mit diesem Satz beginnt? Begründet euer Verständnis.*

4 *Die Textpassage kann als* ***innerer Monolog*** *des Erzählers betrachtet werden, der sich an seine Jugend erinnert. Bestimmt die sprachlich-stilistischen Mittel, die diesen inneren Monolog des sich erinnernden Ich-Erzählers kennzeichnen, und beschreibt ihre Wirkung.*

!

Innerer Monolog
Eine Form, Bewusstseinsströme literarisch festzuhalten, ist der **innere Monolog:** In der Ich-Form werden die spontanen, sprunghaft-assoziativen Gedanken des Erzählers oder einer Figur wiedergegeben. Die verschiedenen Dimensionen und Bewegungen des menschlichen Bewusstseins, auch die seelisch-geistigen Tiefenbereiche und das Tabuisierte, das in nach außen gewandter Rede sonst nicht zum Ausdruck kommt, werden in diesem inneren Gespräch zur Sprache gebracht.

5 *Vergleicht das Bild von einem Jugendlichen, das in diesem Erinnerungsmonolog vermittelt wird, mit dem in Sven Regeners Romananfang von 2004 (▷ S. 200).*

Empfindsamkeit und Leidenschaft – Auszüge aus zwei Kultromanen Ende des 18. Jahrhunderts

Sophie von La Roche

Geschichte des Fräuleins von Sternheim (1) (1771)

Sophie von La Roche (1730–1807) ist als erste deutsche Romanautorin in die Literaturgeschichte eingegangen. Allerdings wurde ihre „Geschichte des Fräuleins von Sternheim" zunächst noch anonym von Christoph Martin Wieland, einem der bekanntesten Schriftsteller der Aufklärung und Jugendfreund Sophie von La Roches, herausgegeben. La Roche war bürgerlicher Herkunft, gehörte seit ihrer Heirat aber zum Adel und war in der Lage, in ihrem Haus einen der in der damaligen Zeit beliebten literarischen Salons zu führen. Ihre publizistische Bedeutung bestand auch darin, dass sie die erste deutsche Frauenzeitschrift herausgab. Mit ihrem Roman schuf sie eine weibliche Idealfigur für die Jugend ihrer Zeit, für die sie, mit einem Ausdruck von heute, zu einer Kultautorin wurde. Sie schildert darin das Schicksal eines Mädchens, das behütet und nach den Prinzipien der Aufklärung erzogen auf dem Gut eines Landedelmanns heranwächst. Aus dieser heilen Welt gerät sie mit 19 Jahren in das gräfliche Haus ihres Onkels und ihrer Tante in der Residenzstadt D. Sie erlebt voller Abscheu die Welt eines fürstlichen Hofes, in der ihre Tante und deren Freundin, die Gattin des Ministers Graf F., eine fatale Rolle spielen, indem sie versuchen, die jugendliche Heldin des Romans zur Mätresse des Fürsten zu machen, um ihren eigenen Einfluss am Hofe zu stärken. Zwei für die Geschicke des Fräuleins von Sternheim wichtige Figuren sind noch Lord Seymour und Lord Derby, Mitglieder einer englischen Gesandtschaft am Hofe. Die beiden ganz entgegengesetzten Charaktere werden zu Verehrern des Fräuleins, deren Sympathie ganz eindeutig dem ihr seelenverwandten Seymour gehört. Derby entpuppt sich dagegen mehr und mehr als Repräsentant der menschenverachtenden, intriganten Hof- und Adelsgesellschaft.

Mylord Derby an seinen Freund B.

Der Graf F. [...] gab letzthin dem ganzen Adel auf seinem Gute ein recht artig Festin, wobei wir alle in Bauerkleidungen erscheinen mussten.

Wir kamen nachmittags zusammen, und unsre Bauerkleider machten eine schöne Probe[1], was natürlich edle, oder was nur erzwungene Gestalten waren. Wie manchem unter uns fehlte nur die Grabschaufel oder die Pflugschare, um der Bauerknecht zu sein, den er vorstellte; und gewiss, unter den Damen war auch mehr als eine, die mit einem Hühnerkorbe auf dem Kopfe, oder bei der Melkerei nicht das geringste Merkmal einer besondern Herkunft oder Erziehung behalten hätte. Ich war ein schottischer Bauer, und stellte den kühnen entschlossnen Charakter, der den Hochländern eigen ist, ganz natürlich vor; und hat-

1 **... Probe:** unsere Bauernkleider zeigten ganz deutlich

te das Geheimnis gefunden, ihn mit aller der Eleganz, die, wie du weißt, mir eigen ist, ohne Nachteil meines angenommenen Charakters, zu verschönern. Aber diese Zauberin von Sternheim war in ihrer Verkleidung lauter Reiz und schöne Natur; alle ihre Züge waren unschuldige ländliche Freude; ihr Kleid von hellblauem Taft, mit schwarzen Streifen eingefasst, gab der ohnehin schlanken griechischen Bildung ihres Körpers[2] ein noch feineres Ansehen und den Beweis, dass sie gar keinen erkünstelten Putz[3] nötig habe. Alle ihre Wendungen waren mit Zauberkräften vereinigt, die das neidische Auge der Damen, und die begierigen Blicke aller Mannsleute an sich hefteten. [...]
Sie war munter und sprach mit allen Damen auf das Gefälligste. Ihre Tante und die Gräfin F. überhäuften sie mit Liebkosungen, sie dachten dadurch das Mädchen in der muntern Laune zu erhalten, in welcher sie ihre Gefälligkeit auch auf den Fürsten ausbreiten könnte[4].
[...]
Meine Leidenschaft kostete mich herkulische[5] Mühe, sie im Zügel zu halten; aber schweigen konnte ich nicht, sondern haschte jede Gelegenheit, wo ich an dem Fräulein von Sternheim vorbeigehen, und ihr auf Englisch etwas Bewunderndes sagen konnte. Aber etliche Mal hätte ich sie zerquetschen mögen, da ihre Blicke, wiewohl nur auf das Flüchtigste, mit aller Unruh der Liebe nach Seymour gerichtet waren. Endlich entschlüpfte sie unter dem Volke, und wir sahen sie auf die Türe des Gartens vom Pfarrhofe zueilen; man beredete sich darüber, und ich blieb an der Ecke des kleinen Milchhauses stehen, um sie beim Zurückkommen zu beobachten. Ehe eine Viertelstunde vorbei war, kam sie heraus. Die schönste Karminfarbe[6] und der feinste Ausdruck des Entzückens war auf ihrem Gesicht verbreitet. Mit leutseliger Güte dankte sie für die Bemühung etlicher Zuseher, die ihr Platz geschafft hatten. Niemals hatte ich sie so schön gesehen als in diesem Augenblick; sogar ihr Gang schien leichter und angenehmer als sonst. Jedermann hatte die Augen auf sie gewandt, sie sah es, schlug die ihren zur Erden, und errötete außerordentlich. In dem nämlichen Augenblick kam der Fürst auch mitten durch das Gedränge des Volks aus dem Pfarrgarten heraus. Nun hättest du den Ausdruck des Argwohns und des boshaften Urteils der Gedanken über die Zusammenkunft der Sternheim mit dem Fürsten sehen sollen, der auf einmal in jedem spröden, koketten und devoten[7] Affengesicht sichtbar wurde; und die albernen Scherze der Mannsleute über ihre Röte, da sie der Fürst mit Entzücken betrachtete. Beides wurde als der Beweis ihrer vergnügten Zusammenkunft im Pfarrhaus aufgenommen, und alle sagten sich ins Ohr: Wir feiern das Fest der Übergabe dieser für unüberwindlich gehaltnen Schönen. Die reizende Art, mit welcher sie dem Fürsten etwas Erfrischung brachte; die Bewegung, mit der er aufstund, ihr entgegenging und bald ihr Gesichte, bald ihre Leibesgestalt mit verzehrenden Blicken ansah, und nachdem er den Sorbet[8] getrunken hatte, ihr den Teller wegnahm und dem jungen F. gab, sie aber neben ihn auf die Bank sitzen machte; die Freude des Alten von F., der Stolz ihres Onkels und ihrer Tante, der sich schon recht sichtbar zeigte – alles bestärkte unsre Mutmaßungen. Wut nahm mich ein, und im ersten Anfall nahm ich Seymourn, der außer sich war, beim Arm und redete mit ihm von dieser Szene. Die heftigste äußerste Verachtung belebte seine Anmerkungen über ihre vorgespiegelte Tugend und die elende Aufopferung derselben; über die Frechheit, sich vor dem ganzen Adel zum Schauspiel zu machen und die vergnügteste Miene dabei zu haben.

2 **griechische Bildung ihres Körpers:** Derby spielt hier auf die Frauenstatuen der griech. Antike an.
3 **Putz:** Aufmachung; vgl. das Wort: „herausgeputzt“
4 **Gefälligkeit ausbreiten könnte:** in welcher sie auch dem Fürsten gefallen könnte
5 **herkulisch:** Adjektiv zu Herkules, also: heldenhaft
6 **Karminfarbe:** rote Farbe
7 **devot:** unterwürfig
8 **Sorbet:** eiskaltes Getränk oder halb gefrorener Fruchtsaft

Mylord Seymour an den Doktor B.

Der erste Minister des Hofs gab dem Adel, oder vielmehr der Fürst gab unter dem Namen des Grafen F. dem Fräulein von Sternheim eine Fete auf dem Lande, welche die Nachahmung auf den höchsten Grad der Gleichheit führte[9], denn die Kleidungen, die Musik, der Platz, wo die Lustbarkeit gegeben wurde, alles bezeichnete das Landfest. Mitten auf einer Matte waren eigne Bauerhäuser und eine Tanzscheure[10] erbaut. Der Gedanke und die Ausführung entzückten mich, in den ersten zwo Stunden, da ich nichts als die Schönheit des Festes und die alles übertreffende Liebenswürdigkeit des Fräuleins von Sternheim vor mir sah. Niemals, mein Freund, niemals wird das Bild der lautern Unschuld, der reinen Freude wieder so vollkommen erscheinen, als es diese zwo Stunden durch in der edeln schönen Figur von Sternheim abgezeichnet war! Verdammt sein die Künste, welche es an ihr auszulöschen wussten![11] Aber in einer Person von so vielem Geiste, von einer so vortrefflichen Erziehung muss der Wille dabei gewesen sein; es war unmöglich, sie zu berücken[12]; unmöglich ist es auch, dass es allein die Wirkung ihrer von Musik, Pracht und Geräusch empörten[13] Sinne gewesen sei. Ich weiß wohl, dass man bei diesen Umständen unvermerkt von der Bahn der moralischen Empfindungen abweicht und sie aus dem Gesichte verliert. Aber da sie die letzte Warnung ihres guten Genius verwarf und wenige Minuten darauf der angestellten[14] Unterredung mit dem Fürsten entgegeneilte und sich dadurch die Geringschätzung des Elendesten unter uns zuzog: Da hatte ich Mühe, den hohen Grad von Verachtung und Abscheu, die mich gegen sie einnahmen, zu verbergen. [...]

Ich sah sie mit ihrer ehrlosen Tante und der Gräfin F. einige Zeit auf und ab gehen; die zwo elenden Unterhändlerinnen schmeichelten ihr in die Wette. Endlich merkte ich, dass sie mit einer zärtlichen und sorgsamen Miene bald die Gesellschaft, bald die Türe des Pfarrgartens ansah und auf einmal mit dem leichtesten, freudigsten Schritt durch die Zuseher drang und in den Garten eilte. Lang war sie nicht darin, aber ihr Hineingehen hatte schon Aufsehen erweckt. Wie vieles verursachte erst der Ausdruck von Zufriedenheit und Beschämung, mit welchem sie zurückkam, da der Fürst bald nach ihr heraustrat, der sein Vergnügen über sie nicht verbergen konnte und seine Leidenschaft in vollem Feuer zeigte. Mit wie viel niederträchtiger Gefälligkeit bot sie ihm Sorbet an, schwatzte mit ihm, tanzte ihm zuliebe englisch mit einem Eifer, den sie sonst nur für die Tugend zeigte. Und wie reizend, o Gott, wie reizend war sie! Wie unnachahmlich ihr Tanz; alle Grazien in ihr vereinigt, so wie es die Furien[15] in meinem Herzen waren! Denn ich fühlte es von dem Gedanken zerrissen, dass ich, der ihre Tugend angebetet hatte, der sie zu meiner Gemahlin gewünscht, ein Zeuge sein musste, wie sie Ehre und Unschuld aufgab und im Angesichte des Himmels und der Menschen ein triumphierendes Aussehen dabei hatte. [...]

Mein Onkel redete mir im Nachhausefahren zu, wie ein Mann, dessen Leidenschaften schon lange gesättigt sind und der, wenn er als Minister zu Vergnügung des Ehrgeizes[16] seines Fürsten tausend Schlachtopfer für nichts achtet, natürlicherweise die Aufopferung der Tugend eines Mädchens zu Befriedigung der Leidenschaft eines Großen für eine sehr wenig bedeutende Kleinigkeit ansehen muss. O wäre sie ein gemeines Mädchen mit Papageien-Schönheit und Papageien-Verstand gewesen, so könnte ich es ansehen wie er! Aber die

9 **Welche die Nachahmung ...:** Gemeint ist: Indem der Adel ein Landfest nachahmt, gibt er sich den Anschein der Gleichheit mit den Landleuten.
10 **Tanzscheure:** Scheune mit einem Tanzboden
11 **Verdammt sein die Künste ...:** Verdammt seien die Machenschaften, die das Bild der Unschuld auslöschten, das Sophie darstellte.
12 **zu berücken:** sie zu verlocken, verführen
13 **empörten:** aufgeregten
14 **angestellten:** herbeigeführten, arrangierten
15 **Furien:** Göttinnen der Rache und Wut
16 **zu Vergnügung ...:** zur Befriedigung des Ehrgeizes seines Fürsten tausend in Schlachten geopferte Soldaten

edelste Seele und Kenntnisse zu besitzen, an die Verehrung der ganzen Welt Anspruch zu haben und sich hinzuwerfen! Sie soll zur linken Hand vermählt worden sein.[17] Elende lächerliche Larve[18], eine verstellte Tugend vor Schande sicherzustellen! – Alle schmeichelten ihr; Sie, mein Freund, kennen mich genug, um zu wissen, ob ich es tat. Ich werde nicht an den Hof gehen, bis ich ruhiger bin; niemals liebte ich das Hofleben ganz, nun verabscheue ich es!

Fräulein von Sternheim an Emilien

Der Graf F. wollte auf dem Gut, wo seine Gemahlin die Kur gebraucht[19] und die Besuche des ganzen Adels empfangen hatte, zum Beweis seiner Freude über das Wohlsein der Gräfin und seines Danks für die ihr bewiesene Achtung, an dem nämlichen Orte eine Ergötzung für uns alle anstellen. Wir wurden acht Tage voraus geladen und gebeten, paarweise in schönen Bauerkleidungen zu erscheinen, weil er ein Landfest vorstellen wollte. Der junge Graf F., sein Nepote[20], wurde in der Liste ein Bauer und ich bekam die Kleidung eines Alpen-Mädchens; lichtblau und schwarz; die Form davon brachte meine Leibesgestalt in das vorteilhafteste Ansehen, ohne im Geringsten gesucht oder gezwungen zu scheinen. Das feine, ganz nachlässig aufgesetzte Strohhütchen und meine simpel geflochtnen Haare machten meinem Gesicht Ehre. Sie wissen, dass mir viele Liebe für die Einfalt und die ungekünstelten Tugenden des Landvolks eingeflößt worden ist. Diese Neigung erneuerte sich durch den Anblick meiner Kleidung. Mein edel einfältiger Putz rührte mich; er war meinem die Ruhe und die Natur liebenden Herzen noch angemessner als meiner Figur, wiewohl auch diese damals, in meinen Augen, im schönsten Lichte stund. Als ich völlig angezogen den letzten Blick in den Spiegel warf und

vergnügt mit meinem ländlichen Ansehen war, machte ich den Wunsch, dass, wenn ich auch diese Kleidung wieder abgelegt haben würde, doch immer reine Unschuld und unverfälschte Güte meines Herzens den Grund einer heitern wahren Freude in meiner Seele erhalten möchte!

[...] Nach einigem Herumhüpfen ging ich mit meiner Tante und der Gräfin F., die mich sehr lobten und liebkosten, auf und ab; wo mir dann bald der fröhliche und glänzende Haufen von Landleuten, die wir vorstellten, in die Augen fiel, bald auch der, welchen unsre Zuseher ausmachten, darunter ich viele arme und kummerhafte Gestalten erblickte. Ich wurde durch diesen Kontrast und das gutherzige Vergnügen, womit sie uns betrachteten, sehr gerührt, und sobald ich am wenigsten bemerkt wurde, schlüpfte ich in den Pfarrgarten, der ganz nahe an die Wiese stößt, wo wir tanzten, und gab dem Pfarrer etwas für die Armen des Dorfs und ging mit einem glücklichen Herzen zurück in die Gesellschaft. Mylord Derby schien auf meine Schritte gelauert zu haben; denn wie ich aus dem Pfarrgarten heraustrat, sah ich, dass er an dem einen Ende des Milchhauses stand und seine Augen unverwandt auf die Türe des Gartens geheftet hatte, mit forschenden und feurigen Blicken sah er mich an, ging mir hastig entgegen, um mir einige außerordentliche, ja gar verliebte Sachen über

17 **zur linken Hand vermählt:** Sie soll zur offiziellen Nebenfrau bzw. Mätresse ernannt worden sein.
18 **Larve:** Maskerade, Täuschungsmanöver
19 **die Kur gebraucht:** sich gesund pflegen ließ
20 **Nepote:** Neffe

meine Gestalt und Physiognomie[21] zu sagen. Dieses und die neugierige Art, womit mich alle ansahen, machte mich erröten und die Augen zur Erde wenden; als ich sie in die Höhe hob, war ich einem Baume, an welchen sich Mylord Seymour ganz traurig und zärtlich aussehend lehnte, so nahe, dass ich dachte, er müsste alles gehöret haben, was Mylord Derby mir gesagt hatte. Ich weiß nicht ganz, warum mich diese Vorstellung etwas verwirrte; aber bestürzt wurde ich, da ich alles aufstehen und sich in Ordnung stellen sah, weil der Fürst eben aus dem Pfarrgarten kam. Der Gedanke, dass er mich da hätte antreffen können, machte mir eine Art Entsetzen, sodass ich zu meiner Tante floh, gleich als ob ich fürchtete, allein zu sein. Aber meine innerliche Zufriedenheit half mir wieder zu meiner Fassung, sodass ich dem Fürsten meine Verbeugung ganz gelassen machte. Er betrachtete und lobte meine Kleidung in sehr lebhaften Ausdrücken. Die Gräfin F., welche mich nötigte, ihm eine Schale Sorbet anzubieten, brachte mich in eine Verlegenheit, die mir ganz zuwider war; denn ich musste mich zu ihm auf die Bank setzen, wo er mir über meine Person und zum Teil auch über den übrigen Adel, ich weiß nicht mehr, was für wunderliches Zeug vorsagte. [...]

Es war niemand, der mir nicht irgendeine schickliche oder unschickliche Schmeichelei sagte, den einzigen Seymour ausgenommen, welcher nichts redete.

21 **Physiognomie:** Gesichtsausdruck, Erscheinungsbild

1 *Macht euch aus den drei Briefen ein klares Bild von der dargestellten Szene. Erzählt diese dann aus der Sicht eines distanzierten, allwissenden Erzählers.*

2 *Die drei Briefe offenbaren sehr viel über das Innenleben der Figuren.*
a) Stellt in einer vergleichenden Übersicht deren Gedanken und Gefühle dar.

	Gedanken und Gefühle zu dem ländlichen Fest und seinem Arrangement sowie zu den zuschauenden echten Landleuten	Haltung, Gedanken und Gefühle gegenüber den anderen Personen der Gesellschaft
Lord Derby	...	...
Lord Seymour	...	„[...] mit ihrer ehrlosen Tante und der Gräfin F. [...]; die zwo elenden Unterhändlerinnen [...]" (S. 207, Z. 141 ff.)
Fräulein von Sternheim	...	...

b) Erläutert, warum die Figuren die dargestellte Szene so unterschiedlich wahrnehmen und so unterschiedliche Gedanken und Empfindungen daran knüpfen. Berücksichtigt dabei ihr Alter, ihren Stand und ihre Lebensumstände.
c) Beschreibt das Geschlechterverhältnis, das in der Szene deutlich wird, und den damit verbundenen gesellschaftlichen Konflikt.

3 *Sophie von La Roche liefert hier ein erstes klassisches Beispiel für die moderne Erzähltechnik der* ***Multiperspektivik.*** *Beschreibt diese Technik in ihren Merkmalen und in ihrer Wirkung auf den Leser.*

4 *In den drei Briefen spielt der Begriff der „Tugend" z. T. eine zentrale Rolle.*
a) Lest die Textauszüge noch einmal gezielt auf den Begriff hin (▷ S. 68).
b) In welchen Kontexten wird der Tugend-Begriff jeweils genannt?
c) Erstellt ein Netz der Kollokationen (▷ S. 114–115).

Johann Wolfgang Goethe

Die Leiden des jungen Werthers (1774)

Johann Wolfgang Goethe (1749–1832) kam nach Abschluss seines Jurastudiums 1771 als Praktikant an das Reichskammergericht in Wetzlar. Er lernte dort die 18-jährige Charlotte Buff kennen, in die er sich auf einem Ball verliebte. Charlotte war bereits verlobt, hielt ihrem Bräutigam die Treue und begegnete Goethes leidenschaftlicher Verehrung mit nur freundschaftlichen Gefühlen. Während dieser Zeit in Wetzlar beging ein Kollege Goethes aus Liebeskummer und Frustration über die von starren Hierarchien und Standesschranken geprägten Verhältnisse in seiner beruflichen Laufbahn Selbstmord. All diese Erlebnisse schrieb sich Goethe in seinem Romandebüt „Die Leiden des jungen Werthers" von der Seele. Der in Briefen des Titelhelden an seinen Freund Wilhelm abgefasste Roman traf den Nerv der Leserschaft, zumal der jungen Generation, und wurde zu einem bahnbrechenden Literaturerfolg in Deutschland, aber auch über die deutschen Grenzen hinaus. Bald sprach man von einem wahren „Werther-Fieber"; Werthers Kleidung im Roman, blauer Frack über gelber Weste, wurde zur Modekleidung junger Männer.

Arthur von Ramberg: Einladung zur Kahnfahrt, 1866. Junges Paar der Wertherzeit.

Am 13. Julius

Nein, ich betrüge mich nicht! Ich lese in ihren schwarzen Augen wahre Teilnehmung an mir und meinem Schicksal. Ja, ich fühle, und darin darf ich meinem Herzen trauen, dass sie – o darf ich, kann ich den Himmel in diesen Worten aussprechen? – dass sie mich liebt!

Mich liebt! Und wie wert ich mir selbst werde, wie ich – dir darf ich's wohl sagen, du hast Sinn für so etwas – wie ich mich selbst anbete, seitdem sie mich liebt!

Ob das Vermessenheit ist oder Gefühl des wahren Verhältnisses? Ich kenne den Menschen nicht, von dem ich etwas in Lottens Herzen fürchtete. Und doch – wenn sie von ihrem Bräutigam spricht, mit solcher Wärme, solcher Liebe von ihm spricht, da ist mir's wie einem, der alle seiner Ehren und Würden entsetzt und dem der Degen genommen wird.

Am 16. Julius

Ach wie mir das durch alle Adern läuft, wenn mein Finger unversehens den ihrigen berührt, wenn unsere Füße sich unter dem Tische begegnen! Ich ziehe zurück wie vom Feuer, und eine geheime Kraft zieht mich wieder vorwärts. Mir wird's so schwindelig vor allen Sinnen.

O! und ihre Unschuld, ihre unbefangene Seele fühlt nicht, wie sehr mich die kleinen Vertraulichkeiten peinigen. Wenn sie gar im Gespräch ihre Hand auf die meinige legt und im Interesse der Unterredung näher zu mir rückt, dass der himmlische Atem ihres Mundes meine Lippen erreichen kann. Ich glaube zu versinken, wie vom Wetter gerührt. – Und, Wilhelm! Wenn ich mich jemals unterstehe, diesen Himmel, dieses Vertrauen –! Du verstehst mich. Nein, mein Herz ist so verderbt nicht! Schwach, schwach genug! Und ist das nicht Verderben? –

Sie ist mir heilig. Alle Begier schweigt in ihrer Gegenwart. Ich weiß nie, wie mir ist, wenn ich bei ihr bin; es ist, als wenn die Seele sich mir in allen Nerven umkehrte. – Sie hat eine Melodie, die sie auf dem Klaviere spielet mit der Kraft eines Engels, so simpel und so geistvoll! Es ist ihr Leiblied[1] und mich stellt es von aller Pein, Verwirrung und Grillen[2] her, wenn sie nur die erste Note davon greift.

Kein Wort von der alten Zauberkraft der Musik ist mir unwahrscheinlich. Wie mich der einfache Gesang angreift[3]! Und wie sie ihn anzubringen weiß, oft zur Zeit, wo ich mir eine Kugel vor den Kopf schießen möchte! Die Irrung und Finsternis meiner Seele zerstreut sich, und ich atme wieder freier.

1 **Leiblied:** Lieblingslied
2 **Grillen:** Launen
3 **angreift:** ergreift

Den 19. Julius

„Ich werde sie sehen!", ruf' ich morgens aus, wenn ich mich ermuntere und mit aller Heiterkeit der schönen Sonne entgegenblicke; ich werde sie sehen! Und da habe ich für den ganzen Tag keinen Wunsch weiter. Alles, alles verschlingt sich in dieser Aussicht.

Den 20. Julius

Eure Idee will noch nicht die meinige werden, dass ich mit dem Gesandten nach *** gehen soll. Ich liebe die Subordination[4] nicht sehr, und wir wissen alle, dass der Mann noch dazu ein widriger[5] Mensch ist. Meine Mutter möchte mich gern in Aktivität haben[6], sagst du. Das hat mich zu lachen gemacht. Bin ich jetzt nicht auch aktiv, und ist's im Grunde nicht einerlei, ob ich Erbsen zähle oder Linsen? Alles in der Welt läuft doch auf eine Lumperei hinaus, und ein Mensch, der um anderer willen, ohne dass es seine eigene Leidenschaft, sein eigenes Bedürfnis ist, sich um Geld oder Ehre oder sonst was abarbeitet, ist immer ein Tor.

4 **Subordination:** Unterordnung
5 **widrig:** widerwärtig, unangenehm
6 **in Aktivität haben:** Die Mutter möchte ihn im Sinne seiner beruflichen Laufbahn aktiv sehen.

1 *Sucht die Stellen aus den Briefen heraus, von denen ihr annehmt, dass sie die Leserschaft besonders angesprochen haben. Begründet in erläuternden Kommentaren eure Auswahl.*

2 *Schreibt auf die Briefe vom 13., 16. und 19. Juli in der Rolle von Werthers Freund Wilhelm einen Antwortbrief, in dem ihr auf Werthers Beichte seiner Gefühle, seine Situation und sein Verhalten eingeht.*

3 *Welche Lebensauffassung des jungen Werthers wird im Brief vom 20. Juli erkennbar? Findet ihr Parallelen in den Einstellungen der jugendlichen Protagonisten der anderen Romanauszüge dieses Kapitels?*

4 *a) Listet die sprachlichen Merkmale auf, die euch an Werthers Briefstil auffallen, und erläutert sie in ihrer Wirkungsweise. Beachtet dabei folgende Aspekte:*
- *Welche Satzarten werden bevorzugt verwendet und welche Auffälligkeiten im Satzbau zeigen sich?*
- *Welche rhetorischen Figuren (▷ S. 365–366) setzt der Briefschreiber ein?*
- *Welche Vorlieben im Wortgebrauch erscheinen euch kennzeichnend für den Text?*
- *Welche Sprachfunktion nach dem Bühler'schen Organon-Modell (▷ S. 99–100) überwiegt?*

b) Vergleicht diesen Briefstil mit dem Stil in den Briefen der „Geschichte des Fräuleins von Sternheim" (▷ S. 205 ff.). Welche der folgenden Stilkennzeichnungen lassen sich für welche Briefstellen anwenden: sachlich – witzig – ironisch – gefühlvoll – leidenschaftlich? Für welche Briefstellen würdet ihr noch andere Kennzeichnungen verwenden? Begründet und erläutert alle eure Kennzeichnungen an Textbeispielen.

Empfindsamkeit und Sturm und Drang

- **Aufklärung** war das die Zeit beherrschende Schlagwort in der **zweiten Hälfte des 18. Jahrhunderts.** Die Selbst- und Weltwahrnehmung des Menschen wurden bestimmt durch die Kräfte des Verstandes. Das denkende Individuum unterzog alle herkömmlichen Autoritäten, wie Kirche, absolutistisch regierende Monarchen und gesellschaftlich tonangebenden Adel, einer kritischen Prüfung.
  Bald jedoch wurde die Verstandeskultur der Aufklärung ergänzt und erweitert durch **eine Art literarischer Jugendbewegung,** die das Recht und die Bedeutung der Gefühle verkündete. Unter der Doppelbezeichnung **Empfindsamkeit/Sturm und Drang** wird sie in die Umbruchsepoche der Aufklärung eingeordnet.
  Geprägt wird diese neue Literatur von folgenden **Leitthemen:**
  - Liebe und Freundschaft, die empfindsam bis leidenschaftlich ausgelebt werden und sich von keinen Standesunterschieden und Konventionen einschränken lassen;
  - Natur, die begeistert erlebt und enthusiastisch verherrlicht wird;
  - das einfache, ländliche Leben, das sehnsuchtsvoll verklärt als vorbildlich erscheint;
  - das schöpferische Genie, das wie die Natur schafft und verehrt wird;
  - ein bürgerlicher Tugendkanon, der dem Menschen seinen Wert gibt statt der Herkunft wie in der Adelskultur;
  - die Freiheit und alles freiheitsliebende Rebellentum, das pathetisch gepriesen wird.
- Als eine neue **Gattung** erfreut sich der **Briefroman** besonderer Beliebtheit. Nach französischen und englischen Vorbildern wird er auch in Deutschland eifrig gepflegt. Meist wendet sich ein fiktiver Erzähler an den Leser und gibt vor, in den Besitz von Briefen gekommen zu sein, die eine zu Herzen gehende Geschichte dokumentieren, die er einer interessierten Öffentlichkeit nicht vorenthalten möchte. Unterbrochen von gelegentlichen Anmerkungen und Berichten des Erzählers werden dann die Briefe einer oder mehrerer Personen abgedruckt.
  Die stilistische Besonderheit ist, dass in den scheinbar privaten Briefen eine individuelle, von spontanen Gefühlseindrücken geprägte, von keinerlei Regeln oder literarischen Konventionen gegängelte Sprache benutzt werden kann. Sie erscheint authentisch und bewirkt ein unmittelbares Miterleben und Mitfühlen des Lesepublikums.

5 *Lest die Romanauszüge von La Roche und Goethe noch einmal mit Blick auf die Epochenbeschreibung und charakterisiert sie in Inhalt und Form vor diesem Hintergrund.*

6 *Informiert euch in Literaturgeschichten, -lexika und/oder im Internet über die beiden Romane und ihre Wirkung. Stellt eure Ergebnisse in Referaten vor.*

10.2 Sophie und Ada – Zwei Romanauszüge vergleichen

Sophie von La Roche

Geschichte des Fräuleins von Sternheim (2)

Die Geschichte Sophie von Sternheims wird überwiegend in Briefen erzählt, die den verschiedenen Figuren zugeschrieben werden. Zur Komposition des Romans gehört auch die Figur der Briefherausgeberin. Nur zu Beginn, in einer Art Einleitung, meldet sich diese zu Wort, um über das Elternhaus Sophies und ihr Heranwachsen zu berichten. Zu dieser Einleitung gehört der folgende Romanauszug.

Seine Gemahlin hatte ihm eine Tochter gegeben, welche sehr artig heranwuchs und von ihrem neunten Jahr an (da Sternheim das Unglück hatte, ihre Mutter in einem Wochenbette zugleich mit dem neugebornen Sohne zu verlieren) der Trost ihres Vaters und seine einzige Freude auf Erden war, nachdem auch der Baron P.[1] durch einen Sturz vom Pferde in so schlechte Gesundheitsumstände geraten, dass er wenige Monate darauf ohne Erben verstorben war. Dieser hatte in seinem Testamente nicht nur seine vortreffliche Frau wohl bedacht, sondern nach den Landsrechten die Gräfin von Löbau[2], seine jüngere Schwester, und die junge Sophie von Sternheim, als die Tochter der ältern Schwester, zu Haupterben eingesetzt; welches zwar dem Grafen und der Gräfin als unrecht vorkam, aber dennoch Bestand hatte.

Die alte Frau von P., von Kummer über den frühen Tod ihres Sohnes beinahe ganz niedergedrückt, nahm ihren Wohnplatz bei dem Herrn von Sternheim und diente dem jungen Fräulein zur Aufsicht. Der Oberste machte ihr durch seine ehrerbietige Liebe und sein Beispiel der geduldigsten Unterwerfung viele Erleichterung in ihrem Gemüte. Der edeldenkende Pfarrer und seine Töchter waren beinahe die einzige Gesellschaft, in welcher sie Vergnügen fanden. Gleichwohl genoss das Fräulein von Sternheim die vortrefflichste Erziehung für ihren Geist und für ihr Herz. Eine Tochter des Pfarrers, die mit ihr gleiches Alter hatte, wurde ihr zugegeben, teils einen Wetteifer im Lernen zu erregen, teils zu verhindern, dass die junge Dame nicht in ihrer ersten Jugend lauter düstre Eindrücke sammeln möchte, welches bei ihrer Großmutter und ihrem Vater leicht hätte geschehen können. Denn beide weinten oft über ihren Verlust, und dann führte Herr von Sternheim das zwölfjährige Fräulein bei der Hand zu dem Bildnis ihrer Mutter und sprach von ihrer Tugend und Güte des Herzens mit solcher Rührung, dass das junge Fräulein kniend bei ihm schluchzte und oft zu sterben wünschte, um bei ihrer Frau Mutter zu sein. Dieses mach-

1 **Baron P.:** Schwager, Nachbar und engster Freund des Vaters von Sophie, des Landedelmanns von Sternheim

2 **Gräfin von Löbau:** Sophies Tante, die sich nach dem Tod des Vaters um Sophie kümmert

te den Obersten fürchten, dass ihre empfindungsvolle Seele einen zu starken Hang zu melancholischer Zärtlichkeit bekommen und durch eine allzu sehr vermehrte Reizbarkeit der Nerven unfähig werden möchte, Schmerzen und Kummer zu ertragen. Daher suchte er sich selbst zu bemeistern und seiner Tochter zu zeigen, wie man das Unglück tragen müsse, welches die Besten am empfindlichsten rührt; und weil das Fräulein eine große Anlage von Verstand zeigte, beschäftigte er diesen mit der Philosophie nach allen ihren Teilen, mit der Geschichte und den Sprachen, von denen sie die englische zur Vollkommenheit lernte. In der Musik brachte sie es, auf der Laute und im Singen, zur Vollkommenheit. Das Tanzen, so viel eine Dame davon wissen soll, war eine Kunst, welche eher von ihr eine Vollkommenheit erhielt, als dass sie dem Fräulein welche hätte geben sollen; denn nach dem Ausspruch aller Leute gab die unbeschreibliche Anmut, welche die junge Dame in allen ihren Bewegungen hatte, ihrem Tanzen einen Vorzug, den der höchste Grad der Kunst nicht erreichen konnte.

Neben diesen täglichen Übungen erlernte sie mit ungemeiner Leichtigkeit alle Frauenzimmerarbeiten, und von ihrem sechzehnten Jahre an bekam sie auch die Führung des ganzen Hauses, wobei ihr die Tag- und Rechnungsbücher ihrer Frau Mutter zum Muster gegeben wurden. Angeborne Liebe zur Ordnung und zum tätigen Leben, erhöht durch eine enthusiastische Anhänglichkeit für das Andenken ihrer Mutter, deren Bild sie in sich erneuern wollte, brachten sie auch in diesem Stücke zu der äußersten Vollkommenheit. Wenn man ihr von ihrem Fleiß und von ihren Kenntnissen sprach, war ihre bescheidene Antwort: Willige Fähigkeiten, gute Beispiele und liebreiche Anführungen haben mich so gut gemacht, als tausend andre auch sein könnten, wenn sich alle Umstände so zu ihrem Besten vereinigt hätten wie bei mir. –

Übrigens war zu allem, was engländisch hieß, ein vorzüglicher Hang in ihrer Seele, und ihr einziger Wunsch war, dass ihr Herr Vater einmal eine Reise dahin machen und sie den Verwandten ihrer Großmutter zeigen möchte.

So blühte das Fräulein von Sternheim bis nach ihrem neunzehnten Jahre fort, da sie das Unglück hatte, ihren würdigen Vater an einer auszehrenden Krankheit zu verlieren, der mit kummervollem Herzen seine Tochter dem Grafen Löbau und dem vortrefflichen Pfarrer in S. als Vormündern empfahl.

Juli Zeh

Spieltrieb (2004)

*Juli Zeh, *1974, hat nach dem Abitur ihr Berufsleben zweigleisig angelegt: Sie arbeitet wissenschaftlich als Juristin und sie ist Schriftstellerin. Ihr zweiter Roman, „Spieltrieb", wurde beim Lesepublikum und in der Literaturkritik ein beachtlicher Erfolg. Es ist ein Schulroman, der an einem Gymnasium in Bonn, der Heimatstadt der Autorin, spielt. Seit 2007 lebt Juli Zeh in der Nähe von Berlin.*

Ada war ein junges Mädchen und nicht schön. In jenem Augenblick, den der Scheinwerfer dieser Erzählung ins Licht taucht, war sie vierzehn Jahre alt, blond und kräftig gebaut. Ihr Mund war breit, die Handgelenke stark. Über der Nase lag ein löchriger Teppich aus Sommersprossen und wusste bei passender Beleuchtung ein paar Notlügen von gepflückten Wildblumen und Kinderspielen im hohen Gras an den Mann zu bringen. In Wahrheit sah Ada älter aus, als sie war. Ihre Brust war stark entwickelt.

Im Sommer 2002 wurde sie in die zehnte Klasse des Ernst-Bloch-Gymnasiums zu Bonn eingeschult, nachdem sie aus einem Grund, der sich in Kürze im Rahmen einer musikalischen Rückblende offenbaren wird, ihre alte Schule hatte verlassen müssen. Auf Ernst-Bloch erregte sie zu Anfang wenig Aufmerksamkeit.

In allen Klassen ab der siebenten gab es samt- und seidenweiche Mädchen, deren Geburt durch langsam anschwellende Musik begleitet worden war wie das hochfahrende Windowsbetriebssystem von seiner Begrüßungsouvertüre. Sie kamen als Miniaturprinzessinnen zur Welt, erreichten bereits in der Unterstufe das erste, fohlenhafte Stadium der Vollendung und wuchsen gleichmäßig in die Frau hinein, die sie einmal werden sollten. Ihre Entwicklung vollzog sich routiniert und fehlerlos, als hätten sie die Aufgabe des Älterwerdens schon etliche Male zuvor bewältigt. Jene Pubertätsprofis unterschieden sich auf den ersten Blick von den Dilettanten. Sie hatten das gepflegte, schulterlange Haar erwachsener Frauen, trugen ihre Hüfthosen, breiten Gürtel und knappen Hemdchen mit wohltemperierter Lässigkeit und ließen glatte Kinderhaut und aufgeworfene Kindermünder zu Mädchenhaut und Mädchenmündern werden, ohne dass Pickel, Schweißausbrüche oder Wachstumslaunen zu irgendeinem Zeitpunkt die Harmonie ihrer Erscheinungen gestört hätten.

[...]

Während der Oberstufenjahre standen sie bereits im Zenit des Lebens. Sie besaßen die stärkste Ausstrahlung, empfingen ein Höchstmaß an Bestätigung und erlebten Tag für Tag eine Art farblosen Wohlbefindens, um nicht zu sagen: Glück. Nach dem Abitur würde es gemächlich abwärtsgehen. Erfreulicherweise war ihnen der Spannungsbogen ihrer persönlichen Geschichte egal. Vielleicht ahnten sie etwas. Vielleicht rührte von jener Ahnung der melancholische Hauch, der ihren anmutigen Bewegungen etwas Träges, der Trägheit etwas Tragisches und der Tragik besondere Anmut verlieh.

Mit dieser Beschreibung sind alle Eigenschaften genannt, die Ada nicht anhafteten. Sie war das Gegenteil einer Prinzessin, sofern Prinzessinnen ein Gegenteil besitzen. Seit Ada im Alter von zwölf Jahren auf den Gedanken

verfallen war, dass Sinnsuche nichts als ein Abfallprodukt der menschlichen Denkfähigkeit sei, galt sie als hochbegabt und schwer erziehbar. Als ihr neuer Klassenlehrer sie aufforderte, sich den anderen Schülern vorzustellen, nannte sie ihren Vornamen und wusste sonst nichts zu berichten. Er bat um ein paar persönliche Sätze, um irgendeine Aussage, die Gültigkeit für sie besitze, und verstand ihr Lachen nicht.

[...]

Ada konnte seit ihrem vierten Lebensjahr lesen und schreiben; sie hatte es sich mit Hilfe einer Buchstaben-Bild-Tabelle selber beigebracht. Mit fünf erreichten die Finger der rechten Hand mühelos das linke Ohr, wenn Ada den rechten Arm oben über den Kopf legte. Deshalb wurde sie vorzeitig eingeschult und erhielt das Amt der Jüngsten auf Lebenszeit. In der dritten Klasse war ein Junge der Auffassung gewesen, ein Kleinkind wie Ada könne keine Schulhofbande führen, und erlitt daraufhin eine leichte Nierenquetschung wegen eines Stiefeltritts. Ada hatte sich auf ihren quadratischen Ledertornister gestellt, um ihn im Rücken zu erwischen. Während der folgenden Wochen verbrachte sie die Vormittage in einem verglasten Nebenraum des Klassenzimmers, wo sie die Aufgaben der jeweiligen Schulstunde in Minutenschnelle löste und danach blassbunte Tiefseefische malte, im schwarzen Wasser, viele tausend Meter unter dem Meer.

Ernst-Bloch bewirtete so viele Sitzengebliebene mit Unterricht und einer letzten Chance, dass Ada für ein Gespräch mit Gleichaltrigen die Flure der unteren Mittelstufe hätte besuchen müssen. Da ihr schon die Schüler der höchsten Klassen infantil erschienen, verspürte sie nicht das geringste Bedürfnis danach. Keine Freunde finden konnte sie auch in der eigenen Jahrgangsstufe.

Die Pausen verbrachte sie auf dem Raucherhof, wo sie mit kunsthandwerklicher Präzision im Stehen Zigaretten drehte. Sie hielt sich am Rand einer immer gleichen Gruppe von Schülern verschiedener Klassen auf, stand einen halben Schritt außerhalb des Kreises, achtete darauf, dass sie von breit geplusterten Daunenjacken den Blicken des Aufsichtspersonals entzogen wurde, und hörte den Gesprächen zu.

[...]

Die scheißt auf alles. Knapper ließ sich die Persönlichkeit der Neuen nicht in Worte fassen. Anerkennung schwang in dieser Wendung mit und wenig Sympathie. Man wusste nicht recht. Die Prinzessinnen aller Stufen hielten sich von ihr fern und sortierten sich auf dem Raucherhof so lange um, bis keine von ihnen Ada im Rücken hatte. Genau wie auf ihrer alten Schule stand Ada umgeben von einem Haufen Leute, die sie nicht das Geringste angingen, und spürte genau, dass alles beim Alten geblieben war. Es war albern gewesen, etwas anderes zu erwarten.

Erarbeitung eines schriftlichen Textvergleichs

1. Schritt: Vergleichsaspekte suchen

1 *Texte miteinander zu vergleichen bedeutet zunächst die Suche nach Gemeinsamkeiten. Prüft, ob sich ein Vergleichsaspekt, ein so genanntes* ***Tertium Comparationis,*** *für die beiden Texte finden lässt:*

Figuren	*Hauptfigur in beiden Texten ist eine Jugendliche*
Thema bzw. Inhalt	
Form	*epischer Text; Romanauszug*

!

Das Tertium Comparationis

Jeder Vergleich beruht auf dem so genannten **Tertium Comparationis,** dem **Vergleichsaspekt,** der die Grundlage des Vergleichs bildet. Ohne eine grundlegende Gemeinsamkeit ergibt sich keine Vergleichsmöglichkeit. Nicht jeder Text ist mit jedem beliebigen anderen vergleichbar.

Das Tertium Comparationis für einen Textvergleich lässt sich in den folgenden drei Bereichen finden: Figuren, Thema bzw. Inhalt, Form.

2. Schritt: detaillierte Textanalyse

2 *Analysiert die beiden Romanauszüge auf die Vergleichsaspekte hin. Notiert die Ergebnisse und tragt sie in eine tabellarische Übersicht ein.*

TIPP

Denkt daran, dass ihr schon beim Sammeln und Herausschreiben von Textstellen, die ihr später in eurem Aufsatz eventuell als Zitate verwendet, immer die **genauen Zeilenangaben** mit notiert.

Vergleichsaspekt Figuren:
Die jugendlichen Hauptfiguren Sophie (12–19 Jahre) und Ada (14 Jahre)

	Sophie von Sternheim	Ada
Äußerer Eindruck	– anmutig (S. 215, Z. 68) – … – …	– nicht schön (S. 215, Z. 1) – kräftig gebaut (Z. 4) – …
Herkunft und Familie	– Halbwaise (S. 214, Z. 4–5) – …	– keine Hinweise – …
Eigenschaften und Verhaltensweisen	– empfindungsvoll (S. 215, Z. 49) – …	– hochbegabt (S. 216, Z. 67) – …
Beziehung zu anderen	– verehrt ihre verstorbene Mutter (S. 214, Z. 41 ff.)	– Außenseiterin (S. 217, Z. 122–128)

Vergleichsaspekt Thema/Inhalt: *Bildung und Erziehung der Hauptfiguren*

	Sophie von Sternheim	Ada
Art der Bildung	– privat durch Vater und Hauslehrer (S. 215, Z. 58–66)	– öffentliche Schulen: Grundschule und Gymnasien (S. 215, Z. 13–18)
Mitschüler(innen) und Verhältnis zu ihnen	– … – …	– … – …
Bildungsinhalte	– …	– …

Vergleichsaspekt Form: *Romanauszüge*

	„Geschichte des Fräuleins von Sternheim"	„Spieltrieb"
Erzähler(in) und Perspektive		
– Ich- oder Er-/Sie-Erzählform?	– …	– …
– auktoriales oder personales Erzählverhalten?	– …	– …
– Haltung des Erzählers zur Hauptfigur:	– …	– kritisch-distanzierte Erzählhaltung
emotionale Nähe oder kritische Distanz?	– …	– …

Erzählaufbau: linear chronologisch oder sprung-	– lineare Erzählweise	– …
haft mit Vorausschauen und Rückblenden?	– …	– …
Darbietungsform: Verhältnis von Erzählbericht	– …	– …
und Figurenrede	– …	– …
Sprachlich-stilistische Merkmale: Hochsprache	– …	– …
oder Alltagssprache, sachlich oder emotional,	– …	– …
ernsthaft oder ironisch, positiv oder negativ	– …	– …
wertende Adjektive, andere Auffälligkeiten	– …	– …

3. Schritt: Notizen zur zusammenfassenden Interpretation

3 *Fasst die im zweiten Arbeitsschritt ermittelten Analyseergebnisse zu einem Gesamteindruck der beiden Texte zusammen und haltet eure Ergebnisse schriftlich fest. Geht dabei auf folgende Fragen ein:*

- *Welches Gesamtbild von den Hauptfiguren wird vermittelt und zu welcher Haltung ihnen gegenüber wird der Leser/die Leserin eingeladen? Handelt es sich zum Beispiel um Vorbilder? Inwieweit kann man sich mit ihnen identifizieren?*
- *Was wird in Bezug auf das Thema „Bildungsweg eines Mädchens" in den beiden Texten vermittelt? Welche Bedeutung hat dabei die Entstehungszeit der Texte?*
- *Welche formalen Merkmale prägen Erzählweise und Sprache des Textes und wie wirken sich diese Merkmale auf die Gesamtaussage bzw. die Wirkung des Textes aus? Hat der Text zum Beispiel eher belehrenden oder eher unterhaltenden Charakter? Schafft er Identifikation, Mitgefühl und Nähe oder kritische Distanz?*

4. Schritt: Gliederung und Ausformulierung der Ergebnisse

4 *a) Erstellt einen Schreibplan, in dem ihr eure Notizen für den Hauptteil gliedert. Vergesst Einleitung und Schluss nicht.*

b) Schreibt nun die Ergebnisse eurer vergleichenden Interpretation der Romanauszüge zusammenhängend in Form eines Aufsatzes nieder.

- *Um eurem Aufsatz eine übersichtliche Ordnung zu geben, empfiehlt es sich, zunächst einen der beiden Romanauszüge in seinen wesentlichen Merkmalen zu analysieren und zu interpretieren. Es sollte natürlich der sein, der euch interessanter und für eine Interpretation ergiebiger erscheint.*
- *Im zweiten Teil eures Aufsatzes geht ihr dann auf den zweiten Romanauszug ein.*
- *Zeigt zunächst kurz die Gemeinsamkeiten mit dem ersten auf, arbeitet dann aber ausführlich die wichtigen Unterschiede heraus. Orientiert euch dabei an den einzelnen Vergleichsaspekten.*
- *Den dritten Teil eures Textvergleichs sollte dann eine möglichst plausibel begründete wertende Stellungnahme bilden.*

10.3 Schreibexperiment: Collageroman

Ihr habt in Kapitel 10.1 in Auszügen zwei Briefromane kennengelernt, Sophie von La Roches „Geschichte des Fräuleins von Sternheim" und Johann Wolfgang Goethes „Die Leiden des jungen Werthers". Briefromane, wie sie zu Ende des 18. Jahrhunderts in Mode kamen (▷ S. 205–213), stellen eine Form nichtlinearen, diskontinuierlichen Erzählens dar. Fiktive Briefe eines oder mehrerer Verfasser, zuweilen vermischt mit Berichten eines Erzählers, werden unverbunden aneinandergereiht und ergeben als Ganzes dennoch eine Geschichte.
Diese **Technik des diskontinuierlichen Erzählens** wurde in der Folgezeit, besonders seit Beginn des 20. Jahrhunderts, ausgebaut und erfuhr vielfältige Varianten. Dazu trug nicht zuletzt das neue Medium Film bei, das durch seine Schnitt- und Montagetechnik das Publikum daran gewöhnte, sich den Gang der Handlung wie ein Puzzle aus den zum Teil sprunghaft aneinandergereihten Einzelsequenzen zusammenzusetzen. Im Roman wurden unterschiedliche Textsorten in den Erzählvorgang eingefügt bzw. die Erzählung wurde aus verschiedenen Textelementen zusammengesetzt, ähnlich einer Collage, in der diverse Ausschnitte aus Einzelbildern zu einem Gesamtbild zusammengefügt werden.
Euch bietet ein solches **Collageverfahren** die Möglichkeit zu einem Experiment produktiv-kreativen Schreibens, dem Versuch, eine Art Klassenroman zu erstellen, zu dem jede/r in der Klasse ein Kapitel beiträgt. Die Auswahl der Textsorten und der damit verbundenen Erzählperspektiven, an die ihr euch in eurem Kapitel halten wollt, bleibt euch überlassen: Briefe, E-Mails, Mailbox-Nachrichten, Tagebucheintragungen, innere Monologe, Berichte, Zeitungsmeldungen, Protokolle, Dialoge usw.

Einen Schreibplan erstellen

Bevor ihr mit dem Schreiben der einzelnen Kapitel beginnen könnt, müsst ihr euch auf ein **Thema** und einen groben **Handlungsverlauf** für die Geschichte, die ihr erzählen wollt, verständigen.

1 *Schreibt das Thema, auf das ihr euch einigt, an die Tafel und sammelt dann in einem* ***Cluster*** *Ideen für einzelne Handlungsschritte bzw. Kapitel.*

2 *Bringt die einzelnen Handlungsmomente bzw. Kapitel in eine sinnvolle Reihenfolge. Jeweils ein oder zwei Schreibende entscheiden sich für ein Kapitel oder die Ausarbeitung eines Handlungsmoments. Legt einen Zeitpunkt für die Abgabe fest.*

Konzepte entwickeln und schreiben

1 *Sammelt zunächst Ideen für den Inhalt eures Kapitels, auch hier ist ein Cluster hilfreich.*

2 *Recherchiert Vorgänge (z. B.: Ablauf einer Disziplinarkonferenz) und Orte (z. B.: Polizeirevier), die für euer Kapitel wichtig sind. Es ist empfehlenswert, die alltäglicheren Schauplätze eurer Geschichte aufzusuchen und dort viele konkrete Details aufzuzeichnen: Was ist dort zu sehen, zu hören und zu riechen? Gedankensplitter eurer fiktiven Figur können eingeschoben werden. Eure Geschichte gewinnt dann an Anschaulichkeit, wird lebendiger und glaubwürdiger. Orientiert euch an folgendem Beispiel:*

Notizen zu „Melle im Stadtpark": Frühling; die Sonne sticht schon; über 20 Grad; die Buntheit der Blumen; Vögel lautstark aufgelebt; atmen, tief Luft holen; Spaziergänger, Mäntel überm Arm, leichter Schritt; Kinder, Gesichter erhitzt von der Sonne und vom Spiel; sie laufen, springen, lachen, schreien; die Straße rauscht vorbei; das Leben rauscht vorbei; die Wasservögel auf dem Teich, Schnattern, Kreischen; glitzernde Oberfläche; Köpfchen in das Wasser, Wegtauchen (!); ein Mann auf der Parkbank, müdes Gesicht, flehende Augen – Ich brauche keine Hilfe, ich schaff das schon; Gerempel und Gedränge an der Bushaltestelle, Vorbeihasten, durchs Leben hasten …

3 *Entscheidet euch für eine Textsorte und eine oder mehrere Perspektiven (Multiperspektivik; ▷ S. 209), in denen ihr euer Kapitel darbieten wollt.*

4 *Fertigt eine möglichst genaue Gliederung für euer Kapitel an. Beginnt dann mit dem Schreiben.*

„Versorgung Melles durch Oma, der sie Geld klaut" (Gliederung des Kapitels)

1 Ankunft bei der Oma, die was zu essen auftischt (szenisches Erzählen: Dialog zwischen Melle und Oma; Perspektive eines neutralen Erzählers)

2 Oma geht einkaufen, Melle bleibt in der Wohnung zurück, sucht nach Geld (innerer Monolog Melles; Perspektive auf Innensicht Melles beschränkt)

3 Reaktion der Oma, nachdem sie einige Zeit später den Diebstahl entdeckt hat (Brief der Oma an Melles Mutter; Perspektive: Sichtweise der Oma)

Redaktionskonferenzen durchführen

1 *Findet euch für die Redaktionskonferenzen in Kleingruppen zu viert oder fünft zusammen.*

a) Lest in den Gruppen reihum eure Kapitel vor. Betrachtet diese als erste Entwürfe, die der Überarbeitung bedürfen.

b) Gebt jedem Autor/jeder Autorin Rückmeldungen zur Wirkung des vorgelesenen Textes. Haltet euch dabei streng an folgendes Ritual:

- *In einer ersten Runde nennt jeder Zuhörer zunächst nur das, was ihm inhaltlich und formal gelungen erschien.*
- *In der zweiten Runde wird auf das hingewiesen, was nicht überzeugend wirkte und verbessert werden sollte. Der Autor/Die Autorin notiert sich – ohne Kommentierung – die Kritikpunkte und eventuelle Verbesserungsvorschläge.*

Den Collageroman präsentieren

1 *Bildet in der Klasse eine Herausgebergruppe, der die überarbeiteten Kapitel bis zu dem gemeinsam festgelegten Zeitpunkt abgegeben werden. Die Herausgeber fügen die einzelnen Kapitel zusammen, beseitigen mögliche Widersprüche und glätten unverständliche Brüche.*

2 *Trefft eine Entscheidung darüber, wie der Gesamttext präsentiert werden soll, z. B. in einer Lesung an einem Klassenabend mit oder ohne Publikum und/oder als fotokopiertes Textheft für jedes Klassenmitglied.*

3 *Reflektiert abschließend die Wirkung eurer Collageromane. Wie wirkt das Zusammenspiel unterschiedlicher Textsorten und Stile?*
Gibt es Brüche, interessante Kombinationen und Kontraste?

11 „Homo faber" – Roman und Literaturverfilmung

11.1 Max Frisch: „Homo faber" – Einen Roman untersuchen

1 *Beschreibt die Situationen, in denen der Protagonist Faber zu sehen ist. Welche Rückschlüsse lassen diese auf die Figur zu?*

2 *a) Welche Assoziationen lösen die Bilder in euch aus?*
b) Welche Erwartungen werden im Hinblick auf die Handlung des Romans geweckt?

3 *a) Recherchiert den Begriff „Homo faber", den Max Frisch zum Titel seines Romans machte.*
b) Überlegt, warum Frisch diesen Romantitel und seine besondere Schreibung wählt.
c) Inwiefern deckt sich die Bedeutung des Begriffs mit euren Überlegungen zur Figur und zur Handlung des Romans?

Der verzögerte Start – Der Romananfang

Max Frisch

Homo faber: Erste Station (1957)

Wir starteten in La Guardia, New York, mit dreistündiger Verspätung infolge Schneestürme. Unsere Maschine war, wie üblich auf dieser Strecke, eine Super-Constellation[1]. Ich richtete mich sofort zum Schlafen, es war Nacht. Wir warteten noch weitere vierzig Minuten draußen auf der Piste, Schnee vor den Scheinwerfern, Pulverschnee, Wirbel über der Piste, und was mich nervös machte, so daß ich nicht sogleich schlief, war nicht die Zeitung, die unsere Stewardeß verteilte, *First Pictures Of World's Greatest Air Crash In Nevada*[2], eine Neuigkeit, die ich schon am Mittag gelesen hatte, sondern einzig und allein diese Vibration in der stehenden Maschine mit laufenden Motoren – dazu der junge Deutsche neben mir, der mir sogleich auffiel, ich weiß nicht wieso, er fiel auf, wenn er den Mantel auszog, wenn er sich setzte und sich die Bügelfalten zog, wenn er überhaupt nichts tat, sondern auf den Start wartete wie wir alle und einfach im Sessel saß, ein Blonder mit rosiger Haut, der sich sofort vorstellte, noch bevor man die Gürtel geschnallt hatte. Seinen Namen hatte ich überhört, die Motoren dröhnten, einer nach dem andern auf Vollgasprobe –

Ich war todmüde.

Ivy hatte drei Stunden lang, während wir auf die verspätete Maschine warteten, auf mich eingeschwatzt, obschon sie wußte, daß ich grundsätzlich nicht heirate.

Ich war froh, allein zu sein.

Endlich ging's los –

Ich habe einen Start bei solchem Schneetreiben noch nie erlebt, kaum hatte sich unser Fahrgestell von der weißen Piste gehoben, war von den gelben Bodenlichtern nichts mehr zu sehen, kein Schimmer, später nicht einmal ein Schimmer von Manhattan, so schneite es. Ich sah nur das grüne Blinklicht an unsrer Tragfläche, die heftig schwankte, zeitweise wippte; für Sekunden verschwand sogar dieses grüne Blinklicht im Nebel, man kam sich wie ein Blinder vor.

Rauchen gestattet.

Er kam aus Düsseldorf, mein Nachbar, und so jung war er auch wieder nicht, anfangs Dreißig, immerhin jünger als ich; er reiste, wie er mich sofort unterrichtete, nach Guatemala, geschäftlich, soviel ich verstand –

Wir hatten ziemliche Böen.

Er bot mir Zigaretten an, mein Nachbar, aber ich bediente mich von meinen eignen, obschon ich nicht rauchen wollte, und dankte,

1 **Super-Constellation:** viermotoriges Langstreckenflugzeug
2 **First Pictures Of World's Greatest Air Crash In Nevada:** erste Fotos vom schwersten Flugzeugunglück der Welt in Nevada

nahm nochmals die Zeitung, meinerseits keinerlei Bedürfnis nach Bekanntschaft. Ich war unhöflich, mag sein. Ich hatte eine strenge Woche hinter mir, kein Tag ohne Konferenz, ich wollte Ruhe haben, Menschen sind anstrengend. Später nahm ich meine Akten aus der Mappe, um zu arbeiten; leider gab es gerade eine heiße Bouillon, und der Deutsche (er hatte, als ich seinem schwachen Englisch entgegenkam mit Deutsch, sofort gemerkt, daß ich Schweizer bin) war nicht mehr zu stoppen. Er redete über Wetter, beziehungsweise über Radar, wovon er wenig verstand; dann machte er, wie üblich nach dem Zweiten Weltkrieg, sofort auf europäische Brüderschaft. Ich sagte wenig. Als man die Bouillon gelöffelt hatte, blickte ich zum Fenster hinaus, obschon nichts andres zu sehen war als das grüne Blinklicht draußen an unsrer nassen Tragfläche, ab und zu Funkenregen wie üblich, das rote Glühen in der Motor-Haube. Wir stiegen noch immer –

Später schlief ich ein.

Die Böen ließen nach.

Ich weiß nicht, warum er mir auf die Nerven ging, irgendwie kannte ich sein Gesicht, ein sehr deutsches Gesicht. Ich überlegte mit geschlossenen Augen, aber vergeblich. Ich versuchte, sein rosiges Gesicht zu vergessen, was mir gelang, und schlief etwa sechs Stunden, überarbeitet wie ich war – kaum war ich erwacht, ging er mir wieder auf die Nerven.

Er frühstückte bereits.

Ich tat, als schliefe ich noch.

Wir befanden uns (ich sah es mit meinem rechten Auge) irgendwo über dem Mississippi, flogen in großer Höhe und vollkommen ruhig, unsere Propeller blinkten in der Morgensonne, die üblichen Scheiben, man sieht sie und sieht hindurch, ebenso glänzten die Tragflächen, starr im leeren Raum, nichts von Schwingungen, wir lagen reglos in einem wolkenlosen Himmel, ein Flug wie hundert andere zuvor, die Motoren liefen in Ordnung.

„Guten Tag!" sagte er –

Ich grüßte zurück.

„Gut geschlafen?" fragte er –

Man erkannte die Wasserzweige des Mississippi, wenn auch unter Dunst, Sonnenglanz drauf, Geriesel wie aus Messing oder Bronze; es war noch früher Morgen, ich kenne die Strecke, ich schloß die Augen, um weiterzuschlafen. Er las ein Heftlein, rororo.

Es hatte keinen Zweck, die Augen zu schließen, ich war einfach wach, und mein Nachbar beschäftigte mich ja doch, ich sah ihn sozusagen mit geschlossenen Augen. Ich bestellte mein Frühstück ... Er war zum ersten Mal in den Staaten, wie vermutet, dabei mit seinem Urteil schon fix und fertig, wobei er das eine und andere (im ganzen fand er die Amerikaner kulturlos) trotzdem anerkennen mußte, beispielsweise die Deutschfreundlichkeit der meisten Amerikaner.

Ich widersprach nicht.

Kein Deutscher wünsche Wiederbewaffnung, aber der Russe zwinge Amerika dazu, Tragik, ich als Schweizer (Schwyzzer, wie er mit Vorliebe sagte) könne alldies nicht beurteilen, weil nie im Kaukasus gewesen, er sei im Kaukasus gewesen, er kenne den Iwan[3], der nur durch Waffen zu belehren sei. Er kenne den Iwan! Das sagte er mehrmals. Nur durch Waffen zu belehren! sagte er, denn alles andere mache ihm keinen Eindruck, dem Iwan – Ich schälte meinen Apfel.

Unterscheidung nach Herrenmenschen und Untermenschen[4], wie's der gute Hitler meinte, sei natürlich Unsinn; aber Asiaten bleiben Asiaten –

Ich aß meinen Apfel.

Ich nahm meinen elektrischen Rasierapparat aus der Mappe, um mich zu rasieren, beziehungsweise um eine Viertelstunde allein zu sein, ich mag die Deutschen nicht, obschon Joachim, mein Freund, auch Deutscher gewesen ist ... In der Toilette überlegte ich mir, ob ich mich nicht anderswohin setzen könnte, ich hatte einfach kein Bedürfnis, diesen Herrn näher kennenzulernen, und bis Mexico-City, wo mein Nachbar umsteigen mußte, dauerte

3 **Iwan:** abschätzige Verallgemeinerung für „Russen"

4 **Herrenmenschen und Untermenschen:** Schlagworte aus der antisemitischen Ideologie des Nationalsozialismus

es noch mindestens vier Stunden. Ich war entschlossen, mich anderswohin zu setzen; es gab noch freie Sitze. Als ich in die Kabine zurückkehrte, rasiert, so daß ich mich freier fühlte, sicherer – ich vertrage es nicht, unrasiert zu sein – hatte er sich gestattet, meine Akten vom Boden aufzuheben, damit niemand drauf tritt, und überreichte sie mir, seinerseits die Höflichkeit in Person. Ich bedankte mich, indem ich die Akten in meine Mappe versorgte, etwas zu herzlich, scheint es, denn er benutzte meinen Dank sofort, um weitere Fragen zu stellen. Ob ich für die *Unesco* arbeite?

Ich spürte den Magen – wie öfter in der letzten Zeit, nicht schlimm, nicht schmerzhaft, ich spürte nur, daß man einen Magen hat, ein blödes Gefühl. Vielleicht war ich drum so unausstehlich. Ich setzte mich an meinen Platz und berichtete, um nicht unausstehlich zu sein, von meiner Tätigkeit, *technische Hilfe für unterentwickelte Völker*, ich kann darüber sprechen, während ich ganz andres denke. Ich weiß nicht, was ich dachte. Die *Unesco*, scheint es, machte ihm Eindruck, wie alles Internationale, er behandelte mich nicht mehr als Schwyzzer, sondern hörte zu, als sei man eine Autorität, geradezu ehrfürchtig, interessiert

bis zur Unterwürfigkeit, was nicht hinderte, daß er mir auf die Nerven ging.

Ich war froh um die Zwischenlandung.

Im Augenblick, als wir die Maschine verließen und vor dem Zoll uns trennten, wußte ich, was ich vorher gedacht hatte: Sein Gesicht (rosig und dicklich, wie Joachim nie gewesen ist) erinnerte mich doch an Joachim. –

Ich vergaß es wieder. Das war in Houston, Texas. R

1 *Notiert eure ersten Leseeindrücke. Wie wirkt der Romananfang auf euch?*

2 *a) Fasst die Handlung des Romananfangs zusammen.*
b) In welcher Zeit spielt der Roman? Nennt Textstellen als Belege.
c) Der Romanausschnitt trägt die Überschrift „Erste Station“. Äußert Vermutungen darüber, was mit diesem Begriff bezeichnet werden könnte.

3 *Untersucht, wie die Hauptfigur, der Ich-Erzähler Walter Faber, eingeführt wird.*
- *Welche Informationen erhält die Leserin/der Leser über ihn und sein Leben?*
- *Was wird über seine Gefühle ausgesagt?*
- *Welche Einstellung hat er anderen Menschen gegenüber, welche gegenüber Technik?*

4 *Bestimmt das Erzählverhalten und die Erzählhaltung im Romanauszug. Welche Auswirkung haben diese auf die Wahrnehmung der Figur?*

5 *Beschreibt das Gespräch zwischen dem Ich-Erzähler und seinem Sitznachbarn im Flugzeug: Wie verläuft die Kommunikation zwischen den beiden?* *(▷ S. 96–100)*

„Ich erläuterte ihm meine Optik" – Motive und Figurencharakteristik

Max Frisch

Homo faber (2)

Ein Motor des Flugzeugs, mit dem Walter Faber nach Caracas fliegen wollte, fällt aus und zwingt den Piloten zu einer Notlandung in der Wüste.

Unser Aufenthalt in der Wüste von Tamaulipas, Mexico, dauerte vier Tage und drei Nächte, total 85 Stunden, worüber es wenig zu berichten gibt – ein grandioses Erlebnis (wie jedermann zu erwarten scheint, wenn ich davon spreche) war es nicht. Dazu viel zu heiß! Natürlich dachte ich auch sofort an den Disney-Film, der ja grandios war, und nahm sofort meine Kamera; aber von Sensation nicht die Spur, ab und zu eine Eidechse, die mich erschreckte, eine Art von Sandspinnen, das war alles.
Es blieb uns nichts als Warten.
Das erste, was ich in der Wüste von Tamaulipas tat: ich stellte mich dem Düsseldorfer vor, denn er interessierte sich für meine Kamera, ich erläuterte ihm meine Optik.
Andere lasen.
Zum Glück, wie sich bald herausstellte, spielte er auch Schach, und da ich stets mit meinem Steck-Schach reise, waren wir gerettet; er organisierte sofort zwei leere Coca-Cola-Kistchen, wir setzten uns abseits, um das allgemeine Gerede nicht hören zu müssen, in den Schatten unter dem Schwanzsteuer – kleiderlos, bloß in Schuhen (wegen der Hitze des Sandes) und in Jockey-Unterhosen.
Unser Nachmittag verging im Nu.
Kurz vor Einbruch der Dämmerung erschien ein Flugzeug, Militär, es kreiste lange über uns, ohne etwas abzuwerfen, und verschwand (was ich gefilmt habe) gegen Norden, Richtung Monterrey.
Abendessen: ein Käse-Sandwich, eine halbe Banane.
Ich schätze das Schach, weil man Stunden lang nichts zu reden braucht. Man braucht nicht einmal zu hören, wenn der andere redet. Man blickt auf das Brett, und es ist keineswegs unhöflich, wenn man kein Bedürfnis nach persönlicher Bekanntschaft zeigt, sondern mit ganzem Ernst bei der Sache ist –
„Sie sind am Zug!" sagte er.
Die Entdeckung, daß er Joachim, meinen Freund, der seit mindestens zwanzig Jahren einfach verstummt war, nicht nur kennt, sondern daß er geradezu sein Bruder ist, ergab sich durch Zufall ... Als der Mond aufging (was ich ebenfalls gefilmt habe) zwischen schwarzen Agaven am Horizont, hätte man noch immer Schach spielen können, so hell war es, aber plötzlich zu kalt; wir waren hinausgestapft, um eine Zigarette zu rauchen, hinaus in den Sand, wo ich gestand, daß ich mir aus Landschaften nichts mache, geschweige denn aus einer Wüste.
„Das ist nicht Ihr Ernst!" sagte er. Er fand es ein Erlebnis.
„Gehen wir schlafen!" sagte ich, „– Hotel Super-Constellation, Holiday In Desert With All Accommodations!" Ich fand es kalt.
Ich habe mich schon oft gefragt, was die Leute eigentlich meinen, wenn sie von Erlebnis reden. Ich bin Techniker und gewohnt, die Dinge zu sehen, wie sie sind. Ich sehe alles, wovon sie reden, sehr genau; ich bin ja nicht blind. Ich sehe den Mond über der Wüste von Tamaulipas – klarer als je, mag sein, aber eine errechenbare Masse, die um unseren Planeten kreist, eine Sache der Gravitation, interessant, aber wieso ein Erlebnis? Ich sehe die gezackten Felsen, schwarz vor dem Schein des Mondes; sie sehen aus, mag sein, wie die gezackten Rücken von urweltlichen Tieren, aber ich

weiß: Es sind Felsen, Gestein, wahrscheinlich vulkanisch, das müßte man nachsehen und feststellen. Wozu soll ich mich fürchten? Es gibt keine urweltlichen Tiere mehr. Wozu sollte ich sie mir einbilden? Ich sehe auch keine versteinerten Engel, es tut mir leid; auch keine Dämonen, ich sehe, was ich sehe: die üblichen Formen der Erosion, dazu meinen langen Schatten auf dem Sand, aber keine Gespenster. Wozu weibisch werden? Ich sehe auch keine Sintflut, sondern Sand, vom Mond beschienen, vom Wind gewellt wie Wasser, was mich nicht überrascht; ich finde es nicht fantastisch, sondern erklärlich. Ich weiß nicht, wie verdammte Seelen aussehen; vielleicht wie schwarze Agaven in der nächtlichen Wüste. Was ich sehe, das sind Agaven, eine Pflanze, die ein einziges Mal blüht und dann abstirbt. Ferner weiß ich, daß ich nicht (wenn es im Augenblick auch so aussieht) der erste oder letzte Mensch auf der Erde bin; und ich kann mich von der bloßen Vorstellung, der letzte Mensch zu sein, nicht erschüttern lassen, denn es ist nicht so. Wozu hysterisch sein? Gebirge sind Gebirge, auch wenn sie in gewisser Beleuchtung, mag sein, wie irgend etwas anderes aussehen, es ist aber die Sierra Madre Oriental, und wir stehen nicht in einem Totenreich, sondern in der Wüste von Tamaulipas, Mexico, ungefähr sechzig Meilen von der nächsten Straße entfernt, was peinlich ist, aber wieso ein Erlebnis? Ein Flugzeug ist für mich ein Flugzeug, ich sehe keinen ausgestorbenen Vogel dabei, sondern eine Super-Constellation mit Motor-Defekt, nichts weiter, und da kann der Mond sie bescheinen, wie er will. Warum soll ich erleben, was gar nicht ist? Ich kann mich auch nicht entschließen, etwas wie die Ewigkeit zu hören; ich höre gar nichts, ausgenommen das Rieseln von Sand nach jedem Schritt. Ich schlottere, aber ich weiß: in sieben bis acht Stunden kommt wieder die Sonne. Ende der Welt, wieso? Ich kann mir keinen Unsinn einbilden, bloß um etwas zu erleben. Ich sehe den Sand-Horizont, weißlich in der grünen Nacht, schätzungsweise zwanzig Meilen von hier, und ich sehe nicht ein, wieso dort, Richtung Tampico, das Jenseits beginnen soll. Ich kenne Tampico. Ich weigere mich, Angst zu haben aus bloßer Fantasie, beziehungsweise fantastisch zu werden aus bloßer Angst, geradezu mystisch.

„Kommen Sie!" sagte ich. Herbert stand und erlebte noch immer. „Übrigens" sagte ich, „sind Sie irgendwie verwandt mit einem Joachim Hencke, der einmal in Zürich studiert hat?" Es kam mir ganz plötzlich, als wir so standen, die Hände in den Hosentaschen, den Rockkragen heraufgestülpt; wir wollten gerade in die Kabine steigen. „Joachim?" sagte er, „das ist mein Bruder."

„Nein!" sagte ich –

„Ja", sagte er, „natürlich – ich erzählte Ihnen doch, daß ich meinen Bruder in Guatemala

besuche." Wir mußten lachen. „Wie klein die Welt ist!"
Die Nächte verbrachte man in der Kabine, schlotternd in Mantel und Wolldecken; die Besatzung kochte Tee, solange Wasser vorhanden.
„Wie geht's ihm denn?" fragte ich. „Seit zwanzig Jahren habe ich nichts mehr von ihm gehört." „Danke", sagte er, „danke –"
„Damals" sagte ich, „waren wir sehr befreundet –" Was ich erfuhr, war so das Übliche: Heirat, ein Kind (was ich offenbar überhört habe; sonst hätte ich mich nicht später danach erkundigt), dann Krieg, Gefangenschaft, Heimkehr nach Düsseldorf und so fort, ich staunte, wie die Zeit vergeht, wie man älter wird. „Wir sind besorgt" sagte er – „Wieso?"
„Er ist der einzige Weiße da unten" sagte er, „seit zwei Monaten keinerlei Nachrichten –".

R

1 *„Ich sehe alles […] sehr genau, ich bin ja nicht blind." (Z. 65 f.)*
Das Zitat gibt eine Kernstelle des Romans wieder und zieht sich als zentrales Motiv durch das Geschehen. Wenige Zeilen zuvor erklärt der Protagonist Faber dem Reisegefährten seine „Optik" (Z. 17).
a) Schreibt die entsprechenden Stellen heraus, in denen Faber seine Wahrnehmungsweise in kurzen Statements zusammenfasst.
b) Erstellt eine Tabelle mit konkreten Beispielen aus dem Text, in denen Faber seine Wahrnehmung von der anderer Menschen abgrenzt.
c) Wie beurteilt Faber die Wahrnehmungsweise seiner Mitmenschen?

Ereignis/Gegebenheit	subjektive/emotionale Wahrnehmung	wissenschaftlich/technische Erklärung
Mond über der Wüste	Erlebnis	errechenbare Masse, die um unseren Planeten kreist
gezackte Felsen	versteinerte Engel oder Dämonen	übliche Form der Erosion
…	…	…

2 *Dem **Leitmotiv** „Wahrnehmung/Sehen" ordnet sich das technische Instrument der Kamera als weiteres zentrales Motiv unter, das den Protagonisten begleitet und charakterisiert.*
a) Sucht entsprechende Textstellen heraus.
b) Welche Funktion hat die Kamera für Fabers Sicht auf die Dinge?
c) Welche Funktion hat das Motiv der Kamera für die Organisation der Textstruktur?

TIPP

Leitmotive tauchen in epischen Texten immer wieder an zentralen Stellen auf. Sie stiften einen über das Motiv hinausgehenden Sinnzusammenhang.

3 *Untersucht die Äußerungen des Ich-Erzählers in Hinblick auf Stil und Sprache.*
a) Achtet zunächst auf die Syntax: Wie sind die Sätze aufgebaut? Welche Funktion haben Klammerzusätze und rhetorische Fragen?
b) Findet eine Bezeichnung für die Art der Darstellung.

4 *Charakterisiert die Figur Walter Faber. Greift dabei auf die Ergebnisse der vorausgehenden Aufgaben zurück.*

Figurencharakteristik
In einer Charakterisierung wird die literarische Figur dargestellt, wie sie auf den verschiedenen Textebenen für den Leser erfahrbar wird:
- durch die **äußere Erscheinung**: Größe, Gesichtszüge, Kleidung, Gestik, Gebärden, Mimik;
- durch Aussagen anderer Figuren oder des Erzählers, also durch **direkte Charakterisierung**; zu berücksichtigen ist hier, dass sich die Figuren selten neutral gegenüberstehen, ihre gegenseitige Wahrnehmung durch Sympathie oder Antipathie gefärbt ist;
- durch das Verhalten und die Rede (Tonfall, Wortwahl, Satzbau, Ausdruck) der Figur selbst: **indirekte Charakterisierung**; hieraus lassen sich Rückschlüsse auf Charaktereigenschaften ziehen.

Faber und Sabeth – Erzählstrategien erkennen

Max Frisch

Homo faber (3)

Nach dem Aufenthalt in der Wüste unterbricht Walter Faber spontan seine Dienstreise und begleitet seine Reisebekanntschaft Herbert Hencke in den Dschungel. Sie finden Fabers Jugendfreund Joachim erhängt in seiner Hütte. Faber erinnert sich an seine Vergangenheit, an seine Jugendliebe Hanna. Er hatte sie verlassen, sie dann Joachim geheiratet.
Die geplante Reise nach Europa tritt Faber nun per Schiff an. Während der Schiffsreise lernt er ein junges Mädchen kennen, das ihn wiederum an Hanna erinnert.

Vor dem Schlafengehen machte ich jedesmal, um Luft zu schnappen, eine Runde um sämtliche Decks. Allein. Traf ich sie im Dunkeln – zufällig – Arm in Arm mit ihrem Ping-pong-Freund, so tat sie, als hätte sie mich nicht gesehen; als dürfte ich unter keinen Umständen wissen, daß sie verliebt ist.
Was ging's mich an!
Ich ging, wie gesagt, um Luft zu schnappen.
Sie meinte, ich sei eifersüchtig –
Am andern Morgen, als ich allein an der Reling stand, trat sie zu mir und fragte, wo denn mein Freund sei. Es interessierte mich nicht, wen sie für meinen Freund hielt, Israel-Landwirt oder Chicago-Baptist, sie meinte, ich fühle mich einsam, und wollte nett sein, gab's nicht auf, bis sie mich zum Plaudern brachte – über Navigation, Radar, Erdkrümmung, Elektrizität, Entropie, wovon sie noch nie gehört hat. Sie war alles andere als dumm. Nicht viele Leute, denen ich den sogenannten Maxwell'schen Dämon erläuterte, begreifen so flink wie dieses junge Mädchen, das ich Sabeth

nannte, weil Elisabeth, fand ich, ein unmöglicher Name ist. Sie gefiel mir, aber ich flirtete in keiner Weise. Ich redete wie ein Lehrer, fürchtete ich, während sie lächelte. Sabeth wußte nichts von Kybernetik, und wie immer, wenn man mit Laien darüber redet, galt es, allerlei kindische Vorstellungen vom Roboter zu widerlegen, das menschliche Ressentiment gegen die Maschine, das mich ärgert, weil es borniert ist, ihr abgedroschenes Argument: der Mensch sei keine Maschine. Ich erklärte, was die heutige Kybernetik als *Information* bezeichnet: unsere Handlungen als Antworten auf sogenannte Informationen, beziehungsweise Impulse, und zwar sind es automatische Antworten, größtenteils unserem Willen entzogen, Reflexe, die eine Maschine ebensogut erledigen kann wie ein Mensch, wenn nicht sogar besser. Sabeth rümpfte ihre Brauen (wie stets bei Späßen, die ihr eigentlich mißfallen) und lachte. Ich verwies sie auf Norbert Wiener: *Cybernetics or Control and Communication in the Animal and the Machine, M. I. T. 1948.* Natürlich meinte ich nicht die Roboter, wie sie die Illustrierten sich ausmalen, sondern die Höchstgeschwindigkeitsrechenmaschine, auch Elektronen-Hirn genannt, weil Steuerung durch Vakuum-Elektronenröhren, eine Maschine, die heute schon jedes Menschenhirn übertrifft. In einer Minute 2 000 000 Additionen oder Subtraktionen! In ebensolchem Tempo erledigt sie eine Infinitesimal-Rechnung, Logarithmen ermittelt sie schneller, als wir das Ergebnis ablesen können, und eine Aufgabe, die bisher das ganze Leben eines Mathematikers erfordert hätte, wird in Stunden gelöst und zuverlässiger gelöst, weil sie, die Maschine, nichts vergessen kann, weil sie alle eintreffenden Informationen, mehr als ein menschliches Hirn erfassen kann, in ihre Wahrscheinlichkeitsansätze einbezieht. Vor allem aber: die Maschine erlebt nichts, sie hat keine Angst und keine Hoffnung, die nur stören, keine Wünsche in bezug auf das Ergebnis, sie arbeitet nach der reinen Logik der Wahrscheinlichkeit, darum behaupte ich: Der Roboter erkennt genauer als der Mensch, er weiß mehr von der Zukunft als wir, denn er errechnet sie, er spekuliert nicht und träumt nicht, sondern wird von seinen eigenen Ergebnissen gesteuert (feed back) und kann sich nicht irren; der Roboter braucht keine Ahnungen –

Sabeth fand mich komisch. Ein wenig, glaubte ich, mochte sie mich doch; jedenfalls nickte sie, wenn sie mich auf Deck sah, sie lag in ihrem Decksessel und nahm sofort ihr Buch, aber winkte –

„Hello, Mister Faber!“

Sie nannte mich Mister Faber, weil ich mich, gewohnt an die englische Aussprache meines Namens, so vorgestellt hatte; im übrigen sprachen wir deutsch.

Ich ließ sie oft in Ruhe.

Eigentlich hätte ich arbeiten sollen –

So eine Schiffreise ist ein komischer Zustand. Fünf Tage ohne Wagen! Ich bin gewohnt zu arbeiten oder meinen Wagen zu steuern, es ist keine Erholung für mich, wenn nichts läuft, und alles Ungewohnte macht mich sowieso nervös. R

1 *„Sie meinte, ich sei eifersüchtig.“ – „Sie meinte, ich fühle mich einsam.“ (Z. 10, 15 f.)*

a) Faber versucht keine Gegendarstellung zu Sabeths Einschätzung seines Verhaltens. Wie nimmt er Sabeth wahr? Sucht entsprechende Textstellen heraus, in denen er sich über sie äußert.

b) Deutet Fabers Ausführungen zur Kybernetik und zu Robotern vor dem Hintergrund von Sabeths Reaktionen und in Bezug auf den Schlusssatz: „und alles Ungewohnte machte mich sowieso nervös.“ (Z. 93 f.)

c) Bezieht eure Erkenntnis in die Charakterisierung Fabers mit ein.

2 *Beschreibt das Gespräch zwischen Faber und Sabeth. Wie verteilen sich die Redeanteile?*

Max Frisch

Homo faber (4)

Während der fünftägigen Schiffsreise sucht Faber immer wieder den Kontakt zu Sabeth. Am letzten Abend an Bord, Fabers 50. Geburtstag, findet ein Ball statt, den Faber missgestimmt verlässt. Er geht an Deck, gefolgt von Sabeth, die ihm im Gespräch zu heiraten nahelegt. Dieser Gedanke verstimmt ihn noch mehr und er denkt darüber nach, weshalb.

Als Sabeth in den Papierschlangensaal zurückkam, um ihre Handtasche zu holen, wunderte ich mich: sie verabschiedete ihren Freund, der eine saure Miene machte, und setzte sich neben mich. Ihr Hanna-Mädchen-Gesicht! Sie bat um Zigaretten, wollte nach wie vor wissen, was ich denn die ganze Zeit grübelte, und irgend etwas mußte ich ja sagen: ich gab ihr das Feuer, das ihr junges Gesicht erhellte, und fragte, ob sie mich denn heiraten würde. Sabeth errötete.

Ob ich das ernst meine?

Warum nicht!

Draußen die Ausschiffung, die man gesehen haben mußte, es war kalt, aber Ehrenpflicht, Damen schlotterten in ihren Abendkleidern, Nebel, die Nacht voller Lichter, Herren in Smokings, die ihre Damen mit Umarmungen zu wärmen suchten, Scheinwerfer, die den Verlad beleuchteten, Herren in bunten Papiermützen, Lärm der Krane, aber alles im Nebel; die Blinkfeuer an der Küste –

Wir standen ohne Berührung.

Ich hatte gesagt, was ich nie habe sagen wollen, aber gesagt war gesagt, ich genoß es, unser Schweigen, ich war wieder vollkommen nüchtern, dabei keine Ahnung, was ich denke, wahrscheinlich nichts.

Mein Leben lag in ihrer Hand –

Für eine Weile kam Mister Lewin dazwischen, ohne zu stören, im Gegenteil, wir waren froh, Sabeth auch, glaube ich, wir standen Arm in Arm und plauderten mit Mister Lewin, der seinen Burgunder ausgeschlafen hatte, Beratung über die Trinkgeldfrage und Derartiges. Unser Schiff lag mindestens eine Stunde vor Anker, es tagte bereits. Als wir wieder allein standen, die letzten auf dem nassen Deck, und als Sabeth mich fragte, ob ich's wirklich im Ernst meine, küßte ich sie auf die Stirn, dann auf ihre kalten und zitternden Augenlider, sie schlotterte am ganzen Leib, dann auf ihren Mund, wobei ich erschrak. Sie war mir fremder als je ein Mädchen. Ihr halboffener Mund, es war unmöglich; ich küßte die Tränennässe aus ihren Augenhöhlen, zu sagen gab es nichts, es war unmöglich.

Anderntags Ankunft in Le Havre.

Es regnete, und ich stand auf dem Oberdeck, als das fremde Mädchen mit dem rötlichen Roßschwanz über die Brücke ging, Gepäck in beiden Händen, weswegen sie nicht winken konnte. Sie sah mein Winken, glaube ich. Ich hatte filmen wollen, ich winkte noch immer, ohne sie im Gedränge zu sehen. Später beim Zoll, als ich gerade meinen Koffer aufmachen mußte, sah ich ihren rötlichen Roßschwanz noch einmal; sie nickte auch und lächelte, Gepäck in beiden Händen, sie sparte sich einen Träger und schleppte viel zu schwer, ich konnte aber nicht helfen, sie verschwand im Gedränge – Unser Kind! Aber das konnte ich damals nicht wissen, trotzdem würgte es mich regelrecht in der Kehle, als ich sah, wie sie einfach im Gedränge unterging. Ich hatte sie gern. Nur so viel wußte ich. Im Sonderzug nach Paris hätte ich nochmals durch alle Wagen gehen können. Wozu? Wir hatten Abschied genommen.

In Paris versuchte ich sofort, Williams anzurufen, um wenigstens mündlich meinen Rapport zu geben; er sagte Gutentag (Hello) und hatte keine Zeit, meine Erklärung anzuhören. Ich fragte mich, ob irgend etwas los ist ... Paris war wie üblich, eine Woche voll Konferenzen, ich wohnte wie üblich am Quai Voltaire, hatte wieder mein Zimmer mit Blick auf die Seine und auf diesen Louvre, den ich noch nie besucht hatte, gerade gegenüber.

R

1 *Was löst Fabers Heiratsantrag aus? Deutet in diesem Kontext den Satz: „Wir standen ohne Berührung.“ (Z. 23)*

2 *Der Text arbeitet mit Vorausdeutungen und Rückblenden. Benennt die beiden Stellen in diesem Textauszug, in denen eine zeitliche Verweisung stattfindet. Inwiefern liefern diese zugleich eine Erklärung für Fabers Verhalten?*

!

Vorausdeutungen und Rückblenden
Zur Zeitgestaltung eines Romans gehört der Umgang des Erzählers mit der Chronologie der erzählten Ereignisse:

- **Vorausdeutungen**: Der Erzähler ist nicht an eine Zeitebene gebunden. Er kann z. B. wissen, was vor oder nach dem von ihm erzählten Ereignis geschah, d. h., er kann auf eine Zeitebene springen, die in der Zukunft liegt.
- **Rückblenden:** Der Erzähler kann auch Erinnerungen an Ereignisse, die zeitlich vor dem erzählten Geschehen liegen, in seine Geschichte einbinden. Damit erschließen sich dem Leser Zusammenhänge, die für das aktuell erzählte Geschehen von Bedeutung sind.

Fabers Wandlung – Die Funktion von Symbolen

Max Frisch

Homo faber (5)

Nachdem sich Faber und Sabeth in Paris wiedergefunden haben, unternehmen sie gemeinsam eine Reise nach Südfrankreich und Italien. Im römischen Museo Nazionale besuchen sie die Antikensammlung.

Im kleinen Kreuzgang (Verglasung) hatte ich Glück: eine ganze Gruppe deutscher Touristen, geführt von einem katholischen Priester, drängte sich vor dem Relief wie vor einer Unglücksstätte, so daß ich neugierig wurde, und als Sabeth mich fand („Da bist du ja, Walter, ich dachte schon, du bist zu deinem Campari verschwunden!“), sagte ich, was ich eben von dem Priester gehört hatte: *Geburt der Venus.* Vor allem das Mädchen auf der Seite, Flötenbläserin, fand ich entzückend ... Entzückend, fand Sabeth, das sei kein Wort für ein solches Relief; sie fand es toll, geradezu irrsinnig, maximal, genial, terrific.

Zum Glück kamen Leute –

Ich kann es nicht ausstehen, wenn man mir sagt, was ich zu empfinden habe; dann komme ich mir, obschon ich sehe, wovon die Rede ist, wie ein Blinder vor. *Kopf einer schlafenden Erinnye.*

Das war meine Entdeckung (im selben Seitensaal links) ohne Hilfe eines bayerischen Priesters; ich wußte allerdings den Titel nicht, was mich keineswegs störte, im Gegenteil, mei-

Kopf einer schlafenden Erinnye.

Sandro Botticelli: Geburt der Venus, 1477 Tempera auf Leinwand.

stens stören mich die Titel, weil ich mich mit antiken Namen sowieso nicht auskenne, dann fühlt man sich wie im Examen ... Hier fand ich: Großartig, ganz großartig, beeindruckend, famos, tiefbeeindruckend. Es war ein steinerner Mädchenkopf, so gelegt, daß man drauf blickt wie auf das Gesicht einer schlafenden Frau, wenn man sich auf die Ellbogen stützt. „Was sie wohl zusammenträumt –?“ Keine Art der Kunstbetrachtung, mag sein, aber es interessierte mich mehr als die Frage, ob viertes Jahrhundert oder drittes Jahrhundert v. Chr. ... Als ich nochmals die Geburt der Venus besichtigte, sagt sie plötzlich: Bleib! Ich darf mich nicht rühren. Was ist los? frage ich. Bleib! sagt sie: Wenn du dort stehst, ist sie viel schöner, die Erinnye hier, unglaublich, was das ausmacht! Ich muß mich davon überzeugen, Sabeth besteht darauf, daß wir die Plätze wechseln. Es macht etwas aus, in der Tat, was mich aber nicht verwundert; eine Belichtungssache. Wenn Sabeth (oder sonst jemand) bei der Geburt der Venus steht, gibt es Schatten, das Gesicht der schlafenden Erinnye wirkt, infolge einseitigen Lichteinfalls, sofort viel wacher, lebendiger, geradezu wild.
„Toll“, sagt sie, „was das ausmacht!“
Wir tauschten noch einmal oder zweimal die Plätze, dann war ich dafür, endlich weiterzugehen, es gab noch ganze Säle voll Statuen, die Sabeth gesehen haben wollte –

1 *Die Art und Weise der Kunstbetrachtung lässt Rückschlüsse auf die Protagonisten zu.*
- *a) Analysiert Fabers Wahrnehmungsweise der antiken Skulpturen.*
- *b) Untersucht das Vokabular, mit Hilfe dessen er seine Eindrücke wiedergibt.*
- *c) Lässt sich in seiner Wahrnehmung und Ausdrucksweise eine Veränderung feststellen? Zieht hierzu auch noch einmal die Ergebnisse aus Aufgabe 3 auf Seite 229 hinzu.*

2 *Der Roman ist voller Anspielungen auf die griechische und römische Mythologie.*
- *a) Informiert euch in Nachschlagewerken und im Internet über Venus und die Erinnyen.*
- *b) Erläutert die Funktion der mythologischen Figuren in Bezug auf Sabeth.*

TIPP

Der Rückgriff auf die **Mythologie** verschafft Texten eine zusätzliche Bedeutungsebene, insofern die mythologischen Figuren ihre eigenen Schicksalsgeschichten einbringen, die Bezüge zu den Charakteren eines Romans oder einer Erzählung herstellen. Die mythologischen Figuren haben somit **symbolische Bedeutung**.

„Standhalten der Zeit" – Erzählzeit und erzählte Zeit

Max Frisch

Homo faber (6)

Der Roman endet mit einer letzten Notiz des Ich-Erzählers, die zugleich den Abschluss des zweiten Berichtteils (2. Station) bildet. Sie beinhaltet eine Verfügung über die Aufzeichnungen des Ich-Erzählers. Schwer erkrankt sieht Faber einer Operation entgegen, deren Ausgang ungewiss ist.

04.00 Uhr
Verfügung für den Todesfall: alle Zeugnisse von mir wie Berichte, Briefe, Ringheftchen, sollen vernichtet werden, es stimmt nichts. Auf der Welt sein: im Licht sein. Irgendwo (wie der Alte neulich in Korinth) Esel treiben, unser Beruf! – aber vor allem: standhalten dem Licht, der Freude (wie unser Kind, als es sang) im Wissen, daß ich erlösche im Licht über Ginster, Asphalt und Meer, standhalten der Zeit, beziehungsweise Ewigkeit im Augenblick. Ewig sein: gewesen sein. R

1 *Max Frisch bezeichnet den Roman „Homo faber" als „Bericht".*
a) Welche Erwartungen hat man als Leser dieser Textsorte?
b) Prüft anhand der Romanauszüge, ob die Aufzeichnungen Fabers die mit einem Bericht verbundenen Leseerwartungen erfüllen.
c) Überlegt, wer ist Adressat von Fabers Bericht, welche Intention verfolgt der Bericht?

2 *a) Stellt Vermutungen darüber an, weshalb Faber kurz vor seiner Operation und seinem möglichen Tod seine Aufzeichnungen vernichten will.*
b) Erklärt, welche Funktion das Schreiben für Faber hat.

3 *Max Frisch legt seinem Roman mehrere Zeitebenen zu Grunde, die sich den beiden (Lebens-) Stationen des Protagonisten zuordnen. Ereignisse aus einer weiter zurückliegenden, älteren Vergangenheit werden dem Leser mit Hilfe von Rückblenden und Zwischenbemerkungen vergegenwärtigt. Gleichzeitig finden sich Vorausdeutungen, die das Geschehen zwar nicht vorwegnehmen, aber punktuell andeuten.*
a) Was bedeuten diese Verweisungen in Bezug auf den zeitlichen Rahmen?
b) Sucht in allen Textauszügen nach Stellen, an denen Zeit gedehnt oder gerafft wird.

!

Erzählzeit und erzählte Zeit

- Als **Erzählzeit** wird die Zeitspanne bezeichnet, die die Leserin bzw. der Leser tatsächlich braucht, um den Text zu lesen.
- Im Gegensatz dazu steht die **erzählte Zeit**. Das ist jener Zeitraum, über den sich die Geschichte inhaltlich erstreckt.
- Wenn Erzählzeit und erzählte Zeit identisch sind, spricht man von **Zeitdeckung**. Ist die erzählte Zeit kürzer, liegt eine **Zeitraffung** vor, ist sie länger, eine **Zeitdehnung**.

11.2 Volker Schlöndorff: „Homo Faber“ – Die filmische Umsetzung

Die Funktion der Exposition

Der Roman „Homo faber“ wurde 1991 unter der Regie von Volker Schlöndorff verfilmt. Das Drehbuch schrieben Rudolph Wurlitzer und Volker Schlöndorff. In den Hauptrollen sind Sam Shepard als Walter Faber, Julie Delpy als Sabeth und Barbara Sukowa als Hanna zu sehen.

Motorengeräusche, Stimmen von Menschen, die sich verabschieden

Faber, zum Gepäckträger gewandt: „New York, bitte!“

Hanna: „Ich komme nicht mit rein.“

Musik

Musik, Stimmen der Wartenden. Eine Durchsage für die Passagiere. Stimme aus dem Off: „Am 5. Juni sollte ich in Paris sein, am 7. Juni in New York, am 10. Juni spätestens in Venezuela. Warum kann es nicht wieder April sein? Und alles andere eine Halluzination von mir?“

Musik
„Ich sitze in der Abflughalle."

Musik
„Ich möchte nicht da sein. Nirgends sein."

Musik
„Ich habe nichts mehr zu finden. Ihre Hände, die es nirgends mehr gibt. Ihre Bewegung, wenn sie das Haar in den Nacken wirft."

„Ihre Lippen. Ihre Augen, die nichts mehr sehen."

„Wo soll ich sie suchen?"

1 *a) Betrachtet zunächst nur die Filmbilder und beschreibt den Bildinhalt und die dargestellte Situation.*
b) Welche Stimmung vermitteln die Filmbilder? Welche Wirkung hat die Farbgebung?

2 *a) Lest die Angaben zum Ton und stellt einen Zusammenhang zu den Bildern her.*
b) Äußert Vermutungen zu der Figur und zur Handlung.

3 *Seht euch die erste* ***Sequenz*** *(inhaltlich zusammenhängende Szenen) des Films mehrfach aufmerksam an (00:00 bis 00:02:48).*
a) Notiert eure Beobachtungen zum Einsatz filmischer Mittel. Achtet besonders auf Einstellungsgrößen, Perspektiven und Schnitte sowie den Zusammenhang von Bild und Ton.
b) Haltet eure Beobachtungen in einem Sequenzplan fest.

4 *Erläutert die Wirkung und Funktion der Stimme aus dem Off in der ersten Szene.*

5 *Vergleicht die erste Sequenz mit dem Beginn des Romans (*▷ *S. 224–226**).*
a) Welche Änderungen gegenüber dem Roman liegen vor?
b) Welche Wirkung hat der gegenüber dem Roman veränderte Anfang auf den Betrachter?

6 *Seht euch gemeinsam den ganzen Film an. Verteilt vorher arbeitsteilig Beobachtungsaspekte: Chronologie im Handlungsverlauf, unterschiedliche zeitliche Ebenen im Film, die Figuren, Leitmotive, die Kamera, die Bildgestaltung, den Ton.*

Wie der Film erzählt: Symbolik und Montage

Symbolik

1 *a) Beschreibt die einzelnen Filmbilder.*
b) Welches Leitmotiv des Romans wird hier in Szene gesetzt? Erläutert, wie das geschieht.

2 *Die Filmbilder stammen aus einer Szene während Fabers und Sabeths Reise.*
a) Betrachtet die einzelnen Aufnahmen und beschreibt die Situation.
b) Welche symbolische Bedeutung hat diese Szene?
c) Erläutert, inwiefern die Szene die Erwartungshaltung der Zuschauer beeinflusst.

3 *Am Strand in Griechenland wird Sabeth von einer Schlange gebissen. Setzt die Symbolik des Schlangenbisses in Beziehung zur Symbolik der vorherigen Bilderfolge.*

Schnitt und Montage

Mit Schnitt und Montage wird im Film das Geschehen gestaltet. Durch die Montage der Filmbilder werden Zusammenhänge hergestellt und den Bildern Bedeutungen zugewiesen.

Die Bilder 2 und 3 sind mit der Handkamera aufgenommen.

Die Bilder 2 und 3 sind mit der Handkamera aufgenommen.

4 *Erklärt, warum diese mit der Handkamera aufgenommenen Bildfolgen in den Film montiert sind.*

5 *a) Welche symbolische Funktion haben diese Einstellungen?*
b) Stellt einen Bezug zur Leitmotivik im Roman her.

6 *Faber und Sabeth besuchen auf ihrer sich anschließenden Italienreise gemeinsam das Museo Nazionale in Rom.*

a) Seht euch die Szene mit Sabeth und Faber im Museum an (1:06:53 bis 1:10:32).

b) Vergleicht die Filmszene anschließend mit dem entsprechenden Romanauszug (▷ S. 233–234): Welche neuen Akzente setzt der Film in Bezug auf die Figurencharakteristik? Wie werden zentrale Leitmotive jeweils umgesetzt?

c) Verfolgt das Motiv der Erinnye in der gesamten Filmhandlung.

7 *Einstellungen mit dem Kopf der Erinnye werden in der Bildfolge verknüpft mit Einstellungen, auf denen Sabeth zu sehen ist. Welche Funktion hat diese Montage der Bilder? Um welche Form handelt es sich?*

!

Schnitt und Montage

- **Schnitt** bezeichnet die Verknüpfung von zwei Einstellungen. Es gibt:
  - harte Schnitte, in denen zwei Einstellungen ohne Übergang aufeinanderfolgen.
  - weiche Schnitte, in denen durch Überblendungen Übergänge geschaffen werden.
- Unter **Montage** versteht man das Zusammenfügen von Bild- und Tonelementen und das Zusammenfügen von einzelnen Einstellungen zu Sequenzen und schließlich zum ganzen Film. Man unterscheidet u. a.:
  - **erzählende Montage:** Die Abfolge der einzelnen Einstellungen ist so gestaltet, dass sie inhaltlich verbunden sind, also kontinuierlich erzählt wird;
  - **Parallelmontage:** Getrennt verlaufende Handlungen werden wechselnd zusammengeschnitten. Dies kann Spannung erzeugen.
  - Es gibt noch weitere Montageformen, z. B.: **Kontrast-, Analog-** und **Assoziationsmontage.**

Eine Schlüsselszene erschließen

1 *Im Roman wird nur kurz erwähnt, dass Faber das Kunstmuseum Louvre in Paris besucht. Im Film nimmt die Szene breiten Raum ein.*
a) Seht euch die Szene mehrfach an (00:50:07 bis 00:52:17) und notiert euch alle bedeutsamen Motive. Beobachtet genau, wie die Figuren in Szene gesetzt werden.
b) Beschreibt, welche filmischen Gestaltungsmittel (Kameraeinstellungen, Perspektiven, Mise-en-scène) euch in der Sequenz auffallen und welche Wirkung sie haben.

2 *a) Welche Montageform herrscht in der Sequenz vor?*
b) Welche Funktion hat hier die Montage? Was soll dem Betrachter vermittelt werden?

3 *a) Ordnet die Sequenz in den Handlungszusammenhang ein.*
b) Stellt begründete Vermutungen an, warum der Film diese Sequenz entgegen dem Roman zentral ausgestaltet.

11.3 Der Film in der Kritik – Rezensionen untersuchen

Helmut Kreuzer

Arten der Literaturadaption (1981)

Die früheste und bis heute häufigste ist die uneigentlichste, die Übernahme herausgenommener Handlungselemente oder Figuren, die man im autonomen Filmkontext für brauchbar hält: Adaption als *Aneignung von literarischem Rohstoff.* Das Urteil über diese Filme wird davon abhängen, was sie aus dem Rohstoff und den Bruchsteinen literarischer Herkunft filmisch machen. Das heißt, man wird sie sinnvollerweise nur als Filme und nicht als Adaption beurteilen. Grundsätzlich erscheint es mir berechtigt, dass die Filmemacher ihre Stoffe und Motive überall suchen, wo sie welche finden. Die fruchtbarsten Dramatiker und Erzähler haben stets dieselbe Freiheit für sich in Anspruch genommen. Präsentiert sich ein solcher Film allerdings ausdrücklich als Literaturverfilmung, wiewohl er Sinn und Form der Vorlage im Ganzen unbekümmert missachtet, dann wird auch dieser Anspruch als solcher mitzubeurteilen sein.

Die zweite, in unserem Zusammenhang relevantere Adaptionsart ist die *Illustration*, die bebilderte Literatur. Sie hält sich, soweit im neuen Medium möglich, an den Handlungsvorgang und die Figurenkonstellation der Vorlage und übernimmt auch wörtlichen Dialog, ja unter Umständen einen längeren auktorialen Erzähltext, der im Off gesprochen wird, während gleichzeitig die Bilder des Films ablaufen. Eine solche Adaption kann auf einem künstlerischen Irrtum beruhen, auf einer Vorstellung von Werktreue, die in der Verbildlichung der Handlungsinhalte und in der Unantastbarkeit des Wortes ihre Kriterien hat, darüber aber die Verschiedenheit von Medium und Zeichenmaterial und mit ihr verbundene Formgesetzlichkeiten außer Acht lässt und nicht bedenkt, dass das für die Lektüre oder die Bühne geschriebene Wort anders wirkt, wenn es im oder zum Film gesprochen wird. In solchen Fällen handelt es sich um eine gut gemeinte, aber verfehlte Adaption, die sich sowohl als Adaption wie als Film legitimer Kritik aussetzt. Es ist jedoch denkbar, dass ein Filmender sich der Medien- und Kunstart-Differenzen bewusst ist und trotzdem den Adaptionstyp der Illustration experimentell erprobt. Wie Gattungen sich kombinieren oder vermischen lassen, so auch Künste, Medien, Zeichenrepertoires. Eine alte Form der Kombination ist das illustrierte Buch, bei dem der Text dominiert, oder die Bildreportage, bei der der Text zur Legende schrumpft; wieder eine andere der Fotoroman. Es ist auch durchaus möglich, eine

gleichgewichtigere Kombination von Bild- und Worterzählung anzustreben, nicht aus falscher Werktreue gegenüber dem Wortgebilde, sondern im Bewusstsein, etwas Neues zu produzieren, wenn der Kamerabericht den Erzählbericht absichtsvoll begleitet. [...]
Eine dritte Adaptionsart nenne ich die interpretierende Transformation. *Transformation* soll heißen, dass nicht nur die Inhaltsebene ins Bild übertragen wird, dass vielmehr die Form-Inhalts-Beziehung der Vorlage, ihr Zeichen- und Textsystem, ihr Sinn und ihre spezifische Wirkungsweise erfasst werden und dass im anderen Medium, in der anderen Kunstart und der anderen Gattung aus einem anderen Zeichenmaterial ein neues, aber möglichst analoges Werk entsteht. Diese Analogie erfordert nicht, dass der Dialog wörtlich übernommen wird, im Gegenteil: Sie kann erfordern, dass er geändert wird, um gerade dadurch im Kontext des Films eine analoge Funktion auszuüben. [...]

1 *a) Welche Arten von Literaturverfilmungen unterscheidet Helmut Kreuzer? Erläutert die Unterschiede.*
b) Nennt für jede Art der Adaption entsprechende Filmbeispiele.

2 *Beurteilt auf der Grundlage eurer Kenntnisse den Film „Homo Faber“: Um welche Art von Literaturverfilmung handelt es sich?*

Helmut Böttiger

Lernziel nicht erreicht (1991)

Frischs Roman operiert mathematisch exakt mit Gegensatzpaaren: jung und alt, Vernunft und Gefühl, Wildnis und Zivilisation, Determination und Zufall. Das alles ist so geschickt ineinander verwoben, dass man es nicht sofort bemerkt; das Leben selbst scheint durch die Zeilen. Der äußere Plot: Der Technikfetischist Walter Faber verliebt sich in das junge Mädchen Sabeth, kriegt langsam mit, dass er mit seiner eigenen Tochter geschlafen hat, und sie stirbt an den Folgen eines Schlangenbisses (Sünde!). Eine Kette von ungeheuerlichen Zufällen wird zum Schicksalsweg des Pragmatikers Faber, und die Reise zurück in den Mythos (Sabeth stirbt in Griechenland) führt ins Zentrum der Literatur. Aus diesem durchaus verzwickten Gebilde, in dem sich die Dualismen verknäulen, hat Volker Schlöndorff in bewährter Weise das Verfilmbare herausgeholt. Die Höhen und Tiefen der Literatur, die Unebenheiten und Bruchstellen fügen sich bei ihm zu einer glatten Oberfläche. Übrig bleibt die Liebesgeschichte zwischen Faber und Sabeth, stimmungsvoll eingehüllt in Fünfzigerjahre-Atmosphäre, garniert mit Original-Requisiten wie einem Jumbo-Propellerflugzeug, einer „Super-Constellation“ aus den Fünfzigerjahren etwa, oder liebevoll beleuchteten Studebakers, baumbestandenen Alleen

oder kuscheligen Hotels in Avignon. Durchbrochen von existenzialistischem Schwarz-Weiß, wenn's zur Sache geht, wenn Sam Shepard als Homo faber die Ausweglosigkeit erkennt und im Flughafengebäude von Athen finster durch seine Sonnenbrille stiert.
Das stimmungsvolle Schwelgen in Überseedampfern und Bürgerkulissen löst die kühle Berechnung des Romans auf. Aus der schwarzen Jeans, auf die Faber bei der ersten Begegnung mit Sabeth starrt, wird deshalb im Film ein Kleidchen, und Julie Delpy spielt denn auch so etwas wie den weißen Unschuldstraum eines gebeutelten Hirnmenschen in der Midlife-Crisis. Barbara Sukowa als Sabeths Mutter Hanna, Fabers frühere Geliebte, ist so, wie wir sie kennen: in Pathos erstarrt. Daran ändert auch ihre mediterrane Kücheneinrichtung nichts.
Das unheimlich Wuchernde und Schlingende der Sexualität bei Frisch, die langen Episoden im Dschungel, die Fabers Technikgläubigkeit aushebeln, das Unbewusste bebildern – das alles kommt im Film nicht vor. Der Zusammenprall von Berechnung und Zufall, die Existenzform des Typus Faber ist eher diffus als differenziert dargestellt. Wer den Roman nicht kennt, ist womöglich bereit, sich einer tragischen Liebesgeschichte hinzugeben. Wer sich nicht mehr an ihn erinnert, wird verblüfft sein, wie hollywoodartig dieser vermeintliche Schrecken der Klassenzimmer plötzlich daherkommt. Wer allerdings einen „Homo Faber“ erwartet, der mit filmischen Mitteln umgesetzt wäre, ist bei diesem Schlöndorff-Stück geneigt, die einzige Kunstform, die das zwanzigste Jahrhundert beigesteuert hat, nicht mehr für sonderlich wichtig zu halten.

1 *Untersucht die Filmrezension von Helmut Böttiger.*
a) Fasst die wesentlichen Kritikpunkte zusammen.
b) Nehmt Stellung zu der Kritik.
c) Diskutiert, ob es sinnvoll ist, den Roman als Ausgang für eine Filmkritik heranzuziehen.

2 *Verfasst eine Rezension zu dem Film „Homo Faber“.*
a) Plant, was ihr in die Rezension aufnehmen wollt:
- *Sammelt zunächst Argumente, mit denen ihr den Film empfehlen oder ablehnen wollt.*
- *Geht dabei insbesondere darauf ein, ob ihr die Art der Literaturverfilmung für gelungen haltet oder nicht.*
- *Bezieht ein, wie im Film erzählt wird (filmische Gestaltungsmittel, Montage etc.).*
- *Notiert wichtige Informationen über den Film, die in der Rezension genannt werden müssen (Regisseur, Drehbuchautor, Hauptdarsteller, Länge etc.).*
- *Verfasst eine kurze Inhaltsangabe.*

b) Entwerft eine Gliederung. Wollt ihr dem üblichen Schema einer Rezension folgen (Grundinformationen zum Film, Inhaltsangabe, zuletzt Beurteilung) oder wollt ihr die Teile anders anordnen?
c) Überlegt euch einen interessanten Einstieg.
d) Schreibt eure Rezension.

3 *Überarbeitet eure Rezensionen in einer Schreibkonferenz (▷ S. 325). Achtet auf folgende Punkte:*
- *Ist der Text sinnvoll gegliedert?*
- *Sind die wichtigsten Aspekte genannt?*
- *Kommt eure Meinung überzeugend zum Ausdruck?*
- *Gibt es Wiederholungen? Müssen Ausdrücke ersetzt und verbessert werden?*
- *Achtet auf richtige Zeichensetzung und Rechtschreibung!*

12 Das Ich als Rätsel – Gedichte verschiedener Epochen untersuchen

12.1 Identität – Spiegelungen und Brechungen als lyrisches Motiv

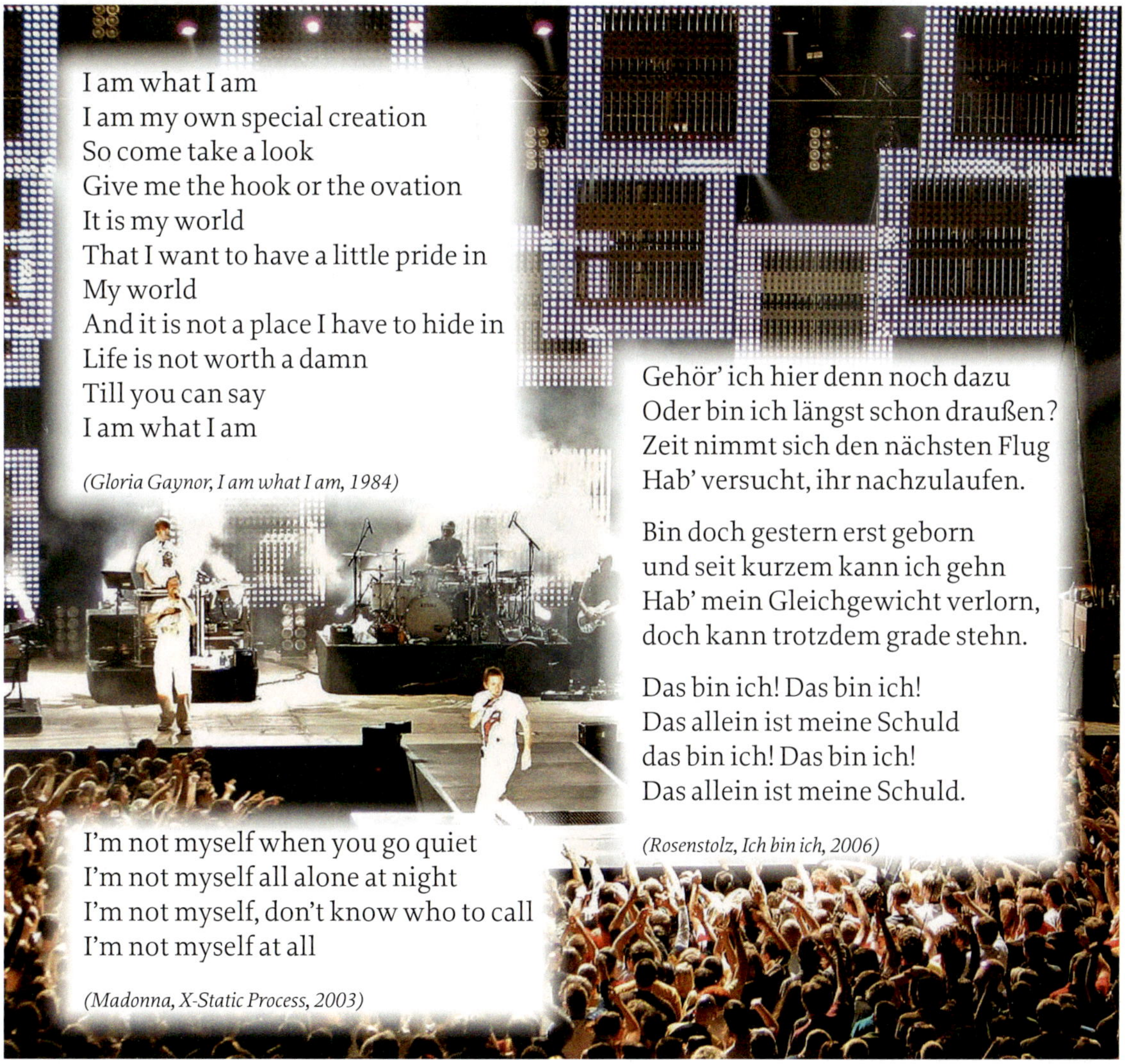

I am what I am
I am my own special creation
So come take a look
Give me the hook or the ovation
It is my world
That I want to have a little pride in
My world
And it is not a place I have to hide in
Life is not worth a damn
Till you can say
I am what I am

(Gloria Gaynor, I am what I am, 1984)

Gehör' ich hier denn noch dazu
Oder bin ich längst schon draußen?
Zeit nimmt sich den nächsten Flug
Hab' versucht, ihr nachzulaufen.

Bin doch gestern erst geborn
und seit kurzem kann ich gehn
Hab' mein Gleichgewicht verlorn,
doch kann trotzdem grade stehn.

Das bin ich! Das bin ich!
Das allein ist meine Schuld
das bin ich! Das bin ich!
Das allein ist meine Schuld.

(Rosenstolz, Ich bin ich, 2006)

I'm not myself when you go quiet
I'm not myself all alone at night
I'm not myself, don't know who to call
I'm not myself at all

(Madonna, X-Static Process, 2003)

1 *Welches Ich-Gefühl kommt in den Songzeilen zum Ausdruck? Vergleicht die Aussagen.*

2 *Untersucht Songs, die ihr gerne hört und beschreibt die Merkmale, die sie zu lyrischen Texten macht.*

Das lyrische Ich – Der Sprecher im Gedicht

Das lyrische Ich tritt in zeitgenössischen Gedichten häufig distanziert und in einem gebrochenen Verhältnis zu seiner Umwelt, zu den Mitmenschen und zu sich selbst auf.

Norbert Hummelt

strandschrift (1997)

was für verweise, welche signaturen
hier sind die muscheln, hier
ist was geritzt, hier was unleserlich
mit einem stock geschrieben. hier
hat ein wattwurm deutlich
seine spuren. an diese bootswand
wurde frisch gepisst. dies
ist der rostige besagte schuh. hier
ist ein zeichen das ich nicht
begreife. hier sind die kiesel
hier ist sand u. tang, anbei ein hund
von dem ich gern erführe, wonach
er scharrt, was er erblicken kann
im windgebeutelten gekrümmten mann
in dessen jacke die zitronenseife.

ich habe windgewelltes gras gesehen
dort zwischen steinen, moos vielleicht u. farn
mein steifer gang, mein schauen
mein ertapptes horchen: dort
sitzt der vogel, dort im rhododendronbusch
u. ruft u. widerruft
seit wann, wie lange
sein jeder ruf bemisst mir noch ein jahr
ich habe mitgezählt
u. mir wird bange

Pablo Picasso: Selbstbildnis, 1907, Öl auf Leinwand.

Sarah Kirsch

Trennung (1979)

Wenn ich in einem Haus bin, das keine Tür hat
Geh ich aus dem Fenster.
Mauern, Mauern und nichts als Gardinen
Wo bin ich denn, daß R

Marcel Beyer

Stiche (2002)

I
Das also ist mein Kopf, von vorne,
von der Seite, unterm Kinn genäht,
so eine Narbe, wie sie jeder hat,
ich weiß nicht mal, wie viele Stiche,

genäht oder geklammert, ich am Hang
auf meinem Schlitten – schon zu spät,
heute im Badezimmerspiegel nur

mein übliches Hotelgesicht – die
Stoppeln werden dunkler je nach
Licht, ich zeichne mir Gedankenstriche.

1 *Vergleicht die Gedichte auf S. 246–247.*
a) Überlegt, welches Gedicht am besten zu dem Selbstporträt Picassos passt.
b) Begründet eure Entscheidung.

2 *Untersucht die Selbstaussagen der lyrischen Sprecher.*
a) Welche Funktion haben die Pronomen?
b) Beobachtet den Zusammenhang zwischen Vers und syntaktischer Struktur.

3 *Welche Vorstellungen von den Ich-Sprecherinnen/Ich-Sprechern in den Gedichten habt ihr nach der vertieften Lektüre? Skizziert eine Personenbeschreibung, z. B. Alter, Aussehen, Familienstand, Beruf, Charaktereigenschaften.*

4 *Sarah Kirschs Gedicht endet mit der Konjunktion „dass". Füllt die Leerstelle. Vergleicht eure Ergebnisse.*

5 *Vergleicht abschließend die Gedichte mit den Popsongs (▷ S. 245). Geht dabei besonders darauf ein, inwieweit sich die Texte zur Identifikation des Lesers mit dem lyrischen Ich eignen.*

!

Das lyrische Ich
Das **lyrische Ich** eines Gedichts ist nicht ohne Weiteres mit der Autorin oder dem Autor des Textes gleichzusetzen. Es gibt sich häufig in den Pronomen (Personalpronomen/Possessivpronomen) zu erkennen und ermöglicht so dem Leser, sich mit dem Sprecher im Gedicht zu identifizieren oder sich von ihm zu distanzieren. Dieser Sprecher im Gedicht muss nicht immer in der Form eines Ichs in Erscheinung treten, sondern kann ebenso die zweite Person verwenden oder im Plural sprechen. In manchen Gedichten versteckt sich das lyrische Ich und spricht nur über Sachverhalte oder dritte Personen.

Die Erlebnis- und Gefühlswelt des lyrischen Ichs ist nicht nur ein Thema der Literatur der Gegenwart. In vielen Texten der Epoche des **Sturm und Drang** (etwa 1770–1790) spielt das gefühlvolle, manchmal schmerzhafte Erleben des lyrischen Ichs eine entscheidende Rolle. So sind die Gedichte von **Jakob Michael Reinhold Lenz** oder des **jungen Goethe** Ausdruck persönlichen Erlebens, in denen sich eine bis dahin in der Lyrik nicht gekannte spontane Gefühlsaussage und intensive Naturerfahrung widerspiegeln (▷ S. 213).

Johann Wolfgang Goethe

Neue Liebe, neues Leben (1774/75)

Herz, mein Herz, was soll das geben,
Was bedränget dich so sehr?
Welch ein fremdes, neues Leben –
Ich erkenne dich nicht mehr.
Weg ist alles, was du liebtest,
Weg, worum du dich betrübtest,
Weg dein Fleiß und deine Ruh –
Ach, wie kamst du nur dazu!

Fesselt dich die Jugendblüte,
Diese liebliche Gestalt,
Dieser Blick voll Treu und Güte
Mit unendlicher Gewalt?
Will ich rasch mich ihr entziehen,
Mich ermannen, ihr entfliehen,
Führet mich im Augenblick
– Ach – mein Weg zu ihr zurück.

Und an diesem Zauberfädchen,
Das sich nicht zerreißen lässt,
Hält das liebe lose Mädchen
Mich so wider Willen fest.
Muss in ihrem Zauberkreise
Leben nun auf ihre Weise;
Die Verändrung, ach, wie groß!
Liebe, Liebe, lass mich los!

1 *Gebt den Text mit eigenen Worten wieder.*
a) Beschreibt dabei besonders die Gefühle des lyrischen Ichs.
b) Wie äußern sich diese Gefühle in den sprachlichen Bildern der 3. Strophe?

2 *Erschließt den Adressaten des Gedichts und die Sprechhaltung des lyrischen Ichs.*

3 *Fasst eure Ergebnisse in wenigen Sätzen zusammen. Ihr könnt dabei von folgendem Schülertext ausgehen:*

Ich verstehe das Gedicht als Hilferuf einer verliebten Person, die der Übermacht der eigenen Gefühle nicht entkommen kann. Dabei wendet sich das lyrische Ich an …
(Tobias K.)

Jakob Michael Reinhold Lenz

An das Herz (1776)

Kleines Ding, um uns zu quälen,
Hier in diese Brust gelegt!
Ach, wer's vorsäh, was er trägt,
Würde wünschen, tätst ihm fehlen!

Deine Schläge, wie so selten
Mischt sich Lust in sie hinein!
Und wie augenblicks vergelten
Sie ihm jede Lust mit Pein!

Ach! und weder Lust noch Qualen
Sind ihm schrecklicher als das:
Kalt und fühllos! O ihr Strahlen,
Schmelzt es lieber mir zu Glas!

Lieben, hassen, fürchten, zittern,
Hoffen, zagen bis ins Mark,
Kann das Leben zwar verbittern;
Aber ohne sie wär's Quark!

1 *Vergleicht den Text von Lenz mit dem Gedicht Goethes.*
a) Wie spricht das lyrische Ich in den beiden Gedichten mit seinem beziehungsweise über sein Herz?
b) Welche Schlussfolgerungen zieht das lyrische Ich aus seinen Gefühlen?

2 *Verfasst einen Dialog zwischen den beiden Sprechern der Gedichte, in denen sich diese über ihre Gefühle austauschen.*

Ulla Hahn

Angstlied (1981)

Ulla Hahn wurde 1946 im Sauerland geboren. Sie studierte Literaturwissenschaft, Geschichte und Soziologie und lebt in Hamburg. Die Kunst der Differenzierung beherrscht die Autorin sowohl beim Schreiben von Romanen (z. B.: „Das verborgene Wort", 2001) als auch in der Lyrik. Ihre Gedichte sind außergewöhnlich in Form und Stil.

Ich hab kein Haus
bin viel zu klein
bläst mich ein Wind
hinaus hinein

Ich hab kein Mann
bin viel zu bang
zünd meinen Himmel
selber an

Ich hab kein Herz
bin viel zu tot
weich warm verschneit
in liebe Not.

1 *a) Erläutert, welches Lebensgefühl das lyrische Ich in Ulla Hahns Gedicht äußert. Ihr könnt dabei folgende Begriffe zu Grunde legen:*

Einsamkeit | Minderwertigkeitsgefühl | Selbstironie | Verzweiflung

2 *a) Vergleicht das Lebensgefühl in Ulla Hahns Text mit dem der Texte aus dem Sturm und Drang.*
b) Wie äußert sich das jeweilige Lebensgefühl in der sprachlichen Form der Texte? Verwendet die Begriffe aus der Tabelle.

Syntax	Semantik	bildhafte Sprache	Reimform
Aussagesatz Fragesatz Ellipse Ausrufesätze	Wahl der – Verben – Nomen – Adjektive	ganze Bildfelder, die im Text dominieren einzelne Metaphern	Paarreim Kreuzreim unreiner Reim

Spiegelungen – Das Motiv der Selbstbetrachtung

1 *In den beiden folgenden Texten spielt das* ***Spiegelmotiv*** *eine zentrale Rolle.*
a) Betrachtet ein bis zwei Minuten euer eigenes Spiegelbild.
b) Notiert, was euch dabei durch den Kopf gegangen ist.

Annette von Droste-Hülshoff

Das Spiegelbild (1841/42)

Annette von Droste-Hülshoff *(1797–1848) wurde in dem Wasserschloss Hülshoff bei Münster geboren. Vor allem durch ihre Naturgedichte und Balladen, in denen sie häufig ihre westfälische Heimat als von dämonischen Geistern und übersinnlichen Erscheinungen bevölkert beschreibt, erwarb sich Anette von Droste-Hülshoff den Ruhm als „Deutschlands größte Dichterin“.*

Schaust du mich an aus dem Kristall[1]
Mit deiner Augen Nebelball,
Kometen gleich, die im Verbleichen;
Mit Zügen, worin wunderlich
Zwei Seelen wie Spione sich
Umschleichen, ja, dann flüstre ich:
Phantom, du bist nicht meinesgleichen!

Bist nur entschlüpft der Träume Hut,
Zu eisen mir das warme Blut,
Die dunkle Locke mir zu blassen;
Und dennoch, dämmerndes Gesicht,
Drin seltsam spielt ein Doppellicht,
Trätest du vor, ich weiß es nicht,
Würd' ich dich lieben oder hassen?

[...]

Und dennoch fühl ich, wie verwandt,
Zu deinen Schauern mich gebannt,
Und Liebe muss der Furcht sich einen.
Ja, trätest aus Kristalles Rund,
Phantom, du lebend auf den Grund,
Nur leise zittern würd ich, und
Mich dünkt – ich würde um dich weinen!

1 **Kristall:** Kristallspiegel

Rolf Dieter Brinkmann

Selbstbildnis im Supermarkt (1968)

Rolf Dieter Brinkmann *(1940–1975), der seit 1962 in Köln lebte, machte sich in den 60er-Jahren des 20. Jahrhunderts einen Namen als bekanntester Underground-Lyriker Deutschlands. Er begeisterte sich für die amerikanische Popkultur und nutzte sie für seine eigenen Texte. Viele seiner Gedichte haben Alltagsszenen zum Thema. Brinkmann starb bei einem Verkehrsunfall in London.*

In einer
großen
Fensterscheibe des Super-

markts komme ich mir selbst
entgegen, wie ich bin.

Der Schlag, der trifft, ist
nicht der erwartete Schlag
aber der Schlag trifft mich

trotzdem. Und ich geh weiter

bis ich vor einer kahlen
Wand steh und nicht mehr weiter
weiß.

Dort holt mich so später dann
sicher jemand

ab.

2 *a) Beschreibt die Stimmung des lyrischen Ichs in beiden Gedichten.*
b) Benennt und analysiert die sprachlichen Mittel, mit denen das lyrische Ich seine Stimmung ausdrückt.

3 *Vergleicht zusammenfassend die beiden Texte. Geht dabei besonders auf folgende Fragen ein:*
a) In welcher Situation begegnet das lyrische Ich seinem Spiegelbild?
b) Inwiefern entspricht die Form der Gedichte jeweils dem Verhältnis des lyrischen Ichs zu sich selbst? Vergegenwärtigt euch dabei noch einmal eure eigenen Gefühle vor dem Spiegel (▷ Aufgabe 1).
c) Wie kommt das Verhältnis des lyrischen Ichs zu seinem Spiegelbild sprachlich zum Ausdruck?

„... von bitteren Salzen schwer" – Metaphern analysieren

Charles Baudelaire

Der Mensch und das Meer (1857)

O freier Mann, du liebst für alle Zeit das Meer!
Es ist ein Spiegel dir, der Seele Urgewalten
Schaust du in seines Schwalls unendlichem Entfalten;
Dein Geist ist wie sein Schlund von bitteren Salzen schwer.

Zu tauchen in dein Bild, ist dir so süßes Wagen,
Umarmst mit Aug' und Arm es und dein Herz ruht aus
Vom eigenen Gedröhn bisweilen im Gebraus
Und Stöhnen seiner unbeugsamen wilden Klagen.

Verschweigen, dunkel sein ist euer beider Art.
Mann, keiner lotet je die Tiefen deiner Schründe,
Und keiner, Meer, wie reich du heimlich bist, ergründe,
So seid besorgt ihr, dass ihr das Geheimnis wahrt!

Und dennoch kämpfet ihr seit undenkbaren Zeiten
Wild miteinander und kein Wissen Halt gebot –
So mächtig liebet ihr das Töten und den Tod,
Unbändige Brüder ihr im Kampf für Ewigkeiten!

Detlev von Liliencron

In einer großen Stadt (um 1890)

Es treibt vorüber mir im Meer der Stadt
Bald der, bald jener, einer nach dem andern.
Ein Blick ins Auge, und vorüber schon.
Der Orgeldreher dreht sein Lied.

Es tropft vorüber mir ins Meer des Nichts
Bald der, bald jener, einer nach dem andern.
Ein Blick auf seinen Sarg, vorüber schon.
Der Orgeldreher dreht sein Lied.

Es schwimmt ein Leichenzug im Meer der Stadt,
Querweg die Menschen, einer nach dem andern.
Ein Blick auf meinen Sarg, vorüber schon.
Der Orgeldreher dreht sein Lied.

1 *Gebt mit eigenen Worten Strophe für Strophe wieder, was das lyrische Ich jeweils erkennt bzw. wahrnimmt. Beginnt bei Baudelaire z. B. so: „Er erkennt in einem freien Individuum einen Menschen, der mit der Urgewalt des Meeres vergleichbar ist, ..."*

2 *Wie gelingt es Baudelaire, Mensch und Meer derart in Beziehung zu setzen? Untersucht dazu das entfaltete* ***Bildfeld*** *(„Meer") genauer:*
a) Geht dabei von der Formulierung „Es ist ein Spiegel dir" in Vers 2 aus.
b) Erläutert in einer Tabelle, welche Übertragungen vorgenommen werden und was sie jeweils bedeuten.

Metaphorische Wendung	Bildspender	Bildempfänger	Vorstellung bei der Leserin/beim Leser
„wie sein Schlund" (Vers 4)	Abgrund des Meeres	Seele/Geist des Menschen	Unergründlichkeit, Bitternis, Gefährdung

3 *Vergleicht die beiden Gedichte*
a) hinsichtlich der Meeresmetaphorik und ihrer Bedeutung;
b) in Bezug auf die Rolle des Einzelnen zu seiner Umwelt.

4 *Bereitet mit Hilfe einer Internetrecherche einen Kurzvortrag oder ein Referat zum Thema „Das Ich in der Lyrik" vor. Begrenzt euch dabei auf eine ausgewählte Epoche, z. B. Sturm und Drang oder Expressionismus.*

Metapher

In lyrischen Texten findet sich häufig ein entfaltetes **Bildfeld** (z. B.: „Wasser"), das sich aus mehreren Sprachbildern (Vergleich, Metapher) zusammensetzt.

- Bei einer **Metapher** findet eine Übertragung eines Begriffs aus einem bestimmten Vorstellungsbereich (Bildspender) in einen anderen Bedeutungsbereich (Bildempfänger) ohne Vergleichswort statt. Die beiden verglichenen Gegenstände oder Bereiche haben dabei mindestens eine Eigenschaft gemeinsam, das Tertium Comparationis (▷ S. 217).
- Von einem **Vergleich** spricht man, wenn zwei verschiedene Vorstellungen durch ein Vergleichswort (z. B.: „wie") miteinander verbunden werden.
- Eine Sonderform der Metapher ist die **Personifikation,** bei der Gegenstände oder Begriffe vermenschlicht werden („Unbändige Brüder").
- Im Barock und Expressionismus finden sich häufig auch **kühne Metaphern,** die eigentlich Unvereinbares miteinander verbinden, (z. B. „die Asche des Meeres"),
- oder gar **Chiffren,** bei denen es keinen erkennbaren Vergleichsbezugspunkt (kein Tertium Comparationis) gibt. Ihr Sinn ergibt sich in der Regel aus dem Text- oder Werkzusammenhang.

Caroline Hartge

ich bin das selbige haus (2001)

ich bin das selbige haus
und die flammen die es niederbrennen bin ich
& ich bin
was man nicht verliert
weil man es mit sich führt
meine füße sind meine einzige last
ich bin ein stein der in der erde liegt

ich bin die heiserschreie der elster [...]

1 *a) Das Gedicht von Caroline Hartges ist von* ***Chiffren*** *(▷ S. 253) geprägt. Prüft diese Aussage.*
b) Erfindet selbst solche Chiffren und schreibt den Text weiter.
c) Vergleicht eure Texte.

2 *Was eignet sich euren Erfahrungen nach besser, eigene Befindlichkeiten darzustellen: Chiffren oder traditionelle Bildfelder?*

Die Versstruktur untersuchen

Barbara Köhler

In the movies (1995)

Film ist vierundzwanzigmal
Wahrheit pro Sekunde
Jean-Luc Godard[1]

Vierundzwanzigmal pro Sekunde
laufe ich mir davon kommt etwas
auf mich zu sagt: Ich
laufe davon bin fest
gehalten in den Bildern
die laufen ein Massaker
jede Bewegung eine Wendung
im Schlaf in vierundzwanzig
Stück pro Sekunde Stunden
der Tag zerteilt eine gepresste
Stimme die Tonspur sagt: Ich

1 **Jean-Luc Godard:** franz. Filmemacher (*1930)

1 *Schreibt das Gedicht so um, dass ein vollständiger Prosatext entsteht. Setzt dabei die entsprechenden Satzzeichen.*

2 *a) Vergleicht eure Texte mit dem Original und benennt die aus eurer Sicht entscheidenden sprachlichen Besonderheiten des Gedichts.*
b) Bezieht diese formalen Beobachtungen auf Titel und Aussage des Textes.

TIPP

Schlagt im Orientierungswissen unter den rhetorischen Figuren die Begriffe **Ellipse** und **Enjambement** (Zeilensprung) nach (▷ S. 343).

Rolf Dieter Brinkmann (1975)

Einen jener klassischen schwarzen Tangos in Köln, Ende des Monats August, da der Sommer schon ganz verstaubt ist, kurz nach Ladenschluss aus der offenen Tür einer dunklen Wirtschaft, die einem Griechen gehört, hören, ist beinahe ein Wunder: für einen Moment eine Überraschung, für einen Moment aufatmen, für einen Moment eine Pause in dieser Straße, die niemand liebt und atemlos macht, beim Hindurchgehen. Ich schrieb das schnell auf, bevor der Moment in der verfluchten dunstigen Ausgestorbenheit Kölns wieder erlosch.

1 *Gebt den Inhalt des Textes mit eigenen Worten wieder.*

2 *Setzt den Text von Brinkmann in Verse.*

3 *a) Besorgt euch den Originaltext und vergleicht eure Texte mit diesem.*
b) Untersucht das Spannungsverhältnis zwischen Satzbau und Versbau, das durch die Strukturierung des Textes als Gedicht entsteht.

„Bleiben will ich, wo ich nie gewesen bin" – Neue Subjektivität

Ihr habt bei den Gedichtvergleichen verschiedene Aspekte der Analyse lyrischer Texte kennengelernt, die ihr nun eigenständig anwenden könnt, z. B.: lyrisches Ich, Bildfeld/Metaphorik und Versstruktur.

Thomas Brasch

Lied (1977)

Was ich habe, will ich nicht verlieren, aber
Wo ich bin, will ich nicht bleiben, aber
Die ich liebe, will ich nicht verlassen, aber
Die ich kenne, will ich nicht mehr sehen, aber
Wo ich lebe, da will ich nicht sterben, aber
Wo ich sterbe, da will ich nicht hin:
Bleiben will ich, wo ich nie gewesen bin.

Karin Kiwus

Lösung (1979)

Im Traum
nicht einmal mehr
suche ich
mein verlorenes Paradies
bei dir

ich erfinde es
besser allein
für mich

In Wirklichkeit
will ich
einfach nur leben
mit dir so gut es
geht

1 *Die Texte spiegeln unterschiedliche Stimmungen des lyrischen Ichs. Vergleicht sie, indem ihr von den sprachlichen Besonderheiten der Texte ausgeht. Ihr könnt dabei die ersten Deutungsansätze und Beobachtungen von Schülerinnen und Schülern in eure Überlegungen einbeziehen:*

Auffällig am Text von Thomas Brasch ist der Umbruch der ersten fünf Verse, der so gestaltet ist, dass … (Hannah A.)

Das zentrale Bild in Kiwus' Text ist das des verlorenen Paradieses. Damit meint sie … (Ruth J.)

Der Paarreim am Ende von „Lied" steht in einem Spannungsverhältnis zur inhaltlichen Aussage der Schlusszeile. Diese Widersprüchlichkeit durchzieht den ganzen Text. Das zeigt sich … (Yanek B.)

Der Titel „Lösung" weckt bei mir eine Erwartung, die der Text selbst gar nicht erfüllt. Denn … (Tamás R.)

2 *a) Tragt die Aspekte der Textanalyse zusammen, die euch zu einer Deutung der beiden Gedichte geführt haben.*
b) Tauscht euch z. B. in Gruppen darüber aus, inwieweit das vergleichende Verfahren für das Verständnis der einzelnen Gedichte sinnvoll ist. Welche Vorteile seht ihr? Welche Schwierigkeiten?

Neue Subjektivität
Seit Ende der 60er-Jahre des 20. Jahrhunderts hat sich eine Richtung in der Lyrik entwickelt, die mit dem Begriff **Neue Subjektivität** umschrieben wird. In dieser Alltagslyrik geht es um Augenblicksbeobachtungen, Innerlichkeit und Selbsterfahrung. Die Lyrik der 80er-Jahre und der folgenden Jahrzehnte bis heute zeigt in Thematik und Form **kein einheitliches Bild.** Die meisten Texte dieser Zeit verzichten allerdings auf traditionelle lyrische Formmerkmale wie regelmäßigen Strophenaufbau oder durchgängiges Reimschema. Bewusste Verssetzungen, welche die Satzstrukturen durchbrechen, verleihen einzelnen sinntragenden Wörtern besonderes Gewicht.

12.2 Reisen zum Ich – Eine Gedichtanalyse schreiben

Bertolt Brecht: Über das Zerpflücken von Gedichten (1939)

Der Laie hat für gewöhnlich, sofern er ein Liebhaber von Gedichten ist, einen lebhaften Widerwillen gegen das, was man das Zerpflücken von Gedichten nennt, ein Heranführen kalter Logik, Herausreißen von Wörtern und Bildern aus diesen zarten blütenhaften Gebilden. Demgegenüber muß gesagt werden, daß nicht einmal Blumen verwelken, wenn man in sie hineinsticht. Gedichte sind, wenn sie überhaupt lebensfähig sind, ganz besonders lebensfähig und können die eingreifendsten Operationen überstehen. […] Der Laie vergißt, wenn er Gedichte für unnahbar hält, daß der Lyriker zwar mit ihm jene leichten Stimmungen, die er haben kann, teilen mag, daß aber ihre Formulierung in einem Gedicht ein Arbeitsvorgang ist und das Gedicht eben etwas *zum Verweilen gebrachtes* Flüchtiges ist, also etwas verhältnismäßig Massives, Materielles. Wer das Gedicht für unnahbar hält, kommt ihm wirklich nicht nahe. In der Anwendung von Kriterien liegt ein Hauptteil des Genusses. Zerpflücke eine Rose, und jedes Blatt ist schön.

R

Iris Radisch: Nie wieder Versfüßchen (2007)

Warum hat mich vor ein paar Jahren, an einem Sommertag auf einer italienischen Wiese sitzend und eine englische Zeitung lesend, plötzlich ein Gedicht, das in der Zeitung abgedruckt war, ergriffen wie noch keines zuvor? Nur ein paar Zeilen eines mir bis dahin noch unbekannten Dichters. Sie sind vom englischen Dichter Philip Larkin und gehen so:

Behind the glass, under the cellophane, Remains your final summer sweet, And meaningless, and not to come again.

Natürlich kann ich allerhand zusammenstammeln, um zu erklären, was mir an diesem Gedicht gefällt. Seine trockene Hitze und Dringlichkeit, seine cellophanpapierhafte Nüchternheit, seine existenzielle Radikalität, sein Einmal-und-nie-wieder-Pathos, sein tödlicher Schluss. Das alles und die trockene Hitze des italienischen Landsommers, in dem ich es las und der so gar nicht zu der englischen Zeitung passte, die Melancholie der südlichen Mittagsstunden und noch manch anderes, das hier nicht hergehört, haben zu diesem ungeheuren Erlebnis beigetragen.

Ein Gedicht, das spürt man, wenn man an sein Lieblingsgedicht denkt, ist nie nur die Summe seiner Teile, sondern immer ein Organismus, der stirbt, wenn man ihn zerschneidet. Deswegen ist auch wahr, was oft behauptet wurde: Gedichte versteht man nur ganz, während man sie liest. Nicht davor und nicht danach. Das ist ähnlich wie mit der Musik. Gedichte sind keine Gegenstände, eher Zustände. Deswegen können wir sie auch schlecht zu uns herüberziehen in die Prosa unserer Verhältnisse. Wir müssen uns schon aufmachen, zu ihnen zu kommen. Nur so erfahren wir endlich etwas vollkommen Neues.

1 *Gebt den Inhalt beider Texte in Form einer tabellarischen Gegenüberstellung der Hauptaussagen wieder.*

2 *Diskutiert auch auf Grund eurer eigenen Erfahrungen in einem Streitgespräch die Frage: Trägt das Analysieren von Gedichten zum Verständnis der Texte bei?*

Anders als beim Vergleich zweier lyrischer Texte müssen bei der Analyse eines einzelnen Gedichts verschiedene Analyseaspekte ohne Vergleichsmöglichkeit deutend auf den Text bezogen werden. Viele Gedichte verschließen sich auf den ersten Blick und lassen sich erst nach langer Betrachtung entschlüsseln. Die eigenen Lese- und Lebenserfahrungen der Leserin/des Lesers spielen beim Verstehensvorgang eine wichtige Rolle und geben dem Textverständnis eine subjektive Prägung. Lyrik ist aber auch immer eine besondere, auffällige Form des **verdichteten** Sprechens. Die Empfindungen, subjektive Stimmungen und Gedanken des lyrischen Ichs finden ihren Ausdruck in einer bildhaften, sprachlich-formal vom normalen Sprachgebrauch deutlich unterschiedenen Sprache. Die Gedichtanalyse dient dazu, das erste Textverstehen durch eine genaue Analyse der Textstrukturen zu überprüfen, zu vertiefen und zu differenzieren. Ein wesentlicher Schritt ist dabei, die inhaltlichen Strukturen mit den sprachlichen und formalen Besonderheiten des Textes in einen Wirkungszusammenhang zu bringen.
Im Folgenden findet ihr Hinweise und Anregungen dafür, wie ihr eine Analyse eines einzelnen lyrischen Textes anfertigen könnt. Das Gedicht „Reisen" von Gottfried Benn dient dabei als Leittext.

Gottfried Benn

Reisen (gedruckt 1950)

Gottfried Benn (1886–1956) studierte zunächst auf Wunsch des Vaters Theologie und Philosophie, brach das Studium aber 1905 ab und begann ein Medizinstudium in Berlin. Sein 1912 erschienener Gedichtband „Morgue und andere Gedichte" spiegelt in der Darstellung von Prozessen körperlichen Verfalls eine sinnentleerte Welt. Die Thematik und der artistische Umgang mit Sprache übten starken Einfluss auf den Expressionismus aus. In der Zeit der Weimarer Republik zeigte sich Benn als mächtiger Gegenspieler der Linken und beharrte auf einer konservativen Geisteshaltung. Nach 1945 wurde Benn trotz seiner anfänglichen Verstrickung in das „Dritte Reich" zum Wegbereiter und Vorbild der modernen Lyrik. Seine Anthologie „Statische Gedichte" (1948) begründete seinen Ruhm in der Nachkriegszeit. Die Verleihung des Büchner-Preises im Jahre 1951 zeigte endgültig, dass Benns Rolle im „Dritten Reich" hinter der Bewunderung seines lyrischen Werks verblasste. Am 7. Juli 1956 starb Benn in Berlin an Krebs.

Meinen Sie Zürich zum Beispiel
sei eine tiefere Stadt,
wo man Wunder und Weihen
immer als Inhalt hat?

Meinen Sie, aus Habana[1],
weiß und hibiskusrot,
bräche ein ewiges Manna[2]
für Ihre Wüstennot?

Bahnhofstraßen und Rueen[3],
Boulevards, Lidos[4], Laan[5] –
selbst auf den Fifth Avenueen
fällt Sie die Leere an –

Ach, vergeblich das Fahren!
Spät erst erfahren Sie sich:
bleiben und stille bewahren
das sich umgrenzende Ich.

1 **Habana:** Havanna, Hauptstadt Kubas
2 **Manna:** legendäres (vom Himmel gefallenes) Brot der Israeliten
3 **Rue:** franz. Straße
4 **Lido:** Nehrung, bes. die bei Venedig
5 **Laan:** niederl. Allee

1. Schritt: Das Thema erfassen

1 *Lest das Gedicht mehrfach sorgfältig durch.*

2 *Notiert eure ersten Leseeindrücke.*

3 *a) Formuliert das Thema des Textes in wenigen Sätzen.*
b) Beschreibt, wie das Thema in den einzelnen Strophen entfaltet wird.

4 *a) Bildet ausgehend von Aufgabe 2 und 3 eine Deutungsthese.*
b) Vergleicht eure Aussage mit den folgenden Aussagen:
- ☐ Der Text kritisiert meiner Meinung nach am Beispiel des Reisens das Großstadtleben und die damit verbundenen Hoffnungen auf ein selbsterfülltes Leben.
- ☐ Für mich enthält der Text die Aussage, dass sich das Ich nicht in der aktiven Welt findet, sondern in der Rückbesinnung auf die begrenzte eigene Identität.
- ☐ Ich habe den Eindruck, dass der Text ironisch die Sinnsuche zurückweist.
- ☐ Ich finde den Text schwierig, weil ich nicht weiß, was das „sich umgrenzende Ich" bedeuten soll; dies scheint jedoch eine Schlüsselstelle des Gedichts zu sein.

2. Schritt: Formmerkmale erkennen und ihre Wirkung erfassen

Gottfried Benn **Reisen**

x́ x x x́ x x x́ x
Meinen Sie Zürich zum Beispiel
sei eine tiefere Stadt,
wo man Wunder und Weihen
immer als Inhalt hat?

Meinen Sie, aus Habana,
weiß und hibiskusrot,
bräche ein ewiges Manna
für Ihre Wüstennot?

Bahnhofstraßen und Rueen,
Boulevards, Lidos, Laan –
selbst auf den Fifth Avenueen
fällt Sie die Leere an –

Ach, vergeblich das Fahren!
spät erst erfahren Sie sich:
bleiben und stille bewahren
das sich umgrenzende Ich.

1 *Schreibt den Text leserlich auf eine DIN-A4-Seite und beschriftet ihn gemäß der Vorlage. Nutzt dabei folgende Begriffe. Ihr könnt auch im Orientierungswissen nachschlagen.*

Alliteration · Anrede · Antithese · Metapher · Daktylus · Wortspiel · Parallelismus · Konjunktiv · Kreuzreim · lyrisches Ich · Ausruf · rhetorische Frage · Ellipse · Fazit

2 *Stellt Bezüge zwischen eurer Kennzeichnung und dem Thema her. Notiert, inwieweit Form und Sprache zum Thema passen.*

3. und 4. Schritt: Einen Schreibplan entwickeln und die Analyse verfassen

1 *Erstellt eine Mind-Map, in der ihr die wichtigsten Analyseergebnisse strukturiert. Orientiert euch bei der Zuordnung an den verschiedenen Farben der Textmarkierung (**▷ S. 259**):*

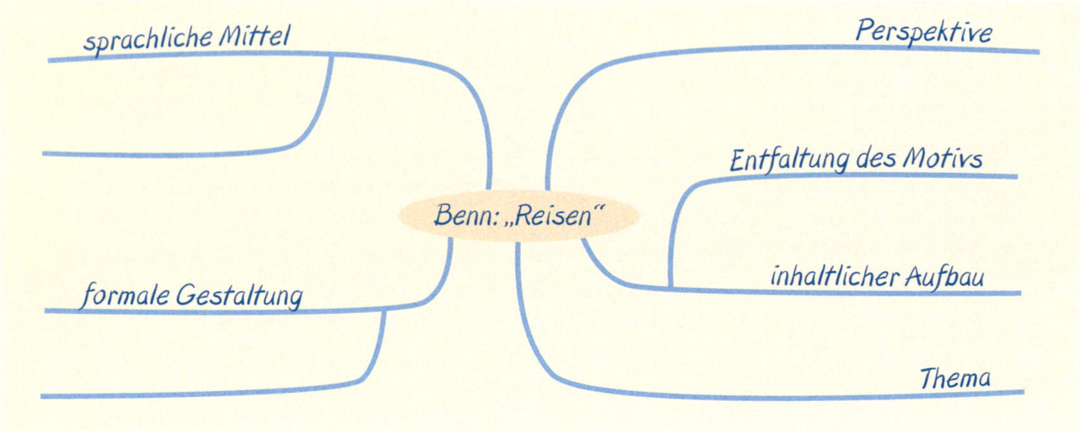

2 *Entwickelt für den Hauptteil ein Flussdiagramm als Grundlage eurer Analyse. Legt dazu die Reihenfolge der Analyseaspekte fest.*

A Einleitung:
Angaben zu Autor, Entstehungszeit, Titel, Textsorte, Thema, erstes Textverständnis

Das Gedicht „Reisen" von Gottfried Benn, veröffentlicht im Jahr 1950, handelt von der Suche nach dem Ich, das man aber durch Reisen nicht finden kann.
(Lucas)

B Hauptteil:
Inhaltlicher Aufbau
...
ev. Bezüge zur Biografie des Autors und zum historischen Kontext

C Schluss:
Fazit, gegebenenfalls eigene Bewertung

Das Gedicht spricht alle Menschen an, die überall nach sich selbst suchen, nur nicht in sich selbst. Der Schluss überzeugt mich am meisten, da jeder Mensch irgendwann zu der Einsicht kommt, dass niemand die Antwort auf die Frage nach dem eigenen Ich kennt, außer man selbst. *(Hannah)*

3 *Verfasst nun die Analyse als einen zusammenhängenden Text. Lasst euch dabei von den abgedruckten Schülerbeispielen anregen. Achtet darauf, dass ihr eure Aussagen mit Zitaten belegt.*

5. Schritt: Den Text überarbeiten – und dabei auf genaues Zitieren achten

Beim Zitieren können folgende Fehlerquellen auftreten:

- falsches Zitieren (▷ S. 332–333)
- fehlende Zitate
- zu lange Zitate
- keine sinnvolle Integration von Zitaten

VORSICHT FEHLER!

In dem Gedicht Reisen von G. Benn geht es um das stetige Suchen nach dem eigenen Ich. Das Gedicht beschreibt die verschiedenen Orte der Welt („Zürich, zum Beispiel", „Habana"), die alle kurz angesprochen, aber nicht weiter behandelt werden. Sie haben keine tiefere Bedeutung, und nur die fortwährend angesprochene Person ist wichtig. Denn diese ist auf der „Reise" zu ihrem eigenen Ich. Dies wird durch den Parallelismus deutlich, auf den in beiden Strophen rhetorische Fragen folgen: „Meinen Sie, Zürich, zum Beispiel sei eine tiefere Stadt, wo man Wunder und Weihen immer als Inhalt hat? Meinen Sie, aus Habana, weiß und hibiskusrot, bräche ein ewiges Manna für Ihre Wüstennot?". Der Konjunktiv in der zweiten Strophe zeigt, dass die angesprochene Person ihr eigenes Ich noch nicht gefunden hat. Sie befindet sich immer noch auf der Suche und hofft in den verschiedenen Ländern eine Antwort auf die Frage nach sich selbst zu finden. Doch überall ist es „leer" (Z. 12) und nirgendwo scheint die angeredete Person sich selbst wiederzuerkennen.

„Bahnhofsstraßen und Rueen, Boulevards, Lidos, Laan": Damit sind belebte Straßen in aller Welt gemeint, wo sich der Angesprochene sucht.

Die rhetorischen Fragen (Z. 4, Z. 8) deuten darauf hin, dass die angesprochene Person in ihrer vergeblichen Sinnsuche infrage gestellt wird.

Es scheint beinahe lächerlich, dass die Person in fernen Ländern nach sich selbst sucht. Dass die angesprochene Person nach einem Inhalt in Zürich sucht (Z. 1–4) oder sich ein ewiges Manna (Zeile 7) wünscht, kommt einem seltsam und naiv vor. *Helena*

1 *Überarbeitet den Text so, dass alle* ***Zitate*** *sprachlich korrekt und inhaltlich sinnvoll in die Analyse integriert werden.*

2 *Prüft eure eigenen Texte in* ***Schreibkonferenzen*** *(▷ S. 325–326) und achtet dabei besonders auf die korrekte Zitierweise.*

3 *Diskutiert abschließend die Frage: Trägt das Analysieren zum Verständnis eines Gedichts bei? Bezieht euch dabei auch auf die Diskussion, mit der ihr euch auf das Teilkapitel eingestimmt habt (▷ S. 257).*

12.3 Spiegelungen und Brechungen – Einen Poetry Slam veranstalten

Fiva: **Verlorene Zeit**

Ich hab so viel verpasst von den wichtigen Dingen
So viel nicht gemacht und das ohne Grund
Und weil solche Gedanken doch eigentlich nichts bringen
Halt ich die Augen zu und die Hand vor den Mund
Ich bin krankhaft gesund und dumm gebildet
Schön geschminkt und schlecht gelaunt
So maßlos mutig dass ich zu feig bin fürs Leben
So maßlos feig
Dass ich mir selbst alles erlaub
Und es fällt nicht mal wem auf
Ich geh nicht mal mehr raus
Zieh mich nicht mal mehr aus
Meine Kleider die Haut
Die mich nicht mal mehr braucht
Ich bin dünn wie Papier
Alles scheint durch mich durch
Nur mein ich
Hier scheint kein Licht
Kein ich kein du
[…]

Alexandra Becht: **Koexistenz**

Steh ich wirklich hier
und schwinge große reden
oder steh ich neben mir
und ein andrer zieht die Fäden

wie ist die Wirklichkeit
und wie erscheint sie dir
wenn Realität verschleiert bleibt
was existiert dann hier […]

es trügt der Schein
der mehr Poet ist als ich je sein werde
seine fälschliche Auffassung
macht zwar keinen Reim
aber lockt dennoch seine Zuhörer
auf die falsche Fährte […]

ich bin mir nicht sicher – sicher ist nur der Tod
in einer Koexistenz von Realität und Schein
mach ich aus der Tugend eine Not
und sage: nur ich selbst ergebe Reim.

Ihr könnt einen Lyrikabend rund um das Thema „Ich" in Form einer Poetry Slam-Veranstaltung durchführen. Poetry Slam (to slam = zuknallen, schlagen) ist eine aus den USA kommende Form eines Autorenwettstreits und mittlerweile auch in Deutschland sehr verbreitet. In über 70 Städten finden regelmäßig „Slam-Happenings" statt, bei denen – nach festgelegten Regeln – junge Poetinnen und Poeten ihre Texte in vorgegebener Zeit vortragen. Sie stehen dabei in Konkurrenz, das Publikum bewertet Inhalt und Art der Darbietung, der Gewinner bekommt meist einen (kleinen) Preis.

Auf der Plattform www.lyrikline.org findet ihr viele Beispiele, wie junge Autoren ihre eigenen Texte vorgetragen haben. Vielleicht inspiriert euch dies zur Gestaltung eures eigenen Poetry Slams.

Zunächst gilt es, Texte zu verfassen und Darstellungsmöglichkeiten auszuprobieren. Dabei könnt ihr

- Gedichte selbst verfassen;
- euch durch die folgenden Gedichte anregen lassen, eigene Texte zu verfassen, z. B. als Parallelgedichte oder Antwortgedichte.

Schreibanregungen:

A Verfasst einen Text, in dem ein bestimmter Vokal extrem häufig auftritt, z. B. so:

Anna war anfänglich alles andere
als angepasst, aber
als Anna sah, was ...

B Verfasst einen Text, in dem der Refrain die Aussagen der Strophen verneint, z. B. so:

[...] Nichts von dem ist so gemeint,
überhaupt ist nichts so richtig
ernst zu nehmen oder wichtig
nichts ist so, wie es erscheint. [...]

Slam-Regeln für den 3-Gruppen-Wettbewerb

- Alle bringen eigene Texte auf die Bühne: gelesen, performt, gerappt ...
- Das Los entscheidet über die Zuordnung zu den drei Gruppen und die Reihenfolge des Auftretens.
- Die Jury entscheidet, indem sie Punkte für Text und Performance (schriftlich) vergibt – die Jury kann auch das Publikum sein.
- Im Finale kommen die Gruppensieger nochmals auf die Bühne; hier entscheidet auf jeden Fall das Publikum per Applaus über den Gewinner des Slams!

C Verfasst einen Text, der mit neuen Wörtern (Neologismen) spielt, die besonders klangvoll, lautmalerisch sein sollen, z. B. so:

dies wutgeschnaub und schnutgewauz
auch habsgejauchz und jabsgehauch
dies lustgestöhn und stussgeklön
gluckgerülps und glückegerumms
[...] [von: Lino Ziegler]

D Verfasst einen Text, indem ihr von einem Kurzvers ausgeht und diesen beständig erweitert, z. B. so:

auch wieder.
auch grüße wieder.
auch schöne, auch schöne grüße wieder.
auch grüße wieder schöne grüße wieder.
[...] [von: Michael Lentz]

TIPP

Besondere Wirkung könnt ihr erzielen, wenn ihr einige der folgenden Tipps **beim Vortrag** beachtet:

- gezielt Pausen lassen;
- Lautstärke, Stimmhöhe und Sprechtempo bewusst variieren;
- rhythmisch sprechen;
- chorisch (d. h. in einer kleinen Gruppe) sprechen;
- den Vortrag durch Gesten und Bewegungen unterstützen.

Das Projekt planen und durchführen

1 *Klärt für die Poetry Slam-Veranstaltung frühzeitig,*

- *wen ihr zu eurer Veranstaltung einladen möchtet (Zielgruppe?),*
- *an welchem Tag oder Abend ein günstiger Termin ist,*
- *in welchem Raum die Veranstaltung stattfinden soll oder kann,*
- *wann und in welcher Form (Durchsagen, Plakate, Presse-Info) für den Abend geworben werden soll.*

2 *Entwerft eine* ***Projektskizze.*** *Erstellt dazu:*

a) einen Zeitplan (Zeiten für Proben einplanen!) → Wann? Was?
b) eine Übersicht über die Verteilung der Aufgaben → Wer ist zuständig/verantwortlich?

13 Bertolt Brecht: „Die heilige Johanna der Schlachthöfe" – Episches Theater

13.1 Wirtschaft und Verantwortung im Drama – Die Technik der Verfremdung

1 *Beschreibt die Bilder. Stellt eine Verbindung zwischen ihnen her.*

2 *Was assoziiert ihr mit dem Begriff „Börse"? Führt dazu ein Brainstorming durch. Stichwörter könnten sein:* Kurse – Aktien – Wall Street – Gewinne …

„Ach unser Geschäft ist blutig" – Drameninhalt und Motive der Figuren

Bertolt Brecht

Die heilige Johanna der Schlachthöfe (Bild 1) (1929)

Bertolt Brecht (1898–1956) gilt als einer der bedeutendsten deutschen Schriftsteller des 20. Jahrhunderts, der vor allem der Dramenliteratur wichtige Impulse gegeben hat. Mit seinem Konzept des epischen Theaters, das in diesem Kapitel vorgestellt wird, hat er eine Form des Dramas entwickelt, die für die Folgezeit maßgebend war. Dieses Konzept hat er nicht nur in dramentheoretischen Schriften erarbeitet, sondern auch selbst in zahlreichen Theaterstücken umgesetzt.
In seinem Stück „Die heilige Johanna der Schlachthöfe", das in den 1920er-Jahren an den Schlachthöfen in Chicago spielt und dessen Urfassung 1929 entstanden ist, steht der Fleischfabrikant Mauler im Mittelpunkt. Die Handlung beginnt mit einem Brief, den dieser von seinen Freunden an der Wall Street, also der New Yorker Börse, erhalten hat. Mauler spricht mit seinem Teilhaber Cridle.

Klaus Göken: Bildnis Bertolt Brecht, 1955/56, Mischtechnik auf Hartfaserplatte.

DER FLEISCHERKÖNIG PIERPONT MAULER BEKOMMT EINEN BRIEF VON SEINEN FREUNDEN IN NEW YORK.

Chicago, Schlachthöfe

MAULER *liest einen Brief:* „Wie wir deutlich merken, lieber Pierpont, ist der Fleischmarkt seit kurzer Zeit recht verstopft. Auch widerstehen die Zollmauern im Süden allen unseren Angriffen. Demnach scheint es geraten, die Hand vom Fleischhandel zu lassen, lieber Pierpont." Diesen Wink bekomme ich heute von meinen lieben Freunden aus New York. Hier kommt mein Kompagnon.[1]
Er verbirgt den Brief.

CRIDLE:
Warum so finster, lieber Pierpont?

MAULER:
Erinnere, Cridle, dich, wie wir vor Tagen –
Wir gingen durch den Schlachthof, Abend war's –
An unsrer neuen Packmaschine standen.
Erinnere, Cridle, dich an jenen Ochsen
Der blond und groß und stumpf zum Himmel blickend
Den Streich empfing: mir war's, als gält er mir.
Ach, Cridle, ach, unser Geschäft ist blutig.

1 **Kompagnon:** Teilhaber eines Unternehmens

CRIDLE:
Die alte Schwäche also, Pierpont?
Unglaublich fast, du, der Gigant der Packer
Des Schlachthofs König, vor dem Schlächter zittern
Zergehst in Schmerz um einen blonden Ochsen!
Verrat's, ich bitt dich, niemand außer mir.
MAULER:
O treuer Cridle!
Ich hätte nicht zum Schlachthof gehen sollen!
Seit ich in dies Geschäft hineinging, also sieben
Jahre, vermied ich's, Cridle, ich vermag's
Nicht länger: heute noch geb ich es auf, dies blutige Geschäft.
Nimm du's, ich geb dir meinen Anteil billigst.
Dir gäb ich ihn am liebsten, denn wie du
Mit dem Geschäft verwachsen bist, ist's keiner.
CRIDLE: Wie billig?
MAULER:
Darüber kann's bei alten Freunden
Wie du und mir kein langes Handeln geben.
Schreib zehn Millionen!
CRIDLE:
Das wär nicht teuer, wenn nicht Lennox wär
Der mit uns ringt um jede Büchse Fleisch
Der uns den Markt verdirbt mit niedren Preisen
Und uns kaputtmacht, wenn er nicht kaputtgeht.
Eh der nicht fiel, und nur du kannst ihn fällen
Nehm ich dein Angebot nicht an. Solange mußt du
Noch dein Gehirn, das listenreiche, üben.
MAULER:
Nein, Cridle, dieses Ochsen Ächzen
Verstummt nicht mehr in dieser Brust. Drum eilig
Muß dieser Lennox fallen, denn ich selber
Bin ganz gewillt, ein guter Mann zu werden
Und nicht ein Schlächter. Cridle, komm, ich will
Dir sagen, was du machen mußt, daß Lennox
Schnell fällt. Dann aber mußt du
Mir dies Geschäft abnehmen, das mir leid ist.
CRIDLE:
Wenn Lennox fällt.
Beide ab. R

1 a) *Gebt den Inhalt dieses ersten Bildes von Bertolt Brechts Stück „Die heilige Johanna der Schlachthöfe" wieder. Geht dabei auf die wirtschaftliche Situation, das Verhalten und die Motive der Figuren ein.*
b) *Beachtet v. a. die Figur des „Fleischerkönigs" Mauler. Welches Bild wird von ihm gezeichnet? Macht euch Notizen zur ersten Einschätzung dieser Figur.*

2 *Untersucht das Verhältnis von Inhalt und Form.*
a) Beschreibt zunächst die Besonderheiten der Sprache. Formuliert den Text in Z. 39–45 („Das wär nicht teuer [...] listenreiche, üben.") so um, dass er eurer Art zu sprechen gleichkommt. Lest beide Versionen laut hintereinander und vergleicht.
b) Setzt Inhalt und Form zueinander in Beziehung. Notiert stichwortartig in zwei Spalten: Inhalt – formale Besonderheiten. Wie passen beide zueinander?

!

Episches Theater
Bertolt Brecht hat eine neue Form des Theaters entwickelt, die er als **episches Theater** bezeichnet. „Episch" meint hier, der Zuschauer soll wie durch einen Erzähler gegenüber dem Bühnengeschehen auf Distanz gehalten werden. Verfremdungstechniken hindern ihn daran, sich zu identifizieren und emotional im Geschehen aufzugehen. Aus der kritischen Distanz heraus kann er dann die Handlung in ihren Ursachen und Abläufen durchschauen, um daraus Beurteilungs- und Verhaltensmaßstäbe für die Wirklichkeit zu gewinnen. Eine Möglichkeit der Distanzierung ist der Widerspruch zwischen Inhalt und Form, z. B. die Wiedergabe einfacher Gedanken in Versen.

Inhaltsübersicht zu Bertolt Brechts „Die heilige Johanna der Schlachthöfe"

Hintergrund des Geschehens ist eine schwere Absatzkrise in der Fleischindustrie. Sie hat zur Folge, dass die Fleischfabrikanten die Arbeiter aussperren, die damit arbeits- und brotlos sind. Das eigentliche Thema des Stücks aber sind die Manipulationen des Fleischmarktes durch den „Fleischkönig" Mauler, der die Situation für sich zu nutzen versteht und durch ebenso geschickte wie skrupellose Auf- und Verkäufe seine Konkurrenten in den Ruin treibt.
Johanna Dark, die Titelheldin, ist Leutnant bei den „Schwarzen Strohhüten", der Heilsarmee. Johanna predigt den Armen, sucht aber andererseits auch Mauler auf, um ihm wegen der Aussperrung der Arbeiter ins Gewissen zu reden. Mauler erkennt schnell die wirtschaftliche Naivität Johannas, ist zugleich aber von der jungen Frau fasziniert. Hinsichtlich ihres Anliegens bleibt er indes unnachgiebig.
Bei einem Gang über die Schlachthöfe erkennt Johanna das wahre Ausmaß des Elends der Arbeiter und dass dieses der eigentliche Grund für deren Egoismus ist. Als sie daraufhin Verständnis für die Gewaltbereitschaft der Arbeiter bekundet, wirft Snyder, der Major der „Schwarzen Strohhüte", sie hinaus. Kurz zuvor hatte Snyder den Fleischfabrikanten einen Deal angeboten: Diese sollten die Miete für die Einrichtungen der Heilsarmee zahlen, die ihrerseits als Gegenleistung den Armen weiterhin den Trost Gottes predigen will.
Mauler versucht, Johanna für sich einzuspannen, indem er sie mit einer Vierjahresmiete zu den „Schwarzen Strohhüten" zurückschickt; Johanna geht jedoch auf die Schlachthöfe, um sich mit den protestierenden Arbeitern zu solidarisieren. Eine Zeitung berichtet wenig später über sie als „unsere liebe Frau[1] vom Schlachthof".
Auf dem Höhepunkt der wirtschaftlichen Krise bedrängen die Fleischfabrikanten Mauler, in dessen Manipulationen sie das geschäftliche

1 **unsere liebe Frau:** in Gebeten der katholischen Kirche ein häufig verwendeter Ehrentitel für Maria, die Mutter Jesu

Genie erkannt haben, den Markt wieder in Ordnung zu bringen. Mauler erklärt sich dazu bereit und verkündet einschneidende Maßnahmen. Das letzte Bild spielt im „nunmehr reich ausgestatteten" Haus der „Schwarzen Strohhüte", wo diese gemeinsam mit den Fleischfabrikanten die Wiederherstellung der Ordnung feiern. Johanna jedoch bleibt bei ihren neu gewonnenen Erkenntnissen: dass die gesellschaftlichen Verhältnisse am Elend der Arbeiter schuld sind und dass man diese Verhältnisse deshalb ändern muss – notfalls auch mit Gewalt. Davon wollen die anderen natürlich nichts wissen; wohl aber wollen sie Johannas Ansehen für ihre gemeinsame Sache nutzen. Während sie von der Versammlung zur Heldin und Heiligen stilisiert wird, stirbt Johanna an einer Lungenentzündung, die sie sich auf den Schlachthöfen in eisiger Kälte zugezogen hat.

3 *Die Handlung spielt auf mehreren Ebenen, die vielfach miteinander verflochten sind: Fleischfabrikanten, „Schwarze Strohhüte", Johanna.*
Stellt die Handlungsstränge in Stichwörtern nebeneinander dar und macht die Verflechtungen deutlich.

4 *Beschafft euch wichtige Hintergrundinformationen zu dem Stück. Recherchiert arbeitsteilig zu folgenden Themen und informiert euch gegenseitig.*
__HINWEIS:__ Das erste Thema könnt ihr gleich zu Beginn in den Unterricht einbringen, die beiden anderen am besten, nachdem ihr alle Auszüge aus dem Stück behandelt habt.

- ***Die Weltwirtschaftskrise des Jahres 1929** als der reale historische Hintergrund des Stücks: Ursache – Verlauf – Folgen.*
- ***Grundzüge des Marxismus**, von dem Brecht in seinem Gesellschaftsbild stark geprägt war: Wie beschreibt und erklärt Marx die gesellschaftlichen Verhältnisse? Worin besteht nach seiner Meinung die Funktion der Religion? Wie finden sich diese Gedanken in Brechts Stück wieder?*
- ***Die französische Nationalheilige Jeanne d'Arc** (Johanna von Orléans), auf die Brecht sich im Titel seines Stücks bezieht: Worin besteht ihre Bedeutung für Frankreich im so genannten „Hundertjährigen Krieg"? Welche Parallelen könnt ihr zwischen den beiden Johanna-Figuren erkennen?*

„Lauscht dem himmlischen Text“ – Szenentitel, Lieder, Predigten

Bertolt Brecht

Die heilige Johanna der Schlachthöfe (Bild 2 d)

VON MORGENS BIS ABENDS ARBEITETEN DIE SCHWARZEN STROHHÜTE AUF DEN SCHLACHTHÖFEN, ABER ALS ES ABEND WURDE, HATTEN SIE SO GUT WIE NICHTS ERREICHT.

Vor den Lennoxschen Fleischfabriken

EIN ARBEITER: Sie machen wieder eine große Schiebung am Fleischmarkt, heißt es. Bis die vorbei ist, müssen wir eben warten und Kohldampf schieben.

ANDERER ARBEITER: In den Kontoren ist Licht. Da rechnen sie den Profit aus.

Die Schwarzen Strohhüte kommen. Sie stellen ein Schild auf, auf dem „Übernachten 20 cts“, „mit Kaffee 30 cts“ steht.

DIE SCHWARZEN STROHHÜTE *singen*:

Obacht, gib Obacht!
Wir sehen dich, Mann, der versinkt
Wir hören dein Geschrei um Hilfe
Wir sehen dich, Frau, die winkt.
Haltet die Autos an, stoppt den Verkehr!
Mut, ihr versinkenden Leute, wir kommen, schaut her!
Du, der du untergehst
Sieh uns, oh, sieh uns, Bruder, bevor du untergehst!
Wir bringen dir zu essen
Wir haben nicht vergessen
Daß du noch draußen stehst.
Sag nicht, es hilft nichts, denn jetzt wird es anders
Das Unrecht dieser Welt kann nicht bestehn
Wenn alle mit uns kommen und marschieren
Und kümmern sich um nichts und helfen gehn.
Wir werden auffahren Tanks und Kanonen
Und Flugzeuge müssen her
Und Kriegsschiffe über das Meer
Um dir, Bruder, einen Teller Suppe zu erobern.
Denn ihr armen Leute
Ihr seid eine große Armee!
Drum muß es sein noch heute
Daß jeder euch beisteh!
Vorwärts marsch! Richt euch! Zum Sturm an das Gewehr!
Mut, ihr versinkenden Leute, wir kommen, schaut her!

Schon während des Singens verteilen die Schwarzen Strohhüte ihr Traktätchen[1] „Der Schlachtruf", Löffel, Teller und Suppe. Die Arbeiter sagen „danke" und hören nunmehr Johannas Rede zu.

JOHANNA: Wir sind die Soldaten des lieben Gottes. Wegen unserer Hüte nennt man uns auch die Schwarzen Strohhüte. Wir marschieren mit Trommeln und Fahnen überall hin, wo Unruhe herrscht und Gewalttaten drohen, um an den lieben Gott zu erinnern, den sie alle vergessen haben, und ihre Seelen zu ihm zurückzubringen. Soldaten nennen wir uns, weil wir eine Armee sind und auf unserem Marsch kämpfen müssen mit dem Verbrechen und dem Elend, jenen Mächten, die uns nach unten ziehen wollen. *Sie fängt an, selbst die Suppe auszuteilen.* So, jetzt eßt mal die warme Suppe, und dann wird sich alles gleich wieder ganz anders anschauen, aber denkt gefälligst auch ein wenig an den, der euch die Suppe bescheret. Und wenn ihr so nachdenkt, dann werdet ihr sehen, daß das überhaupt die ganze Lösung ist: Oben streben und nicht unten streben. Oben sich nach einem guten Platz anstellen und nicht unten. Oben der erste sein wollen und nicht unten. Jetzt seht ihr ja, was für ein Verlaß auf das irdische Glück ist. Gar keiner. Das Unglück kommt wie der Regen, den niemand machet und der doch kommt. Ja, woher kommt euer ganzes Unglück?

EIN ESSER: Von Lennox & Co.

JOHANNA: Der Herr Lennox hat jetzt vielleicht mehr Sorgen als ihr. Was verliert denn ihr? Das geht doch in die Millionen, was der verliert!

EIN ARBEITER: Kärglich schwimmt das Fett in dem Süppchen, aber viel gesundes Wasser enthält sie und nicht gespart ist die Wärme.

ANDERER Arbeiter: Haltet das Maul, ihr Schmausenden! Lauschet dem himmlischen Text! Denn sonst wird euch das Süppchen entzogen.

JOHANNA: Ruhe! Liebe Freunde, warum seid ihr wohl arm?

ERSTER ARBEITER: Na, erzähl's uns mal.

JOHANNA: Ich will es euch sagen: nicht, weil ihr nicht mit irdischen Gütern gesegnet seid – das kann nicht jeder sein –, sondern weil ihr keinen Sinn für das Höhere habt. Darum seid ihr arm. Diese niederen Genüsse, nach denen ihr strebt, nämlich dieses bißchen Essen und hübsche Wohnungen und Kino, das sind ja nur ganz grobe sinnliche Genüsse, Gottes Wort aber ist ein viel feinerer und innerlicherer und raffinierterer Genuß, ihr könnt euch vielleicht nichts Süßeres denken als Schlagsahne, aber Gottes Wort ist eben doch noch süßer, ei, wie süß ist Gottes Wort! Das ist wie Milch und Honigseim[2], und bei ihm wohnet man wie in einem Palast aus Ophyr und Alabaster[3]. Ihr Kleingläubigen, die Vögel unter dem Himmel haben keine Stellungsnachweise und die Lilien auf dem Felde haben keine Arbeit und er ernähret sie doch, weil sie lobsingen zu seinem Preis. Ihr wollt alle nach oben kommen, aber in was für ein Oben und wie wollt ihr hinaufkommen?! Und da sind es eben wir Schwarzen Strohhüte, die euch fragen, ganz praktisch: was muß einer haben, daß er überhaupt hochkommt?

ERSTER ARBEITER: Einen Stehkragen.

JOHANNA: Nein, keinen Stehkragen. Vielleicht braucht man auf Erden einen Stehkragen, damit man weiterkommt, aber vor Gott muß man noch viel mehr um haben, einen ganz anderen Glanz, aber da habt ihr nicht einmal einen Gummikragen um, weil ihr eben euren ganzen inneren Menschen vollständig vernachlässigt habt. Wie aber wollt ihr hinaufkommen, oder was ihr in eurem Unverstand so „hinauf" nennt? Durch die rohe Gewalt? Als ob Gewalt je-

1 **Traktat:** erbaulicher Text, kleine Abhandlung
2 **Honigseim:** Honig
3 **Ophyr und Alabaster:** besondere Gesteinsarten; mit „Ophyr" ist vermutlich Porphyr gemeint

mals etwas anderes ausgerichtet hätte als Zerstörung. Ihr glaubt, wenn ihr euch auf die Hinterbeine stellt, dann gibt es das Paradies auf Erden. Aber ich sage euch: so macht man kein Paradies, so macht man das Chaos.

Ein Arbeiter kommt gelaufen.

Der Arbeiter:

Frei wurde eben ein Arbeitsplatz!
Drüben winkt er, der lohnende
In der fünften Fabrik!
Äußerlich ist er ein Abtrittsloch. Lauft!

Drei Arbeiter lassen die vollen Teller stehen und laufen weg.

Johanna: Hallo, ihr, wo lauft ihr denn hin? Wenn man euch von Gott erzählt! Das wollt ihr nicht hören! Was?!

Ein Mädchen von den Schwarzen Strohhüten:

Die Suppe ist aus.

Die Arbeiter:

Das Süppchen ist aus
Fettlos war es und wenig, aber
Besser wie nichts.

Alle wenden sich ab und stehen auf.

1 *Nähert euch der Figur Johannas an.*

a) Erstellt ein Standbild der Szene, in dem die Haltung der Figuren zueinander zum Ausdruck kommt.

b) Lasst eine Schülerin oder einen Schüler hinter die Figuren treten und als innere Stimme (Alter Ego) deren Gefühle und Gedanken äußern.

c) Beschreibt, erklärt und bewertet anschließend das Verhalten Johannas.

TIPP

Nehmt eure **Standbilder** mit einer Kamera auf. Notiert die Kommentare und Einflüsterungen der inneren Stimmen in Form von Sprechblasen. Dokumentiert eure Szenen an einer Pinnwand.

2 *Untersucht die Äußerungen der „Schwarzen Strohhüte".*

a) Fasst das Lied, das sie singen, und Johannas Predigt jeweils in einer Überschrift zusammen.

b) Vergleicht Lied und Predigt miteinander. Zieht daraus Schlüsse für deren Funktion im Textgefüge.

3 *Beschreibt und erklärt die unterschiedlichen Reaktionen der Arbeiter.*

a) Erläutert ihre Einstellung zu den „Schwarzen Strohhüten", die hier deutlich wird.

b) Formuliert jeweils die Erwartungen Johannas und die der Arbeiter in Form einer Schlagzeile.

4 *Ein ausführlicher **Szenentitel** wie im vorliegenden Fall ist typisch für Brechts Stücke. Welche Intention vermutet ihr dahinter? Was erreicht Brecht dadurch?*

„Menschen rühren mich nicht“ – Widersprüchliche Charaktere

Bertolt Brecht

Die heilige Johanna der Schlachthöfe (Bild 3)

PIERPONT MAULER VERSPÜRT DEN HAUCH EINER ANDEREN WELT.

Vor der Viehbörse

Unten wartend Johanna und Martha, oben die Fleischerfabrikanten Lennox und Graham im Gespräch. Lennox ist kalkweiß. Hinten Börsenlärm. [...] Johanna tritt auf Mauler zu.

JOHANNA: Sie sind der Mauler!
MAULER: Nicht ich bin's. *Zeigt auf Slift.* Der ist's.
JOHANNA *deutet auf Mauler*: Sie sind der Mauler.
MAULER: Nein, der ist's.
JOHANNA: Sie sind's.
MAULER: Wie kennst du mich?
JOHANNA: Weil du das blutigste Gesicht hast.
Slift lacht.
MAULER: Du lachst, Slift? [...]
MAULER *zu Johanna*: Wieviel Geld bekommt ihr für den Tag?
JOHANNA: Zwanzig Cent, aber das Essen und die Kleidung.
MAULER:
Dünne Kleider, Slift, und sicher magere Suppen, wie?
Ja, die Kleider mögen dünn sein und die Suppen nicht fett.
JOHANNA:
Warum, Mauler, sperrst du die Arbeiter aus?
MAULER *zu Slift*:
Daß sie arbeiten ohne Verdienst
Das ist merkwürdig, nicht? Niemals noch hört ich
Daß solches vorgefallen wär, daß einer arbeitet
Für nichts und ist's nicht leid. Auch find ich keine Furcht
In ihrem Aug vor Brückenbogen und Elend.
Zu Johanna
Ihr Schwarzen Strohhüte seid seltsame Leute.
Ich frag euch nicht, was ihr Besonderes wollt
Von mir. Ich weiß, man nennt mich – dummes Pack! –
Den blutigen Mauler, sagt, ich hätt den Lennox
Um seine Sach gebracht oder dem Cridle
Der, unter uns, ein wenig guter Mensch ist
Ungelegenheiten bereitet. Euch kann ich sagen:
Das ist nur Geschäftliches und wird euch
Nicht interessieren. Was andres aber wär's, worüber

Gern ich eure Ansicht hörte. Ich habe vor, dies blutige
Geschäft baldmöglichst aufzugeben: ganz.
Neulich nämlich, das wird euch interessieren, sah ich
Einen Ochsen sterben und war so erschüttert, daß
Ich alles aufgeben will, auch meinen Anteil
An der Fabrik verkauft hab, zwölf Millionen Dollar. Ich gab sie dem
Für zehn. Haltet ihr
Das nicht für richtig und ganz nach eurem Sinn?

SLIFT:
Er sah den Ochsen sterben und beschloß
Statt dieses armen Ochsen
Den reichen Cridle nun zu schlachten.
War das richtig?

Die Fleischpacker lachen.

MAULER:
Lacht nur. Mich ficht nicht an euer Lachen. Ich sehe
Euch noch weinen.

JOHANNA:
Herr Mauler, warum haben Sie die Schlachthöfe zugemacht?
Das muß ich wissen.

MAULER:
Ist's nicht ein Äußerstes, daß ich die Hand herausnahm
Aus einem großen Geschäft, nur weil es blutig ist?
Sag, daß es richtig ist und dir gefällt.
Nein, sag mir's nicht, ich weiß schon, ich geb's zu, es sind
Einige dadurch ins Unglück gekommen, sie haben keine
Arbeit mehr, ich weiß. 's war leider unvermeidlich.
Übrigens schlechte Leute, rohes Gesindel
Geht lieber nicht hin, aber sag mir:
Daß ich die Hand aus dem Geschäft nahm, das
Ist doch richtig?

JOHANNA:
Ich weiß nicht, ob du im Ernst fragst.

MAULER:
Das kommt, weil meine verdammte Stimm Verstellung
Gewohnt ist, darum auch weiß ich: du
Magst mich nicht. Sag nichts.

Zu den andern:

Mir ist, als weht aus einer andern Welt ein Hauch mich an.
Gebt Geld her, ihr Viehmetzger, jetzt gebt Geld her!

Er nimmt allen alles Geld ab und gibt es ihr.

Nimm's für die armen Leute, Mädchen!
Aber wisse, ich fühl keinerlei Verpflichtung
Und schlaf recht gut. Warum ich hier helf? Vielleicht nur
Weil mir dein Gesicht gefällt, weil's so unwissend ist, obgleich
Du zwanzig Jahre lebtest. [...]

JOHANNA: Herr Mauler, das ist doch nur ein Tropfen auf den heißen Stein. Können Sie ihnen nicht wirklich helfen?

MAULER:
Sagt's überall, ich billige sehr eure Tätigkeit und
Wollt, solche wie ihr gäb's mehr. Aber das mit
Den armen Leuten dürft ihr nicht so nehmen.
's sind schlechte Leute. Menschen rühren mich nicht
Sie sind nicht unschuldig und selber Metzger. Doch lassen wir das.

JOHANNA: Herr Mauler, auf den Schlachthöfen sagen sie, Sie sind schuld an dem Elend.

MAULER:
Mit Ochsen hab ich Mitleid, der Mensch ist schlecht.
Die Menschen sind für deinen Plan nicht reif.
Erst muß, bevor die Welt sich ändern kann
Der Mensch sich ändern. [...] R

1 *In diesem Textauszug erscheint Mauler als sehr vielschichtiger, widersprüchlicher Charakter. Zeigt die verschiedenen Facetten, die sichtbar werden, am Text auf.*

2 *Johanna und Mauler begegnen sich in diesem Bild zum ersten Mal. Untersucht, wie sie aufeinander zugehen, wie sie miteinander sprechen.*
a) Analysiert das Gesprächsverhalten. Was zeichnet Johannas Fragen aus, wie antwortet Mauler?
b) Wie ordnet sich darin Slifts Äußerung ein? Welche Funktion hat sein Zwischenkommentar?
c) Wie denkt Mauler über Johanna? Verfasst einen ***Rollenmonolog****, in dem Mauler in der Ich-Form seine Einschätzung dem Publikum mitteilt.*

3 *Tragt eure Rollenmonologe in der Klasse vor. Verwendet Requisiten, um euch beim Sprechen in die Rolle besser einzufühlen. Das kann ein Alltagsgegenstand sein, der eine Verwandlung erfährt, z. B. ein Notizzettel, der zum Geldschein wird.*

„Reiche den Reichtum den Reichen“ – Die Mittel der Verfremdung

Bertolt Brecht

Die heilige Johanna der Schlachthöfe (Bild 11)

Das Haus der Schwarzen Strohhüte ist nunmehr reich ausgestattet. In Gruppen aufgebaut stehen die Schwarzen Strohhüte mit neuen Fahnen, die Schlächter (Packherren), die Viehzüchter und die Aufkäufer.

[...]

JOHANNA:

Eines habe ich gelernt und weiß es für euch
Selber sterbend[1]:
Was soll das heißen, es ist etwas in euch und
Kommt nicht nach außen! W a s wißt ihr wissend
Was keine Folgen hat?
Ich zum Beispiel habe nichts getan.
Denn nichts werde gezählt als gut, und sehe es aus wie immer, als was
Wirklich hilft, und nichts gelte als ehrenhaft mehr, als was
Diese Welt endgültig ändert: sie braucht es.
Wie gerufen kam ich den Unterdrückern!
Oh, folgenlose Güte! Unmerkliche Gesinnung!
Ich habe nichts geändert.
Schnell verschwindend aus dieser Welt ohne Furcht
Sage ich euch:
Sorgt doch, daß ihr die Welt verlassend
Nicht nur gut wart, sondern verlaßt
Eine gute Welt!

GRAHAM: Man muß dafür sorgen, daß ihre Reden nur durchgelassen werden, wenn sie vernünftig sind. Wir dürfen nicht vergessen, daß sie auf den Schlachthöfen gewesen ist.

JOHANNA

Denn es ist eine Kluft zwischen oben und unten, größer als
Zwischen dem Berg Himalaja und dem Meer
Und was oben vorgeht
Erfährt man unten nicht
Und nicht oben, was unten vorgeht.
Und es sind zwei Sprachen oben und unten
Und zwei Maße zu messen
Und was Menschengesicht trägt
Kennt sich nicht mehr.

DIE SCHLÄCHTER UND VIEHZÜCHTER *sehr laut, so daß Johanna überschrien wird:*

Soll der Bau sich hoch erheben
Muß es Unten und Oben geben.

1 Auf die hier wiedergegebene Stelle folgt unmittelbar Johannas Tod.

Darum bleib an seinem Ort
jeder, wo er hingehört.
Fort und fort
Tue er das ihm Gemäße
Da er, wenn er sich vergäße
Unsre Harmonien stört,
Unten ist der Untere wichtig
Oben ist der Richtige richtig.
Wehe dem, der je sie riefe
Die unentbehrlichen
Aber begehrlichen
Die nicht zu missenden
Aber es wissenden
Elemente der untersten Tiefe!

JOHANNA:
Die aber unten sind, werden unten gehalten
Damit die oben sind, oben bleiben.
Und der Oberen Niedrigkeit ist ohne Maß
Und auch wenn sie besser werden, so hülfe es
Doch nichts, denn ohnegleichen ist
Das System, das sie gemacht haben:
Ausbeutung und Unordnung, tierisch und also
Unverständlich.

DIE SCHWARZEN STROHHÜTE *zu Johanna:*
Du mußt gut sein! Du mußt schweigen!

DIE SCHLÄCHTER:
Die im freien Raume schweben
Können sich doch nicht erheben
Steigen heißt: auf andre steigen
Und das nach dem Oben Greifen
Ist zugleich ein Tritt nach unten.

MAULER:
Handelnd mußt du, ach, verwunden!

DIE SCHWARZEN STROHHÜTE:
Stets bewußt des blutigen Schuhes –

DIE SCHLÄCHTER:
Nicht versuch ihn abzustreifen!
Denn du brauchst ihn, stets aufs neue –

DIE SCHWARZEN STROHHÜTE:
Mußt du stets nach oben zeigen.
Doch vergiß uns nicht die Reue!

DIE SCHLÄCHTER:
Tue alles!

DIE SCHWARZEN STROHHÜTE:
Aber tu es:
Immer mit Gewissensbissen
Denn als Betrachtender

Selbst dich Verachtender
Hast du Gewissen!
Merkt auf, Handelnde!
Bei euren Einkäufen
Vergeßt nicht das herrliche
Vor allem bei Scheinkäufen
Ganz unentbehrliche
Fort und fort
Immer sich wandelnde
Gotteswort.

JOHANNA:
Darum, wer unten sagt, daß es einen Gott gibt
Und ist keiner sichtbar
Und kann sein unsichtbar und hülfe ihnen doch
Den soll man mit dem Kopf auf das Pflaster schlagen
Bis er verreckt ist.

SLIFT: Hört ihr, ihr müßt etwas sagen, womit ihr diesem Mädchen das Wort abschneidet. Ihr müßt reden, irgend etwas, aber laut!

SNYDER: Johanna Dark, fünfundzwanzig Jahr alt, erkrankt an Lungenentzündung auf den Schlachthöfen Chicagos, im Dienste Gottes, Streiterin und Opfer!

JOHANNA:
Und auch die, welche ihnen sagen, sie könnten sich erheben im Geiste
Und stecken bleiben im Schlamm, die soll man auch mit den Köpfen auf das
Pflaster schlagen. Sondern
Es hilft nur Gewalt, wo Gewalt herrscht, und
Es helfen nur Menschen, wo Menschen sind.

ALLE *singen die erste Strophe des Chorals, damit Johannas Reden nicht mehr gehört werden:*
Reiche den Reichtum dem Reichen! Hosianna!
Die Tugend desgleichen! Hosianna!
Gib dem, der da hat! Hosianna!
Gib ihm den Staat und die Stadt! Hosianna!
Gib du dem Sieger ein Zeichen! Hosianna! [...]

ALLE *singen die zweite und dritte Strophe des Chorals, Johanna ist nicht mehr hörbar:*
Schenke dem Reichen Erbarmen, Hosianna!
In diesen Armen, Hosianna!
Schenk deine Gnad, Hosianna!
Und deine Hilf dem, der hat, Hosianna!
Hab mit dem Satten Erbarmen, Hosianna!

Man sieht, daß Johanna zu sprechen aufhört.

Hilf deiner Klasse, die dir hilft, Hosianna!
Aus reichlichen Händen, Hosianna!
Zerstampfe den Haß, Hosianna!
Lach mit dem Lachenden, laß, Hosianna!
Seine Missetat glücklich enden, Hosianna! [...] R

1 *Die Szene schildert die Wiederaufnahme Johannas in den Kreis der „Schwarzen Strohhüte". Beschreibt und erklärt, wie das Ereignis im Einzelnen abläuft.*

2 *Fasst die verschiedenen Positionen der Beteiligten zusammen. Formuliert sie in Form von Grundsätzen oder von Forderungen, die den jeweiligen Standpunkt zum Ausdruck bringen.*

3 *Das Lied, das am Ende gesungen wird, ist im Text als „Choral" ausgewiesen, d.h. als eine religiöse Form des Gesangs. Seht euch diesen Choral genauer an:*
a) Wodurch wird der religiöse Grundton deutlich?
b) Kommentiert den Choral aus der Sicht einer christlichen Haltung.
c) Was lässt sich aus dem Widerspruch zwischen Form und Inhalt des Chorals auf dessen Funktion schließen?

4 *Brecht hat mit der Darstellung der verschiedenen Positionen und mit dem Choral weitere* ***Verfremdungstechniken*** *eingesetzt. Beschreibt, worin diese Verfahren bestehen.*

Der Verfremdungseffekt

Bertolt Brecht: Kurze Beschreibung einer neuen Technik der Schauspielkunst, die einen Verfremdungseffekt hervorbringt

Der Zweck dieser Technik des Verfremdungseffekts war es, dem Zuschauer eine untersuchende, kritische Haltung gegenüber dem darzustellenden Vorgang zu verleihen. Die Mittel waren künstlerische.
Voraussetzung für die Anwendung des V-Effekts zu dem angeführten Zweck ist, daß Bühne und Zuschauerraum von allem „Magischen" gesäubert werden und keine „hypnotischen Felder" entstehen. Es unterblieb daher der Versuch, die Atmosphäre eines bestimmten Raumes auf der Bühne (Abendliches Zimmer, Straße im Herbst) zu schaffen, sowie der Versuch, durch einen abgestimmten Rhythmus des Sprechens Stimmung zu erzeugen; [...]
Der V-Effekt besteht darin, daß das Ding, das zum Verständnis gebracht, auf welches das Augenmerk gelenkt werden soll, aus einem gewöhnlichen, bekannten unmittelbar vorliegenden Ding zu einem besonderen, auffälligen, unerwarteten Ding gemacht wird. Das Selbstverständliche wird in gewisser Weise unverständlich gemacht, das geschieht aber nur, um es dann um so verständlicher zu machen. Damit aus dem Bekannten etwas Erkanntes werden kann, muß es aus seiner Unauffälligkeit herauskommen; es muß mit der Gewohnheit gebrochen werden, das betreffende Ding bedürfe keiner Erläuterung. Es wird, wie tausendfach, bescheiden, populär es sein mag, nunmehr zu etwas Ungewöhnlichem gestempelt. Ein einfacher V-Effekt wird angewendet, wenn man jemandem sagt: Hast du dir schon einmal deine Uhr genau angesehen? Der mich das fragt, weiß, daß ich sie schon oft angesehen habe, nun, mit seiner Frage, entzieht er mir den gewohnten, daher mir nichts mehr sagenden Anblick. Ich sah sie an, um die Zeit festzustellen, nun stelle ich, auf eindringliche Art befragt, fest, daß ich die Uhr selber nicht mehr eines staunenden Blickes gewürdigt habe, sie ist nach vielen Richtungen hin ein erstaunlicher Mechanismus. [...]
Damit ein Mann seine Mutter als Weib eines Mannes sieht, ist ein V-Effekt nötig, er tritt zum Beispiel ein, wenn er einen Stiefvater bekommt. Wenn einer seinen Lehrer vom Gerichtsvollzieher bedrängt sieht, entsteht ein V-Effekt; aus einem Zusammenhang gerissen, wo der Lehrer groß erscheint, ist er in einen Zusammenhang gerissen worden, wo er klein erscheint. [...] [R]

1 *Erläutert, worin für Brecht das Ziel der Verfremdungstechniken besteht.*

2 *In seiner „Beschreibung einer neuen Technik der Schauspielkunst …" nennt Brecht unter anderem auch einige Punkte, die bei einer Theateraufführung vermieden werden sollten.*
a) Stellt diese Punkte in Stichwörtern zusammen.
b) Was bedeutet dies zum Beispiel für die Inszenierung von „Die heilige Johanna der Schlachthöfe"? Wählt eine der Szenen aus und konkretisiert an ihr Brechts Forderung.

3 *Brecht führt einige einfache Beispiele für Verfremdungen im Alltag an.*
a) Erklärt an den Beispielen genau, wie der Effekt entsteht.
b) Überlegt euch weitere Beispiele und zeigt an ihnen: Auf welche Weise könnte man sie verfremden? Was genau könnte das Ziel einer solchen Verfremdung sein?

4 *Geht die nachfolgende Auflistung der Verfremdungstechniken durch und tragt zusammen, welche ihr in „Die heilige Johanna der Schlachthöfe" entdecken konntet.*

5 *Überlegt euch zu den Mitteln der Verfremdung, zu denen ihr in dem Stück „Die heilige Johanna der Schlachthöfe" keine Entsprechung finden konntet, eigene Beispiele.*

!

Brechts Technik der Verfremdung
Um das Ziel der Distanzierung des Zuschauers zu erreichen, entwickelte Brecht ein ganzes Repertoire an Gestaltungselementen, die die Handlung auf der Bühne in ungewohntem Licht, eben fremd, erscheinen lassen sollen. Der so genannte **Verfremdungseffekt** (V-Effekt) bewirkt dann im Idealfall eine bewusste Auseinandersetzung mit dem Inhalt des Stücks.

- **Dramaturgische Mittel der Verfremdung**:
  - Verlagerung der Spannung: weg von der Spannung auf den Ausgang – hin zu der Spannung auf den Gang der Handlung, also darauf, wie es zu diesem Ausgang kommen konnte; formal wird das oft unterstützt durch ausführliche Überschriften.
  - Unterbrechung und Kommentierung der Handlung durch Lieder/Songs oder andere Texte, die sich mit Bewertungen an das Publikum wenden.
  - Widersprüche, z. B. zwischen Selbstaussagen und Handlungen bzw. Gesten der Figuren
- **Sprachliche und formale Mittel der Verfremdung:**
  - Umdeutung von Hochwertwörtern (z. B. „Ordnung") durch die Figuren
  - polemische Entlarvung von überhöhenden Aussagen und Relativierung von Wertvorstellungen
  - Widersprüche zwischen Inhalt und Form, z. B. Einkleidung eines Inhalts in eine ungewohnte, evtl. unpassende Form (gehobene Sprache, Verse)
  - Verwendung von Umgangssprache und Dialekt
  - eine verräterische, entlarvende Wortwahl
  - Einsatz bekannter Redewendungen, Sprichwörter usw. in ungewohnten Zusammenhängen
  - gewollte Missverständnisse

13.2 Brechts Theaterkonzeption – Spiel mit Distanz

Zeigen und Zitieren – Die Rolle des Schauspielers

An Brechts Stück „Die heilige Johanna der Schlachthöfe“ wurden im ersten Teilkapitel Techniken der Verfremdung erarbeitet, die auf der Ebene der Dramaturgie und der Sprache liegen – also auf der Ebene des Schriftstellers, der beides konzipiert und gestaltet. Brecht hat sich aber auch sehr intensiv mit der Frage befasst, auf welche Weise der Schauspieler durch seine Art zu agieren den Verfremdungseffekt unterstützen kann bzw. muss. Dabei betonte er vor allem zwei Techniken: den „Gestus des Zeigens“ und das „zitierende“ Sprechen.
Bereits beim ersten Lesen seines Rollentextes muss der Schauspieler die richtige Haltung einnehmen, wie der erste Text fordert:

Bertolt Brecht:

Der Gestus des Zeigens

Der Schauspieler soll seine Rolle in der Haltung des Staunenden und Widersprechenden lesen. Nicht nur das Zustandekommen der Vorgänge, von denen er liest, auch das Verhalten seiner Rollenfigur, das er erfährt, muß er auf die Waagschale legen, in ihrer Besonderheit begreifen; keine darf er als gegeben, als eine, die „gar nicht anders ausfallen konnte“, die „bei dem Charakter dieser Person erwartet werden müßte“, hinnehmen. Bevor er die Worte memoriert, soll er memorieren, worüber er gestaunt und wobei er widersprochen hat. Diese Momente hat er nämlich festzuhalten in seiner Gestaltung.
Geht er auf die Bühne, so wird er bei allen wesentlichen Stellen zu dem, was er macht, noch etwas ausfindig, namhaft und ahnbar machen, was er nicht macht; das heißt er spielt so, daß man die Alternative möglichst deutlich sieht, so, daß sein Spiel noch die anderen Möglichkeiten ahnen läßt, nur eine der möglichen Varianten darstellt. Er sagt zum Beispiel: „Das wirst du mir bezahlen“ und er sagt nicht: „Ich verzeihe dir das“. Er haßt seine Kinder und es steht nicht so, daß er sie liebt. Er geht nach links vorn und nicht nach rechts hinten. Das, was er nicht macht, muß in dem enthalten und aufgehoben sein, was er macht. So bedeuten alle Sätze und Gesten Entscheidungen, bleibt die Person unter Kontrolle und wird getestet. Der technische Ausdruck für dieses Verfahren heißt: Fixieren des *Nicht – Sondern.*
Der Schauspieler läßt es auf der Bühne nicht zur *restlosen Verwandlung* in die darzustellende Person kommen. Er ist nicht Lear, Harpagon, Schwejk[1], er *zeigt* diese Leute. Er bringt ihre Aussprüche so echt wie möglich, er führt ihre Verhaltungsweise vor, so gut es ihm seine Menschenkenntnis erlaubt, aber er versucht nicht, sich (und dadurch andern) einzubilden, er habe sich hiermit restlos verwandelt. Schauspieler werden wissen, was gemeint ist, wenn man als Beispiel für eine Spielweise ohne restlose Verwandlung das Spiel des Regisseurs oder des Kollegen, der ihnen eine besondere Stelle vormacht, anführt. Da es sich nicht um seine eigene Rolle handelt, verwandelt er sich nicht völlig, er unterstreicht das Technische und behält die Haltung des bloß Vorschlagenden bei. [...]
Über Gestik wird weiter unten gehandelt, jedoch ist hier zu sagen, daß alles Gefühlsmäßige nach außen gebracht werden muß, das

1 **Lear, Harpagon, Schwejk:** bekannte Figuren aus Dramen von Shakespeare, Molière und Hašek

heißt, es ist zur Geste zu entwickeln. Der Schauspieler muß einen sinnfälligen, äußeren Ausdruck für die Emotionen seiner Person finden, womöglich eine Handlung, die jene inneren Vorgänge in ihm verrät. [...]
Da er sich mit der Person, die er darstellt, nicht identifiziert, kann er ihr gegenüber einen bestimmten Standpunkt wählen, seine Meinung über sie verraten, den Zuschauer, der auch seinerseits nicht eingeladen wurde, sich zu identifizieren, zur Kritik der dargestellten Person auffordern. [R]

Bertolt Brecht

Das Zitieren

In direkter, freier Beziehung stehend, läßt der Schauspieler seine Figur sprechen und sich bewegen, er referiert. Daß der Text nicht momentan entsteht, daß er memoriert ist, etwas Fixiertes, braucht er nicht vergessen zu machen; es spielt keine Rolle, da die Annahme ja sowieso nicht die ist, daß er über sich selber referiert, sondern über andere. Die Haltung wäre dieselbe, als wenn er eben nur aus dem Gedächtnis spräche. Er zitiert eine Figur, er ist der Zeuge bei einem Prozeß. Nichts steht dem im Wege, daß er deutlich macht, wenn die Figur ihre Worte momentan ausstößt: seine Haltung hat einen gewissen Widerspruch in sich, im Ganzen genommen (wenn man betrachtet, was da auf der Bühne steht und spricht): der Schauspieler spricht in der Vergangenheit, die Figur in der Gegenwart. Es ist noch ein zweiter Widerspruch vorhanden, und er ist von größerer Bedeutung. Nichts steht dem im Wege, daß der Schauspieler seine Figur mit eben den Gefühlen ausstattet, die sie haben soll; er selbst ist nun nicht kalt, auch er entwickelt Gefühle, aber es sind nicht notwendig dieselben wie die der Figur. Nehmen wir an, die Figur sagt etwas, was sie wahr glaubt. Der Schauspieler kann ausdrücken, muß ausdrücken können, daß es unwahr ist, oder: daß das Sagen dieser Wahrheit verhängnisvoll ist oder anderes. [R]

1 *Erstellt auf der Grundlage der Texte eine kleine Liste von Anweisungen, die der Schauspieler zu befolgen hat. Ihr könnt auch zwei Spalten anlegen; dann schreibt ihr die Anweisungen in die linke Spalte und fügt rechts Erläuterungen und Begründungen hinzu.*

2 *Brecht fordert, dass „alles Gefühlsmäßige nach außen gebracht werden muß, das heißt, es ist zur Geste zu entwickeln" (Z. 53 ff.). Mit „Geste" meint er hier Zeichen oder Symbole bzw. zeichenhafte Handlungen.*
a) Erstellt eine kleine Liste möglicher Gefühle und überlegt euch, mit welchen Zeichen oder zeichenhaften Handlungen diese „nach außen gebracht" werden könnten.
b) Erprobt die Umsetzung der Gefühle durch diese zeichenhaften Handlungen.

3 *In einem Anhang zum ersten Text gibt Brecht einige weitere konkrete Anregungen, wie der Schauspieler es deutlich machen kann, dass er eine Figur nur „zeigt" und nicht verkörpert. So könnte er z. B. eine Zigarette rauchen und in dem Augenblick, in dem er seine Figur vorführt, die Zigarette ablegen. Überlegt weitere Möglichkeiten, die Distanz zwischen dem Schauspieler und der von ihm vorgeführten Figur auf der Bühne augenfällig zu machen.*

4 *Erklärt die Bedeutung der Distanz in Brechts Theaterkonzept. Bezieht die Begriffe* Schauspieler, Figur *und* Zuschauer *mit ein.*

„... treib den Preis auf achtzig ...“ – Szenisches Spiel

Bertolt Brecht

Die heilige Johanna der Schlachthöfe (Bild 8)

Das achte Bild beginnt mit folgendem Gespräch zwischen Mauler und seinem Makler Slift:

Maulers Kontor

MAULER:
Jetzt, Slift, kommt der Tag
Wo unser guter Graham[1] und auch alle, die
Mit ihm den billigsten Viehpreis abwarten wollten
Das Fleisch einkaufen müssen, das sie uns
Schulden.[2]

SLIFT:
Sie werden teurer kaufen, denn das
Was heut an Vieh am Markt Chicagos brüllt
Ist unser Vieh.
Und jedes Schwein, das sie uns schulden, müssen sie
Bei uns einkaufen[3], und da ist es teuer.

MAULER:
Und jetzt laß los alle deine Aufkäufer, Slift!
Auf daß sie die Viehbörse peinigen mit ihren Fragen
Nach allem, was einem Rind und einem Schwein
Nur irgend ähnlich sieht, damit der Preis steigt.

SLIFT:
Was Neues von deiner Johanna? An der Viehbörse
Geht ein Gerücht, du hast mit ihr geschlafen.
Ich trat ihm entgegen. Seit sie uns alle
Aus dem Tempel[4] herauswarf, hört man nichts mehr von ihr
Als hätt das schwarze brüllende Chicago sie eingeschluckt.

MAULER:
Das hat mir sehr gefallen von ihr, daß sie
Euch einfach hinauswarf. Ja, die fürchtet sich vor nichts
Und wenn ich auch dabei gewesen wäre
Hätt sie mich auch hinausgeworfen, und das
Lieb ich an ihr und lieb's an diesem Haus
Daß solche dort wie ich nicht möglich sind.
Slift, treib den Preis auf achtzig, dann sind diese Grahams
So ungefähr wie ein Schlamm, in den wir unsern Fuß
Nur um die Form mal wieder zu sehen, eindrücken.
Ich will kein Quentchen Fleisch herauslassen, damit ich
Ihnen diesmal die Haut endgültig abzieh
Wie's mir Natur ist.

1 **Graham:** einer der von Mauler ruinierten Fleischfabrikanten
2 Mauler hatte im Voraus die Fleischproduktion der nächsten zwei Monate gekauft.
3 Darüber hinaus hat Mauler auch das gesamte Vieh auf dem Markt aufgekauft.
4 **Tempel:** hier: Versammlungsort der Schwarzen Strohhüte

SLIFT:
Ich freu mich, Mauler, daß du wieder
Der letzten Tage Schwäche abgelegt. Und jetzt
Geh ich zusehen, wie sie Vieh einkaufen.
Slift ab.
MAULER:
Man müßte jetzt dieser verdammten Stadt
Endlich die Haut abziehn und diesen Burschen
Das Fleischgeschäft erklären. Sollen sie
„Untat" schreien. R

1 *In diesem Auszug wird der geschäftliche Trick Maulers deutlich, die anderen Fleischhändler in die Knie zu zwingen. Stellt diesen Trick in Form eines Diagramms dar.*

2 *Bereitet ein szenisches Spiel dieses Dramenauszugs nach Brechts Anweisungen für Schauspieler vor. Zieht dazu auch die Vorbereitungen heran, die ihr bei den Aufgaben zu den beiden Texten (**▷ S. 281 f.)* *geleistet habt.*

ARBEITSTECHNIK

Szenisches Spiel

Geht für die Vorbereitung und Umsetzung eures szenischen Spiels arbeitsteilig in Kleingruppen vor:

- Legt auf einem DIN-A 4-Blatt zwei Spalten an; in die linke, ganz schmale, kommen die Zeilennummern aus dem Text;
- in die rechte Spalte tragt ihr eure Ideen ein – entweder zum Stichwort „Gestus des Zeigens" oder zum Stichwort „zitierendes Sprechen";
- bildet anschließend gemischte Gruppen und informiert euch gegenseitig über eure Ideen;
- entwerft einen Spielplan für die Szene;
- spielt eure Szenen der Klasse vor.
- Diskutiert darüber, wie die Umsetzung gelungen ist. Sammelt gegebenenfalls Verbesserungsvorschläge.

Klassisches und episches Theater – Theaterformen diskutieren

Mit dem epischen Theater hat Bertolt Brecht für das Drama eine neue Form entwickelt, und zwar in ständiger Auseinandersetzung mit dem traditionellen Theater, das er auch als dessen „dramatische Form“ bezeichnet.

In seinen zahlreichen dramentheoretischen Schriften nahm Brecht auch den Zuschauer kritisch in den Blick, etwa in folgendem Vergleich:

Bertolt Brecht:

Die dramatische und die epische Form des Theaters

Der Zuschauer des dramatischen Theaters sagt: Ja, das habe ich auch schon gefühlt. – So bin ich. – Das ist natürlich. – Das wird immer so sein. – Das Leid dieses Menschen erschüttert mich, weil es keinen Ausweg für ihn gibt. – Das ist große Kunst: da ist alles selbstverständlich. – Ich weine mit den Weinenden, ich lache mit den Lachenden.

Der Zuschauer des epischen Theaters sagt: Das hätte ich nicht gedacht. – So darf man es nicht machen. – Das ist höchst auffällig, fast nicht zu glauben. – Das muß aufhören. – Das Leid dieses Menschen erschüttert mich, weil es doch einen Ausweg für ihn gäbe. – Das ist große Kunst, da ist nichts selbstverständlich. – Ich lache über den Weinenden, ich weine über den Lachenden. [R]

Bertolt Brecht:

Die gesellschaftliche Bedeutung des Theaters

Die Menschen gehen [gewöhnlich] ins Theater, um mitgerissen, gebannt, beeindruckt, erhoben, entsetzt, ergriffen, gespannt, befreit, zerstreut, erlöst, in Schwung gebracht, aus ihrer eigenen Zeit entführt, mit Illusionen versehen zu werden. [...] Welche Haltung sollte der Zuhörer einnehmen in den neuen Theatern, wenn ihm die traumbefangene, passive, in das Schicksal ergebene Haltung verwehrt wurde? Er sollte nicht mehr aus seiner Welt in die Welt der Kunst entführt, nicht mehr gekidnappt werden; im Gegenteil sollte er in seine reale Welt eingeführt werden, mit wachen Sinnen. [...] [R]

1 *Konkretisiert die Ausführungen zum Ziel des „neuen“ Theaters im Hinblick auf „Die heilige Johanna der Schlachthöfe“:*
a) Formuliert auf der Grundlage dessen, was ihr an dem Stück erarbeitet habt, in einigen Sätzen die Intention dieses Stücks.
b) Erörtert die Frage, ob Brecht in dem Stück seine theoretischen Forderungen erfüllt hat.

2 *Führt eine **Grundsatzdiskussion**, wie sie an einem Theater stattfinden könnte. Thema soll die Frage sein: „Eignen sich wirtschafts- und sozialpolitische Themen besser für klassische Theaterinszenierungen oder besser für episches Theater?"*

a) Teilt die Klasse dazu auf. Die eine Hälfte sammelt Argumente für traditionelle Inszenierungen, die andere Argumente, die für das episches Theater sprechen. Berücksichtigt dabei die verschiedenen Gesichtspunkte, die ihr bisher zu dem Fragenkomplex erarbeitet habt, sowohl die dramentheoretischen als auch die politisch-gesellschaftlichen; bedenkt aber auch weitere Gesichtspunkte, wie z. B. Erwartungshaltungen heutiger Theaterbesucher, Sehgewohnheiten usw.

b) Bestimmt zu jeder Position drei Vertreter. Ihr könnt auch jedem einen „Ghost-Speaker" zuordnen, der hinter ihm sitzt und ihm gegebenenfalls flüsternd weitere Argumente liefert. Probiert verschiedene Diskussionsformen aus (▷ S. 33–35). Wenn ihr z. B. die Fishbowl-Diskussion führt, lässt sich der Kreis der Diskutanten erweitern.

Klassisches Drama / dramatische Form des Theaters

„Geschlossen" in Aufbau und Handlung:

- feste Folge von (meist fünf) Akten oder Aufzügen;
- die Szenen bauen streng aufeinander auf. Alles, was geschieht, ist auf die Haupthandlung hin und dieser untergeordnet;
- es gibt ein klares Ende, das entweder (in der Tragödie) in einer Katastrophe besteht oder (in der Komödie) darin, dass sich die Konflikte auflösen.

Epische Form des Theaters

„Offen" in Aufbau und Handlung:

- beliebige Anzahl von Bildern, die nicht streng aufeinander aufbauen; vielmehr kann es Sprünge in der Handlung und auch Nebenhandlungen geben, die nicht auf die Haupthandlung hin geordnet sind;
- das Ende ist häufig offen, bisweilen sogar mit der Aufforderung an den Zuschauer, sich selbst ein Ende zu denken.

13.3 Globalisierung – Theater im 21. Jahrhundert

Auf den folgenden Seiten findet ihr einen Auszug aus Urs Widmers Stück „Top Dogs", in dem Auswirkungen des Weltmarkts auf die Firmenpolitik thematisiert werden, und zwei Sachtexte zur Globalisierung, mit deren Hilfe ihr das Thema vertiefen könnt.

Urs Widmer

Top Dogs (1997)

Der Schweizer Schriftsteller stellt in seinem Theaterstück „Top Dogs" die fiktive „New Challenge Company" vor. Sie betreut entlassene Führungskräfte aus der Wirtschaft, die im Jargon „Top Dogs" genannt werden. In der zweiten Szene wird ein Rollenspiel durchgeführt, das zum Standardrepertoire der Einrichtung gehört. In ihm können die Teilnehmer ihre Erfahrungen noch einmal durchspielen, um sie zu verarbeiten. Dabei kommt dann auch Grundsätzliches über die Personal- und Firmenpolitik international agierender Konzerne zur Sprache.

HEUTE SIND WIEDER DIE CHURCHILLS GEFRAGT

Bihler, Tschudi.

BIHLER: *Chefpose* Herr Tschudi. Danke, dass Sie gleich rüberkommen konnten. Ich kenne ja Ihren Terminkalender. Ein, zwei Minuten, nur. Wir redimensionieren[1] das Management. Sie waren ja selber am Konzept beteiligt und haben ihm zugestimmt. Ich habe jetzt von jedem meiner Mitarbeiter auf der mittleren und höheren Managementebene eine Leistungsanalyse erstellen lassen. Kinley and Finley, Sie haben sich ja mit den Herren unterhalten. Die sind zum Schluss gekommen, dass Sie sich zu sehr auf Ihren Lorbeeren ausruhen, Tschudi. Natürlich haben Sie Leistung erbracht. Selbstverständlich. Aber Lorbeeren gehören auf den Kopf, in die Suppe vielleicht, aber nicht unter den Hintern. Ich muss mich auf den Ersten Dritten von Ihnen trennen.

TSCHUDI: Aber wieso, ich habe doch immer ...

BIHLER: Es ist vorbei mit den fetten Jahren. Da haben wir gerade im Management großzügig eingekauft. Auf Halde sozusagen, nur für den Fall, dass. Und damit die Konkurrenz die nicht kriegt. Leute mit dreihunderttausend per annum[2] und einem Output von plus minus Null. Jetzt sitzen wir mit einem Überhang an Managern da. Die Schweiz ist keine Insel der Seligen mehr. Jetzt bläst auch bei uns ein kalter Wind. Wir müssen ein GLOBAL PLAYER sein, oder die Konkurrenz dreht uns die Luft ab. Wir sind nicht mehr 1980. Wo soll ich einen wie Sie einsetzen, Tschudi, in diesem neuen Klima, das ja schon weit härtere Burschen schier umbringt. Jüngere. Sagen Sie doch selbst.

TSCHUDI: Einer in meinem Alter hat ein Knowhow, das nicht so leicht ...

BIHLER: Im Krieg brauche ich andere Männer als im Frieden. Heute brauche ich Generäle, die als Allererste in den Dschungel gehen. Die draufhalten können. Heute gibt es echte Tote. Sie müssen mit dem Flammenwerfer in die Konkurrenz rein und die ausräuchern. Sonst sind SIE dran. Churchill war im Frieden eine Niete. Aber im Krieg war er ein Ass. Heute sind wieder die Churchills gefragt.

TSCHUDI: Wie wollen Sie die laufenden Projekte mit Leuten, die keine Ahnung ...

BIHLER: Ich bin froh, dass Sie das ansprechen. Ich wollte es eben selber tun. Natürlich, die

1 **redimensionieren:** verkleinern
2 **per annum:** pro Jahr

laufenden Projekte. Ich mache Ihnen einen Vorschlag. Ich kenne Ihre Qualitäten, Tschudi. Und unter uns, gerade um Sie tut es mir besonders leid. Ich bin sehr froh, dass ich Ihnen für Ihr laufendes Projekt einen Teilzeitvertrag anbieten kann. Befristet. Übers Gehalt einigen wir uns sicher, da sind sicher fünfzig Prozent Ihrer bisherigen Bezüge drin, wenn nicht mehr.

TSCHUDI: Fünfzig Prozent? Aber das sind ja dann ganze ...

BIHLER: Da draußen sind Hunderte von solchen, wie Sie einer sind. WHITE-COLLAR-Schrott. Die kriechen auf den Knien in mein Büro, nur um von mir einen Vertrag zu kriegen, für die Hälfte, ohne Sozialabgaben, ohne Alterssicherung. Ich muss nur so machen. *Schnipst.* Business, das ist Krieg. Blut und Tränen. So ist das.

TSCHUDI: *schreit* Sie sind ein Monster. Ein Monster sind Sie. Mit mir machen Sie das nicht. Nicht mit mir. *Will ab. Aber:*

BIHLER: *ganz anderer Ton, den Tränen nahe* So hat der mit mir geredet. Wörtlich so. Fast wörtlich. Mehr als zwanzig Jahre lang habe ich ein Know-how für die Firma aufgebaut, da können Sie lange suchen. Und dann eliminiert der ganze Managementebenen mit einem Federstrich. Eine flache und transparente Führungsstruktur, schnelle Entscheidungsprozesse, und dann ein paar junge Spunde, die mit den Flammenwerfern. Die bearbeiten jetzt den asiatischen Raum. Rein in den Markt und ausräuchern. Manche kommen da natürlich im Leichensack zurück, eine Handvoll Kohle. Aber die Hälfte schafft es. Der Markt, das ist ein Schlachtfeld. Der Handel ist Krieg. Blut und Tränen.

TSCHUDI: Nehmen Sie es nicht zu tragisch. Herr Bihler. Es spricht für Sie, dass Sie nicht alles mitmachen.

BIHLER: *schluchzend* Genau.

TSCHUDI: Die sind wie die Säue. Da haben Sie ganz recht. So was wie 'ne Ethik, eine Moral, das war einmal. Die scheuen vor nichts zurück.

BIHLER: *sich allmählich erholend* Woher wissen die überhaupt, dass ich das nicht könnte? Beim Militär war ich Panzerfahrer, da hab ich jede Menge Infanterienester plattgefahren.

TSCHUDI: Das haben wir hinter uns, Gott sei Dank.

BIHLER: Supponiert[3] natürlich. War ja kein Ernstfall weit und breit.

TSCHUDI: Das war ein Festtag, als ich den ganzen Krempel zurückfasste, für immer!

BIHLER: Wer sagt, wenn man mir einen Flammenwerfer gibt, dass ich das nicht kann? Gerade im asiatischen Markt. Die Asiaten, die haben auch keine Hemmungen. Hat man in Vietnam gesehen, wie die mit den Amerikanern umgesprungen sind. Draufhalten, einfach draufhalten. Dann rennen die wie die Fackeln.

TSCHUDI: Jetzt machen Sie aber einen Punkt.

BIHLER: Richtiggehend gern würd ich das machen, voll Rohr den Feind wegfegen, und dann rein in den Markt und die strategischen Positionen besetzen, bevor die paar Überlebenden auch nur den Kopf heben.

TSCHUDI: Beruhigen Sie sich doch.

BIHLER: Da hätt ich richtiggehend Spaß dran.

TSCHUDI: Jetzt gehen Sie aber zu weit.

BIHLER: Wieso fragen die mich nicht mal? Können Sie mir das sagen?

TSCHUDI: Ich hab's gleich gesagt. Ein Monster.

BIHLER: *stolz* Ja. Bin ich. Der Markt braucht heute Monster. Monster. Monster ...

Er entfernt sich aufgebracht ...

3 **Supponiert:** wörtlich „angenommen"; d. h., es handelte sich nur um eine Übung, war nur simuliert.

1 *Versetzt euch in die Figuren der Szene und führt eine Habitusübung durch. Erprobt dazu, wie die Figuren stehen, gehen oder sitzen. Ihr könnt auch Erklärungen zu diesen Haltungen (zum Habitus der Figuren) abgeben.*

2 *Untersucht den Verlauf des Rollenspiels. Beschreibt die Wende, die eintritt, und zeigt, worin sie genau besteht. Geht vor allem auch auf Tschudis Aussage ein: „Jetzt machen Sie aber einen Punkt."*

3 *Stellt die wichtigsten Argumente zusammen, mit denen Bihler in der Rolle des Firmenchefs die Entlassung Tschudis begründet.*

4 *Untersucht die Sprache, mit der Bihler das „neue Klima" in der Geschäftswelt beschreibt; achtet vor allem auf die Metaphorik. Was sagt diese über den Gegenstand des Gesprächs aus?*

attac

Aus einer Broschüre von attac & publik forum [1]:

DIE GEFAHREN DER GLOBALISIERUNG

Mehr Arbeitslose und weniger Demokratie

Was könnte exportstarken Industrieländern eigentlich Besseres passieren als ein rasant wachsender Weltmarkt, der ihnen weltweit Absatzmärkte erschließt? So könnte man fragen und daraus schließen, dass die Globalisierung für die reichen Industrieländer die Pforte zum Paradies öffnet. In der Tat profitiert die exportstarke deutsche Wirtschaft von den neuen Perspektiven. Sie liefert jedes Jahr für über 50 Milliarden Euro mehr Waren in die weite Welt, als Deutschland von dort kauft. [...] Gleichzeitig verstärkt die Globalisierung die Macht der transnationalen Konzerne – mit schwerwiegenden politischen Konsequenzen. Während die Politik zum größten Teil an nationalen Grenzen endet, überspringen die Weltkonzerne nationale Grenzen spielend. Mit ihrer Macht, Arbeitsplätze zu schaffen oder zu vernichten, können sie die Politiker(innen) unterschiedlicher Länder gegeneinander ausspielen. Unter diesem Druck ordnen die Regierungen der meisten Industrieländer ihre Politik mehr und mehr den Interessen der Konzerne unter. Geradezu symptomatisch ist die Steuerpolitik: Während die Steuern für Großunternehmen (Körperschaftssteuern) in den Industrieländern von durchschnittlich 38 Prozent im Jahre 1996 auf derzeit rund 33 Prozent gesenkt wurden, stiegen die steuerlichen Belastungen für die „Normalbürger". In Deutschland erbrachten die Steuern auf Kapitaleinkommen 1960 noch fast die Hälfte des gesamten Steueraufkommens – im Jahre 2000 waren es nur noch 15 Prozent. Dies ist auch die Folge eines Steuersenkungswettbewerbs als Folge der Globalisierung. Die Konzerne profitieren, die Bürger tragen die Lasten. Und die Demokratie verkommt zum Vollzug angeblich wirtschaftlicher Sachzwänge im Dienste der Konzerne.

1 **Attac:** eine globalisierungskritische Organisation, die 1998 in Frankreich gegründet worden ist. Das *publik forum* ist eine gesellschafts- und kirchenkritische Zeitschrift der katholischen Kirche.

Joseph E. Stiglitz

Der multinationale Konzern

Die politische Linke (bis hin zur linken Mitte) diffamiert Konzerne oftmals als raffgierige, herzlose Unternehmen, die Profit über alles stellen. Zahlreiche Fälle von Fehlverhalten haben Konzerne zu Recht in Verruf gebracht. [...]

Für viele Menschen sind multinationale Konzerne daher zum Inbegriff all dessen geworden, was bei der Globalisierung schiefläuft, ja sogar zur Hauptursache. Diese Unternehmen sind reicher als die meisten Entwicklungsländer. Der Umsatz des US-Autobauers General

Motors von 191,4 Milliarden Dollar im Jahr 2004 übertraf das Bruttoinlandsprodukt von über 148 Ländern. Im Geschäftsjahr 2005 erzielte der US-Einzelhandelskonzern Wal-Mart einen Umsatz von 285,2 Milliarden Dollar; das ist mehr als das BIP[1] aller afrikanischen Länder südlich der Sahara zusammengenommen. Diese Konzerne sind nicht nur reich, sondern auch ein politischer Machtfaktor. Missfallen ihnen Steuer- oder Regulierungspläne von Regierungsseite, dann drohen sie mit Abwanderung ins Ausland. Irgendwo sind ihre Steuerzahlungen, die von ihnen geschaffenen Arbeitsplätze und getätigten Investitionen immer willkommen.

Unternehmen streben nach Gewinn, Geld zu verdienen ist ihre oberste Priorität. Unternehmen überleben, indem sie in jeder erdenklichen, rechtlich noch statthaften Weise ihre Kosten senken. Sie vermeiden, wenn es irgend geht, Steuern zu zahlen, und einige sparen an der Krankenversicherung für ihre Mitarbeiter; viele versuchen die Ausgaben für von ihnen verursachte Umweltschäden zu begrenzen. Dafür müssen häufig die Staaten aufkommen, in denen sie tätig sind.

1 **BIP:** Bruttoinlandsprodukt; die Gesamtheit aller Produkte, die im Laufe eines festgelegten Zeitraums in einem Land hergestellt werden

Internationale Konzerne haben jedoch auch maßgeblich dazu beigetragen, dass die Dritte Welt von der Globalisierung profitiert. Sie haben den Gütern der Entwicklungsländer Zugang zu den Märkten der Industrieländer verschafft; die Fähigkeit moderner Konzerne, den Erzeugern im Grunde sofort die Wünsche der internationalen Verbraucher mitzuteilen, war für beide höchst vorteilhaft. Konzerne sind die Schrittmacher des Technologietransfers von den Industrie- zu den Entwicklungsländern, und sie helfen, das Wissensgefälle zwischen beiden zu überwinden. Die fast 200 Milliarden Dollar, die sie jedes Jahr an ausländischen Direktinvestitionen in die Entwicklungsländer leiten, haben auch das Kapitalgefälle verringert. Konzerne haben den Entwicklungsländern Arbeitsplätze und wirtschaftliches Wachstum und den entwickelten Ländern kostengünstige Güter zunehmend hoher Qualität beschert, was wiederum die Lebenshaltungskosten gesenkt und so zu niedriger Inflation und niedrigen Zinsen beigetragen hat.

Die Konzerne als treibende Kraft der Globalisierung können für viele der damit verbundenen Übel verantwortlich gemacht werden; zugleich gebührt ihnen jedoch Anerkennung für viele positive Effekte ...

1 *Die Texte „Die Gefahren der Globalisierung“ und „Der multinationale Konzern“ stellen positive wie negative Folgen der Globalisierung dar. Stellt sie stichwortartig in einer Tabelle zusammen.*

2 *Schon Brecht und seine Zeitgenossen standen vor dem Problem, „die großen, zeitgenössischen Stoffkomplexe auf der Bühne zu bewältigen“.*
Wie stellt sich das Problem im Zeitalter der Globalisierung dar?

a) Überlegt, was eine literarische Bearbeitung solcher Stoffkomplexe schwierig macht. Lasst euch durch folgende Fragen anregen:
- *Wie kann man Entscheidungen und Einflüsse internationaler Konzerne darstellen?*
- *Welche Art von Konflikten können auf der Handlungsebene eine Rolle spielen?*
- *Aus wessen Perspektive lässt sich die Problematik aufrollen?*

b) Sammelt Stichwörter zu einer möglichen Handlung. Diskutiert darüber, ob sich auf dieser Grundlage ein literarischer Text ausarbeiten lässt.

c) Arbeitet einzelne Episoden aus. Dabei könnte ihr euren eigenen Entwurf wählen oder den eines anderen. Legt dazu alle Entwürfe als Pool auf einem Tisch aus.

d) Setzt eure Texte szenisch um. Legt spätestens jetzt eine Reihenfolge der einzelnen Bilder fest.

14 Bildung im Medienzeitalter – Sachtexte und Medien

14.1 Wie bilden uns die Medien? – Informationsprozesse untersuchen und bewerten

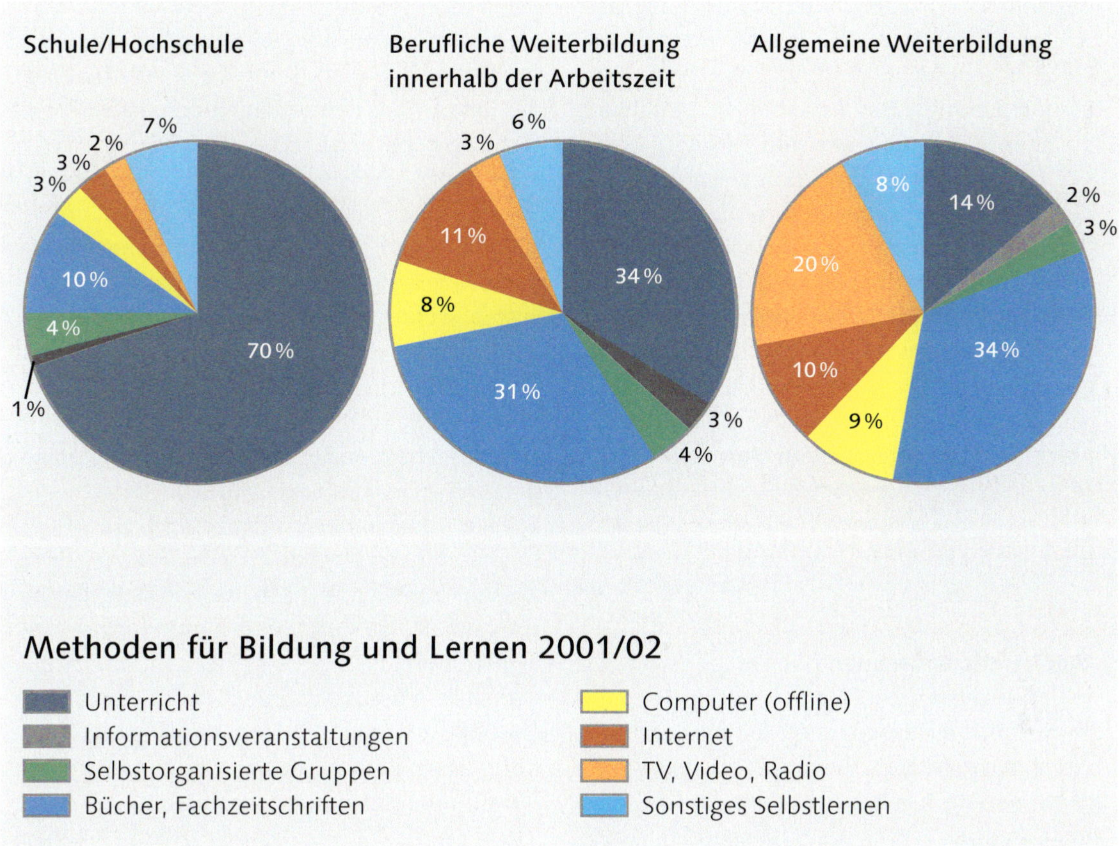

1 *a) Notiert, jeder für sich, was für euch der Begriff „Bildung" bedeutet und wie ihr euch bildet.*
b) Tauscht euch unter Partnern aus. Geht besonders darauf ein, welche Medien für eure Bildung wichtig sind.
c) Habt ihr bestimmte Vorlieben oder auch Abneigungen hinsichtlich der Nutzung von Bildungsangeboten in Internet und Fernsehen? Begründet eure Vorlieben und Abneigungen.

2 *Erläutert die Kreisdiagramme. Was könnte mit „sonstiges Selbstlernen" gemeint sein?*

3 *Führt in eurer Klasse eine Umfrage mit denselben Kategorien durch. Unterscheidet zwischen „Informationsbeschaffung für die Schule" und „für außerschulische Zwecke". Stellt das Ergebnis ebenfalls in einem Kreisdiagramm dar und vergleicht es mit den Diagrammen.*

Alles nur Show? – Eigenarten und Wirkungen des Fernsehens

Wie das Fernsehen den Zuschauer prägt

Medien wirken auf Denkschemata und Wissen

Nach Auffassung von George Gerbner, dem Begründer der so genannten Kultivierungsforschung (ab 1967), ist das Fernsehen besonders für Kinder und Jugendliche die wichtigste Lernumgebung. Das Fernsehen [...] kultiviert bestimmte Vorstellungen von Realität. Gerbner spricht von einem „Kultivierungseffekt" des Fernsehens, wenn bestimmte Merkmale der Fernsehwelt von den Zuschauern auf ihr reales Leben übertragen werden. So konnten Gerbner und seine Mitarbeiter beispielsweise zeigen, dass Fernseh-Vielseher ihre Umwelt als gewalthaltiger wahrnehmen, als sie wirklich ist. Entsprechend ist ihre Angst vor Gewaltverbrechen höher als die von Fernseh-Wenigsehern. Gerbner wertet dies als direkten Effekt des (US-amerikanischen) Fernsehens, in dem überdurchschnittlich häufig Gewaltverbrechen zu sehen sind. [...]

Medien setzen Themen

In der so genannten „Agenda-Setting-Theorie" geht es um die Frage, wie Medien durch die von ihnen gesetzten Themen die wahrgenommene soziale Realität der Menschen bestimmen. Aus der Vielzahl der täglichen Ereignisse in der Welt können die Medien nur eine bestimmte Menge für die Berichterstattung auswählen. Medien gewichten und strukturieren die Themen für das Publikum und nehmen darauf Einfluss, worüber die Menschen nachdenken. Zahlreiche Studien zum Agenda-Setting-Ansatz haben deutliche Medieneffekte bestätigt. Jüngere Studien zeigen außerdem, dass Medien nicht nur Themen setzen, sondern auch Attribute, Images und Bewertungen von Themen und Personen vermitteln. [...]

Medien vermitteln Wissen und Lerninhalte

[...] Zwar wünschen sich die Zuschauer vor allem eine unterhaltende und spannende Art der Wissensvermittlung in Sendungen. Studien zeigen aber, dass ein Zuviel an aufmerksamkeitserregenden Stimuli die Verarbeitung der Inhalte (das Lernen) behindern kann.
Das Fernsehen hat dabei die Eigenart, dass zwei Sinne – Sehen und Hören – gleichzeitig angesprochen werden. Nach der so genannten „Dual-Code-Theory" ist eine effiziente Informationsverarbeitung vor allem dann gewährleistet, wenn zwei Wahrnehmungskanäle angesprochen werden und sich die Informationen gegenseitig ergänzen und unterstützen.
Positiv wirkt sich auf die Wissensvermittlung aus, wenn bei den Zuschauern eine ausgeprägte Lust am Denken und ein Bedürfnis nach kognitiver Auseinandersetzung besteht. Dass Wissenssendungen tatsächlich Wissen vermitteln, wiesen Gunter u.a. nach. Es konnten deutliche Lernerfolge durch Fernsehsendungen belegt werden, die allerdings stark von den individuellen Voraussetzungen der Rezipienten beeinflusst waren. Je mehr Vorwissen bei den Rezipienten vorhanden war, desto mehr konnten sie von der Sendung profitieren. [...]

Medien fördern prosoziales Verhalten

Unter prosozialem Verhalten versteht man ein freiwilliges Verhalten mit dem Ziel, anderen Gutes zu tun. Mehrere Studien – insbesondere bei Kindern – haben gezeigt, dass die Demonstration hilfreichen Verhaltens durch Modelle in den Medien prosoziales Verhalten bei den Rezipienten bewirkt. Die inhaltliche Gestaltung zahlreicher Kinder- und Jugendserien ist auf die Vermittlung prosozialer Verhaltensweisen ausgelegt.

1 *Erarbeitet den Text mit Hilfe von Lesestrategien (▷ S. 64–70).*

2 *Stellt die spezifische Wirkung des Fernsehens, ihre Voraussetzungen und Grenzen mit Hilfe des Verfahrens der **Concept-Map** dar.*

ARBEITSTECHNIK

Einen Text mit Hilfe einer Concept-Map erschließen

Die **Concept-Map** ist vergleichbar einer Mind-Map. Ein wesentlicher Unterschied besteht darin, dass die Beziehungen zwischen einzelnen Eintragungen benannt werden. Auf diese Weise kann man Zusammenhänge zwischen einzelnen Textaussagen besonders gut deutlich machen.

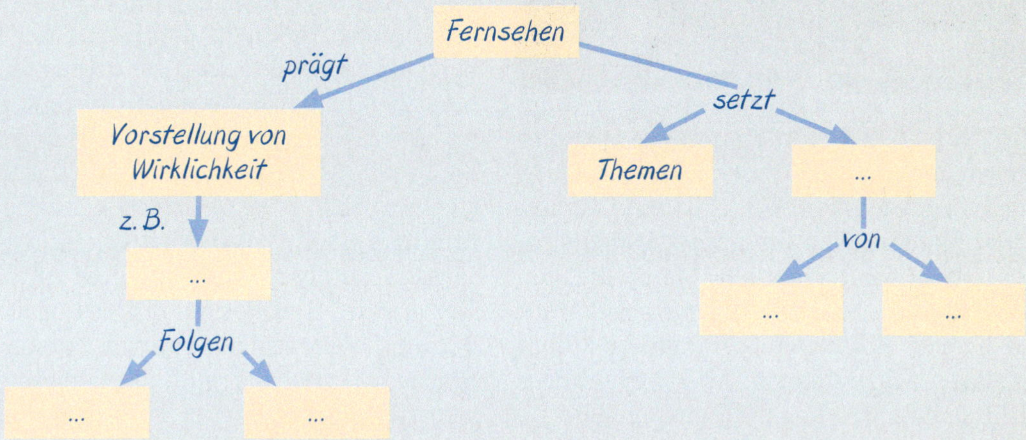

3 *a) Erklärt den Begriff „prosoziales Verhalten" und erläutert ihn mit Beispielen aus eurer eigenen Fernseherfahrung.*

b) Bewirkt das Fernsehen eurer Meinung nach nur „prosoziales Verhalten"? Bezieht in eure Überlegungen kritisch mit ein, dass der Text einem vom Westdeutschen Rundfunk Köln herausgegebenen Arbeitsbuch entnommen ist.

Neil Postman

Das Zeitalter des Showbusiness (1985)

Was ist das Fernsehen? Welche Arten von kommunikativem Austausch lässt es zu? Welche intellektuellen Tendenzen begünstigt es? Was für eine Kultur bringt es hervor? [...]

Unser Fernsehapparat sichert uns eine ständige Verbindung zur Welt, er tut dies allerdings mit einem durch nichts zu erschütternden Lächeln auf dem Gesicht. Problematisch am Fernsehen ist nicht, dass es uns unterhaltsame Themen präsentiert, problematisch ist, dass es jedes Thema als Unterhaltung präsentiert.

Um es anders zu formulieren: Das Entertainment ist die Superideologie des gesamten Fernsehdiskurses. Gleichgültig, was gezeigt wird und aus welchem Blickwinkel – die Grundannahme ist stets, dass es zu unserer Unterhaltung und unserem Vergnügen ge-

zeigt wird. Deshalb fordern uns die Sprecher sogar in den Nachrichtensendungen, die uns täglich Bruchstücke von Tragik und Barbarei ins Haus liefern, dazu auf, „morgen wieder dabei zu sein“. Wozu eigentlich? Man sollte meinen, dass einige Minuten, angefüllt mit Mord und Unheil, Stoff genug für einen Monat schlafloser Nächte bieten. Aber wir nehmen die Einladung des Nachrichtensprechers an, weil wir wissen, dass wir die „Nachrichten“ nicht ernst zu nehmen brauchen, dass sie sozusagen nur zum Vergnügen da sind. Der ganze Aufbau einer Nachrichtensendung gibt uns das zu verstehen: Das gute Aussehen und die Liebenswürdigkeit der Sprecher, die netten Scherze, die aufregende Anfangs- und Schlussmusik der Show, die abwechslungsreichen Filmbeiträge, die attraktiven Werbespots – das alles und manches mehr erweckt den Eindruck, dass das, was wir eben gesehen haben, kein Grund zum Heulen sei. Kurzum, die Nachrichtensendung ist ein Rahmen für Entertainment und nicht für Bildung, Nachdenken oder Besinnung. Und wir dürfen nicht zu hart über diejenigen urteilen, die sie so gestaltet haben. [...] Sie müssen der Richtung folgen, die ihnen ihr Medium vorzeichnet. Dahinter stecken weder böse Absicht noch mangelnde Intelligenz, sondern die klare Erkenntnis, dass „gutes Fernsehen“ nichts mit dem zu tun hat, was man im Hinblick auf Erörterung, Urteilsbildung oder andere Formen sprachlicher Kommunikation als „gut“ bezeichnen würde, sehr viel dagegen mit der Wirkungsweise von Bildern.

1 *Fasst Postmans Urteil über das Fernsehen in Form einer These zusammen.*

2 *Postman geht in seinem Essay von der Erfahrung des US-amerikanischen Fernsehens aus.*
- *a) Stellt in Stichwörtern die Eigenarten der Nachrichtensendungen zusammen, die er beschreibt.*
- *b) Vergleicht die Beschreibung mit eurer eigenen Erfahrung mit Fernsehnachrichten. Seht euch gegebenenfalls gezielt **Nachrichtensendungen** an. Verwendet dabei die Stichwörter als Checkliste. Unterscheidet zwischen öffentlich-rechtlichen und privaten Fernsehsendern.*

!

- Der **Nachrichtenstil** ist geprägt durch die Beschränkung auf Fakten und Vorgänge sowie das Bemühen um Objektivität, mit dem man den Tatsachen unvoreingenommen und unparteiisch gerecht werden will.
  Man unterscheidet die kurze **Meldung** vom ausführlichen **Bericht**.
- **Infotainment** verbindet seriöse Informationsübermittlung mit „Entertainment“, d. h. unterhaltenden Elementen.

3 *Nehmt die von Postman gewählte Textsorte **Essay** in den Blick. Inwiefern entsprechen sich bei dem von ihm ausgeführten Thema Inhalt und Form?*

Essay
Im Gegensatz zur wissenschaftlich genauen Analyse, die einer strengen Systematik der Gedankenführung folgt, will der **Essay** (frz. essayer = versuchen) zum Denken anregen, oft provozieren. Das Spiel mit der Sprache, die mitunter sprunghafte Reihung subjektiver Assoziationen, kennzeichnen den Essay, den man auch als freie Form des Erörterns betrachten kann.

4 *Diskutiert Postmans Behauptung, „dass ‚gutes Fernsehen‘ nichts mit dem zu tun hat, was man im Hinblick auf Erörterung, Urteilsbildung oder andere Formen sprachlicher Kommunikation als ‚gut‘ bezeichnen würde“. Zieht dabei auch Simons Ausführungen über die „Dual-Code-Theory“ heran (▷ S. 292, Z. 48 ff.).*

Lost in Cyberspace? – Wege und Irrwege im Internet

1 *Erläutert die Frage und erklärt, wieso sie gestellt wird. Bezieht dabei eure eigenen Erfahrungen bei Recherchen oder auch beim einfachen Surfen im Internet mit ein.*

2 *Stellt in Stichwörtern zusammen: Vorzüge und Probleme des Internets als Rechercheinstrument. Dies könnt ihr in Form einer Concept-Map (▷ S. 293) ausführen.*

3 *Wie kann man es vermeiden, sich bei Recherchen im Internet zu „verlieren“?*

Stefanie Germann

Verlässlichkeit und Glaubwürdigkeit im Internet

Prinzipiell kann jeder Inhalte ins Internet stellen, die dann auch von jedem empfangen werden können. Es liegt dabei auf der Seite des Nutzers/der Nutzerin, die Qualität der Informationen einzuschätzen. Ein Qualitätssiegel „verlässliche Information“ gibt es im Internet nicht.

Deshalb sollte man sich beim Surfen im Web immer fragen, wer diese Information mit welchem Ziel publiziert hat. Auf der Seite www.cdu.de informiert die Partei beispielsweise über die aktuelle Rede von Angela Merkel im Bundestag – in werbender Absicht schick bebildert. Auf der Seite www.bundestag.de findet man die Rede ebenfalls – als nüchternes Protokoll mit dem Ziel der Dokumentation. Und die Seite www.tagesschau.de wird die Rede zusammenfassen und eventuell kommentieren – um die Nutzer einerseits zu informieren, andererseits, um durch einen zusätzlichen Kommentar bei der Meinungsbildung behilflich zu sein. [...]

Bei vielen Angeboten überträgt sich der Ruf einer vorhandenen Marke ins Internet. So pro-

fitieren www.tagesschau.de und www.heute.de von der Reputation[1] der jeweiligen Nachrichtensendung im Fernsehen. Zu auflagenstarken Zeitschriften- und Magazintiteln gibt es erfolgreiche Online-Auftritte.
Auch Sponsoring und Werbung auf Seiten lassen Rückschlüsse auf die Glaubwürdigkeit zu: In Deutschland regelt der Rundfunkstaatsvertrag den öffentlich-rechtlichen Hörfunk- und Fernsehbereich ebenso wie die zugehörigen Online-Angebote. Innerhalb öffentlich-rechtlicher Internet-Angebote sind weder Werbung noch Sponsoring erlaubt.

1 **Reputation:** Ruf, Ansehen

1 *Stellt auf der Grundlage des informierenden Textes von Stefanie Germann zu folgenden Aspekten Kriterien zusammen und ergänzt, wenn möglich, mit eigenen Überlegungen:*

Anhaltspunkte für zuverlässige Internetseiten:	Signale, die besondere Vorsicht auslösen sollten	Hilfsmittel bei Unsicherheit
bekannte Institutionen wie die ARD	...	...
...		

2 *a) Erläutert das Beispiel „aktuelle Rede von Angela Merkel im Bundestag": Was will die Verfasserin damit deutlich machen?*
b) Verdeutlicht die Aussage an anderen Beispielen, etwa „das neueste Buch von XY". Welche mit dem Beispiel „Angela Merkel" vergleichbaren „Inhalteanbieter" könnte es dabei geben?

Joseph Weizenbaum: Lernen kann ruhig schwer sein (2001)

Aus einem Interview der Berliner „Tageszeitung" (taz) mit Joseph Weizenbaum, der als einer der Pioniere des Internets galt

taz: *Herr Weizenbaum, Sie beschäftigen sich seit vielen Jahren mit ethischen Fragen des Computers. Sie sehen das Internet als Kommunikationsmöglichkeit, zugleich aber kritisieren Sie die Euphorie und Vergötterung des Mediums. Warum?*

Joseph Weizenbaum: Das Internet ist zu einem Massenmedium geworden. Eine Seite davon ist demokratisch. Aber wie bei allen anderen Massenmedien, Fernsehen, Radio und Zeitung, ist auch im Internet 90 Prozent Schrott. Ja, die anderen zehn Prozent, die sind sehr wertvoll, das sind Perlen. Ganz besonders für die, die wissen, was sie suchen.

Also braucht man ein Instrumentarium, um damit umzugehen. Das Medium selbst kann ja nichts dafür.

Ja, das stimmt, das Medium selbst hat keine Schuld. Ich ziehe mal eine Parallele zur Physik: Ein physikalisches Experiment ist eine Frage, die man an die Natur stellt. Die muss man erst

einmal entwerfen. [...] Man muss dafür eine bestimmte Kompetenz haben. [...]
Brauchen wir eine Bildungsreform in Deutschland?
Die erste Priorität für unsere Schulen ist: Wir müssen das kritische Denken unterstützen. Es geht darum, eine Art Skepsis zu lehren. Damit Kinder und Jugendliche lernen zu fragen und zu hinterfragen. Das Wort Informationsgesellschaft – what the hell does it mean? Was ist denn überhaupt Information? Was Sie in der Zeitung lesen, was im Computer so rumflackert, das sind Signale. Nur der Mensch kann Informationen herstellen. Er interpretiert diese Signale. Die Kunst zu interpretieren ist die Kunst, kritisch zu denken. [...]
Aber vielleicht könnte der Computer helfen, dass Kinder wieder Spaß am Lernen haben.
Ich glaube, es ist eine fatale Illusion, dass das Lernen Spaß machen muss. In Amerika haben wir das Wort Edutainment. Alles muss Edutainment sein. Und wenn es keinen Spaß macht, dann ist es zu viel für die Kinder. Das ist doch Unsinn. Lernen kann schwer sein. Und in manchen Dingen muss es so sein. Weil eben das Material so ist. [...]
Sie verdammen also den Computer?
Natürlich kann der Computer bei der Bewältigung von großen gesellschaftlichen Problemen helfen. Aber viele denken, der Computer sei wertfrei – es komme nur darauf an, was man mit ihm mache. Ich aber sage, der Computer erbt die Werte der Gesellschaft, in die er eingebettet ist. Manchmal werde ich gefragt, wann wir vernünftige Schulen und Software für Computer haben werden. Und da ist meine Antwort immer: wenn wir eine vernünftige Gesellschaft haben.

1 *Fasst Weizenbaums Einstellung zu Computer, Internet und „Edutainment" in einer These zusammen.*

2 *Weizenbaum betont, dass für den Umgang mit Computer und Internet bestimmte Kompetenzen wichtig sind. Benennt diese Kompetenzen und erläutert sie an Beispielen.*

Aus der Ankündigung einer Studie über „Jugend – Werte – Medien" im Internet (2007):

Jugendliche bilden durch Medienrezeption Kompetenzen aus, die von PISA nicht gemessen wurden, für die Mediengesellschaft aber entscheidend sind.
Paralleles Medienhandeln, Schnelligkeit, vernetztes Denken, Selbstlernkompetenzen und eine gute Orientierung in so genannten Hypertext-Strukturen zeichnen viele Mediennutzer aus. Jugendliche zeigen sich moralischen Fragestellungen zu den Medien aufgeschlossen und zum Teil überraschend kompetent.
Das ist das Ergebnis der empirischen Jugend-Medienstudie, für die über 1 500 Schülerinnen und Schüler zwischen 12 und 16 Jahren befragt wurden.

3 *Erläutert die verschiedenen Kompetenzen, die der Studie zufolge Jugendliche durch Medienrezeption ausbilden.*

4 *Stellt auf der Grundlage der Texte S. 295 ff. in einer zweispaltigen Tabelle zusammen: Computer und Internet – Vorzüge und Nachteile. Ergänzt gegebenenfalls eigene Überlegungen.*

Die Welt der Bücher – Warum wir trotzdem lesen

Meinungen zum Lesen

Ich vergesse das meiste, was ich gelesen habe: Nichtsdestoweniger aber trägt es zur Erhaltung meines Geistes bei.

(Georg Christoph Lichtenberg, 1742–1799)

In Wirklichkeit ist jeder Leser, wenn er liest, ein Leser nur seiner selbst. Das Werk eines Schriftstellers ist dabei lediglich eine Art von optischem Instrument, das der Autor dem Leser reicht.

(Marcel Proust, Auf der Suche nach der verlorenen Zeit)

Warum also lesen wir Romane? Meine Antwort lautet: Eskapismus, Flucht vor der Wirklichkeit in eine Scheinwelt.

(Ulrich Greiner, Feuilletonredakteur der ZEIT)

Henri Matisse: Lesende Dame in Blau, 1919, Öl auf Leinwand.

1 *Wie wird das Lesen von dem Maler Henri Matisse inszeniert? Interpretiert Haltung, Gesichtsausdruck und Umgebung der Frau als Hinweise auf ihre Einstellung zum Lesen.*

2 *a) Fasst die Zitate in Slogans zusammen, z. B.:*

Lesen hält das Denken beweglich
(Lichtenberg)

b) Sucht im Internet weitere Meinungen zum Lesen.

3 *Schreibt möglichst knapp und pointiert auf, was Lesen für euch persönlich bedeutet.*

Max Frisch

Beim Lesen (1946)

Was zuweilen am meisten fesselt, sind die Bücher, die zum Widerspruch reizen, mindestens zum Ergänzen: – es fallen uns hundert Dinge ein, die der Verfasser nicht einmal erwähnt, obschon sie immerzu am Wege liegen, und vielleicht gehört es überhaupt zum Genuß des Lesens, daß der Leser vor allem den Reichtum seiner eigenen Gedanken entdeckt. Mindestens muß ihm das Gefühl erlaubt sein, das alles hätte er selbst sagen können. Es fehlt uns nur die Zeit, oder, wie der Bescheidene sagt: Es fehlen uns nur die Worte. Und auch das ist noch eine holde Täuschung. Die hundert Dinge nämlich, die dem Verfasser nicht einfallen, warum fallen sie mir selbst erst ein, wenn ich ihn lese? Noch da, wo wir uns am Widerspruch entzünden, sind wir offenbar die Empfangenden. Wir blühen aus eigenen Zweigen, aber aus der Erde eines andern. Jedenfalls sind wir glücklich. Wogegen ein Buch, das sich immerfort gescheiter erweist als der Leser, wenig Vergnügen macht und nie überzeugt, nie bereichert, auch wenn es hundertmal reicher ist als wir. Es mag vollendet sein, gewiß, aber es ist verstimmend. Es fehlt ihm die Gabe des Gebens. Es braucht uns nicht. Die anderen Bücher, die uns mit unseren eigenen Gedanken beschenken, sind mindestens die höflicheren; vielleicht auch die eigentlich wirksamen. Sie führen uns in den Wald, wo sich die Wege in Sträuchern und Beeren verlaufen, und wenn wir unsere Taschen gefüllt sehen, glauben wir durchaus, daß wir die Beeren selber gefunden haben. Oder haben wir nicht? Das Wirksame solcher Bücher aber besteht darin, daß kein Gedanke uns so ernsthaft überzeugen und so lebendig durchdringen kann wie jener, den uns niemand hat aussprechen müssen, den wir für den unseren halten, nur weil er nicht auf dem Papier steht –. R

1 *Welche Rolle des Lesers entwirft Frisch in diesem Tagebucheintrag?*

2 *Was haltet ihr selbst von der Unterscheidung: Bücher, die reicher sind als wir, aber uns nicht bereichern, und Bücher, die uns mit unseren eigenen Gedanken beschenken? Sucht Beispiele, an denen ihr die Meinung des Autors Max Frisch bestätigen oder kritisieren könnt.*

Christa Wolf

Tabula rasa (1968)

Leisten wir uns ein Gedankenexperiment. Eine Kraft, nicht näher zu bezeichnen, lösche durch Zauberschlag jede Spur aus, die sich durch Lesen von Prosabüchern in meinem Kopf eingegraben hat.

Was würde mir fehlen?

Die Antwort ist nicht nur mörderisch; sie ist auch unmöglich. Wenn einer sie geben könnte, wüßte man Genaueres über die Wirkungen von Literatur.

Beginne ich in mir abzutöten: das makellose, unschuldig leidende Schneewittchen und die böse Stiefmutter, die am Ende in den glühenden Pantoffeln tanzt, so vernichte ich ein Ur-Muster, die lebenswichtige Grundüberzeugung vom unvermeidlichen Sieg des Guten über das Böse. Ich kenne auch keine Sagen, habe mir nie gewünscht, an der Seite des hürnenen Siegfried dem Drachen gegenüberzutreten; niemals bin ich vor einem Rauschen im

finsteren Wald erschrocken: Rübezahl! Die Tierfabeln habe ich nie gelesen, ich verstehe nicht, was das heißen soll: „listig wie ein Fuchs", „mutig wie ein Löwe". Eulenspiegel kenne ich nicht, habe nicht gelacht über die Listen der Schwachen, mit denen sie die Mächtigen besiegen. Die Sieben Schwaben, die Schildbürger, Don Quijote, Gulliver, die Schöne Magelone – hinweg mit ihnen. Weg mit dem ohnmächtig donnernden Zeus und der Weltesche Yggdrasil, weg mit Adam und Eva und dem Paradies. Nie ist eine Stadt mit Namen Troja um einer Frau willen bestürmt und eingenommen worden. Nie hat ein Doktor Faustus mit dem Teufel um seine Seele gerungen.

Arm, ausgeplündert, entblößt und ungefeit trete ich in mein zehntes Jahr. Brennende Tränen sind ungeweint geblieben; der Hexe im Märchenbuch wurden nicht die Augen ausgekratzt; die jubelnde Erleichterung über die Rettung eines Helden habe ich nicht kennengelernt; nie bin ich zu den phantastischen Träumen angeregt worden, die ich mir im Dunkeln erzähle. Ich weiß nicht, daß Völker verschieden sind und doch einander ähnlich. Meine Moral ist nicht entwickelt, ich leide an geistiger Auszehrung, meine Phantasie ist verkümmert. Vergleichen, urteilen fällt mir schwer. Schön und hässlich, gut und böse sind schwankende, unsichere Begriffe.

Es steht schlecht um mich. [...].

Tabula rasa. Ich bin am Ende. Mit den Wurzeln ausgerissen, ausgelöscht in mir eines der großen Abenteuer, die wir haben können: vergleichend, prüfend, sich abgrenzend allmählich sich selbst sehen lernen. Sich messen an den deutlichsten Gestalten aller Zeiten. Nichts davon. Verblasst das Zeitgefühl, da es nicht wirklich geweckt wurde. Die eigenen Konturen, anstatt deutlicher zu werden, lösen sich auf; das Bewußtsein, anstatt sich zu klären, verschwimmt.

Die Verwilderung wird zunehmen.

Denn nun muß man weitergehen. Die feineren, schwer beweisbaren Wirkungen gilt es auszutilgen, die dauernder Umgang mit Büchern hervorbringt: die Übung und Differenzierung des psychischen Apparats; Schärfung der Sinne; Erweckung der Beobachtungslust, der Fähigkeit, Komik und Tragik von Situationen zu sehen; Heiterkeit aus Vergleich mit Vergangenem zu ziehen; das Heroische als die Ausnahme zu würdigen, die es darstellt; und das Gewöhnliche, das sich immer wiederholt, gelassen zur Kenntnis zu nehmen und womöglich zu lieben. Vor allem aber: zu staunen; unaufhörlich zu staunen über seinesgleichen und sich selbst.

Aber *ich habe nicht gelesen.*

Nicht nur meine Vergangenheit ist mit einem Schlag geändert: meine Gegenwart ist dieselbe nicht mehr. Nun bleibt das Letzte zu tun: auch die Zukunft zu opfern. Ich werde niemals ein Buch lesen. Der Schrecken, der in diesem Satz steckt, berührt mich, den Nicht-Leser, nicht.

Denn ich, ohne Bücher, bin nicht ich. R

1 *Führt das Experiment, das Christa Wolf vorschlägt, selbst durch. Erinnert euch an eure frühere Lektüre und beschreibt, was euch fehlen würde, gäbe es keine Bücher.*

2 *Überlegt, ob ihr das gleiche Experiment auch mit Fernseh- und Internet-Erfahrungen machen könntet.*

3 *Aus dem Experiment könnt ihr erschließen, was Lesen für die Autorin dieses Artikels bedeutet. Stellt eine Liste positiver Erfahrungen zusammen, die durch das Experiment sichtbar werden. Setzt die angefangene Tabelle fort:*

Einzelheiten des Experiments	Wirkung
Märchen	liefern ein Ur-Muster: Das Gute siegt am Ende über das Böse
Sagen, Fabeln, Schwänke (Eulenspiegel)	regen zu fantastischen Träumen an ...
...	...

4 *Diskutiert, ob es stimmt, dass ein Kind, das wenig oder nichts gelesen hat, einer „Tabula rasa", einer unbedruckten, einer leeren Festplatte, gleicht. Fasst eure Meinungen dazu auf Gesprächskarten zusammen und bereitet eine Pro-Kontra-Diskussion vor (▷ S. 30–36).*

Jürgen Baurmann/Astrid Müller

Wie Kinder und Jugendliche Sachbücher lesen und nutzen

Sachtexte verstehen, ihnen die wichtigsten Informationen schnell entnehmen, überfliegend lesen – solche Fähigkeiten sind in unserem „Informationszeitalter" zunehmend wichtig geworden. Das ist ein Grund, den Umgang mit Sachtexten und -büchern im Deutschunterricht zu proben. Ein weiterer: Mit Sachliteratur haben wir bei denjenigen, die sich für erzählende Literatur nicht begeistern lassen, größere Chancen, das Leseinteresse zu wecken. Knüpft man dabei an den Interessen und Informationsbedürfnissen der Schülerinnen und Schüler an, eröffnen sich Wege der Leseförderung, die alle erreicht.

Dass sich in den letzten Jahren die Einstellung zum Buch und zum Lesen generell erheblich verändert hat, ist unbestritten. Medium und Tätigkeit konkurrieren mit anderen attraktiven Angeboten, die allerdings einander weder verdrängen noch vollends ausschließen. Doch – was genau bedeutet dieser Wandel für das Sachbuch und für Sachtexte als Leseangebot? Wir versuchen diese Frage zu beantworten, indem wir zunächst quantitative Befunde zum Medienumgang überhaupt, Ergebnisse zum Leseverhalten und qualitative Belege zum Umgang mit Sachbüchern heranziehen.

Aus empirischen Erhebungen und Alltagsbeobachtungen wissen wir, dass das Fernsehen, das Hören von CDs und Radio sowie die Nutzung von Computern beim Medienumgang von Heranwachsenden weit im Vordergrund stehen. Eine relativ stabile Gruppe von Jugendlichen liest Zeitungen, Zeitschriften, Magazine (in der Studie von Feierabend/Klingler 2002 immerhin 62 %) und Bücher (36 % der Befragten). Unterschiede werden allerdings hinsichtlich des Alters, des Geschlechts und der Zugehörigkeit zur jeweiligen Schulart sichtbar: Die Zustimmung zum Lesen von Büchern sinkt von 47 % bei den 12-Jährigen bis auf 34 % bei den 18- bis 19-Jährigen. Mädchen nutzen Bücher häufiger als Jungen (45 gegen 33 %), Hauptschüler dagegen seltener als

Gymnasiasten (30 gegen 49 %). Was von Jugendlichen inhaltlich mit dem Lesen von Sachbüchern verbunden wird, deuten die „Themeninteressen Jugendlicher“ an. Vornehmlich werden von den Jugendlichen die Themen *Freundschaft, Musik, Liebe/Partnerschaft, Ausbildung/Beruf* und *Sport* genannt; eine mittlere Zustimmung erfahren Themen wie *Mode/Kleidung, Gesundheit/Medizin, Reisen, Kino/Filme, Umweltschutz* und „alles, was mit dem Computer zusammenhängt“. Die Studie „Leseverhalten in Deutschland im neuen Jahrtausend“ (Stiftung Lesen, 2001) bestätigt diesen Trend. Es ist nicht zu übersehen, dass die Bedeutung von Büchern bei den 14- bis 19-Jährigen rückläufig ist. Lesen wird zunehmend zu einer Beschäftigung unter anderen, aber 74 % der Befragten geben immerhin an, dass sie sich eigentlich gründlicher informieren möchten. Das glückt am ehesten denjenigen, die beruflich und privat intensiv Computer nutzen. Bei Angehörigen dieser Gruppe ist auch die Fach- und Sachbuchlektüre ausgeprägt.

Neben der Veränderung in der Zustimmung zum Lesen geht eine Veränderung der Leseweisen einher. Dazu gehört, dass Leserinnen und Leser heute längere Lesepausen einlegen, mehrere Bücher parallel lesen oder ganze Seiten lediglich überfliegen. Gerade unter den Jugendlichen ist der Anteil derjenigen, die angeben, häufig Seiten zu überfliegen und nur das Interessanteste zu lesen, deutlich gestiegen. Als Ursache dafür wird unter anderem vermutet, dass dieses Verhalten eine Reaktion auf die gegenwärtige Informationsfülle ist.

Was sich in den referierten Belegen andeutet, ergänzt der Blick in die aktuelle biografische

Leseforschung aus qualitativer Sicht. Die Auswertung der Lesebiografien von Studierenden zeigt, dass die Leselust bei Kindern aus dem Wunsch nach „Fantasiebefriedigung“ resultiert und – damit verbunden – die Vorliebe für fiktionale Texte begründet. „Sachbücher“, so eine Studierende im Rückblick, „interessierten mich als Kind [...] weniger, nur in meiner Pferdephase [...] las ich sogar ein Pferdelexikon“. Dieses Zitat zeigt, dass Kinder Sachbücher eher in ihre Art zu lesen integrieren und nur gelegentlich Sachbücher zur „Aneignung und Vermehrung von Wissen“ nutzen. Dieser Lesezweck erfährt erst bei Jugendlichen Beachtung – dann allerdings so nachhaltig, dass es zu einem einschneidenden „Genrewechsel“ vom fiktionalen Kinderbuch hin zum Sachbuch kommen kann.

Dieser „Genrewechsel“ gilt allerdings nicht für alle Jugendlichen. Zudem bestehen deutliche geschlechtsspezifische Unterschiede. Männliche Jugendliche bevorzugen häufig von vornherein Sachbücher und bauen zusätzlich entschiedene Widerstände gegen ästhetische Literatur auf. So äußert ein männlicher Student etwa: „Schauderhaft fand ich schon immer ‚Literatur zum Interpretieren‘, also Schulliteratur. So z. B. Bücher von Bertolt Brecht oder aber auch Frisch mit Homo faber.“

1 *Gebt die Informationen und die Argumentation des Artikels über das Leseverhalten von Jugendlichen, speziell über ihre Nutzung von Sachtexten/Sachbüchern, geordnet und zusammenfassend wieder.*

2 *Habt ihr selbst Erfahrung mit dem „Genrewechsel“? Berichtet davon.*

3 *Nehmt Stellung zu der These, dass die Lektüre interessanter Sachbücher ein geeignetes Mittel sei, die allgemeine Lesebereitschaft von Jugendlichen zu erhöhen.*

14.2 Bücher, Fernsehen und PC im Bildungswettstreit – Positionen schriftlich erörtern

Bei einer textgebundenen Erörterung geht es darum, auf Argumente zu reagieren, die in einem Text vorgestellt werden, verschiedene Argumente gegeneinander abzuwägen und schließlich eigene Ansichten zu begründen.
Daher ist es wichtig,

- zuerst den Text zu analysieren, seine Argumente herauszufiltern und zu prüfen,
- dann zu überlegen, wo man mit der eigenen Bestätigung oder Kritik ansetzen kann,
- schließlich über das Gelesene hinauszugehen, die eigene Sicht der Dinge durch Beispiele zu belegen und zu einem eigenen Urteil zu kommen.

Leseförderung ist Teil der Medienerziehung

Interview mit dem wissenschaftlichen Direktor der Stiftung Lesen[1], Prof. Dr. Stefan Aufenanger (2006)

Online-Redaktion: *Laut PISA und anderen Studien steht es um die Lesekompetenz unserer Jugendlichen nicht zum Besten. Welche Gründe sieht die Leseforschung dafür? Wäre es sinnvoll, eine Nichtleserforschung zu betreiben?*

Aufenanger: Die Probleme der Lesekompetenz von Jugendlichen sind sicher durch unterschiedliche Faktoren zu erklären. Wie einige Studien zeigen, trägt die Schule nicht viel zur Steigerung der Lesemotivation bei bzw. ist sogar manchmal kontraproduktiv. Nimmt man die reine Lesekompetenz, dann verunsichern sicher einige Ansätze des Lesen- und Schreibenlernens die Kinder. Auch scheinen in deutschen Schulen, im Vergleich zu ausländischen Schulen bzw. auch PISA-Siegern, Schulkinder zu wenig zum freien und kreativen Schreiben angeregt zu werden. [...]

Online-Redaktion: *Der Trendbericht Kinder- und Jugendbuch 2006 hat gezeigt: Es gibt zu wenige Bücher für Jungen. Der Bericht fordert deshalb von Verlagen, vom Buchhandel, den Bildungseinrichtungen und Bibliotheken, mehr auf die Bedürfnisse der Zielgruppe „Jungen" einzugehen. Was muss sich, vor allem auch an den*

Grundschulen, ändern, um die Jungen wieder mehr für das Lesen zu begeistern und ihnen eine bessere Lesekompetenz zu vermitteln?

Aufenanger: Zwei Dinge erscheinen bei diesem Aspekt notwendig: Zum einen ist eine Öffnung der überwiegend weiblichen Lehrpersonen in Grundschulen, Bibliotheken und im Buchhandel für die Buchpräferenzen von Jungen – die vorwiegend im Bereich von Sach-

1 **Stiftung Lesen:** Gemeinnützige Organisation unter der Schirmherrschaft des Bundespräsidenten; sie hat zum Ziel, bei Kindern und Jugendlichen Lesefreude zu wecken und Lesekompetenzen zu stärken.

büchern, Actiongeschichten und Sciencefiction liegen – notwendig. Zum anderen sollte man die Jungen auch über andere Medien, die sie vermehrt nutzen, wie Computer, Videospiele und Internet, ansprechen. Wir müssen hier verschiedene Wege wählen.

Online-Redaktion: *Das Buch ist schon lange nicht mehr das einzige Medium für Kinder und Jugendliche. Heutzutage bewegen sich Jugendliche in einem Medien-Mix aus Büchern, Fernsehen, Computer, Videos, CDs, DVDs und Hörspielen. Welchen Stellenwert hat das Buch in diesem Medien-Mix? Gibt es bessere und schlechtere Medien? Und ist die gleichzeitige Benutzung verschiedener Medien sinnvoll oder ist es im Sinne der Lesekompetenz schädlich, dass zu viel Aufmerksamkeit vom Buch abgezogen wird?*

Aufenanger: Auch viele der neuen Medien verlangen Lesefertigkeiten, sonst könnten sie nicht sinnvoll genutzt werden. Wer angemessen im Internet recherchieren will, der muss lesen können. Die – manchmal etwas als typisch deutsch erscheinende – Unterscheidung von guten und schlechten Medien hilft meines Erachtens wenig, Kinder und Jugendliche zum Lesen zu führen. […] Jede Form der Abwertung kinder- und jugendaffiner Medien – wie etwa Handy, Computer oder Internet – führt nur zur Verweigerung des Lesens bzw. des Buchs. Mir scheint auch wichtig zu betonen, dass es beim Lesen genauso wie bei der Nutzung neuer Medien weniger um eine eng umschriebene Lesekompetenz geht als vielmehr um das Verstehen von Texten, Bildern, Symbolen oder Filmen. In dieser Hinsicht muss ein Schwerpunkt der Leseförderung sein, das Sinnverstehen zu fördern, welches die Grundlage für das Verstehen von Welt ist. Ob dieses sich in Form von Büchern, Bildern oder Filmen präsentiert, ist dann nicht so zentral. In diesem Sinne sieht zum Beispiel die Stiftung Lesen auch in der Filmerziehung von Kindern einen wichtigen Beitrag zur Leseförderung.

Online-Redaktion: *Welche Rolle spielen die Eltern in der Medienerziehung ihrer Kinder? Wie können sie ihre Kinder vernünftig anleiten? Was sollten sie ihnen verbieten, was erlauben?*

Aufenanger: Den Eltern kommt in der Medienerziehung eine prominente Rolle zu. […] Allgemein sollten in der familialen Medienerziehung den Kindern Erfahrungsmöglichkeiten gegeben werden, es sollte den Kindern mit Vertrauen auf ihre Medienkompetenz und flexibel ein selbstbestimmter Medienumgang ermöglicht werden. Grenzen sind dann zu setzen, wenn der Medienumgang so eine hohe Wertigkeit im Alltagsleben der Kinder bekommt, dass andere Dinge – wie etwa Freunde oder Sport – vernachlässigt werden.

Online-Redaktion: *Je früher, desto besser? Sind Computer in Kindertagesstätten sinnvoll? Wie kann sich ein früher Umgang mit dem PC positiv auf die Lesekompetenz auswirken?*

Aufenanger: Gegen Computer in Kindertagesstätten oder in jungen Familien ist aus meiner Sicht nichts einzuwenden, wenn bestimmte Bedingungen gewahrt werden. So sollte dies nicht unter Druck geschehen und es sollte gemeinsam mit den Kindern über sinnvolle Angebote auf dem Computer gesprochen und es sollten zeitliche Regelungen für die Benutzung vereinbart werden. Weiterhin sind die kreativen Möglichkeiten des Computers stärker zu nutzen als irgendwelche Drillprogramme. Man sollte sich für das Lesenlernen aber nicht zu viel vom Computer versprechen, auch wenn es dazu interessante Programme und erfolgreiche Projekte gibt.

Arbeitet die Kerngedanken des Interviews heraus.
Erörtert die These, dass Leseverstehen mit einer Förderung von Sinnverstehen im Allgemeinen einhergehen muss und sich auf alle Medien gleichermaßen bezieht. Orientiert euch dabei an folgenden Arbeitsschritten.

1. Schritt: Den vorgegebenen Text sichten und darin enthaltene Aussagen sammeln

1 *Verschafft euch einen Überblick über den Text und formuliert das Thema in eigenen Worten.*

2 *Stellt Fragen an den Text. Was ist euch beim ersten Lesen nicht klar geworden? Schreibt die zentralen Fragen in euer Heft:*

- Was meint Aufenanger, wenn er feststellt, die „Probleme der Lesekompetenz" von Jugendlichen rührten daher, dass die Schule nicht zur „Steigerung der Lesemotivation" beitrage? (Z. 6 ff.)
- Was versteht er unter einer „Öffnung der überwiegend weiblichen Lehrpersonen […] für die Buchpräferenzen von Jungen" (Z. 30 ff.)?
- …

3 *Zu welchen Problemen nimmt Aufenanger in diesem Interview Stellung? Arbeitet seine Positionen heraus. Legt dazu eine zweispaltige Tabelle an, in der ihr zunächst die zweite Spalte leer lasst.*

Feststellungen, Argumente, Urteile im Text	
Studien zeigen, dass die Schule nicht viel zur Lesemotivation beiträgt.	
Lesefertigkeit ist eine wichtige Voraussetzung für die Nutzung von vielen der neuen Medien.	
…	

4 *Analysiert Sprache und Stil der ausführlichen Interviewantworten:*

- ☐ *Sind diese eher sachlich oder emotional?*
- ☐ *Hat der Text ein hohes oder eher einfaches Sprachniveau?*
- ☐ *Richtet sich der Text an ein Fachpublikum oder ist er allgemein verständlich?*
- ☐ *Welche Stilmittel werden verwendet? Welchen Zweck haben diese?*

2. Schritt: Sich eine eigene Meinung bilden

5 *Setzt euch nun mit Aufenangers Argumenten und Beispielen kritisch auseinander und bezieht eure eigenen Erfahrungen mit ein.*
a) Ergänzt die Tabelle, indem ihr hinzufügt, wie ihr zu den einzelnen Thesen und Argumenten steht.
b) Sucht Beispiele und Belege zur Stützung eurer Argumente.

Feststellungen, Argumente, Urteile im Text	**Meine Position dazu**
Lesefertigkeit ist eine wichtige Voraussetzung für die Nutzung von vielen der neuen Medien.	Diese These unterstütze ich, denn wer z. B. im Internet recherchieren will, muss lesen können.
…	…

3. Schritt: Einen Schreibplan entwerfen

6 *Überlegt, wie ihr eure* ***Erörterung einleiten*** *wollt.*
a) Formuliert einen Einleitungssatz mit Angaben zur Autorschaft, Titel und Thema des Textes.
b) Notiert Stichpunkte zur Aktualität oder gesellschaftlichen Relevanz des Themas.

7 *Haltet für den* ***Hauptteil*** *alle wesentlichen Schlüsselwörter und Textaussagen stichwortartig fest.*
a) Achtet darauf, dass die zentrale Problem- oder Fragestellung in eurer ***Zusammenfassung*** *angesprochen wird.*
b) Verdeutlicht euch die ***Argumentationsstruktur*** *der Aussagen (z. B. durch ein Flussdiagramm oder eine Mind-Map) und erstellt eine Liste der* ***sprachlichen Mittel*** *mit ihren jeweiligen Funktionen.*

Der Vorteil einer **textgebundenen Erörterung** liegt darin, dass der Text selbst euch schon Strukturen vorgibt, d. h., ihr könnt euch an die Anordnung der darin enthaltenen Argumente halten. Dabei müsst ihr den vorgegebenen Text nicht Punkt für Punkt abarbeiten. Ihr könnt auch eigene Akzente setzen. Vor allem im zweiten Teil des Hauptteils, in dem es um die Herausarbeitung eurer eigenen Meinung geht. Hier dürft ihr euch von den vorgegebenen Argumenten lösen.

8 *Verdeutlicht euch noch einmal euren* ***eigenen Standpunkt****.*
a) Greift dabei auf eure Tabelle zurück: Wo stimmt ihr Argumenten aus dem Text ganz oder teilweise zu, wo vertretet ihr andere Ansichten?
b) Prüft, ob ihr überall Beispiele und Belege anführt, mit denen ihr eure Position stützt.

9 *Im* ***Schlussteil*** *fasst ihr eure eigene Position und die wichtigsten Argumente in einer Stellungnahme zusammen.*
a) Notiert schon in eurem Schreibplan einige Stichwörter dazu.
b) Gebt, wenn möglich, einen Ausblick auf verwandte Themen oder zeigt mögliche zukünftige Entwicklungen auf.

10 *Lest die folgenden Stellungnahmen kritisch.*

Wenn man etwas gelesen hat, das einen beschäftigt, zum Beispiel Kindersoldaten oder Straßenkinder, ist es naheliegend, auch etwas dazu zu schreiben. Eine Infobroschüre zum Beispiel, weil hier ja kaum jemand etwas über die Probleme weiß. Beim Schreiben merkt man oft, dass man noch mehr lesen muss, damit man die Sachverhalte besser und richtiger darstellen kann. Auch die Suche nach Bildern im Internet hilft oft, das eigene Urteil besser zu begründen. Carla

Bei uns war es immer so, dass das Fernsehen zeitlich begrenzt wurde, das Lesen aber nie, dass das Spielen am Computer erst nach den Hausaufgaben erlaubt wurde, das Suchen nach Informationen aus dem Internet aber zur „Schularbeit" hinzugezählt wurde. Dies Verhalten der Eltern wird hier kritisiert. Auch ich bin der Meinung, dass Jugendliche selbst entscheiden sollten, womit sie ihre freie Zeit verbringen. Karsten

4. Schritt: Den Text schreiben

11 *Formuliert nun eine vollständige Erörterung zum Thema: „Leseverstehen muss mit der Förderung von Sinnverstehen im Allgemeinen einhergehen und sich auf alle Medien gleichermaßen beziehen." Orientiert euch dabei an eurem Schreibplan.*

a) Folgt der Zweiteilung entsprechend den vorausgegangenen Schritten: Im ersten Abschnitt des Hauptteils analysiert ihr das Interview. Formuliert dazu die Stichwörter zu den einzelnen Aufgaben zu einem zusammenhängenden Fließtext aus. Beachtet das Präsens als Tempus der Zusammenfassung.

b) Im zweiten Teil des Hauptteils bewertet ihr die einzelnen Positionen und ergänzt eure eigene Stellungnahme dazu.

5. Schritt: Den Text überarbeiten

12 *Achtet bei eurer Überarbeitung auf folgende Aspekte:*

- ☐ *Überprüft, ob ihr die Argumente des Textes richtig wiedergegeben und die einzelnen Gedankenschritte sinnvoll verknüpft habt.*
- ☐ *Kontrolliert insbesondere auch die eigene Argumentation:*
  - *Sind die eigenen Urteile gut durch Beispiele und Belege abgesichert?*
  - *Kontrolliert die eingebauten Zitate und Verweise: Ist das Gelesene korrekt und sachlich wiedergegeben oder müssen eventuell wertende Ausdrücke gestrichen werden?*
  - *Werden erstmals verwendete Begriffe erklärend eingeführt? Sind sie richtig geschrieben, im richtigen Genus verwendet?*

13 *Analysiert und überarbeitet den folgenden Ausschnitt aus einer textgebundenen Erörterung.*

- ☐ *Welche Textstellen des Interviews werden herangezogen (nennt die Zeilenzahl)?*
- ☐ *Welche Bewertungen bringt der Verfasser in seine Darstellung ein?*
- ☐ *Wo ist der Verfasser bei seiner Wiedergabe nicht genau und unterstellt dem interviewten Experten seine eigenen Urteile?*

Die Untersuchungen der Stiftung Lesen haben ergeben, dass die Maßnahmen der Lehrer zur Steigerung der Lesemotivation nicht sehr erfolgreich sind. Vor allem Jungen lesen immer weniger. Dafür lesen sie aber auch gezielter, sie konzentrieren sich auf Sachtexte und Computerzeitschriften. Denn sie bedienen sich am PC mit wichtigen Informationen, sie nutzen das Internet, während Mädchen häufig den Computer nicht viel anders nutzen als das Handy, nämlich zum Chatten und Mailen. Auch den Eltern kommt nicht mehr die prominente Rolle zu, die ihnen in früheren Zeiten zugewiesen wurde. Weil die Eltern sehr häufig das Lesen loben (wie die Schriftsteller, denen man das ja nicht übel nehmen kann), aber das Fernsehen einschränken oder verbieten, lernen die Jugendlichen nicht, alle Medien in gleicher Weise zu ihrer eigenen Bildung heranzuziehen.

14.3 Medienberufe – Bewerben, Vorstellen, Berichten

Was will ich? Was kann ich? Was gibt es? – Der Dreisatz der Berufswahl

Draußen in der freien Natur zu sein, ist das Größte.

Ich möchte mit verschiedenen Kulturen Kontakt haben.

In meinem Beruf möchte ich Wissen vermitteln.

Technische Zusammenhänge und Funktionen zu verstehen, fällt mir leicht.

Ich bin gern mit Menschen zusammen.

Ich möchte mich handwerklich betätigen.

Ich kann mit Computern umgehen.

Ich habe einen Sinn für Ästhetik.

Ich möchte die Möglichkeit haben, auch selbstständig tätig zu sein.

1 *Entscheidet, welche dieser Aussagen auf euch zutreffen, und formuliert weitere.*

2 *Ordnet den Interessen, Wünschen und Fähigkeiten Berufsbilder zu.*

3 *Bildet Gruppen und differenziert die Fragen zum Dreisatz zur Berufswahl weiter aus. Formuliert Fragen und Antworten, z. B.:*

- *Bin ich gern mit älteren oder mit jüngeren Menschen zusammen?*
- *Will ich meine Fähigkeiten im Bereich technischer Zusammenhänge und Funktionen für wissenschaftliche Forschungen nutzen oder sehe ich mich eher im konkreten Bereich der Anwendung?*

In euren Berufsbild-Entwürfen ist möglicherweise mehrfach das Stichwort **neue Medien** gefallen. Die Vorstellungen, welche konkreten Anforderungen sich hinter den mitunter sehr komplexen Medienberufen verbergen, sind oft recht vage. Die folgende Information stammt aus der Homepage einer regionalen Beratungseinrichtung.

Medienberufe im Umbruch

Durch neue Berufsbilder verschmelzen die unterschiedlichsten Berufszweige

von Bernhard Kliehm, Agentur für Arbeit, Darmstadt

Habt ihr auch den Wunsch, in die Medienbranche einzusteigen und Berufe kennenzulernen, die es vor einigen Jahren noch gar nicht gab? Dann hoffe ich, dass ich euch die neuen Berufe und Berufsfelder etwas näherbringen kann.

Die Zeiten, in denen ein Beruf ein einziges Fachgebiet für sich beanspruchte, sind schon seit einiger Zeit vorbei. Neuerdings aber, mit dem fortschreitenden Siegeszug der neuen Medien in allen Bereichen des Lebens, häuft sich die Bildung neuer, interessanter Medienberufe. Sie decken häufig einen Großteil der Fachgebiete innerhalb der Medien ab.

Sie sind grob unterteilt in:

- Technik
- Betriebswirtschaftslehre
- Informatik
- Design
- Pädagogik
- Publizistik
- darstellende Kunst

Aus diesen sieben Fachgebieten lassen sich die unterschiedlichsten Berufe ableiten, die teilweise ein Hochschulstudium und teils eine übliche Berufsausbildung benötigen. Wollt ihr z.B. Informations-Broker werden, dann habt ihr die Wahl zwischen einem Studium an der

Fachhochschule Darmstadt bzw. einer anderen Hochschule Deutschlands mit einem ähnlichen Studiengang oder ihr lasst euch zum Fachangestellten für Medien- und Informationsdienste ausbilden. Beides ist möglich.

Insgesamt lässt sich sagen, dass ihr innerhalb von sechs Berufsfeldern eure Berufe in der Medienbranche aussuchen könnt:

- Konzeption
- Bildschirmdesign
- Programmierung
- Projektmanagement
- Informations-Broker
- Online-Redakteur

4 *Welches der Fachgebiete, die Kliehm nennt, spricht euch besonders an?*

5 *Bildet kleine Gruppen, die sich jeweils genauer mit einem der sechs Berufsfelder befassen. Entwickelt jeweils Vorstellungen davon, was mit den einzelnen Berufsfeldern gemeint sein könnte, und stellt diese der ganzen Klasse vor.*

6 *Die Berufsfelder werden auf der zitierten Homepage genauer beschrieben. Prüft, ob eure Vorstellungen realistisch waren. Informiert euch gegebenenfalls weiter über das jeweilige Berufsfeld und stellt eure Ergebnisse der Klasse vor.*
http://www.boyng.de/arbeitswelt/ausbildung-studium-arbeit/medienberufe-im-umbruch/?mark=medienberufe

Die Bewerbungsmappe – Deine Visitenkarte

Deine Bewerbungsunterlagen vermitteln einem potenziellen Arbeitgeber, wie du später voraussichtlich arbeiten wirst: sorgfältig oder nachlässig, organisiert oder chaotisch, sachlich oder verträumt.

!

Zu einer vollständigen **Bewerbungsmappe** gehören:
- □ Deckblatt mit ansprechendem Foto
- □ das Anschreiben
- □ der Lebenslauf
- □ wichtige Schulzeugnisse (v. a. das Abschlusszeugnis)
- □ Zeugnisse und Nachweise über Praktika, Nebenjobs, ehrenamtliches Engagement
- □ Bescheinigung über schulisches Engagement (z. B. SV-Arbeit)
- □ Nachweise über zusätzliche Qualifikationen (z. B. Schreibmaschinenkurs)
- □ eventuell geeignete Arbeitsproben (z. B. Schülerzeitung, Homepage)

Das Deckblatt

und dein Passfoto sind die erste Seite deiner Bewerbungsmappe. Denk daran: Für den ersten Eindruck hast du nur eine Chance!

Bewerbung
um einen Ausbildungsplatz als
Medienkauffrau Digital und Print

Kyra Schulze
Dorfstraße 9
67312 Schwegenheim

Tel.: 0614/8585
Mobil: 0177/121212
e-Mail: kyra.schulze@nmail.de

Schwegenheim, 13. April 2009

Inhalt:
- Anschreiben
- Lebenslauf
- Zeugniskopie
- Praktikumszeugnisse

1 *Entwerft ein Deckblatt für eure Bewerbungsmappe.*
Folgende Angaben sollten auf eurem Deckblatt enthalten sein:
- □ *Kontaktdaten (Name, Adresse, Rufnummern)*
- □ *Foto*
- □ *Ort und Datum*
- □ *Auflistung der beigelegten Zeugnisse und Nachweise*

Das Anschreiben

Anschreiben und Lebenslauf sind so genannte „standardisierte" Textsorten, d. h., es gibt für sie genaue formale Vorgaben.

2 *Formuliert ein Anschreiben für einen der oben genannten Berufe.*
a) Schlagt bezüglich der formalen Vorgaben im Orientierungswissen auf Seite 340 nach.
b) Achtet bei eurem Schreiben auf folgende Punkte:
- □ *Benennt den Beruf, für den ihr euch bewerbt, genau.*
- □ *Gebt Auskunft, warum ihr euch gerade für diese Tätigkeit interessiert. Verweist, wenn möglich, auf entsprechende Vorkenntnisse und Erfahrungen (z. B. Praktika).*
- □ *Macht Angaben zu eurer aktuellen Beschäftigung.*
- □ *Bittet um ein Vorstellungsgespräch.*

Der Lebenslauf

Der Lebenslauf ist neben dem Anschreiben der wichtigste Teil deiner Bewerbung.

3 *Schreibt einen **tabellarischen Lebenslauf.** Auf folgende fünf Punkte solltet ihr dabei eingehen:*
- *persönliche Daten*
- *Bildungsweg*
- *beruflicher Werdegang (Praktika, Ferienjobs …)*
- *sonstige praktische Kenntnisse*
- *Ort, Datum und Unterschrift*

Das Bewerbungsgespräch

Euer Auftreten und euer Gesprächsverhalten werden darüber entscheiden, ob sich der gute Eindruck, den eure Bewerbungsunterlagen hinterlassen haben, bestätigen wird.
Ihr seid also gut beraten, euch auf die Situation des Bewerbungsgesprächs vorzubereiten. Eine gute Möglichkeit bietet das Rollenspiel, im Idealfall mit Videoaufzeichnung.

4 *Trainiert das Bewerbungsgespräch in einem **Rollenspiel.***
a) Bildet Zweiergruppen und entscheidet euch jeweils für einen Beruf.
b) Sprecht ab, wer in eurem Team die Rolle des Firmeninhabers/der Firmeninhaberin übernehmen soll und wer sich um eine Stelle bewirbt.
c) Führt das Rollenspiel durch. Zeichnet es nach Möglichkeit mit einer Videokamera auf.

TIPP

Beachtet bei der **Wahl eurer Kleidung**, dass ihr euch darin wohlfühlt. Euer Erscheinungsbild muss zu euch passen, dabei ist es nicht maßgeblich, dass ihr in Blazer und Krawatte oder im Kostüm erscheint. Das Kriterium ist „korrekt", also nicht zu salopp und nicht aufgedonnert.

5 *Wertet eure Aufzeichnungen aus. Achtet bei eurer Einschätzung der- oder desjenigen, die oder der die Rolle der Bewerberin/des Bewerbers übernommen hat, darauf, ob folgende Kriterien erfüllt sind:*
- *ruhiges und entspanntes Auftreten*
- *freundliche Erscheinung*
- *angemessene Kleidung*
- *klare und deutliche Aussprache*
- *zeigt sich gut vorbereitet*
- *fragt nach, ergreift selbst die Initiative*

Der Praktikumsbericht

Für den Fall, dass ihr die Chance habt, zunächst ein Berufspraktikum zu absolvieren, findet ihr hier ein Beispiel für eine Gliederung eines Praktikumsberichts. Einen solchen werdet ihr dann in jedem Fall schreiben müssen.

1	**Mein Weg zum Betrieb**
2	**Allgemeines zum Betrieb**
2.1	Name
2.2	[...]
2.3	Arbeitsbereich (Produktion, Dienstleistung, Versorgung)
2.4	Zusammenhänge mit anderen Betrieben (Zulieferer, Importe, Exporte ...)
3	**Organisation und Weisungsordnung im Betrieb**
3.1	Zusammensetzung der Mitarbeiter (weiblich/männlich, Angestellte/Arbeiter ...)
3.2	Auflistung aller im Betrieb vertretenen Berufe
3.3	[...]
3.4	Weisungsordnung (eventuell nur des Bereiches, in dem dein Praktikum stattfand; Beispiel: Direktor – Betriebsleiter – Abteilungsleiter – Meister – Facharbeiter – angelernte Kräfte)
3.5	Möglichkeiten der Fort- und Weiterbildung im Betrieb
4	**Allgemeines zur Arbeit im Betrieb, soziale Leistungen, Mitbestimmung**
4.1	[...]
4.2	Unfallschutzmaßnahmen
4.3	Besondere soziale Leistungen
5	**Mein Arbeitsplatz**
5.1	[...]
5.2	Ausgeführte Tätigkeiten
5.2.1	Selbstständig ausgeführt
5.2.2	[...]
5.3	Anforderungen des Arbeitsplatzes
5.4	[...]
5.5	Dauer und Art der Ausbildung
5.6	Arbeitsplatzsituation
5.7	Möglichkeiten der weiteren Qualifizierung
6	**Tagesberichte (ein bis zwei Beschreibungen aller an einem Tag verrichteten Arbeiten)**
7	**Kritische Zusammenfassung der Praktikumserfahrungen**
7.1	Erwartungen und ihre Erfüllung bzw. Nichterfüllung
7.2	Beurteilung der Erfahrungen (sinnvoll oder nicht) mit Begründung
7.3	Verbesserungsvorschläge

6 *Füllt die Auslassungen in dem Praktikumsbericht. Ergänzt entsprechende Unterpunkte in eurem Heft.*

7 *Konkretisiert das Muster, indem ihr einen euch bekannten Betrieb, ein euch bekanntes Unternehmen zu Grunde legt.*
a) Recherchiert alle nötigen Daten und Angaben.
b) Informiert euch über Arbeitsabläufe und innerbetriebliche Organisationen, die euren Berufszweig betreffen.

15 Selbstständiges Lernen – Arbeitstechniken und Methoden

15.1 Ein Autoren-Portfolio erstellen – Projektarbeit im Team

Phase	Methode
Planungsphase ☐ die Erstellung eines Portfolios planen Thema: „Einen Autor in seiner Zeit vorstellen“	Kartenabfrage *(Einzelarbeit und Plenum)* ↓ Ideenstern *(Gruppenarbeit)*
Durchführungsphase ☐ Informationen sammeln, recherchieren ☐ eigene Arbeitsschritte und Ergebnisse notieren ☐ Texte verfassen	Placemat *(Gruppenarbeit)* ↓ Portfolio erstellen *(Einzelarbeit/Gruppenarbeit)*
Präsentationsphase ☐ präsentieren und vergleichen	Gruppenpuzzle *(Gruppenarbeit)*
Bewertungsphase ☐ Portfoliokapitel kriteriengeleitet bewerten ☐ eigene Texte optimieren	Schreibgespräch *(Gruppenarbeit)* ↓ Bewertungsbogen *(Plenum)*

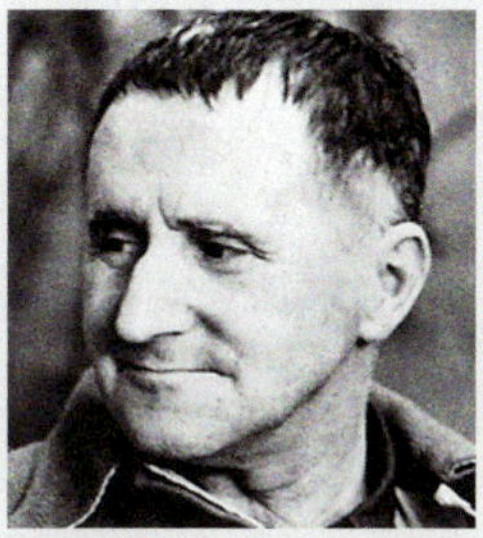
Bertolt Brecht

Sophie von La Roche

Franz Kafka

1 *Erläutert Ablauf und Struktur des Projekts.*

2 *Welche Erfahrungen habt ihr bereits mit der Arbeit an Portfolios gemacht? Tauscht euch darüber aus.*

3 *Was wisst ihr bereits über die abgebildeten Autoren? Notiert alle Informationen auf Plakaten.*

Planungsphase – Das Portfolio

Eine Autorin oder ein Autor in ihrer/seiner Zeit soll mit einem Portfolio vorgestellt werden. Da dieses Thema umfangreich ist, solltet ihr es in Unterthemen gliedern und in Kleingruppen einzelne Kapitel des Portfolios erstellen. Verständigt euch dazu innerhalb der Klasse auf eine Autorin/einen Autor oder arbeitet gemeinsam zu Bertolt Brecht, entsprechend dem Beispiel in diesem Kapitel. Die Klasse 10 c hat schon ein Klassenportfolio zu Bertolt Brecht und seiner Zeit entworfen. Ihr seht hier Auszüge aus dem Inhaltsverzeichnis des Portfolios.

1 *Überlegt anhand des Inhaltsverzeichnisses, wie ein Portfolio gegliedert sein kann. Welche Materialien werden dort gesammelt?*

ARBEITSTECHNIK

Portfolio

Ein **Portfolio** legt man als Ordner bzw. Sammelmappe an.

- Hier heftet ihr alle recherchierten Materialien zu einem Thema (z. B. Bilder, fremde Texte, ausgedruckte Internetseiten), eigene Texte und dokumentierte Arbeitsergebnisse ab.
- Alle Materialien beziehen sich auf **ein Thema** oder dienen dazu, **eine Fragestellung** zu klären. Wichtig dabei ist, dass ihr nicht wahllos alles abheftet, was ihr findet, sondern dass ihr euch auf eine Anzahl von z. B. acht Materialien einigt, d. h. eine Auswahl **besonders anregender und informativer** Texte und Bilder trefft.
- Darüber hinaus verfasst ihr **eigene informative Texte zum Thema.**
- Die **Reflexion** ist ein wichtiger Bestandteil des Portfolios. Hier finden sich Überlegungen zu eurem Arbeitsprozess und Fragen, die sich euch stellen.
- Eure Portfolioarbeit sollte sich **über einen längeren Zeitraum**, d. h. mehrere Wochen erstrecken, damit ihr genügend Zeit habt, gute Materialien zu finden und eigene Texte zu schreiben.

Ideen zusammentragen – Die Kartenabfrage

Bevor die Klasse 10 c das Inhaltsverzeichnis des Portfolios anfertigen konnte, hat sie erst einmal eine Kartenabfrage durchgeführt zu der Frage: *Was wissen wir über Bertolt Brecht und die Zeit, in der er gelebt hat?* Diese Methode dient dazu, alle Ideen, die ihr bereits habt, zusammenzutragen und nach Oberbegriffen zu sortieren.

Was wissen wir über Bertolt Brecht und die Zeit, in der er gelebt hat?

Biografie	*Weltanschauung*	*Bevorzugte Gattungen*	*Politischer Hintergrund*
Orte, an denen Brecht gelebt hat (Deutschland, Dänemark, USA ...)	*Marxismus/Sozialismus (DDR)*	*Lyrik*	*Zweiter Weltkrieg*
Wegbegleiter: Helene Weigel ...	*Gleichheitsgedanke*	...	...

1 *Sammelt in der Klasse Ideen zu Bertolt Brecht oder zu dem von euch gewählten Autor. Führt dazu eine* ***Kartenabfrage*** *durch. Notiert jede Idee auf einer eigenen Karte, selbst wenn ihr noch keine konkreten Informationen habt. Verwertet auch die Informationen, die ihr in Kapitel 13 findet.*

2 *Sortiert alle Ideen nach thematischen Schwerpunkten und findet passende Obergegriffe.*

ARBEITSTECHNIK

Kartenabfrage (Metaplan)

- Nehmt einen Stapel **Karteikarten** oder DIN-A6-Zettel. Notiert auf jeder Karte eine Idee zu einem Thema.
- Wenn ihr alle Ideen gesammelt habt, heftet ihr eure Karten einzeln mit Kreppband an eine leere Wand im Klassenzimmer oder an die Tafel.
- Sichtet das Material und gliedert es. Sucht dazu nach **Oberbegriffen**, mit denen ihr mehrere Ideen zusammenfassen könnt. Klebt passende Kärtchen unter den Oberbegriff. Karten mit inhaltsgleichen Ideen heftet ihr übereinander.
- Wenn die Gliederung abgeschlossen ist, könnt ihr neue Ideen ergänzen.

Vorwissen aktivieren – Cluster erstellen

Bei der Kartenabfrage habt ihr verschiedene Oberthemen zu einer Autorin/einem Autor notiert. Jedes dieser Oberthemen wird nun zu einem eigenen Kapitel in eurem Klassenportfolio ausgearbeitet. Teilt die Klasse deshalb in so viele Gruppen auf, wie ihr Oberthemen gefunden habt. Verständigt euch darüber, welche Gruppe zu welchem Thema ein Kapitel schreiben wird. In der Kleingruppe könnt ihr dann mit Hilfe des Clusters Ideen zu eurem Oberthema sammeln.
Mario, Sebastian, Sandy und Kim (Gruppe 2) aus der 10c haben einen Cluster zur Weltanschauung Brechts angelegt:

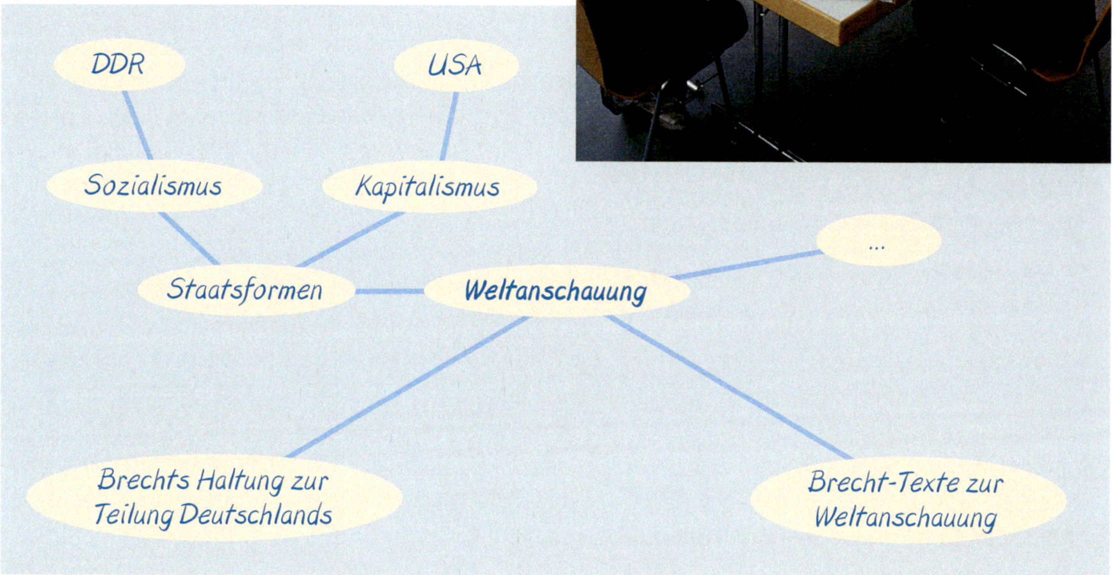

1 *Ergänzt den Cluster, indem ihr das Schema auf die Tafel übertragt und mit euren Ideen füllt.*

2 *Bildet Kleingruppen. Wählt in eurer Gruppe einen Oberbegriff zu Brecht oder zu der/dem von euch gewählten Autorin/Autor aus, zu der/dem ihr ein Kapitel für das Klassenportfolio erstellen möchtet.*
a) Setzt euch um einen Tisch und legt darauf ein großes Blatt Papier. Schreibt in die Mitte euren Oberbegriff. Notiert nun die Gedanken, Ideen, Assoziationen, die ihr zu dem Begriff habt, in loser Folge. Wenn ihr eine Gedankenkette nicht weiterspinnen könnt, beginnt eine neue.
b) Übernehmt auch alle in der Kartenabfrage genannten Begriffe.
c) Wertet euren Cluster aus, indem ihr überlegt, welche Ideen ihr für euer Portfolio-Kapitel weiterverfolgt.
d) Teilt die Ideen innerhalb der Gruppenmitglieder auf.

ARBEITSTECHNIK

Cluster
Ein **Cluster** ist ein Ideennetz. In die Mitte eines leeren Blattes wird ein Oberbegriff geschrieben und umkreist. Rund um den Begriff werden nun assoziativ Ideenketten notiert, wobei keine Hierarchisierung vorgenommen wird. Jede Idee wird wiederum umkreist und durch Linien mit den Begriffen, mit denen sie verknüpft ist, visuell verbunden. Kann eine Assoziationskette an einer Stelle nicht fortgeführt werden, wird eine neue an anderer Stelle begonnen. Am Ende ist eine Ideensammlung entstanden, mit der man weiterarbeiten kann.

Durchführungsphase – Placemat-Verfahren und Schreibgespräch

Ihr habt mittlerweile schon viele Ideen für euer Portfolio-Kapitel gesammelt, was bedeutet, dass ihr euer Vorwissen aktiviert habt. Es gibt sicher auch eine Reihe von Fragen, die sich ergeben haben. Nun müsst ihr den einzelnen Fragen und Unterthemen auf den Grund gehen: Recherchiert Texte und Materialien für euer Portfolio, dokumentiert eure Vorgehensweise und verfasst informative Texte zu den ausgewählten Aspekten.

1 *Beratet in der Klasse, wo und wie ihr für euer Portfolio am besten recherchieren könnt. Bedenkt dabei alle Möglichkeiten, die ihr in der Schule, zu Hause und in eurer Umgebung findet, und notiert diese.*

2 *Recherchiert zu eurem Thema Informationen, z.B. Texte, Grafiken und Bilder. Verabredet in der Gruppe, wer von euch an welchem Ort recherchiert.*

3 *Tragt eure Materialien zusammen und wertet sie im Hinblick auf euer Thema aus.*

4 *Um euer Thema einzuschränken und die Materialfülle zu reduzieren, ist es sinnvoll, eine Fragestellung zu verabreden. Das* ***Placemat-Verfahren*** *eignet sich, zu einer solchen Fragestellung Ideen zu sammeln und sich schließlich auf geeignete Aspekte zu einigen.*

a) Erläutert euch gegenseitig das Placemat-Verfahren mit Hilfe der Arbeitstechnik.

b) Ergänzt die angefangene Placemat zur Frage: Welcher Aspekt der DDR interessiert uns in Bezug auf Brechts Leben?

5 *Notiert in eurer Arbeitsgruppe Fragen, die ihr anschließend mit dem Placemat-Verfahren bearbeitet.*

ARBEITSTECHNIK

Placemat

- Bereitet ein großes Blatt Papier so vor, wie oben abgebildet. Legt es auf einen freien Tisch und setzt euch zu viert drum herum, sodass sich vor jedem von euch ein freies Feld befindet.
- Notiert nun alles, was euch zum Thema einfällt. Das können Fragen, Anmerkungen oder Ideen sein.
- Nach einer zuvor vereinbarten Zeitspanne (3–5 Minuten) wird das Blatt um 90° gedreht. Jede Schülerin/jeder Schüler liest nun die Notizen ihres/seines Vorgängers und ergänzt diese.
- Nach wiederum 3–5 Minuten wird das Blatt erneut um 90° gedreht und ihr verfahrt wie zuvor. Das wiederholt ihr so lange, bis alle wieder ihren Ursprungstext vor sich haben.
- Anschließend diskutiert ihr über das Gelesene und einigt euch auf ein Gruppenergebnis bzw. Fazit, welches ihr in die Mitte der Placemat schreibt.

6 *Verfasst nun auf der Grundlage eures Fazits informative Texte zu eurem Thema. Legt dafür die Ergebnisse der Placemat und eurer Recherche zu Grunde.*

Eine Portfolioseite optimieren – Das Schreibgespräch

David aus der Klasse 10 c hat einen Text für das Portfolio-Kapitel seiner Gruppe geschrieben und stellt ihn in einer Schreibkonferenz vor. Bevor sein Text in die Sammelmappe aufgenommen wird, müssen jedoch noch manche Formulierungsfehler sowie Ungereimtheiten in der Gliederung behoben werden. Die Arbeitsgruppe führt dazu ein gemeinsames **Schreibgespräch** durch.

VORSICHT FEHLER!

Brecht und die DDR

Nach dem Zweiten Weltkrieg, währenddessen er in verschiedene Länder exiliert, kehrt er über die Schweiz nach Deutschland zurück – in die Deutsche Demokratische Republik (DDR).

Hier sieht er sein Publikum. Als Bekenntnis an West- und Ost-Deutschland ist seine Entscheidung für einen österreichischen Pass zu verstehen.

1926 werden für diese Entscheidung bereits die Weichen gestellt: Brecht beschäftigt sich mit den Schriften Karl Marx'.

Marx' Ideen legt er seinem eigenen Realitätsverständnis zu Grunde, welches sich auch in verschiedenen seiner Werke widerspiegelt.

Brecht lebte seit seiner Rückkehr in die DDR im Jahre 1947 in Ostberlin.

Dort bespielt er mit dem Berliner Ensemble unter der Intendanz von Helene Weigel das Theater am Schiffbauerdamm.

Am 14. 08. 1956 stirbt Brecht im Alter von 58 Jahren in Ostberlin.

Die DDR wird nach dem Zweiten Weltkrieg auf dem Gebiet der Sowjetischen Besatzungszone (SBZ) gegründet.

Berlin ist die Hauptstadt der DDR.

Die Verfassung der DDR wurde im Oktober 1949 begründet.

Der größte Teil der Industrie, des Handels, der landwirtschaftlichen Betriebe wird zwischen 1945–1948 verstaatlicht, die beiden Parteien SPD und KPD zur SED (Sozialistischen Einheitspartei Deutschlands) vereinigt.

Die Arbeiter bzw. die Arbeiterklasse sind echt wichtig.

Es gibt dort eine zentralistische Planwirtschaft nach dem Vorbild der Sowjetunion. Der Staat macht alles: Produktionsmengen sowie Preise und Löhne werden staatlich festgelegt. Das Volk wird durch gesellschaftliche Massenorganisationen in den politischen Prozess sowie in die Durchführung der Parteibeschlüsse der SED eingebunden.

Marx und Lenin schaffen mit ihren Werken die gedankliche Grundlage.

Ideologisch fußt die politische Ordnung auf den Ideen von Marx und Lenin, die die Gleichbehandlung der Menschen ins Zentrum ihrer Überlegungen stellen sowie die Wichtigkeit der Arbeiterklasse für den Staat betonen.

Die Verbreitung von Gedanken, die dem System widersprachen, wurde verfolgt, was für einige Schriftsteller wie z. B. Wolf Biermann die Ausweisung aus der DDR bedeutete.

1989 wird Deutschland wiedervereinigt.

1 *Verwendet zur Bearbeitung des Textes eine Folie.*
a) Korrigiert den Aufbau des Textes, indem ihr die Sätze in eine sinnvolle Reihenfolge bringt.
b) Streicht Ausdrucksfehler an.

2 *Tauscht euch schriftlich über den Text aus. Verfahrt dabei so, wie in der Arbeitstechnik beschrieben.*

ARBEITSTECHNIK

Schreibgespräch
Jede Schülerin/jeder Schüler legt ihren/seinen Text in der Gruppe aus und fügt ein leeres Blatt hinzu, auf dem die anderen reihum ihre Gedanken, Ideen und Anregungen notieren. Dabei sollen sich die Äußerungen nicht nur auf die ausgelegten Arbeiten, sondern auch auf die Kommentare beziehen, sodass ein stummes Schreibgespräch entsteht.
Auf dem leeren Blatt könnt ihr folgende Kriterien vorgeben, die eine Beurteilung objektivieren: Aufbau, gedankliche Klarheit, Inhalt/Informationsgehalt, Ausdruck/Wortwahl, sprachliche Richtigkeit.

3 *Schreibt eine verbesserte Version des Textes in euer Heft.*

4 *a) Führt innerhalb eurer Gruppe Schreibgespräche zu euren Portfolio-Texten durch.*
b) Überarbeitet mit Hilfe der Anmerkungen aus dem Schreibgespräch eure Portfolio-Texte.

5 *Stellt in der Gruppe euer Portfolio-Kapitel zusammen. Wählt das Material sinnvoll aus und bringt Texte und Bilder in eine logische Reihenfolge.*

Präsentationsphase – Das Gruppenpuzzle

Alle Gruppen in eurer Klasse haben ein Kapitel für das Klassen-Portfolio erstellt. Ihr seid jetzt Experten für das Thema, mit dem sich eure Stammgruppe beschäftigt hat. Vermittelt nun den anderen Schülerinnen und Schülern euer Wissen, macht dazu ein **Gruppenpuzzle** (▷ Arbeitstechnik). So erhalten alle einen Gesamtüberblick über die Inhalte des Portfolios.

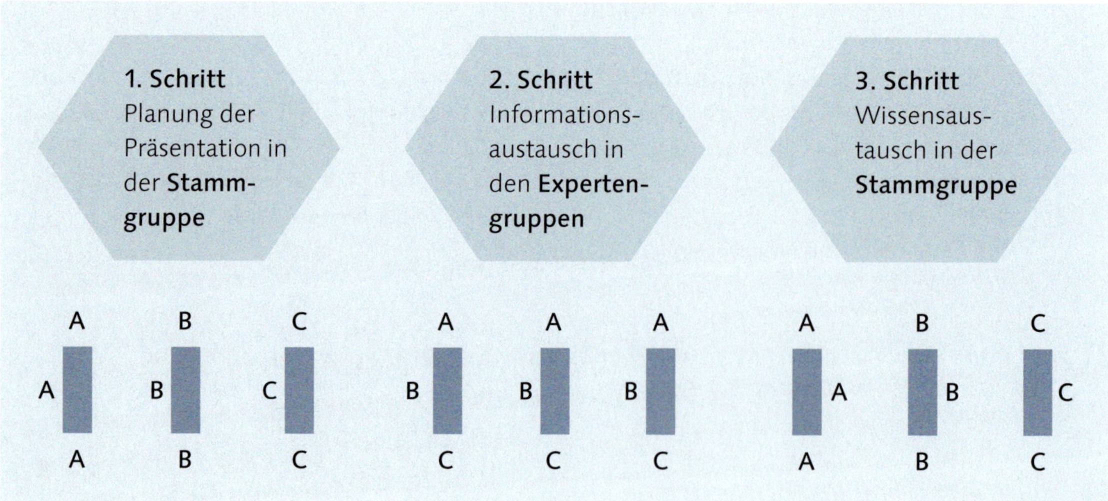

1. Schritt

- Informiert die anderen Schülerinnen und Schüler über eure wichtigsten Ergebnisse. Legt dazu in der Arbeitsgruppe fest, welche Informationen ihr aus eurem Portfolio-Kapitel in den Expertengruppen vorstellt.
- Bereitet für die Präsentation Moderationskärtchen vor. Orientiert euch dabei an der Gliederung eures Portfolios.
- Übt eure Präsentation in der Stammgruppe.

2. Schritt

- Setzt euch nun in den Expertengruppen zusammen.
  - Stellt mit Hilfe von Moderationskärtchen reihum die wichtigsten Informationen eures Kapitels vor.
  - Alle Zuhörer der Expertengruppe machen sich während des Vortrags Notizen und stellen am Ende der Präsentation Rückfragen.

3. Schritt:

- Tragt in der Stammgruppe euer neu erworbenes Wissen zu den Themen der anderen Gruppen zusammen und tauscht euch darüber aus.
- Nutzt die Rückfragen in den Expertengruppen zu eurem Portfolio-Kapitel, um es gegebenenfalls noch zu optimieren.
- Jede Stammgruppe entwickelt zu ihrem Thema ein Quiz oder eine Multiple-Choice-Aufgabe, die von den anderen Schülerinnen und Schülern im Anschluss an die Präsentation gelöst werden soll.

ARBEITSTECHNIK

Gruppenpuzzle

- Für das Gruppenpuzzle werden die Schülerinnen und Schüler der Klasse auf ungefähr gleich große Gruppen verteilt. Jede dieser **Stammgruppen** bearbeitet einen anderen Teil eines größeren Gesamtthemas, in diesem Fall ein Teilkapitel des Klassenportfolios.
- Im zweiten Schritt werden die Gruppen aufgelöst und **Expertengruppen** gebildet. Die Expertengruppen setzen sich aus jeweils einem Mitglied jeder Stammgruppe zusammen. In der neuen Gruppe erklärt jedes Gruppenmitglied den anderen, was es zuvor in der Stammgruppe erarbeitet hat, sodass am Ende jeder Schüler über alle Themen informiert ist.
- Zum Abschluss finden sich **alle wieder in ihrer Stammgruppe** zusammen und tauschen sich über das in den Expertengruppen erworbene Wissen aus.

Bewertungsphase – Ein Portfolio kriteriengeleitet beurteilen

Alle Portfolio-Kapitel sind jetzt erstellt. Prüft nun die Qualität der einzelnen Kapitel mit Hilfe eines **Bewertungsbogens.** So könnt ihr sowohl den anderen Gruppen eine Rückmeldung über deren Arbeit geben als auch euer eigenes Kapitel abschließend beurteilen.

Bewertungsbogen zur Qualitätseinschätzung eines Portfolio-Kapitels

Thema des Kapitels: ______________________________

Kriterium	Trifft zu	Trifft nicht zu	Tipp zur Optimierung
Die einzelnen Materialien des Portfolio-Kapitels wurden sinnvoll geordnet. Eine logische Gliederung ist erkennbar.			
Die einzelnen Materialen sind ordentlich und sorgfältig erstellt.			
Die Materialauswahl und -zusammenstellung sind gelungen.			
Die einzelnen Arbeitsschritte sind durch die Reflexionen deutlich erkennbar. In den Reflexionstexten wird das Vorgehen deutlich.			
Die eigenen Texte sind klar, verständlich und informativ.			
Die zusätzlichen Materialien ergänzen sinnvoll die eigenen Texte.			
Die Fotos/Bilder sind passend und in angemessener Anzahl ausgewählt.			
…			
Der Eindruck des gesamten Kapitels ist gut und in sich stimmig.			

1 *Prüft die Bewertungskriterien und ergänzt den Bewertungsbogen durch weitere Aspekte.*

2 *Tauscht die Portfolio-Kapitel zwischen den einzelnen Gruppen aus.*

3 *Bewertet die Kapitel der anderen Gruppen in eurem Team mit Hilfe des Bogens. Übertragt ihn zu diesem Zweck auf ein Blatt.*

4 *a) Gebt die Kapitel mit dem Bewertungsbogen zurück und wertet die Einschätzungen eures Kapitels durch die anderen Gruppen aus.*
b) Entwickelt Alternativen für die Aspekte und Seiten, die von den anderen als weniger gelungen eingeschätzt wurden.

5 *Führt in der Klasse ein Abschlussgespräch über die Durchführung des Projektes und das erstellte Portfolio. Überlegt insbesondere, welche Arbeitsmethoden und -techniken ihr für sinnvoll und ertragreich erachtet.*

15.2 Schreibprozesse gestalten – Textplanung und Textüberarbeitung

„Geschichte des Fräuleins von Sternheim" – Eine Interpretation vorbereiten

Zu Sophie von La Roche, ihrem Roman „Geschichte des Fräuleins von Sternheim" und der literarischen Epoche der Empfindsamkeit findet ihr im zehnten Kapitel dieses Lehrwerks ausführliche Informationen (▷ S. 205–210; S. 214–215).
Im folgenden Textauszug versucht der Graf von P., seine Schwester von der Eheschließung mit seinem Freund, dem Obersten von Sternheim, zu überzeugen.

Sophie von La Roche

Geschichte des Fräuleins von Sternheim

Den Morgen darauf ging der Baron zu Fräulein Sophie, und nach vielen freundlichen Fragen um ihre Gesundheit nahm er ihre Hände in die seinigen. „Liebe teure Sophie", sprach er, „du gibst mir Versicherung deines Wohlseins; aber warum bleibt dir die leidende Miene? Warum der Ton des Schmerzens; warum der Hang zur Einsamkeit? Warum entfliehen diesem edeln gütigen Herzen so viele Seufzer? – O wenn du wüsstest; wie sehr du mich diese lange Zeit deiner Melancholie durch bekümmert hast; du würdest mir dein Herz nicht verschlossen haben!"
Hier wurde ihre Zärtlichkeit überwältigt. – Sie zog ihre Hände nicht weg, sie drückte ihres Bruders seine an ihre Brust, und ihr Kopf sank auf seine Schulter. „Bruder, du brichst mein Herz! Ich kann den Gedanken nicht ertragen, dir Kummer gemacht zu haben! Ich liebe dich wie mein Leben; ich bin glücklich, ertrage mich, und rede mir niemals vom Heiraten."
„Warum das, mein Kind? Du würdest einen rechtschaffenen Mann so glücklich machen!"
„Ja, ein rechtschaffener Mann würde auch mich glücklich machen; aber ich kenne –" Tränen hinderten sie, mehr zu sagen. –
„O Sophie – hemme die aufrichtige Bewegung deiner Seele nicht; schütte ihre Empfindungen in den treuen Busen deines Bruders aus – Kind! ich glaube, es gibt einen Mann, den du liebst, mit dem dein Herz ein Bündnis hat."
„Nein, Bruder! Mein Herz hat kein Bündnis."
„Ist dieses wahr, meine Sophie?"
„Ja, mein Bruder, ja –"
Hier schloss sie der Baron in seine Arme. – „Ach, wenn du die entschlossne, die wohltätige Seele deiner Mutter hättest!" –
Sie erstaunte. „Warum, mein Bruder? Was willst du damit? Bin ich übeltätig gewesen?"
„Niemals, meine Liebe, niemals – aber du könntest es werden, wenn Vorurteile mehr als Tugend und Vernunft bei dir gälten."
„Bruder, du verwirrest mich! In was für einem Falle sollte ich der Tugend und Vernunft entsagen?"

„Du musst es nicht so nehmen! Der Fall, den ich denke, ist nicht wider Tugend und Vernunft; und doch könnten beide ihre Ansprüche bei dir verlieren."

„Bruder, rede deutlich; ich bin entschlossen nach meinen geheimsten Empfindungen zu antworten."

„Sophie, die Versicherung, dass dein Herz ohne Bündnis sei, erlaubt mir, dich zu fragen: was du tun würdest, wenn ein Mann voll Weisheit und Tugend dich liebte, um deine Hand bäte, aber nicht von altem Adel wäre?"

Sie geriet bei diesem letzten Wort in Schrecken, sie zitterte und wusste sich nicht zu fassen. Der Baron wollte ihr Herz nicht lange quälen, sondern fuhr fort: „Wenn dieser Mann der Freund wäre, dem dein Bruder die Güte und Glückseligkeit seines Herzens zu danken hätte –, Sophie; was würdest du tun?"

Sie redete nicht, sondern ward nachdenkend und wechselsweise rot und blass.

„Ich beunruhige dich, meine Schwester; der Oberst liebt dich. Diese Leidenschaft macht seine Schwermut; denn er zweifelt, ob er werde angenommen werden. Ich bekenne dir freimütig, dass ich wünschte, alle seine mir erwiesne Wohltaten durch dich zu vergelten. Aber wenn dein Herz darwider ist, so vergiss alles, was ich dir sagte."

Das Fräulein bemühte sich einen Mut zu fassen; schwieg aber eine gute Weile; endlich fragte sie den Baron: „Bruder, ist es gewiss, dass der Oberst mich liebt?" – Der Baron erklärte ihr hierauf alles, was er durch seine Unterredungen mit dem Oberst und endlich durch die Wünsche, welche seine Gemahlin gehört hatte, von seiner Liebe wusste.

„Mein Bruder", sprach Sophie, „ich bin freimütig, und du verdienst all mein Vertrauen so sehr, dass ich nicht lange warten werde, dir zu sagen, dass der Oberst der einzige Mann auf Erden ist, dessen Gemahlin ich zu werden wünsche."

„Der Unterschied der Geburt ist dir also nicht anstößig?"

„Gar nicht, sein edles Herz, seine Wissenschaft und seine Freundschaft für dich ersetzen bei mir den Mangel der Ahnen."

1 *a) Benennt und erklärt den Konflikt, der in dem Textauszug deutlich wird.*
b) Gibt es in unserer modernen Gesellschaft noch Liebesbeziehungen, die auf Gund von gesellschaftlichen, kulturellen oder religiösen Barrieren schwierig sind?

2 *Informiert euch über die Epoche der Aufklärung, in der Sophie von La Roche ihren Roman geschrieben hat.*

3 *Stellt Bezüge zwischen der Epoche und dem Romanauszug her. Entwerft dazu eine Tabelle, in der ihr die drei Begriffe „Tugend", „Vernunft" und „Empfindung" mit dem Textauszug in Beziehung setzt.*

Tugend	Vernunft	Empfindung
„Sophie, die Versicherung, dass dein Herz ohne Bündnis sei, erlaubt mir, dich zu fragen: was du tun würdest, wenn ein Mann voll Weisheit und Tugend dich liebte [...] (Z. 53 ff.)	„[...] Bin ich übeltätig gewesen?" „Niemals, meine Liebe, niemals - aber du könntest es werden, wenn Vorurteile mehr als Tugend und Vernunft bei dir gälten." (Z. 39 ff.)	„[...] aber warum bleibt dir die leidende Miene? Warum der Ton des Schmerzes; warum der Hang zur Einsamkeit?" (Z. 6 ff.)
...	...	...

Schreibplan – Gliederung und Niederschrift

Ein Schüler hat eine Gliederung für die Interpretation des Textauszugs entworfen.

a) Zusammenhänge zwischen Romanauszug und Aufklärung
b) Eine kurze, abschließende Beurteilung
c) Einleitung und Textbeschreibung
d) Informationen zur Epoche der Aufklärung
e) Zur Verwendung der Gefühlssprache im Romanauszug
f) Zusammenfassung der wichtigsten Ergebnisse

1 *Ordnet die Überschriften der Gliederung so, dass sich eine sinnvolle Reihenfolge ergibt.*

2 *Ergänzt, verändert oder kürzt die Gliederung.*

3 *Verfasst eine Interpretation des Romanauszugs. Verwendet die Gliederung als Grundlage. Bezieht die Epoche, in der Sophie von La Roche gelebt hat, ein.*

Schreibkonferenz – Den Text unter die Lupe nehmen

1 *Überarbeitet eure Textinterpretationen in der* ***Schreibkonferenz.***
a) Bildet zu viert eine Gruppe. Ihr benötigt eure Interpretationen, ein Wörterbuch, eine Grammatik, Textmarker und Bleistifte.
b) Eine Schülerin/Schüler liest ihren/seinen Text laut vor. Die drei Zuhörer machen sich Notizen und geben anschließend eine kurze Rückmeldung, wie ihnen der Text insgesamt gefallen hat.
c) Bringt dann die ***Textlupe*** *zum Einsatz: Gebt den vorgetragenen Text innerhalb der Gruppe weiter. Jeder notiert mit Bleistift an den Rand des Textes seine Verbesserungsvorschläge. Orientiert euch dabei an den Kriterien auf S. 326.*
d) Wendet die Kriterien und das Verfahren reihum in der Gruppe an, bis jedes Gruppenmitglied von allen Verbesserungsvorschläge erhalten hat.
e) Überarbeitet mit Hilfe der Vorschläge euren Text. Jeder kann für sich entscheiden, welche der Vorschläge er annimmt.
f) Zum Abschluss tragt ihr eure überarbeiteten Texte noch einmal in der Gruppe vor.

ARBEITSTECHNIK

Textlupe

Nehmt eure Texte genau in den Blick und prüft sie nach folgenden Kritierien:

- Sachliche Richtigkeit: Sind die genannten Fakten richtig?
- Gedankliche Struktur: Sind Aufbau und Gliederung schlüssig?
- Fachsprache/-methode: Werden Fachbegriffe treffend verwendet? Wird zwischen beschreibenden, deutenden und wertenden Aussagen unterschieden?
- Ausdruck und Satzbau: Sind die Formulierungen angemessen und korrekt?
  - Umstellprobe: Sollen Wörter, Satzglieder, Sätze oder Textabschnitte umgestellt werden?
  - Erweiterungsprobe: Welche Adjektive oder Attribute sollte man noch hinzufügen, damit der Text anschaulicher wird?
  - Ersatzprobe: Kann man Wörter oder Satzglieder durch treffendere ersetzen?
  - Weglassprobe: Welche Wörter oder Satzteile sollten weggelassen werden?
- Rechtschreibung und Zeichensetzung: Stimmen Rechtschreibung und Zeichensetzung?

Übungen zum Ausdruck – Proben durchführen

Ersatzprobe

VORSICHT FEHLER!

Sophie von La Roche ist in ihrer Zeit eine erstklassige und interessante Persönlichkeit, da es im 18. Jahrhundert ungewohnt ist, dass Frauen schriftlich tätig sind. Ihr Haus ist daher stets offen für freundschaftliche Dichter und Schriftsteller, so sind auch Goethe und Wieland Angehörige ihres Bekanntenkreises. Sophie ist somit eine Einmaligkeit und ebnet auch die Möglichkeiten für andere Frauen.

1 *Der Schülertext enthält einige Ausdrucksfehler. Ersetzt schiefe Formulierungen durch zutreffende Ausdrücke. Schreibt die überarbeiteten Sätze in euer Heft.*

VORSICHT FEHLER!

Im Zentrum des Romanauszugs steht der Dialog zwischen Sophie von P. und ihrem Bruder, dem Baron von P. Der Bruder sucht das Gespräch mit Sophie, obwohl er seit einiger Zeit bemerkt hat, dass seine Schwester und ein von ihm geschätzter Freund, der Oberst von Sternheim, traurig sind. Der Baron von P. ahnt, dass beide einander lieben, sich diese Liebe jedoch versagen, trotzdem sie unterschiedlichen Ständen angehören. Wenn der Baron seiner Schwester eröffnet, dass er gegen die Verbindung nichts einzuwenden habe, ist Sophie erleichtert und überglücklich. Dieses Beispiel zeigt, warum sich die Wertvorstellungen im 18. Jahrhundert verändert haben: Der Begriff der Tugendhaftigkeit, d. h. die Beurteilung der Menschen nach ihren Tugenden und Verdiensten, nicht nach ihrem gesellschaftlichen Stand, als er in der Aufklärung geprägt worden ist, gelangt in das Bewusstsein der Menschen und findet Akzeptanz und kann sich gegenüber der alten Ordnung der Gesellschaft durchsetzen. Im Übrigen hätte der Bruder diese Verbindung nicht zugelassen.

2 *In diesem Auszug sind Konjunktionen und Bezugswörter falsch verwendet. Ersetzt die Wörter so, dass logische und sinnvolle Verknüpfungen entstehen.*

Weglassprobe

VORSICHT FEHLER!

Sophie von La Roche und Christoph Martin Wieland sind nämlich Jugendfreunde. La Roche verbindet viel mehr mit Wieland als nur eine reine Freundschaft. Bis zum Jahr 1735 ist La Roche mit Wieland gewissermaßen richtig verlobt. Auch nach der Verlobung stehen die beiden Schriftsteller irgendwie in so einer Art freundschaftlichem Kontakt zueinander. Wieland fördert und unterstützt die Jugendfreundin praktisch immer in ihrer schriftstellerischen Tätigkeit und Entwicklung. Er gibt also zum Beispiel auch ihren ersten Briefroman „Geschichte des Fräuleins von Sternheim" heraus.

3 *Der Schülertext enthält viele Doppelungen und Füllwörter.*
a) Übertragt den Text in euer Heft und streicht mit Bleistift alle Wörter, Satzglieder oder Sätze aus, die ihr weglassen möchtet.
b) Schreibt die korrigierten Sätze auf und lest sie euch gegenseitig vor. Hat der Text an Prägnanz gewonnen?

Umstellprobe

VORSICHT FEHLER!

Die Worte des Bruders sind sehr gefühlsbetont (vgl. Z. 4 ff.). Die Sprache von La Roche ist sehr empfindsam. Nachweisen lässt sich an dem Textauszug die Stimmung der Empfindsamkeit. Zum Beispiel die Anrede „Liebe teure Sophie" (Z. 4) und auch Ausdrücke wie „Warum der Ton des Schmerzens; Warum der Hang zur Einsamkeit?" (Z. 6 ff.) zeigen das. Auf die Gemütsverfassung Sophies geht der Bruder ein und gibt ihr Ausdruck.

4 *Stellt Satzglieder oder ganze Sätze um, damit die Aussage einzelner Sätze und damit des Textes insgesamt schlüssiger wird.*

15.3 Wissenschaftlich arbeiten – Fach- und Seminararbeiten verfassen

Das Thema finden und Fragestellungen entwickeln

Themenbereiche für eine Fach- oder Seminararbeit
- zeitgenössische/r Autorin/Autor
- Autorin/Autor aus der Literaturgeschichte
- Sprache/Sprachgeschichte/lokaler Dialekt
- (lokale/regionale) Medien
- Theaterinszenierungen
- …

1 *Klärt eure Interessenlage im Hinblick auf Facharbeitsthemen. Sucht aus der Liste der Themenbereiche einen aus, mit dem ihr euch am liebsten beschäftigen möchtet. Ihr könnt auch einen anderen Bereich wählen, der zum Fach Deutsch passt.*

Franz Kafka

Brief an den Vater

Du hast dein ganzes Leben lang schwer gearbeitet, alles für deine Kinder, vor allem für mich geopfert, ich habe infolgedessen „in Saus und Braus" gelebt, habe vollständige Freiheit gehabt zu lernen, was ich wollte, habe keinen Anlass zu Nahrungssorgen, also zu Sorgen überhaupt gehabt; du hast dafür keine Dankbarkeit verlangt, du kennst „die Dankbarkeit der Kinder", aber doch wenigstens irgendein Entgegenkommen, Zeichen eines Mitgefühls; stattdessen habe ich mich seit jeher vor dir verkrochen, in mein Zimmer, zu Büchern, zu verrückten Freunden, zu überspannten Ideen; offen gesprochen habe ich mit dir niemals […]. Jedenfalls waren wir so verschieden und in dieser Verschiedenheit einander so gefährlich, dass, wenn man es hätte etwa im Voraus ausrechnen wollen, wie ich, das langsam sich entwickelnde Kind, und du, der fertige Mann, sich zueinander verhalten werden, man hätte annehmen können, dass du mich einfach niederstampfen wirst, dass nichts von mir übrig bleibt.

2 *Notiert in wenigen Stichwörtern, inwiefern diese Auszüge aus Franz Kafkas „Brief an den Vater" Anlass sein könnten, eine Facharbeit über den Autor zu schreiben.*

3 *Im Folgenden wird angenommen, dass ihr euch in einer Fach- oder Seminararbeit mit Leben und Werk dieses Schriftstellers befassen möchtet. Welche der unten stehenden Themen sind eurer Meinung nach in sinnvoller Weise eingegrenzt, sodass die notwendigen Vorarbeiten und Ausarbeitungen in wenigen Wochen neben dem normalen Unterricht möglich sind? Begründet eure Entscheidung.*

a) Franz Kafkas Verhältnis zu seiner Familie – Einfluss auf sein literarisches Werk
b) Verfilmungen von Kafkas Werken
c) Franz Kafkas Erzählung „Die Verwandlung" – Bezüge zu seinen familiären Erfahrungen
d) Michael Hanekes Verfilmung von Kafkas „Das Schloss" (1997)
e) Vater- und Mutterfiguren in Kafkas Romanen
f) Kafkas Verhältnis zum Vater als Hintergrund für die kurze Erzählung „Vor dem Gesetz"
g) Kafkas „Vor dem Gesetz" und Botho Strauß' „Wann merkt ein Mann …" – intertextuelle Bezüge
h) Die Bedeutung des Schreibens für den Schriftsteller Franz Kafka und sein Werk

4 *Informiert euch in einer ersten orientierenden* ***Recherche*** *in Bibliotheken und im Internet zu Leben und Werk Franz Kafkas.*

5 *Formuliert auf der Basis dieser Recherche ein Facharbeitsthema zu Leben und Werk Franz Kafkas. Legt es der betreuenden Lehrerin/dem betreuenden Lehrer vor, damit das Thema evtl. weiter eingegrenzt und im Hinblick auf die Berücksichtigung fachlicher Anforderungen geprüft werden kann.*

6 *Sprecht außerdem den Umfang der Arbeit, den Zeitrahmen und die formalen Vorgaben (Schrifttyp und -größe, Seitenränder etc.) ab.*

7 *Erstellt einen Arbeitsplan, in dem ihr den folgenden Arbeitsschritten jeweils einige Arbeitstage mit Datum zuordnet.*

ARBEITSTECHNIK

Arbeitsphasen einer Facharbeit

- ☐ Erkundung von Informationsquellen
- ☐ Konkrete Recherche
- ☐ Zusammenstellen der Informationen
- ☐ Informationsauswertung und Stoffgliederung
- ☐ Schreiben des Textentwurfs mit Einarbeitung von Zitaten etc.
- ☐ Erstellen einer Bibliografie, d. h. Auflistung der Text- und Bildquellen
- ☐ Gestaltung der Arbeit (mit Materialanhang)
- ☐ Textüberarbeitung
- ☐ Ausdruck und Heftung

Informationen beschaffen und auswerten

Titel	*Standnummer/Internetadresse*
Reinhard Meurer: Franz Kafka. Erzählungen	*Pgk 213/114 (Schulbibliothek)*
Klaus Wagenbach: Franz Kafka	*Pgk 213/103 (Schulbibliothek)*
Franz Kafka: Die Verwandlung	*http://gutenberg.spiegel.de/?id=5&xid=1363&kapitel=1#gb found*
...	

1 *Ermittelt und sichert Informationsquellen, die für eure Arbeiten wichtig sind.*
a) Informiert euch dazu über die Möglichkeiten der elektronischen oder der Katalog-Recherche in Bibliotheken bzw. über verschiedene Operatoren-Abfragen im Internet (AND-Abfrage, NOT-Abfrage, Phrasensuche etc.).
b) Notiert eure Ergebnisse in Form von Kurztiteln und Standnummern von Büchern bzw. Internetadressen.

2 *Recherchiert dann gezielt an den vorbereiteten Orten.*
a) Kopiert bzw. exzerpiert wichtige Seiten aus Büchern und Zeitschriften oder speichert Informationen aus dem Internet ab.
b) Notiert zu jedem Text die für wissenschaftliche Arbeiten nötigen Quellenangaben. Nutzt dazu ein Quellenprotokoll der folgenden Art.

Quellenprotokoll

Bibliografische Angaben:
Verfasser/in: Klaus Wagenbach
Quelle (Buch/Zeitschrift/Internet-Adresse): Franz Kafka in Selbstzeugnissen und Bilddokumenten
Erscheinungsort und -jahr: Reinbek bei Hamburg 1964
Seitenzahl: 154

Wichtiger Aspekt für die Facharbeit:
lebensgeschichtliche Hintergründe zu Texten Kafkas
Kurze Notizen zum Inhalt:
Erfahrungen mit einem übermächtigen Vater
Erfahrungen der Einsamkeit
eingeschränkter Lebensraum

3 *Bewertet die Qualität eurer Quellen mit Hilfe der folgenden Checkliste. Ersetzt evtl. Quellen, die keine hohe Punktzahl erreichen, durch verlässlichere.*

ARBEITSTECHNIK

Checkliste zur Bewertung von Print- und Internet-Informationen

Informationsquellen sind nicht in gleichem Maße zuverlässig. Bei der Vorbereitung einer Facharbeit solltet ihr euch jedoch nur auf **zuverlässige Quellen** stützen. Die Qualität von Informationen könnt ihr u. a. mit Hilfe der folgenden **Kriterien** einschätzen:

- ☐ Die Autorin/der Autor des Textes gibt den Namen an. (3 Punkte)
- ☐ Die Autorin/der Autor bzw. die veröffentlichende Instanz (z. B. eine Behörde, Organisation) gibt eine Adresse an (postalische Adresse, Website, E-Mail-Adresse). (2 Punkte)
- ☐ Die Verfasserin/der Verfasser ist als Expertin/Experte auf dem jeweiligen Fachgebiet erkennbar (z. B. durch eine Berufsangabe). (3 Punkte)
- ☐ Der Text ist von einer angegebenen Redaktion (Redaktionsanschrift) und/oder einem angegebenen Herausgeber (Herausgebernamen) bzw. dem Lektorat eines Verlages (Verlagsangabe) geprüft worden. (3 Punkte)
- ☐ Der Text bezieht sich mit seinen Informationen auf weitere angegebene und überprüfbare Quellen. (3 Punkte)

Die Arbeit gliedern und erste Entwürfe schreiben

In diesem Buch findet ihr im Inhaltsverzeichnis auf S. 2–7 eine **numerische Gliederung.** Als Alternative gibt es die **gemischte Gliederung** mit Großbuchstaben (bzw. römischen Zahlen) und arabischen Ziffern:

Franz Kafkas Erzählung „Die Verwandlung" – Bezüge zu seinen familiären Erfahrungen

A Erfahrungen in der Familie Franz Kafkas
- 1. Das gespannte Verhältnis zum Vater
- 1.1 Erdrückende Übermacht des Vaters
- 1.2 Lieblosigkeit und Tyrannei
- 1.3 …
- 2. Die Rolle der Schwestern in Kafkas Leben
- 3. Kafkas enger Lebenskreis
- 3.1 Kontaktarmut, Schüchternheit und Vereinsamung
- 3.2 Der Wunsch nach Freundschaft und Gemeinschaft
- 3.3 …

B Die Verwandlung
- 1. Veröffentlichungsdaten
- 2. Drastische Einschränkung des Bewegungsraumes
- 3. Die literarischen Figuren
- 3.1 Der Vater

3.2 Schwester Grete
3.3 …
4. Die Funktion von Kunst und Musik
5. Darstellungsweise
5.1 Kühle Realistik
5.2 …

C Der literarische Text als Verarbeitung biografischer Erfahrungen
1. …
2. …

1 *Schaut euch das Beispiel aus einer Schülerarbeit zu Franz Kafka genau an. Erklärt den inhaltlichen Aufbau dieser Facharbeit.*

2 *Wählt für eure Arbeiten eines der genannten Gliederungsprinzipien aus: numerisch oder gemischt.*

3 *Sichtet das Material, das ihr in eurer Arbeit verwenden wollt, formuliert dazu eine Reihe sinnvoller gliedernder Überschriften und ordnet sie in euer Gliederungssystem ein.*

4 *Kopiert diese Gliederung am Computer. Eine Kopie verwendet ihr später als Inhaltsverzeichnis eurer Arbeit, die zweite nutzt ihr als Überschriftensystem für den zu schreibenden Text.*

5 *Formuliert dann das erste Kapitel.*

Quellen zitieren und bibliografieren

Zitatbeispiele	Regeln des Zitierens
a. Kafka betont die „Verschiedenheit" zwischen sich und dem Vater (Kafka 1966, S. XX).	(I) Zitate, die in einen eigenen Satz eingefügt werden, müssen manchmal grammatisch angepasst werden. Veränderungen werden durch eckige Klammern angezeigt.
b. Kafka teilt dem Vater mit, er habe immer befürchtet, dieser werde ihn „einfach niederstampfen" (ebd., S. XX).	(II) Zitate, die einen vollständigen Satz bilden, stehen allein und werden durch einen Doppelpunkt abgetrennt. Sind in solchen Zitaten Wörter ausgelassen, wird dies durch drei Punkte in eckigen Klammern angezeigt.
c. Kafka bekennt außerdem: „[…] offen gesprochen habe ich mit dir niemals" (ebd., S. XX).	(III) Zitate werden am Anfang und am Ende durch Anführungszeichen kenntlich gemacht. Nach einem Zitat wird am Ende des Satzes oder Abschnitts in einer Klammer die Quelle in Kurzform angegeben.

d. Kafka gesteht dem Vater zu, er habe „[s]ein ganzes Leben lang schwer gearbeitet" (ebd., S. XX).	(IV) Kurze Zitate werden in einen selbst formulierten Satz integriert. Wird eine Quelle wiederholt, kann der Kurztitel durch „ebd." ersetzt werden.

Die Quellenangaben beziehen sich auf:
Franz Kafka: Er. Prosa von Franz Kafka. Auswahl und Nachwort von Martin Walser, Frankfurt/Main (Suhrkamp Verlag) 1966, S. 133–192

1 *Die Zitate sind einer Arbeit über Franz Kafka entnommen. Ordnet jedem dieser Zitate jeweils eine passende Regel des Zitierens aus der zweiten Spalte zu.*

!

Zitat und Bibliografie

- Ein **Zitat** ist eine wörtliche Übernahme aus einem Herkunftstext. Am Wortlaut darf nichts verändert werden.
- Wird nach einem Zitat eine **Kurzform des Quellenverweises** gewählt – Beispiel: (Maier 2005, S. 12) –, dann muss in der Bibliografie eine vollständige Angabe zu dieser Quelle gemacht werden.
- Es ist auch möglich, nach dem Zitat mit einer **hochgestellten Ziffer** auf eine Anmerkung zu verweisen, die am Ende der Seite eingefügt wird; diese Anmerkung enthält dann die kompletten bibliografischen Angaben.
- Eine **Bibliografie** (Literaturverzeichnis) ist eine alphabetisch geordnete Zusammenstellung von Büchern oder sonstigen Quellen (z. B. Zeitschriftenaufsätzen, Internettexten), die in einer Arbeit mit wissenschaftlichem Anspruch verwendet worden sind.

2 *Vermeidet beim Zitieren die im Folgenden aufgeführten häufig auftretenden Fehler. Prüft in euren Texten, ob eure Zitierweise den Standards entspricht.*

Häufige Fehler beim Zitieren

- Die ursprüngliche Aussageabsicht einer Autorin/eines Autors wird im eigenen Text verfälscht oder umakzentuiert. Der Textzusammenhang, aus dem ein Zitat entnommen wird, sollte beim Zitieren berücksichtigt werden.
- Das in den eigenen Text übernommene Zitat passt nicht in den Satzzusammenhang. Zitate und eigener Fließtext sollten immer vollständige Sätze ergeben.
- (Lange) Zitate werden nicht in angemessener Weise mit eigenen Aussagen kommentiert. Zitate können nicht die eigene gedankliche Leistung ersetzen.
- Nebensächliche Aussagen werden zitiert. Zitate sollten Kernaussagen eines Autors/einer Autorin beinhalten.

3 *Außer über ein Zitat könnt ihr Positionen eines Fremdautors auch in Form einer* ***Paraphrase*** *(einer Umschreibung, sinngemäßen Übernahme) in euren Text integrieren. Wählt einige Informationen zu Kafka aus und übernehmt diese unter Beachtung der folgenden Regeln in eure Arbeiten.*

Regeln des Paraphrasierens
- Ausgewählte Aussagen des Autors/der Autorin werden in eigenen Worten neu formuliert. Dabei sollte man der Aussageabsicht des Autors/der Autorin gerecht werden.
- Eine Gedankenübernahme muss sprachlich angemessen markiert werden (z. B. durch den Konjunktiv der indirekten Rede oder Formulierungen wie z. B.: „Nach Ansicht des Autors ...“.
- Am Ende der Gedankenübernahme steht ein Verweis auf die Quelle; dieser wird durch ein „vgl.“ (Abkürzung für „vergleiche“) eingeleitet, z. B.: „vgl. Maier 2005, S. 12“.

4 *a) Vollzieht in dem Autoren- und Quellenverzeichnis dieses Bandes (▷ S. 376 ff.) nach, wie Fundstellen in Büchern, Zeitschriften etc. angegeben sind.*
HINWEIS: *Lebensdaten von Autorinnen und Autoren werden in Bibliografien außerhalb von Lehrwerken in der Regel nicht angegeben.*
b) Schreibt jeweils ein Beispiel für die unten genannten Möglichkeiten in euer Heft.

Systematik bibliografischer Angaben
- Buchveröffentlichung einer Autorin/eines Autors:
  Name des Autors, Vorname: Titel des Buches. Untertitel. Verlag (kann evtl. entfallen), Verlagsort und Publikationsjahr, Seite(n)
- Text aus einem von der Autorin/vom Autor selbst veröffentlichten Sammelwerk
  Name des Autors, Vorname: Titel des Textes. Aus: Titel des Buches ...

5 *Entwickelt anhand des Quellenverzeichnisses in diesem Band auf S. 376 ff. auch für Zeitschriften oder Zeitungen eine Maßgabe der korrekten Quellenangabe.*

6 *Stellt dann in einer eigenen Bibliografie alphabetisch alle Titel zusammen, auf die ihr euch bei der Erstellung eurer Facharbeit gestützt habt. Nutzt dabei eure Quellenprotokolle (▷ S. 330).*

Den eigenen Text überarbeiten, vorstellen und reflektieren

1 *Prüft eure Manuskripte mit Hilfe der folgenden Checkliste.*

ARBEITSTECHNIK

Checkliste zur Prüfung und Überarbeitung einer Facharbeit

- **Inhaltliche Punkte:** Habt ihr
  - zu Beginn der Arbeit euer methodisches Vorgehen kurz benannt?
  - euch um Sachlichkeit bemüht und euren Gegenstand kritisch-distanziert betrachtet?
  - das Material eurer Arbeit sinnvoll gegliedert?
  - die von euch zusammengetragenen Materialien gut durchdacht?
  - alle verwendeten Quellen nachgewiesen?
  - Fachbegriffe, die zur Darstellung des gewählten Gegenstandes sinnvoll sind, angemessen und korrekt verwendet?
  - Zitate wortgetreu und mit genauen Quellenangaben wiedergegeben und diese fachgerecht in eure Texte integriert?
  - die Ergebnisse eurer Untersuchung am Ende prägnant zusammengefasst?
- Sind eure Facharbeiten auch **formal korrekt:**
  - Sind diese vollständig (Inhaltsverzeichnis, Bibliografie, evtl. Selbstständigkeitserklärung, in der ihr versichert, dass ihr die Arbeit selbstständig verfasst habt, etc.)?
  - Sind Schriftbild, Seitenaufbau, Systematik der (Zwischen-)Überschriften etc. einheitlich und entsprechen sie den schulischen Vorgaben?
  - Sind sie in der Standardsprache und in einem angemessenen Stil verfasst?
  - Sind eure Ausführungen sprachlich korrekt (Rechtschreibung, Ausdruck, Grammatik, Zeichensetzung)?

2 *Wählt zur Vorstellung eurer Untersuchungsergebnisse eine der folgenden Möglichkeiten aus.*

Präsentation von Facharbeiten

- Einstellen der Arbeit in die Schulbibliothek (evtl. zunächst Präsentation auf einem Neuerscheinungsregal);
- (teilweise) Veröffentlichung auf der Homepage der Schule;
- Veröffentlichung im Schuljahrbuch;
- Thesenvortrag zur Facharbeit in der Klasse;
- Ausstellung von Teilergebnissen an Präsentationswänden in der Schule;
- Vorstellung in der Lokalzeitung bzw. im Lokalradio.

3 *Reagiert mit **Feedback-Briefen** auf die Präsentationen eurer Mitschülerinnen und Mitschüler.*

a) Jeweils drei aus der Klasse schreiben einen Brief, in dem sie ihre Eindrücke zur Qualität des Inhalts und zur Vortragsweise (vgl. S. 73) in persönlicher Form mitteilen.

b) Der Brief soll mit einem möglichst konkreten Tipp enden, wie die Adressatin/der Adressat die Gestaltung und Präsentation solcher Arbeiten (weiter) verbessern könnte.

ORIENTIERUNGSWISSEN

1 Sprechen – Zuhören – Schreiben

1.1 Argumentieren

Überzeugend argumentieren

▷ S. 29–46

Eine gut gebaute Argumentation ist die wichtigste Voraussetzung, um in einer Diskussion bestehen zu können. Zu einer Argumentation gehören:

- **Thesen:** Meist lässt sich die zentrale Aussage als **These** formulieren. Eine These ist syntaktisch in der Regel ein Aussagesatz. Sie kann auftreten als
  - **Behauptung:** In ihr wird festgestellt, dass etwas „der Fall" bzw. eine „Tatsache" ist.
    Beispiel: „In den letzten Jahren ist die Kriminalität von Kindern und Jugendlichen deutlich angestiegen."
  - **Werturteil:** In ihm wird etwas als wertvoll oder als wertlos und gefährlich dargestellt.
    Beispiel: „Auch die Opfer der Kinderkriminalität haben ein Recht auf Schutz." – „Drogenhandel ist kein Kavaliersdelikt."
  - **Empfehlung** oder **Forderung:** Ähnlich wie bei einem Werturteil wird etwas als wertvoll dargestellt, aber auch gefordert bzw. empfohlen.
    Beispiel: „Jede Straftat in der Schule sollte der Polizei gemeldet werden."
- **Argumente:** Ein Argument ist jede Aussage, die eine These stützen und damit deren Geltungsanspruch bekräftigen soll. Man kann verschiedene Arten unterscheiden:
  - **Faktenargumente** sind Hinweise auf Tatsachen, die mit eigenen Erfahrungen belegt oder auch mit wissenschaftlichen Erkenntnissen oder statistischen Erhebungen abgesichert sein können.
    Beispiel: „[...], denn die Zahl der Straftaten ist enorm gestiegen."
  - **Wertargumente** sind ausgesprochene oder unausgesprochene Berufungen auf Normen und allgemein anerkannte Werte wie Gesundheit, Meinungsfreiheit, Unverletzlichkeit der Person etc.
    Beispiel: „[...], denn jedes Kind hat ein Recht auf Unterstützung durch die Gemeinschaft."
  - **Autoritätsargumente** sind Berufungen auf Autoritäten bzw. Expertinnen/Experten, die als anerkannt vorausgesetzt werden. Je nach Thema und Adressatenkreis können das ganz unterschiedliche Personengruppen wie Wissenschaftler, Politiker oder sogar Popstars sein.
    Beispiel: „[...], weil auch schon auf der Fachtagung ‚Kinderkriminalität' 1997 von namhaften Wissenschaftlern festgestellt wurde, dass [...]."
- **Belege, Beispiele** oder **Zitate:** In kurzen Statements verzichtet man oft auf Belege oder Beispiele, die die Argumentation stützend untermauern. In Argumentationen und Debatten sind sie aber sinnvoll, um möglichst konkret die Begründung zu veranschaulichen. Beispiel: „(Diese Tatsachen dürfen für unsere Gesellschaft deshalb kein Tabuthema mehr sein, weil die Straftaten immer brutaler werden.) Ich möchte nur das Beispiel des 12-jährigen F. anführen, der im letzten Sommer seine Lehrerin angegriffen und geschlagen hat."

Statements verfassen

▷ S. 47

Ein **Statement** ist eine relativ kurze, konzentriert argumentierende Meinungsäußerung, die darauf zielt, das Publikum von der eigenen Meinung zu überzeugen.
Folgende Fragen helfen bei der Vorbereitung eines Statements:

- Worin liegt genau die Intention des Statements? Soll die eigene Position aufgewertet, soll beschwichtigt, vereinnahmt oder die Gegenposition abgewertet werden?
- Wer soll überzeugt werden?
- Welche Argumente sind dafür besonders geeignet?
- Welche Reihenfolge ist die wirksamste?
- Wie wird das Statement eingeleitet, damit das Interesse des Publikums geweckt wird?
- Welche sprachlichen bzw. rhetorischen Gestaltungsmöglichkeiten gibt es, um die Intention möglichst eindrücklich umzusetzen?

1.2 Eine These erörtern

Lineare und dialektische (Pro- und Kontra-)Erörterung

▷ S. 38–51

Lineare (steigernde) oder dialektische Erörterung?
Manchmal ist auf den ersten Blick nicht leicht zu erkennen, ob eine Erörterungsaufgabe lineares oder dialektisches Herangehen erfordert. Deshalb ist es wichtig, die Aufgabenstellung genau unter die Lupe zu nehmen. Oftmals enthält sie Formulierungen, die Aufschluss über den Erörterungstyp geben.

- Der **linearen (steigernden)** Erörterung liegt häufig eine mit „W“ beginnende Frage zu Grunde, z. B.: „Warum ist Sport für die Menschen sinnvoll?“ oder: „Was bedeutet Glück für dich?“.
  Vielfach geben dabei auch bestimmte Schlüsselwörter Auskunft, z. B.: „Begründe, ...“, „Zeige auf, ...“, „Erkläre, ...“, „Untersuche, ...“ etc.
- Auf ein **dialektisches** Vorgehen weisen z. B. Signalwörter hin, die deutlich machen, dass zu einem Thema gegensätzliche Positionen aufeinandertreffen. Typische Formulierungen sind: „Erörtere Für und Wider ...“, „Setze dich auseinander mit ...“, „Diskutiere ...“, „Nimm kritisch Stellung ...“ etc. Der Gegensatz wird auch meist durch die Art der Frage deutlich, z. B.: „Handy – Fluch oder Segen?“, „Die Schule als Selbstlernzentrum – Ja oder Nein?“ etc.

Die lineare (steigernde) Erörterung
Die lineare Erörterung vertritt oder verwirft eine These. Die gewählte Position wird beibehalten, Gegenargumente werden nicht genannt. Eine **lineare Erörterung** ist so **aufgebaut:**

- Die **Einleitung** soll Interesse wecken und der Leserin oder dem Leser das Problem, um das es geht, oder die **These,** die vertreten werden soll, nahebringen. Dazu kann man:
  - von einem konkreten Fall ausgehen (eigene Erfahrung, Zeitungsmeldung),
  - die allgemeine Bedeutung des Problems aufzeigen oder
  - das Problem in einen aktuellen Zusammenhang stellen.

  Hier werden auch schwierige Begriffe, die zum Verständnis nötig sind, geklärt.

- Der **Hauptteil** bringt die Argumente, die die These stützen (überprüfbare Fakten, Beobachtungen und Erfahrungen, allgemein anerkannte Grundsätze oder Normen), in steigernder Reihenfolge. Zum Schluss hin nähert man sich dem stärksten **Argument.** Jedes Argument muss durch einen **Beleg** untermauert sein, z. B. durch ein **Beispiel** oder ein **Zitat.**
- Der **Schluss** soll den Gedankengang abrunden. Hier kann man
  - eine Aufforderung oder einen persönlichen Wunsch nennen oder
  - einen Ausblick geben auf verwandte Themen oder zukünftige Entwicklungen.

Die dialektische (Pro- und Kontra-)Erörterung
In der so genannten **dialektischen Erörterung** werden die Gründe, die **für** eine These sprechen, und die Gründe, die **gegen** die Position sprechen, gegeneinander abgewogen, und so wird eine eigene Meinung herausgearbeitet. Durch schlüssiges Argumentieren wird das Urteil überzeugend begründet. Für die **dialektische** Form der **Erörterung** gilt grundsätzlich der gleiche **Aufbau** wie für die lineare Erörterung:
Einleitung – Hauptteil – Schluss.
Der Hauptteil enthält den Argumentationsgang.
Der Hauptteil der dialektischen Erörterung kann nach dem **Sanduhr-Prinzip** (erst werden die Argumente der Gegenposition in fallender, dann die der eigenen Position in steigender Reihenfolge genannt) oder nach dem **Pingpong-Prinzip** (Argument und Gegenargument folgen unmittelbar aufeinander) aufgebaut sein.

Aufbau einer textgebundenen Erörterung

▷ S. 303–307

1. Einleitung:
- im Einleitungssatz Autor/in, Titel des Textes und Thema nennen,
- gegebenenfalls aktuellen Bezug des Themas herstellen.

2. Hauptteil:
- a) Analyse des Textes:
  - den Text knapp zusammenfassen (Tempus: Präsens),
  - dabei zentrale Problemstellung wiedergeben,
  - Argumentationsstruktur und sprachliche Mittel des Textes analysieren.
- b) Erörterung der Argumente im Text:
  - zu den Hauptargumenten des Textes Stellung nehmen, dabei teilweise oder völlige Zustimmung oder Widerspruch begründet darlegen,
  - eigene Beispiele und Erläuterungen für oder wider die Argumente formulieren.

3. Schlussteil:
- die wichtigsten Argumente zusammenfassen und daraus die eigene Position ableiten,
- auf das Thema bezogene Aufforderung oder persönlichen Wunsch formulieren,
- auf verwandte Themen verweisen oder zukünftige Entwicklungen aufzeigen.

1.3 Protokollieren

Protokollieren

▷ S. 74

Für ein Protokoll gibt es eine festgelegte äußere Form:
- Einen **Protokollkopf** mit dem Titel der Veranstaltung, dem Datum, der Uhrzeit, dem Ort, den Namen der Anwesenden und der Protokollanten sowie dem Thema,
- einen **Hauptteil,** gegliedert nach Tagesordnungspunkten (TOPs),
- einen **Schluss** mit Datum des Tages, an dem das Protokoll geschrieben wurde, und der Unterschrift des Protokollanten.

Es werden zwei Arten von Protokoll unterschieden:
- Ein **Ergebnisprotokoll** kann man sachlogisch strukturieren, d. h., man kann verschiedene Aussagen zu einem Themenaspekt zusammenfassen, auch wenn sie in der Diskussion zeitlich getrennt waren.
- Das **Verlaufsprotokoll** berichtet in der genauen Reihenfolge über den gesamten Verlauf von Sitzungen, Besprechungen etc. Redebeiträge und Meinungsäußerungen müssen dem zeitlichen Ablauf nach festgehalten werden. Das Ergebnisprotokoll wird im Präsens abgefasst, das Verlaufsprotokoll im Präteritum oder Präsens.

1.4 Texte zusammenfassen

Informationen aus Sachtexten festhalten

Es gibt verschiedene Möglichkeiten, Informationen möglichst knapp und übersichtlich festzuhalten, z. B.
- in einer **Stichwortliste,** einem **Flussdiagramm** oder einer **Mind-Map** oder
- in einem eigenen kurzen Text, einer **Inhaltszusammenfassung.** Eine Stichwortliste kann man dabei gut als Vorbereitung verwenden. Beachtet dabei Folgendes:
  - **Aufbau:** Klare gedankliche Ordnung, orientiert an einem dargestellten Ablauf oder an einzelnen Aspekten. Der kurze Einleitungsabschnitt enthält Angaben zu Verfasser/in, Titel, Quelle (z. B. die Zeitschrift, aus der der Text stammt) und Thema.
  - **Ausführlichkeit:** Man beschränkt sich auf das, was in dem Text wirklich wichtig ist, verzichtet also auf ausschmückende Einzelheiten.
  - **Schreibstil:** Man schreibt sachlich; die eigene Meinung gehört hier nicht hin.
  - **Tempus:** Präsens

Inhaltsangabe eines Erzähltextes

- Nach Nennung von Autor oder Autorin, Texttitel und der Textsorte wird einleitend das Thema formuliert und in einem Satz zusammengefasst, worum es im Text geht.
- Zentrale Figuren werden mit den individuellen Eigenschaften beschrieben, die für die Handlung von Bedeutung sind.
- Handlungsschritte müssen erkannt und zusammengefasst werden.

- ☐ Der Ausgang der Handlung wird formuliert.
- ☐ Direkte Rede wird in indirekte Rede umgeschrieben.
- ☐ Das Tempus der Inhaltsangabe ist das Präsens und bei Vorzeitigkeit das Perfekt.
- ☐ Bei einer **erweiterten oder interpretierenden Inhaltsangabe** wird noch ein Schlussabschnitt angefügt, in dem man auf offene Fragen und Intention des Textes eingehen kann. Hier ist auch der Ort für ein eigenes Urteil über den Roman oder die Erzählung, das aus dem Text heraus begründet sein sollte.

1.5 Sich bewerben

Checkliste für Bewerbungsschreiben und Lebenslauf

▷ S. 308–312

Äußeres
- ☐ Weißes, sauberes Papier, einseitig beschrieben, DIN-A4
- ☐ Ränder links und rechts (3 cm)
- ☐ Zeugnisse und Nachweise neu und gut lesbar kopiert
- ☐ alle Unterlagen in einem Klemmordner oder Schnellhefter in der Reihenfolge: Bewerbungsschreiben, Lebenslauf, Zeugniskopien
- ☐ Bewerbungsfoto (am besten vom Fotografen!)
- ☐ großer Umschlag, ausreichend frankiert

Aufbau und Inhalt des Bewerbungsschreibens
- ☐ Kopf: Name, Adresse, Ort und Datum, Empfängeranschrift
- ☐ Bezugszeile: „Bewerbung zum ..." / „Ihr Angebot vom ..."
- ☐ Anrede (Zuständige/r in der Personalabteilung, sonst „Sehr geehrte Damen und Herren, ...")
- ☐ Text mit der Begründung, warum man für diese Stelle geeignet ist und warum man sich bei diesem Unternehmen bewirbt
- ☐ übersichtliche Gliederung in Absätze
- ☐ Bitte um ein Vorstellungsgespräch
- ☐ Grußformel („Mit freundlichen Grüßen")
- ☐ Unterschrift
- ☐ Anlagen

Vollständigkeit des Lebenslaufs
- ☐ lückenloser Lebenslauf, in der Regel tabellarisch: persönliche Daten, Schulbildung, eventuell Praktika, Ferienjobs, Aushilfstätigkeiten
- ☐ besondere Kenntnisse (Computer, Sprachkenntnisse, eventuell Hobbys etc.)
- ☐ Ort, Datum, Unterschrift
- ☐ Foto rechts oben leicht angeklebt, Name und Adresse auf der Rückseite

Selbstverständlich sollte man das Anschreiben und den Lebenslauf mehrfach Korrektur lesen und gründlich überarbeiten, bevor man sie verschickt.

Bewerbungsmappe

▷ S. 310

Eine **Bewerbungsmappe** enthält alle Unterlagen, die es dem Arbeitgeber ermöglichen, sich ein positives Bild von einem Bewerber/einer Bewerberin zu machen. Dazu zählen:

- Deckblatt mit ansprechendem Foto
- das Anschreiben
- der Lebenslauf
- wichtige Schulzeugnisse (vor allem Abschlusszeugnisse)
- Zeugnisse und Nachweise über Praktika, Nebenjobs, ehrenamtliches Engagement
- Bescheinigungen über schulisches Engagement (z. B. SV-Arbeit)
- Nachweise über zusätzliche Qualifikationen (z. B. Schreibmaschinenkurs)
- eventuell passende Arbeitsproben (z. B. Schülerzeitung, Homepage)

Ein Bewerbungsgespräch vorbereiten und führen

▷ S. 311

Ein Bewerbungsgespräch sollte der Bewerber oder die Bewerberin selbstsicher und überzeugend mitgestalten und nicht nur einsilbige Antworten geben. Deshalb muss man sich vorher gut auf Fragen vorbereiten. Manchmal wird man auch aufgefordert, frei von sich zu sprechen. Es ist sinnvoll, sich für einen solchen Fall einen kurzen Text zurechtzulegen, in dem man vermittelt, dass man eine realistische Einschätzung der eigenen Fähigkeiten und klare Ziele vor Augen hat. Man sollte zu einem Bewerbungsgespräch in jedem Fall:

- Kopien der Bewerbungsunterlagen mitnehmen,
- Kleidung tragen, die ansprechend aussieht, in der man sich aber trotzdem wohl fühlt,
- freundlich sein und einen ruhigen und entspannten Eindruck machen,
- nachfragen, wenn man etwas nicht verstanden hat, und auch eigene, vorbereitete Fragen stellen und somit Initiative zeigen.

2 Nachdenken über Sprache

▷ S. 95–101

2.1 Kommunikation

Kommunikationsmodell und Sprachfunktion

Für die Abläufe menschlicher **Kommunikation** wurden verschiedene Modelle entwickelt. Stark vereinfacht übermittelt ein **Sender** bestimmte **Signale** an einen **Empfänger.** Handelt es sich bei diesen Signalen um sprachliche Zeichen, so haben diese grundsätzlich drei **Sprachfunktionen:** eine darstellende, eine appellative und eine expressive Funktion. In der Regel überwiegt, je nach Kontext, eine dieser drei Funktionen. Indizien, welche der Sprachfunktionen jeweils stärker akzentuiert wird, können unter anderem die Wortwahl und der Satzbau sein:

1. **Information** (= darstellende Funktion): Gegenstände, Personen, Vorgänge, Sachverhalte werden dargestellt; z. B. durch: Aussagesätze, Adverbiale, Adjektive, Zahlen, Daten, Fakten, Beschreibungen, Berichte, Fragen und Antworten usw.
2. **Aufforderung** (= appellative Funktion): Es wird zum Handeln, Denken, Mitmachen aufgefordert; z. B. durch: Imperative, Anredepronomen, Ausrufezeichen, elliptische (verkürzte) Sätze, Slogans, Sprüche, rhetorische Mittel usw.
3. **Ausdruck** (= expressive Funktion): Gefühle, Hoffnungen, Proteste werden ausgedrückt; z. B. durch: Ausrufe, Ich-Aussagen („ich fühle"), Wertungswörter/Gradadjektive („hervorragend", „toll"), Einzelwörter und elliptische Sätze, Bekenntnisse usw.

In komplexeren Texten gibt es meist eine vorherrschende Funktion, auch wenn sie noch andere Funktionen zugleich zeigen: Ein Bericht ist z. B. von der darstellenden Funktion geprägt, auch wenn Aufforderungen oder Expressionen vorkommen.

2.2 Sprache und Stil

Ober- und Unterbegriff

Ein Begriff fasst viele einzelne Gegenstände oder Sachverhalte zusammen. Er benennt das Typische an ihnen.

- Dinge kann man nach Gebrauchszusammenhängen oder aber mit Begriffen ordnen. „Werkzeug" ist ein **Oberbegriff** und fasst von Menschen hergestellte Dinge zusammen, die dieser benutzt, um etwas zu bearbeiten.
- „Bohrer", „Hammer" und „Zange" gehören als spezielle **Unterbegriffe** zum Oberbegriff „Werkzeug". Die Unterbegriffe unterscheiden sich voneinander durch ihre **Merkmale,** z. B. Werkzeuge „zum Herstellen von Löchern".

Konnotation, Denotation

▷ S. 24

- Das **Denotat** (lt. *denotatum* = das Genannte) ist die Kernbedeutung eines Wortes und bezeichnet einen Begriff, Gegenstand oder Sachverhalt.
- Die **Konnotation** (lt. *con* = mit, *notatio* = Anmerkung) bezeichnet die Nebenbedeutung eines Wortes, seine emotionale Begleitvorstellung, die je nach Situation und Erfahrung der Sprechenden eine andere Bedeutung haben kann.

Rhetorische Figuren

Man unterscheidet semantische und syntaktische Stilmittel.

Semantische Stilmittel
Semantische Stilmittel sind solche, die mit der Bedeutung, also der Inhaltsseite, von Wörtern, Wortgruppen oder Sätzen spielen.

- Als **Synonyme** werden Wörter bezeichnet, die diesselbe Bedeutung haben, z. B. „schauen/sehen".
- Bei einem **Vergleich** werden zwei verschiedene Vorstellungen durch „wie" miteinander verknüpft, z. B.: „ist der *Himmel* sozusagen/ *wie* aus blauem *Porzellan.*"
- Bei einer **Metapher** wird eine bestimmte Vorstellung ohne vergleichendes „wie" in einen anderen Bedeutungsbereich übertragen, z. B.: „*Feuerwoge* jeder Hügel"; „*Feuerwerk* ein jeder Baum". Bei **kühnen Metaphern** wird eigentlich Unvereinbares miteinander verbunden. Beispiel: „Die Asche des Meeres."
- Bei **Chiffren** gibt es keinen erkennbaren Vergleichsbezugspunkt (kein Tertium Comparationis). Ihr Sinn ergibt sich in der Regel aus dem Text- oder Werkzusammenhang.
- Eine besondere Form der Metapher ist die **Personifikation:** Ein Gegenstand oder ein Begriff wird vermenschlicht, z. B.: „Der Garten *trauert.*"

Syntaktische Stilmittel

Besonderheiten im Satzbau werden als syntaktische Stilmittel bezeichnet.

- Wenn Sätze mit dem gleichen Wort oder der gleichen Wortgruppe beginnen, wird dies als **Anapher** bezeichnet. Beispiel: „*Wir haben versucht,* sie von ihrer natürlichen Grausamkeit abzubringen, [...] *Wir haben versucht,* ihre [...] Beschwörungsformeln zu entwerten [...]"
- **Alliteration:** Wiederholt sich der Anfangsbuchstabe bei Wörtern, liegt eine Alliteration vor. Beispiel: „Milch macht müder Männer munter."
- **Enjambement:** Satzschluss und Versende stimmen nicht überein, sodass auch Sinneinheiten auf die Folgezeile übergreifen. Beispiel: „laufe davon bin fest / gehalten in den Bildern".
- Bei der **Ellipse** ist der Satz unvollständig, ein Wort oder Satzteil ist ausgelassen, z. B. „So gesehen in Östereich und der Schweiz."
- Die Wiederholung gleicher syntaktischer Fügungen nennt man **Parallelismus.** Beispiel: „*Lukas stand auf* und ging ans Feuer, *er hockte* sich hin, *er sah* in die Glut, [...]"
- Steigernd angeordnete Reihungen nennt man **Klimax.** Beispiel: „Ich hatte viel gehört in diesen sechsundvierzig Jahren, *von ihrer Fantasie, von Opferzeremonien und ihrer arglosen Grausamkeit.*"
- Werden ganze Sätze oder Teile von Sätzen gleichgeordnet aneinandergereiht, spricht man von einer **Parataxe** oder parataktischem Stil. Beispiel: „Das Rad [...] brauste und rauschte [...], der Schnee tröpfelte [...], die Sperlinge zwitscherten [...]"
- Sind die Sätze hingegen als Haupt- und Nebensätze miteinander verknüpft („ineinander verschachtelt"), nennt man das **Hypotaxe** oder hypotaktischen Stil. Beispiel: „Aber schön ist sie gelegen, mitten in grünen Bergen, die nach der Mittagsseite zu offen sind, sodass wohl die Sonne hereinkam [...]"
- Von **Akkumulation** (= Häufung) spricht man, wenn ein Satz mehrere (oft drei) aufeinanderfolgende gleiche Teile (Einzelwörter oder größere Einheiten) enthält, die erst zusammen die ganze Aussage prägen. Beispiel: „*Als deutscher Staatsbürger, als deutscher Hochschullehrer und als politischer Mensch erachte ich es als Recht* [...]"
- Eine **rhetorische Frage** ist eine Scheinfrage, deren Antwort in den Augen des Redners bereits feststeht. Beispiel: „Kann das ein Vorbild sein?"

2.3 Sprachentwicklung und Sprachvarianten

Fremdwort, Lehnwort, Erbwort

▷ S. 20

- **Fremdwörter** heißen diejenigen Wörter, die aus einer anderen Sprache übernommen wurden und im Deutschen gebraucht werden. Dabei werden die ursprüngliche Schreibweise und Aussprache meist beibehalten, z. B.: „Scanner", „Sottisen".
- Eine Besonderheit stellen **Anglizismen** oder Amerikanismen dar, die zwar aus der englischen Sprache stammen, aber der deutschen Grammatik folgen; besonders häufig sind dabei Verben zu finden, z. B.: „downloaden", „scannen".
- **Lehnwörter** sind Wörter, die ursprünglich auch Fremdwörter waren, weil sie aus anderen Sprachen „entlehnt" wurden. Sie werden heute nicht mehr als Fremdwörter wahrgenommen, da sie sich im Laufe der Zeit der deutschen Schreibung, der deutschen Aussprache und der deutschen Grammatik angenähert haben. Lehnwörtern sieht man ihre Herkunft aus einer anderen Sprache ohne Vergleich mit dem ursprünglichen Wort nicht mehr an, z. B.: „falsch" (von lat. falsus).
- **Erbwörter** stellen die meisten Wörter unseres Wortschatzes. Sie sind nicht aus einer fremden Sprache übernommen, z. B. „gehen". Allerdings können sich Schreibung und/oder Bedeutung im Lauf der Zeit verändern, z. B. bei dem Adjektiv „geil".

Bedeutungswandel

▷ S. 24

Wörter können ihre Bedeutung im Laufe der Jahre verändern. Der **Bedeutungswandel** ist dabei meist Spiegel der kulturellen Entwicklung. Die Bedeutung der Wörter kann sich dabei erweitern, verengen, verbessern oder verschlechtern. So bezeichnete z. B. der Begriff „Rocker" zunächst die Anhänger des Rock 'n' Roll, wurde dann in seiner Bedeutung jedoch erweitert zur Bezeichnung von gewaltliebenden, unangepassten Jugendlichen. Mit dieser Bedeutungserweiterung ging zugleich eine Bedeutungsverschlechterung einher. Entsprechend negativ besetzt sind die Komposita „Rockerbande" oder „Rockermilieu".

Dialekte

Dialekte sind lokale oder regionale, landschaftlich begrenzte Sonderformen einer Sprache. Der auf das lateinische „dialectos" (= Ausdrucksweise) zurückgehende Begriff wurde im 17. Jahrhundert durch Philipp von Zesen mit **Mundarten** eingedeutscht. Dialekte gehören zu den **Sprachvarietäten.** Sprachwissenschaftler verwenden diesen Begriff, um mögliche Vorurteile gegenüber Dialekten zu vermeiden.

Prinzipiell wird unter den Dialekten einer Sprache eine gegenseitige Verständlichkeit bewahrt, doch können die Abweichungen in Aussprache, Wortschatz und Teilen der Grammatik sowie in Bedeutung und Gebrauch der Wörter sehr groß sein.

Fachsprachen

Fachsprachen sind Sprachvarianten, die der Verständigung innerhalb eines bestimmten, meist wissenschaftlich-technischen Sachgebiets dienen. Um die Eindeutigkeit von Aussagen zu garantieren, verwenden Fachleute einen besonderen Wortschatz, auf den sie sich geeinigt haben. Er besteht aus **Fachbegriffen** mit genau festgelegten Bedeutungen (Definitionen). Dies dient der Genauigkeit und vereinfacht die Verständigung über die jeweiligen Inhalte.

2.4 Wortarten

Wortarten im Überblick

Wortarten

flektierbar (durch Beugung veränderbar)

deklinierbar
- Nomen („Gabel“, „Lamm“)
- Artikel („eine“, „das“)
- Pronomen („ich“, „unser“)
- Adjektiv („schnell“, „gut“)

konjugierbar
- Verb („essen“, „üben“)

nicht flektierbar (unveränderbar)
- Präposition („auf“, „nach“)
- Konjunktion („und“, „weil“)
- Adverbien („gestern“, „dort“)

Nomen

Flexion der Nomen
- **Genus:** Jedes Nomen hat ein Genus, d. h. ein grammatisches Geschlecht. Es ist entweder ein
  - **Maskulinum** (männliches Nomen), z. B. „der Knopf“, oder ein
  - **Femininum** (weibliches Nomen), z. B. „die Krone“, oder ein
  - **Neutrum** (sächliches Nomen), z. B. „das Gehäuse“.
- **Numerus:** Nomen haben einen Numerus, d. h. eine Anzahl: Sie stehen
  - im **Singular** (Einzahl), z. B. „das Rad“, oder
  - im **Plural** (Mehrzahl), z. B. „die Räder“.
- **Kasus:**

1. Fall: **Nominativ**	Wer ...? oder Was ...?	„der Zeiger“
2. Fall: **Genitiv**	Wessen ...?	„des Zeigers“
3. Fall: **Dativ**	Wem ...?	„dem Zeiger“
4. Fall: **Akkusativ**	Wen ...? oder Was ...?	„den Zeiger“

Meist ist der Kasus am Begleiter des Nomens zu erkennen, manchmal auch an der Endung des Nomens, z. B. „des Zeigers“.
Wenn man ein Nomen in einen Kasus setzt, nennt man das **deklinieren** (beugen).

Adjektive

Adjektive (Eigenschaftswörter) dienen dazu, Personen, Dinge usw. genauer zu beschreiben, z. B.: „das *blaue* Band", „der *stolze* Besitzer".
Wenn Adjektive vor einem Nomen stehen, werden sie zusammen mit diesem **dekliniert,** z. B.: „der *stolze* Besitzer – des *stolzen* Besitzers".
Adjektive werden bei Vergleichen gesteigert: Man bildet zur Grundform (Positiv) den **Komparativ** und den **Superlativ,** z. B.: „schön – schöner – am schönsten".
Adjektive im Superlativ mit „am" werden wie alle Adjektive **kleingeschrieben.**

Pronomen

Pronomen (Fürwörter) können auf Nomen verweisen, die im Text schon genannt worden sind, oder Nomen begleiten. Pronomen lassen sich meist deklinieren.

- **Personalpronomen:** „ich", „du", „er/sie/es", „wir", „ihr", „sie".
- **Possessivpronomen:** „mein", „dein", „sein/ihr/(sein)", „unser", „euer", „ihr Haus".
- **Demonstrativpronomen:** Sie können ein Nomen begleiten oder können auch allein stehen: „dieser (Junge)", „jene (Frau)", „dieses (Haus)".
- **Indefinitpronomen:** „etwas", „einige", „manche", „andere", „kein" ...
- **Reflexivpronomen:** „mir", „mich", „dir", „dich", „sich", „uns", „euch", „sich". Sie stehen in Verbindung mit bestimmten Verben, z. B.: „sich aufrichten".
- **Relativpronomen:** „der", „die", „das" und „welcher", „welche", „welches".
  „Der Koch, *der* die Speisen zubereitet, trägt eine riesige Mütze."

Konjunktionen

Konjunktionen verbinden Wörter oder Sätze miteinander. Man unterscheidet zwei Arten von Konjunktionen:

- **Nebenordnende Konjunktionen** wie „und", „oder", „aber" usw. verknüpfen Wörter, Wortgruppen oder Hauptsätze; z. B.: „Es regnet, *und* er hat keinen Schirm."
- **Unterordnende Konjunktionen** wie „weil", „obwohl", „dass" leiten Nebensätze ein; z. B.: „Es ärgert ihn, *dass* er keinen Schirm hat."

Präpositionen

- Wörter wie „in", „auf", „nach", „vor" nennt man **Präpositionen** (Verhältniswörter). Sie bezeichnen oft **räumliche Verhältnisse:** „*auf* dem Zifferblatt". Präpositionen können aber auch **zeitliche Beziehungen** ausdrücken („*in* drei Stunden"), einen **Grund** angeben („*wegen* der Ausstellung") oder die **Art und Weise** bezeichnen („*mit* großem Eifer").

□ **Der Kasus nach Präpositionen** ▷S. 135

Jede **Präposition** verlangt einen bestimmten **Kasus** für das Nomen oder Pronomen, das zu ihr gehört, z. B.: „für (den Fall)", „gegen (mich)" mit dem Akkusativ, „von (dir)", „mit (der Frau)" mit dem Dativ.
Einige Präpositionen können sowohl mit dem Akkusativ als auch mit dem Dativ verwendet werden: z. B.: „auf *dem* Ball", „auf *den* Ball"; „an *das* Fenster", „an *dem* Fenster".
Einige Präpositionen werden umgangssprachlich mit dem Dativ verwendet, in der Schriftsprache ist aber der Genitiv vorgeschrieben:

Umgangssprache:	**Schriftsprache:**
wegen *dem* Regen	wegen *des* Regens
trotz *dem* Sturm	trotz *des* Sturms
während *dem* Fest	während *des* Festes

Adverbien

Wörter, die nähere Angaben zu einem Geschehen machen, bezeichnet man als **Adverbien** (Umstandswörter, Singular: das Adverb). Sie erklären genauer, wo, wann, wie oder warum etwas geschieht, und sind **nicht flektierbar** (veränderbar).
Z. B.: „Die Post kam *gestern.*" „Der Zirkus spielt *dort.*"

Verben

Verben geben an, was ist, was geschieht oder was jemand tut, z. B.: „haben", „regnen", „gehen". Setzt man Verben in die **Personalform,** nennt man dies konjugieren: „gehen – er geht".
Ungebeugte Formen des Verbs sind der **Infinitiv,** z. B.: „gehen", das **Partizip I,** z. B.: „gehend", und das **Partizip II,** z. B.: „gegangen".
Die Befehlsform nennt man **Imperativ.** Ein Imperativ kann an einzelne oder an mehrere Personen gerichtet sein: „Geh(e)!" – „Geht!"; „Gib!" – „Gebt!"
Verben mit einem Akkusativobjekt, das bei der Umwandlung ins Passiv zum Subjekt wird, nennt man **transitive Verben,** z. B.: „Der Fotograf *spannt* den Film in die Halterung *ein.*" – „Der Film wird in die Halterung eingespannt."
Alle anderen Verben werden **intransitive Verben** genannt, z. B.: „Katharina *dankt* Onkel Michael für die Kamera."

Aktiv und Passiv

Bei der Darstellung von Handlungen und Vorgängen unterscheidet man die Verbformen Aktiv und Passiv.

□ Sätze, in denen die Handlungsträger als Subjekt des Satzes erscheinen, stehen in der Verbform **Aktiv,** z. B. : „Katharina *knipst* einen ganzen Film voll."– „Sie *wählt* später mit der Klasse die gelungenen Bilder *aus.*"
Handlungsträger im grammatischen Sinne können auch Gegenstände oder andere Erscheinungen sein, z. B.: „Der *Fotoapparat* steht auf einem Stativ."

- Sätze, in denen mit dem Subjekt des Satzes etwas geschieht, stehen in der Verbform **Passiv,** z. B.: „Das Modell *wird geschminkt.*" – „Die Fotos *werden retuschiert.*" In Passivsätzen kann auch der Handlungsträger genannt werden, und zwar in Form einer **Präpositionalgruppe,** z. B.: „Dir wird *von fremden Leuten* im Gesicht rumgefummelt."

Die Aussageweisen des Verbs: Indikativ und Konjunktiv

Man unterscheidet in der Sprache verschiedene Aussageweisen des Verbs, die Modi (Singular: Modus). Sie ermöglichen es, eine Aussage „einzufärben", sie z. B. als Tatsache, Wunsch, Annahme oder Aufforderung kenntlich zu machen.

- **Indikativ** (Wirklichkeitsform)
  Wenn man ausdrücken möchte, dass etwas wirklich geschieht oder eine Aussage uneingeschränkt gültig ist, steht das Verb im Indikativ, z. B.: „Ich *bin* 13 Jahre alt." „Weil die Sonne *scheint, fahren* wir ins Freibad."
  Auch in Bedingungsgefügen, deren Bedingung eintritt oder eintreten kann, verwenden wir den Indikativ. Solche Bedingungsgefüge nennen wir **reale Bedingungsgefüge,** z. B.: „Wenn es *regnet, nimmt* Paula ihren Schirm mit."
- **Konjunktiv** (Möglichkeitsform) ▷ S. 138
  - **Konjunktiv I**
    Mit dem Konjunktiv I drückt man einen **Wunsch** aus, z. B.: „Er *ruhe* in Frieden."
    Man verwendet ihn auch in der **indirekten Rede,** z. B.: „Daniela sagt, dass sie einen neuen Wintermantel *brauche.*"
    Die Formen des **Konjunktivs I** werden vom Infinitiv abgeleitet. Ihr besonderes Kennzeichen sind Endungen, die ein **e** enthalten:

Infinitiv	Indikativ Präsens	Konjunktiv I
bring-en	*er bringt*	*(sie behauptet,) er bringe*
schlaf-en	*er schläft*	*(sie behauptet,) er schlafe*
komm-en	*er kommt*	*(sie behauptet,) er komme* aber:
sein	*er ist*	*(sie behauptet,) er sei*

    Wenn der Konjunktiv I nicht vom Indikativ zu unterscheiden ist, verwendet man den **Konjunktiv II** oder eine **Umschreibung mit *würde*,** z. B.: „Er sagt, dass sie eine neue Fabrik bauen *bauten/bauen würden.*"
    Manche Konjunktivformen sind heute ungebräuchlich oder wirken altertümlich („du gewännest/gewönnest"). Auch in diesen Fällen verwendet man die Ersatzform mit *würde* („du *würdest* gewinnen").
  - **Konjunktiv II**
    Bei Aussagen, die man anzweifelt, die man als unwirklich, nicht wahr oder wünschenswert ansieht, verwendet man den Konjunktiv II, z. B.: „Ach, *wäre* ich doch schon 15 Jahre alt." „Wenn die Sonne *schiene, führen* wir ins Freibad."
    Auch in Bedingungsgefügen, deren Bedingung nicht (mehr) eintreten kann, verwenden wir den Konjunktiv II. Solche Bedingungsgefüge nennen wir **irreale Bedingungsgefüge,** z. B.: „Wenn es *regnete, nähme* Paula ihren Schirm mit."
    Der **Konjunktiv II** wird vom Indikativ Präteritum/Imperfekt abgeleitet (oft mit Umlaut, d. h. Wechsel von **a, o, u** zu **ä, ö, ü**):

Infinitiv	Indikativ Präteritum	Konjunktiv II
bauen	*er baute*	*er baute*
schlafen	*er schlief*	*er schliefe*
bringen	*er brachte*	*er brächte*
kommen	*er kam*	*er käme*
sein	*er war*	*er wäre*

Wenn der Konjunktiv II auch im Textzusammenhang nicht vom Indikativ Präteritum zu unterscheiden ist, wählt man die **Umschreibung mit *würde*.**
„Ich *machte* gern eine große Reise." ➔ „Ich *würde* gern eine große Reise *machen*."
Die Umschreibung mit *würde* wählt man auch, wenn die Konjunktiv-II-Form ungebräuchlich ist oder als „geziert" empfunden wird, z. B.:
„ich empfähle ➔ ich würde empfehlen", „er hübe ➔ er würde heben".

Modalverben
Mit der Sprache kann man vermitteln, ob etwas als **Möglichkeit, Erlaubnis, Empfehlung, Forderung** oder **Verpflichtung/Zwang** verstanden werden soll. Modalverben sind z. B.: „können", „sollen", „müssen", „dürfen", „wollen", „mögen".

2.5 Satzglieder

Satzglieder im Überblick

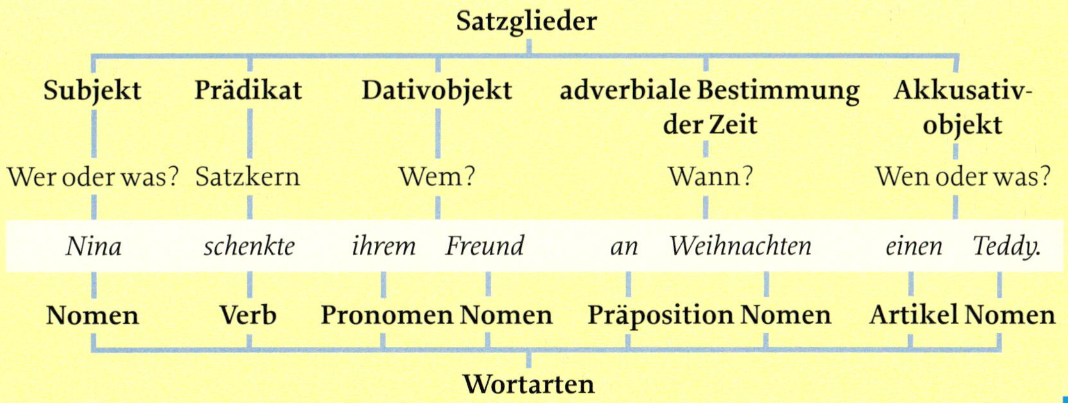

Satzglieder: Umstellprobe – Satzgliedfrage

Ein Satz setzt sich aus verschiedenen **Satzgliedern** zusammen. Ob ein einzelnes Wort oder eine Wortgruppe ein Satzglied bildet, erkennt man durch die **Umstellprobe:** Satzglieder lassen sich umstellen, ohne dass sich der Sinn des Satzes ändert.

- Das **Prädikat:** Prädikate werden durch Verben gebildet. Es gibt einteilige Prädikate (z. B.: „Sie *baut* einen Drachen.") und mehrteilige Prädikate (z. B.: „Sie *hat* einen Drachen *gebaut*."). Die Personalform des Verbs („*hat*") steht im Aussagesatz an zweiter Stelle.

- Das **Subjekt.** Es steht immer im Nominativ. Wir ermitteln es durch die Frage: „Wer ...? oder Was ...?": „*Wer* hat einen Drachen gebaut? – *Sie* hat ihn gebaut."
- Das **Akkusativobjekt;** wir erfragen es mit „Wen ...? oder Was ...?"
- Das **Dativobjekt;** wir erfragen es mit „Wem ...?"
- Das **Genitivobjekt** wird nur noch selten gebraucht. Wir erfragen es mit „Wessen ...?".
- Das **Präpositionalobjekt;** wir erfragen es mit „Worüber ...?", „Worauf ...?", „Wovon ...?".

Kongruenz von Subjekt und Prädikat

▷ S. 135

Subjekt und Prädikat müssen im Numerus übereinstimmen. Der Fachbegriff für diese Übereinstimmung heißt **Kongruenz.** Besteht das Subjekt aus einer Reihung mit „und", so gilt dies in der Regel als Plural. Deshalb muss auch das Prädikat im Plural stehen, z. B.:

„Sophie und ihre Geschwister *bleiben* zu Hause."
Subjekt im Plural — Prädikat im Plural

Adverbiale Bestimmungen

Angaben zu näheren Umständen gibt es in unterschiedlichen sprachlichen Formen: Die Frage „Wann?" kann z. B. beantwortet werden durch:

- ein Satzglied, eine **adverbiale Bestimmung:**
  - „Die Polizisten kamen *nach zwei Stunden.*" → eine Wortgruppe mit Präposition
  - „Sie kamen *sofort.*" → ein Adverb, das sich nicht beugen lässt
- einen Gliedsatz, den **Adverbialsatz:** „Sie kamen, *als sie ins Fernsehstudio gerufen wurden.*" → ein Nebensatz an der Stelle der adverbialen Bestimmung

Attribute (Satzgliedteile)

Angaben, die Bezugswörter genauer bestimmen, nennt man **Attribute.** Fast alle Attribute antworten auf die Frage „*Was für ein ...?*". Ein Attribut kann vor oder nach einem Bezugswort stehen. Es ist **Teil eines Satzglieds** und bleibt bei der Umstellprobe mit seinem Bezugswort verbunden.
Beispiel: „Hier ist *das Büro* ***des Superdetektivs.***" – „*Das Büro* ***des Superdetektivs*** ist hier."

Bis auf das Prädikat kann jedes Satzglied durch ein Attribut erweitert werden. Es gibt verschiedene Formen des Attributs, z. B.:

- Adjektive: „das *laute* Klingeln"
- Genitivattribut: „das Büro *des Superdetektivs*"
- Apposition (meist in Kommas eingeschlossen): „Harvey, *der Meisterschnüffler*, ..."
- präpositionales Attribut: „das Telefon *neben dem Bett*"
- Adverb: „das Mädchen *dort*"
- Pronomen: „*diese* Schule", „*dein* Geburtstag"
- Zahlwörter: „*drei* Äpfel", „*viele* Menschen"

2.6 Sätze, Zeichensetzung

Die Satzreihe

Ein zusammengesetzter Satz, der aus **zwei oder mehr Hauptsätzen** besteht, wird **Satzreihe** genannt. Die Teilsätze werden manchmal nur durch **Komma** voneinander abgegrenzt: „Die Zeitungen unterlagen der Zensur, sie mussten von den Fürsten genehmigt werden." Meist werden die Teilsätze aber durch **nebenordnende Konjunktionen** (Bindewörter) miteinander verbunden (z. B.: „und", „oder", „denn").

Vor „denn" **muss** immer ein Komma stehen:
„Nächste Woche verreise ich, *denn* dann sind Ferien."
Vor „und" oder „oder" **kann** das Komma in der Satzreihe stehen:
„Entweder gehen wir jetzt los, *oder* ich setze mich vor den Fernseher."

Das Satzgefüge

Ein Satzgefüge besteht aus mindestens einem **Hauptsatz** („Es durften nur Zeitungen erscheinen, ...") und einem **Nebensatz.** Nebensätze werden meist mit einer unterordnenden Konjunktion („..., *wenn* der Fürst es erlaubt hatte.") oder einem **Relativpronomen** („..., die von dem Fürsten genehmigt worden waren") eingeleitet. Nebensätze, die die Stelle eines Satzglieds einnehmen, heißen auch **Gliedsätze.**
Nebensätze werden vom Hauptsatz immer durch Komma abgetrennt.

Reale und irreale Bedingungsgefüge

- In einem Satzgefüge stellt der **konditionale Gliedsatz** eine Bedingung dar:
  „*Wenn ich Geld habe,* (dann) kann ich etwas kaufen."
  Ist diese Bedingung möglich oder sogar wahrscheinlich, handelt es sich um ein **reales Bedingungsgefüge.** Konditionalsätze werden eingeleitet mit den Konjunktionen „wenn", „falls", „sofern".
- In **Konditionalsatzgefügen** mit Bedingungen, deren Erfüllung sehr unwahrscheinlich (irreal) ist, wird der **Konjunktiv II** (auch: Irrealis) im Hauptsatz und im Gliedsatz gebraucht:
  „Wenn ich Millionär *wär'*, *würde* ich mir einen Wald kaufen."
  „*Wäre* ich Abgeordneter, *plante* ich ein Gesetz gegen den Lärm."
  (Konditionalsätze ohne Konjunktion mit finitem Verb am Anfang)
- Außerdem lässt sich mit dem Konjunktiv II Folgendes ausdrücken:
  - Ein **erfüllbarer Wunsch:** „Ich *wollte*, morgen *wäre* hitzefrei!"
  - Ein **unerfüllbarer Wunsch** im Konjunktiv II: „*Hätte* ich das bloß nicht *gesagt!*"
  - Eine **höfliche Aufforderung:** „*Würden* Sie bitte Platz machen?"
  - Ein **Zweifel:** „*Hättest* du das auch *getan?*"

Nebensätze

Relativsätze

Ein Nebensatz, der ein Bezugswort näher erläutert, heißt **Relativsatz.** Er hat im Satz die Rolle eines Attributs. Relativsätze werden mit einem **Relativpronomen** eingeleitet: „der", „die", „das" (ersetzbar durch: „welcher", „welche", „welches").

Gliedsätze

- **Adverbialsätze**

  Adverbialsätze sind Gliedsätze. Sie können an die Stelle der adverbialen Bestimmung treten. Adverbialsätze werden mit unterordnenden Konjunktionen eingeleitet, z. B.: „bis", „da", „als" ... Beispiel: „Die Feuerwehr suchte mit einem Schlauchboot den kleinen See ab, ***bis*** *sie das dressierte Tier in Ufernähe entdeckte (bis zur Entdeckung des Tieres in Ufernähe).*" Man kann bei Adverbialsätzen verschiedene **Typen** unterscheiden.

  Typen von Adverbialsätzen

Satztyp	Beziehung zum Hauptsatz/Funktion	Konjunktionen/Einleitewörter
Konditionalsatz	Bedingung	wenn; falls; sofern; unter der Bedingung, dass
Kausalsatz	Grund, Ursache	weil; da; zumal
Finalsatz	Absicht, Zweck	damit; auf dass
Konsekutivsatz	Folge, Wirkung	sodass; so ..., dass; als dass
Modalsatz	Art und Weise	(in der Art), dass; indem; wie; (so) wie; (anders) als; ohne dass; als ob; je ..., (desto)
Konzessivsatz	Zugeständnis, Einräumung	obwohl; obgleich; obschon; wenngleich; wenn auch
Temporalsatz	Zeit	als; während; bis; bevor; ehe; nachdem; seitdem; sobald; wenn

- **Inhaltssätze**

  Inhaltssätze sind Gliedsätze, die die Rolle von Subjekt oder Objekt in Sätzen übernehmen können. Sie heißen daher auch **Subjektsätze** oder **Objektsätze** und lassen sich wie Subjekt oder Objekt erfragen:
  „Wen oder was lese ich?" – *„..., dass ein Sachbuch ausgezeichnet wird."*
  Die **Subjektsätze** und **Objektsätze** geben den Inhalt dessen an, was man weiß, sagt, vermutet, hofft, wünscht; was klar oder unklar ist usw. Deshalb nennt man diese Gliedsätze auch **Inhaltssätze.**

- **Formen von Inhaltssätzen, Beispiele**

1. Fest steht, ***dass*** *Kinder die Universität kennen lernen sollen.*	**dass-Satz**
2. Die Kinder interessiert, ***was*** *an den Hochschulen erforscht wird.*	**indirekter Fragesatz** (aus: Was wird dort geforscht?)
3. Anfangs wusste niemand, ***ob*** *die Kinder die Professoren verstehen würden.*	**indirekter Fragesatz** (aus: Würden die Kinder die Professoren verstehen?)
4. Den Universitäten gelang es, *die Kinder für die Forschung* ***zu interessieren.***	**Infinitivsatz** (satzwertiger Infinitiv)

- **Infinitivsätze:** Ein **Infinitivsatz** besteht aus einem Infinitiv mit „zu" und mindestens einem weiteren Wort, z. B. „Früher hofften Schatzsucher, *das Gold der Inkas **zu finden.***"
  Infinitivsätze werden mit **Komma** vom Hauptsatz abgetrennt,
  - wenn der Infinitivsatz durch „um", „ohne", „statt", „anstatt", „außer", „als" eingeleitet wird, z. B. „Sie nahmen große Gefahren in Kauf, ***um** diese Schätze im Urwald zu finden.*"
  - wenn der Infinitivsatz von einem Nomen oder einem hinweisenden Wort abhängt, wie z. B. „daran", „darauf" oder „es": „Sie hatten ***die Absicht,** die Reichtümer zu finden.*" – „Sie freuten sich sehr ***darauf,** die Reichtümer zu finden.*"

  In allen anderen Fällen kann das Komma zur Lesefreundlichkeit gesetzt werden, falsch ist es nie.
- **Partizipgruppen**
  Obwohl Partizipgruppen kein Verb in der Personalform enthalten, können sie im Satz die Funktion von Gliedsätzen übernehmen. Man nennt sie darum auch **satzwertige Partizipien.** Partizipien müssen normalerweise nicht durch Kommas abgetrennt werden.
  Kommas stehen allerdings,
  - wenn durch hinweisende Wörter auf die Partizipgruppe Bezug genommen wird, z. B.: „So, *eingespannt in ein festes Gestell,* bewegt sich der Ranzen beim Gehen auf und ab."
  - wenn die Partizipgruppe am Satzende steht, z. B.: „Der Ranzen bewegt sich beim Gehen auf und ab, *eingespannt in ein festes Gestell.*"

  Partizipgruppen können durch Komma abgetrennt werden, wenn man die Gliederung des Satzes verdeutlichen will.

Das Komma bei Aufzählungen

- **Wörter und Wortgruppen in Aufzählungen** werden durch **Kommas** abgetrennt. „Für die neue Wohnung kaufen sie *Betten, Regale, Stühle, Küchenmöbel.*"
  Vor den entgegensetzenden Konjunktionen „aber", „jedoch", „sondern", „doch" steht ebenfalls ein Komma: „Deutsch lernt Karl in der Schule, *aber* nicht bei seinem Vater."
- **Kein Komma steht vor den nebenordnenden Konjunktionen** „und", „oder", „sowie", „entweder ... oder", „sowohl ... als auch": „Die Kinder behandeln Karl *entweder* freundlich *und* aufmunternd *oder* abweisend."

Zeichensetzung bei der wörtlichen Rede

- Die wörtliche Rede steht in **Anführungszeichen.** Der Redebegleitsatz kann der wörtlichen Rede vorangestellt, nachgestellt oder in die wörtliche Rede eingeschoben sein.
- Nach einem **vorangestellten Redebegleitsatz** weist ein Doppelpunkt auf die folgende wörtliche Rede hin. Beispiel: *Sie sagte:* „Ich besuche dich bald."
- Der **nachgestellte Redebegleitsatz** wird durch ein Komma von der wörtlichen Rede abgetrennt. Beispiel: „Halt! Stehen bleiben!", *riefen die Polizisten.*
- Der **eingeschobene Redebegleitsatz** wird durch Kommas von der wörtlichen Rede abgetrennt. Beispiel: „Ich suche das Buch", *sagte sie,* „weißt du, wo es sein könnte?"

Der Apostroph

- **Auslassung von Buchstaben** in Wörtern kennzeichnet man mit dem **Apostroph.** Wenn Eigennamen, die im Nominativ mit dem s-Laut enden, im Genitiv stehen, lässt man beim Schreiben das Genitiv-s weg und setzt einen Apostroph, z. B.: „Jens' Geburtstag". Das gilt für Wörter, die am Ende mit **-s, -ss, -ß, -tz, -z, -x** oder **-ce** geschrieben werden.
- Ist der Genitiv durch einen beigefügten Artikel, ein Possessivpronomen oder Ähnliches erkennbar, entfällt der Apostroph, z. B.: „zum Geburtstag unseres kleinen Jens".

Zitat und Bibliografie

▷ S. 332–333

Ein **Zitat** ist eine wörtliche Übernahme aus einem Herkunftstext. Am Wortlaut darf nichts verändert werden.

- Wird nach einem Zitat eine **Kurzform des Quellenverweises** gewählt – Beispiel: (Maier 2005, S. 12) –, dann muss in der Bibliografie eine vollständige Angabe zu dieser Quelle gemacht werden.
- Es ist auch möglich, nach dem Zitat mit einer **hochgestellten Ziffer** auf eine Anmerkung zu verweisen, die am Ende der Seite eingefügt wird; diese Anmerkung enthält dann die kompletten bibliografischen Angaben.
- Eine **Bibliografie** (Literaturverzeichnis) ist eine alphabetisch geordnete Zusammenstellung von Büchern oder sonstigen Quellen (z. B. Zeitschriftenaufsätzen, Internettexten), die in einer Arbeit mit wissenschaftlichem Anspruch verwendet worden sind.

Zeichensetzung beim Zitieren

- Wörtlich wiedergegebene Textstellen stehen in Anführungszeichen.
- Geringfügige Änderungen, die z. B. durch die Stellung des Zitates im Satz notwendig sein können, werden in eckige Klammern gesetzt: [ ].
- Auslassungen werden durch [...] gekennzeichnet.
- Bei bestimmten Textsorten (z. B. Textanalysen oder Interpretationen) wird hinter dem Zitat in Klammern die Zeilenangabe zur Textstelle eingefügt.
- Zitate sollten sparsam eingesetzt werden (wichtige Aussage, prägnanter Ausdruck).

Indirekte Rede

▷ S. 137

- Die **indirekte Rede** macht deutlich, dass eine Aussage nicht von einem selbst stammt. In einem einleitenden Hauptsatz wird gesagt, wessen Äußerung wiedergegeben wird. Anschließend folgt die Äußerung
- in einem uneingeleiteten Nebensatz im Konjunktiv, z. B.: „Die Kusine sagt, sie *sei* schon vergeben.";
- in einem dass-Satz mit oder ohne Konjunktiv: „Die Kusine sagt, *dass* sie schon vergeben *sei* (oder: ist)."

2.7 Rechtschreibung

Die Silbentrennung

- Mehrsilbige Wörter trennt man nach **Sprechsilben,** z. B.: „Spa-zier-gang", „Kas-ten".
- **Zusammensetzungen** und Wörter mit **Präfix** trennt man zwischen den einzelnen Bestandteilen („voll-enden", „Er-trag", „Pro-gramm").
- Ein **einzelner Vokalbuchstabe** wird nicht abgetrennt, z. B.: „Igel", „Kleie", aber „Au-ge".
- Ein **einzelner Konsonantenbuchstabe,** der zwischen zwei Vokalbuchstaben steht, kommt auf die neue Zeile, z. B.: „Au-ge", „He-xe", „bei-ßen".
  Stehen mehrere Konsonantenbuchstaben dazwischen, so kommt nur der letzte auf die neue Zeile, z. B.: „Karp-fen", „knusp-rig".
- Stehen Buchstabenverbindungen wie **ch, sch, ph** oder **th** für **einen Konsonanten,** so trennt man sie nicht, z. B.: „la-chen", „Zi-ther".
  Dasselbe gilt für **ck,** z. B.: „Zu-cker".
- **Fremdwörter** trennt man nach ihren **Wortbausteinen** („Inter-esse", „Päd-agoge") oder nach **Sprechsilben** („Inte-resse", „Pä-dagoge").

Die Schreibung nach kurzen Vokalen

Doppelkonsonanten
Nach **betonten kurzen Vokalen** folgen fast immer **zwei Konsonanten.**
- Meist kann man sie beim Hören gut unterscheiden, z. B. bei „Hu**nd**", „To**pf**", ...
- Hört man nur einen Konsonanten, wird der beim Schreiben **verdoppelt,** z. B. bei „kna**bb**ern", „Pu**dd**ing", „Ko**ff**er", ...

Es gibt zwei **Sonderfälle:**
- Statt verdoppeltem **z** wird **tz** geschrieben: „Mü**tz**e", „Bli**tz**", „fli**tz**en" ...
- Statt verdoppeltem **k** wird **ck** geschrieben: „Stü**ck**", „Bä**ck**er" ...
  Bei der Silbentrennung wird **ck** nicht getrennt, sondern in die folgende Zeile geschrieben.

Die Schreibung nach langen Vokalen

- Die **lang gesprochenen Vokale a, e, o, u** sowie die Umlaute **ä, ö** und **ü** werden oft nur mit einem einfachen Buchstaben geschrieben, z. B.: „brav", „leben", „rot", „müde". Das gilt besonders für einsilbige Wörter: „wen", „zu", „so" und die Suffixe „-tum", „-bar", „-sal" und das Präfix „ur-", z. B.: „**Ur**tier", „sonder**bar**", „Rinn**sal**", „grau**sam**", „Reich**tum**".
- **Lange Vokale mit h**
  Hinter lang gesprochenem **a, e, o, u** sowie den Umlauten **ä, ö** und **ü** steht manchmal ein **h,** vor allem in Verbindung mit den nachfolgenden Konsonanten **l, m, n** und **r,** z. B.: „Wa**hl**", „fü**hl**en", „za**hm**", „Le**hm**", „So**hn**", „Bü**hn**e", „me**hr**", „se**hr**", „U**hr**".
- **Doppelvokal**
  Einige wenige Wörter werden mit Doppelvokal geschrieben, z. B.: „Paar", „Beere", „Boot".

- **i als einfaches i geschrieben**
  Es gibt nur wenige Wörter, in denen ein lang gesprochenes **i** durch den **Einzelbuchstaben i** wiedergegeben wird. Einige dieser Wörter sind Fremdwörter, z. B.: „St**i**l".
- **i als ie geschrieben**
  Meist wird das lang gesprochene **i** als **ie** geschrieben, z. B.: „Kn**ie**", „s**ie**", „M**ie**te", „T**ie**r". Das **ie** erscheint auch in den fremden Wortausgängen **-ie, -ier, -ieren,** z. B.: „Industr**ie**", „Batter**ie**", „Scharn**ier**", „Klav**ier**", „repar**ieren**", „Reg**ie**rung".

Die Schreibung des s-Lauts

- Der **stimmhafte s-Laut** wird stets mit einfachem **s** geschrieben, z. B.: „Ha**s**e", „**s**agen".
- Das **stimmlose s** am Wortende wird mit einfachem **s** geschrieben, wenn sich beim Verlängern des Wortes ein stimmhaftes **s** ergibt, z. B.: „Gra**s** – Grä**s**er"; „Hau**s** – Häu**s**er".
- Ein **stimmloses s** nach einem langen Vokal oder Diphthong schreibt man **ß,** wenn es bei der Verlängerungsprobe stimmlos bleibt, z. B.: „Fu**ß** – Fü**ß**e"; „Strau**ß** – Sträu**ß**e".
- **Nach einem kurzen, betonten Vokal** wird **ss** geschrieben, wenn im Wortstamm kein weiterer Konsonant folgt. Das **s** ist dann stimmlos, z. B.: „Fa**ss**", „Bi**ss**", „ha**ss**en", „er ha**ss**t", „hä**ss**lich".

Groß- und Kleinschreibung

Satzanfänge und Nomen werden **großgeschrieben.** ▷ S. 149–150

Nominalisierung von Verben und Adjektiven

Verben und Adjektive, also Wörter einer anderen Wortart, schreibt man **groß,** wenn sie im Satz als Nomen gebraucht werden. Man erkennt das meist an der Verbindung mit einem der **Nomen-Signale.** Nomen-Signale sind z. B.:

- ein vorausgehender **Artikel:** „gehen", „13-jährig" – „*das* Gehen", „*die* 13-Jährige";
- eine **Präposition** (mit Artikel): „gut", „böse" – „*im* (in dem) Guten", „*im* (in dem) Bösen";
- ein vorangestelltes **Pronomen:** „lachen", „arbeiten" – „*mein* Lachen", „*sein* Arbeiten".
- In Verbindung mit den **Indefinitpronomen** „etwas", „alles", „nichts", „viel", „wenig", „allerlei", „genug", „manches" werden Adjektive nominalisiert und deshalb großgeschrieben: „schön", „neu", „alt" – „*viel* Schönes", „*wenig* Neues", „*nichts* Altes".

Kann man ein Signalwort ergänzen, schreibt man das nominalisierte Verb oder Adjektiv groß, z. B.: „Du weißt doch genau, dass *(das)* Schwimmen und *(das)* Laufen gesund sind."

Achtung: Nominalisierungen, die aus zwei Wörtern zusammengesetzt sind, schreibt man zusammen, z. B.: „das Bogenschießen", „das Honigschlecken".

Klein schreibt man Wörter, die formgleich als Nomen vorkommen, aber selbst keine Merkmale von Nomen aufweisen (**Denominalisierung**), z. B.: „*kraft* ihres Amtes", „*zeit* seines Lebens".

Eigennamen und Herkunftsbezeichnungen

- In **mehrteiligen Eigennamen** mit Bestandteilen, die keine Nomen sind, schreibt man alle Wörter groß, mit Ausnahme der Artikel, Konjunktionen und Präpositionen, z. B.: „der Afrikanische Büffel", „die Geometrische Landschildkröte"; „Mülheim an der Ruhr".

- Die von **geografischen Namen abgeleiteten** Wörter auf **-er** schreibt man immer groß, z. B.: „Hamburger Hafen"; „Dresdner Stollen".
- Die von **geografischen Namen abgeleiteten Adjektive** auf **-isch** werden kleingeschrieben, wenn sie nicht Bestandteil eines Eigennamens sind, z. B.: „südafrikanischer Nationalpark", „sambische Flusslandschaft"; „italienischer Wein".

Tageszeiten und Wochentage

- Bezeichnungen für Tageszeiten und Wochentage werden **großgeschrieben,** wenn sie **Nomen** sind, z. B. „am Nachmittag", „eines Tages"; „jeden Mittwoch".
- Bezeichnungen für Tageszeiten und Wochentage werden **kleingeschrieben,** wenn sie **Adverbien** sind, z. B. „gestern", „nachmittags", „heute früh"; „freitags", „werktags".
- **Zweiteilige Tageszeiten** schreibt man so: „heute Abend", „gestern Nacht".

Verbindungen aus Adjektiv und Nomen

- Wenn ein Nomen mit einem Adjektiv eine feste Verbindung eingeht, die aber kein Eigenname ist – wie z. B. in „das *neue* Jahr" –, so wird das Adjektiv in der Regel kleingeschrieben.
- Wenn aber eine solche Verbindung eine neue Gesamtbedeutung hat – wie z. B. in „der *weiße/Weiße* Tod" –, bleibt es dem oder der Schreibenden überlassen, ob er oder sie dies durch Großschreibung des Adjektivs deutlich machen will.
- In den Fachsprachen gibt es unterschiedliche Regelungen, wie fachsprachliche Ausdrücke aus Nomen und Adjektiv geschrieben werden, z. B. „der *graue* Star" in der Medizin, „die *Schwarze* Witwe" in der Zoologie.
- Häufig sind hier beide Schreibweisen möglich, z. B. „der *goldene* Schnitt"/„der *Goldene* Schnitt", „die *gelbe* Karte/die *Gelbe* Karte".

Getrennt- und Zusammenschreibung

Verbindungen mit Verben ▷ S. 144–145

Verben und Nomen:

1. Verbindungen aus Verben und Nomen werden in der Regel getrennt geschrieben.

Verben und Partikel:

2. Verb und Verbpartikel werden zusammengeschrieben, wenn die Betonung auf der Partikel liegt. Partikel sind Wörter, die nicht flektiert werden können, wie z. B. Präpositionen oder Adverbien: ab-, aus-, durch-, zwischen-, heraus-, nieder-, weiter-, zurück-, zusammen-, ... Also z. B.: „*weiter*gehen", „*wieder*kommen".

Verben und Adjektive:

3. Verb und Adjektiv werden meistens getrennt geschrieben, z. B.: „tief schlafen".
4. Haben Adjektiv und Verb zusammen eine neue Bedeutung, so werden sie zusammengeschrieben, z. B. „blaumachen" (die Schule schwänzen), „klarmachen".
5. Bezeichnet das Adjektiv das Ergebnis des Vorgangs, den das Verb benennt, so können Adjektiv und Verb zusammengeschrieben werden, z. B. „blank putzen"/„blankputzen".

Verben und Verben:

6. Verbindungen aus zwei Verben werden getrennt geschrieben, z. B. „lesen üben".
7. Verbindungen mit „bleiben" und „lassen" als zweitem Bestandteil können zusammengeschrieben werden, wenn sie eine neue, übertragene Bedeutung haben, z. B. „stehen lassen"/„stehenlassen" (kalte Schulter zeigen). Das gilt auch für „kennenlernen".

3 Lesen – Umgang mit Texten und Medien

3.1 Lesetechnik

Texte verstehen

▷ S. 64–70

Lesen kann man auf unterschiedliche Art und Weise. Je nachdem wie intensiv man einen Text liest, kommt man zu einem nur ungenauen oder besonders tiefen Verständnis.

- **Überfliegendes Lesen**
  - Der Text wird im Schnelldurchlauf geprüft, ob er für das Thema wichtige Informationen enthält. Dazu muss man **nicht Satz für Satz lesen,** sondern man lässt die Augen in größeren Blicksprüngen über die Zeilen gleiten. Wahrgenommen werden somit nur Absätze, Überschriften, Hervorhebungen.
  - Der schnell schweifende Blick wird **vor allem Nomen, Zahlen und Daten wahrnehmen** und diese in Sekundenschnelle mit dem Schriftbild der von euch gesuchten Ziel- und Schlüsselbegriffe abgleichen.
  - Vor allem bei längeren Texten sollte man in dieser Weise prüfen, ob sich ein größerer Leseaufwand lohnt.
- **Gezieltes Lesen**
  - Beim gezielten Lesen sucht man in einem Text nach **bestimmten Zielbegriffen oder Informationen.**
  - Um diese zu finden, muss man sich zunächst **einen Überblick verschaffen** (Inhaltsverzeichnis, Überschriften, Klappentext etc.), dann braucht der Text nur in diesen Abschnitten durchgesehen zu werden.
  - Wenn es sich um einen langen Text handelt, dem nur eine bestimmte Information entnommen werden soll, kann man auch einfach die **Anfänge der Textabschnitte überfliegen,** um zu sehen, ob sie wichtig sind. Anschließend kann man gezielt die interessanten Abschnitte auswerten.
- **Intensives Lesen**

  Einen Text intensiv zu lesen bedeutet, ihn auf unterschiedlichen Ebenen zu erfassen:
  - zentrale Aussagen und Schlüsselbegriffe zu identifizieren;
  - die Textstruktur zu durchschauen;
  - alle Textaussagen (Informationen, Wertungen, Argumente etc.) und ihren Zusammenhang zu verstehen und weiterzuverarbeiten;
  - die Sprache des Textes bewusst wahrzunehmen.

  Textmarkierungen, Randzeichen und Randbemerkungen unterstützen das intensive Lesen und geben Anhaltspunkte für die weitere Verarbeitung des Textes. Gerade bei **längeren Texten** sind solche Stützen unbedingt notwendig.
- **Kritisches Lesen**

  Einen Text kritisch zu lesen, zielt darauf ab, ein **begründetes** (positives oder negatives) **Urteil** über den Text abgeben zu können. Dabei helfen folgende Fragen:
  - Welche Intention hat der Text? Ist diese Intention berechtigt und angemessen?
  - Sind die Informationen, die der Text gibt, sachlich richtig?
  - Stehen die Aussagen des Textes in einem schlüssigen Zusammenhang?
  - Ist die Argumentation des Textes nachvollziehbar und überzeugend?
  - Ist die sprachliche Gestaltung des Textes angemessen?

3.2 Sachtexte

Sachtexte auswerten: markieren und strukturieren

- **Unbekannte Wörter klären**
  Zunächst unterstreicht man die Begriffe, die man nicht versteht, und versucht, sie zu klären:
  - Oft erschließt sich die Bedeutung unbekannter Wörter schon aus dem Textzusammenhang.
  - Hilfreich ist es, komplizierte Wörter in ihre Bestandteile zu zerlegen.
    Beispiel: „Gewaltsensibilität“ = Gewalt + Sensibilität (Feinfühligkeit, Empfindlichkeit) = Aufmerksamkeit auf Gewalt
  - Im Zweifel fragt man einen Experten oder eine Expertin – evtl. Mitschüler/in – oder schlägt in einem Lexikon nach.
- **Schlüsselwörter markieren**
  In jedem Abschnitt werden die Schlüsselwörter unterstrichen, also das Wort oder die Wörter, die für die Aussage dieses Abschnittes besonders wichtig sind. Vorsicht: Nicht zu viel unterstreichen!
- **Den Text in Sinnabschnitte gliedern**
  Ein Sinnabschnitt kann einem Druckabschnitt des Textes entsprechen, er kann aber auch durchaus mehrere Druckabschnitte umfassen. Beim Gliedern in Sinnabschnitte sollte man nicht zu kleinschrittig vorgehen, sondern nach größeren Sinneinheiten suchen. Das Markieren der Schlüsselwörter und die Gliederung des Textes in Sinnabschnitte gehen Hand in Hand, und zwar deshalb, weil die Schlüsselwörter immer auch deutlich machen, wo etwas Neues beginnt. Man muss also zwischen diesen Schritten hin und her springen.
- **Überschriften für die Sinnabschnitte suchen**
  Jeder Sinnabschnitt erhält dann eine möglichst treffende Überschrift. Manchmal kann man dazu Begriffe und Wendungen aus dem Text verwenden.
- **Die Abschnitte zusammenfassen**
  Nun wird der Text Abschnitt für Abschnitt schriftlich zusammengefasst.
  Dabei kann man zwischen folgenden Möglichkeiten wählen:
  - jeden Sinnabschnitt in einem Satz zusammenfassen,
  - die Abschnitte nur in knappen Stichwörtern zusammenfassen, die als **Marginalien** oder Randnotizen an den Rand des Textes geschrieben werden. Dazu kann man unter anderem die unterstrichenen Schlüsselwörter verwenden; meist wird das aber nicht ausreichen.
- **Den Text zusammenfassen**
  Im letzten Schritt ordnet man die Informationen und fasst sie mit eigenen Worten zusammen.
- **Die Textstruktur im Schaubild verdeutlichen**
  Zum besseren Erfassen der Zusammenhänge kann es hilfreich sein, die Schlüsselbegriffe in einem Schaubild anzuordnen. So kann man durch Striche oder Pfeile Zusammenhänge verdeutlichen und durch Einrücken übergeordnete und untergeordnete Gesichtspunkte voneinander unterscheiden. Bei längeren oder mehrsträngig aufgebauten Texten bietet sich die Visualisierung in einem Flussdiagramm an.

3.3 Rhetorische Texte

Rhetorische Texte untersuchen

▷ S. 119–130

Reden und Flugblätter sind appellative Texte, die ihre Rezipienten (Zuhörer und Leser) auf vielfältige Weise zu beeinflussen versuchen. Bei der Analyse dieser Texte sollte man unter anderem auf folgende Punkte achten:

Situation
- Gibt es einen besonderen Anlass?
- Wer ist Adressat des Textes?
- In welchem Verhältnis steht der Verfasser zum Publikum bzw. zur Leserschaft?

Inhalt
- Was ist Gegenstand des Textes?
- Was sind die Hauptaussagen des Textes?

Formaler Aufbau
- In welcher Reihenfolge sollen die Hauptaussagen zur Sprache gebracht werden?
- Wie werden Ein- und Ausstieg gewählt?

Argumentation
- Welche Thesen enthält der Text?
- Durch welche Argumente werden die Thesen abgesichert? Welche Beispiele, Belege, Zitate enthält der Text? Wie wird mit Gegenargumenten umgegangen?

Intention
- Wie stellt der Redner sich selbst dar? Welche Rolle nimmt er ein?
- Welche Wirkung will der Redner bzw. Verfasser erzielen? Woran erkennt man das?
- Will der Redner bzw. Verfasser bestimmte Positionen auf- oder abwerten? Will der Redner bzw. Verfasser beschwichtigen oder vereinnahmen?

Rhetorische Figuren
- Welche rhetorischen Figuren werden eingesetzt? Welche Wirkung geht von ihnen aus? Beispiele für rhetorische Figuren s. S. 342.

Gliederung einer Rede

▷ S. 73

- Mit der **Einleitung** sollen vor allem die Aufmerksamkeit und das Interesse der Zuhörerschaft geweckt werden.
- Im **Hauptteil** der Rede werden Informationen verständlich und interessant, Argumente überzeugend und wirkungsvoll dargeboten.
- Der **Schluss** der Rede bietet noch einmal eine Zusammenfassung des Wichtigsten und formuliert das Anliegen der Rede als **Appell.**

Redestrategien

▷ S. 123

Redestrategien sind über die einzelnen Sätze, Argumente und rhetorischen Mittel hinausgreifende, weitreichende und absichtsvolle Maßnahmen, mit denen in einer konkreten Situation eine Beeinflussung anderer erreicht werden soll. Dabei werden in Reden besonders psychologische Methoden der Einflussnahme eingesetzt. Eine Strategie ist erst wählbar, wenn der Redner sein **Ziel,** seine **Intention** und **Absicht** festgelegt hat. Man unterscheidet **kämpferische Strategien,** wie z. B. Verharmlosung oder Diffamierung und **offene Strategien** wie z. B. Offenlegung der Ziele oder Versuche der Vermittlung.

3.4 Erzählende Literatur

Die Erzählerin/Der Erzähler

Die Autorin/der Autor einer Geschichte entscheidet sich für eine **Erzählperspektive,** aus der der Erzähler/die Erzählerin erzählt. Dabei kann er/sie an der Handlung beteiligt sein oder sie nur beobachten. Er/sie kann nur das erzählen, was gesehen und gehört werden kann, oder auch das, was die handelnden Personen denken und fühlen. Manchmal kann die Erzählerin/der Erzähler das Verhalten der Personen kommentieren (Erzählerkommentar).

Bei der Untersuchung von Erzählungen unterscheidet man deshalb:

- die **Form: Ich**- oder **Er-/Sie-Erzählung**
- und das **Erzählverhalten:**
  - **neutral:** Der Erzähler/die Erzählerin tritt nicht in Erscheinung und nimmt einen distanzierten, berichtenden Standpunkt ein, die Darstellung wirkt objektiv.
  - **personal:** Der Erzähler/die Erzählerin übernimmt die Sicht einer der handelnden Figuren. Die Darstellung ist beschränkt auf das, was die Figur sehen, hören, wissen kann.
  - **auktorial:** Der Erzähler/die Erzählerin weiß alles, kann auf zukünftige Ereignisse vorausweisen, kann das Handeln von Figuren erklären, kommentieren oder bewerten und ist meist nicht Teil der geschilderten Welt.

Merkmale des Erzählens

- **Erzählbericht:** Der Erzähler vermittelt den Erzählgegenstand. Er wendet sich der Handlung und den Figuren zu und streut als auktorialer Erzähler Kommentare, Überlegungen und Betrachtungen ein.
- **Figurenrede:** Der Erzähler lässt die Figuren zu Wort kommen. Man unterscheidet hier:
  - **direkte Rede:** Gespräche werden direkt wiedergegeben und stehen meist in Anführungszeichen. Oft werden die Redeanteile durch Verben des Sagens, Fragens etc. eingeleitet.
  - **indirekte Rede:** Wiedergabe im Konjunktiv bzw. durch redeeinleitende Sätze; hier kann der Erzähler wieder etwas stärker in den Vordergrund treten.
- **Innerer Monolog:** Er dient dazu, die Gedanken und Empfindungen einer Person zu verdeutlichen. Der innere Monolog ist in der Ich-Form und im Präsens geschrieben.

- **Erlebte Rede:** Sie gehört zu den modernen Erzählweisen. Der Erzähler/die Erzählerin schaut sozusagen in die Figur, von der er/sie erzählt, hinein und nimmt die Welt durch deren Augen wahr. Erzähler und Figur werden auf diese Weise ineinander überblendet. Im Unterschied zum **inneren Monolog** werden die Gedanken und Gefühle nicht in der Ich-Form wiedergegeben, sondern in der dritten Person Präteritum. Beispiel: „Und weg, hatte er gedacht. *Die Schule war zu Ende, das Leben noch nicht, hatte noch nicht begonnen, das Leben.* Er hatte nicht viel Angst davor, weil er noch keine Enttäuschung kannte." – Das kursiv Gedruckte sind Überlegungen, die der Erzähler aus der Sicht der Figur mitteilt. Die Abgrenzung zwischen Erzählbericht und erlebter Rede ist oft schwierig.
- **Erzählzeit und erzählte Zeit** ▷ S. 235
  - Als **Erzählzeit** wird die Zeitspanne bezeichnet, die die Leserin bzw. der Leser tatsächlich braucht, um den Text zu lesen.
  - Im Gegensatz dazu steht die **erzählte Zeit**. Das ist jener Zeitraum, über den sich die Geschichte inhaltlich erstreckt.
  - Sind Erzählzeit und erzählte Zeit identisch, spricht man von **Zeitdeckung**. Ist die erzählte Zeit kürzer, liegt eine **Zeitraffung** vor, ist sie länger, eine **Zeitdehnung**.

Die Kurzgeschichte

▷ S. 102–106

Kurzgeschichten zeichnen sich häufig durch folgende Besonderheiten aus:
- Kürze der Darstellung;
- Reduktion auf einen für eine der Figuren bedeutsamen Augenblick;
- unvermittelter Beginn und offenes Ende;
- alltägliche Sprache und alltägliche Themen;
- Gedankenwiedergabe durch erlebte Rede oder inneren Monolog.

Die Parabel

▷ S. 186

- Die Parabel ist eine **Gleichniserzählung**. Sie wird – wie die Fabel, die Kalendergeschichte, das Gleichnis – zur so genannten „Lehrdichtung" gezählt. Die Parabel verlangt Nachdenken, sie belehrt nicht direkt, sondern sie fordert auf, ein eigenes Urteil zu bilden.
- Den Kern einer Parabel bildet meist ein **Vergleich**.
- Ihre Beweiskraft gewinnt die Parabel daraus, dass die Leser hinter dem erzählten Fall (**dem Gesagten**) eine allgemeine Botschaft entdecken (**das Gemeinte**).
- Das Tempus der Parabel ist zumeist das **Präteritum**.

Die Satire

▷ S. 75–90

Spottdichtung, die Kritik an menschlichen Schwächen und Lastern oder gesellschaftlichen Missständen übt. Sie betrachtet Verhaltensweisen und Zustände von einem normativen (Wertmaßstäbe anlegenden) Standpunkt aus und bringt die Leserinnen und

Leser dazu, auf kritische Distanz zu dem Dargestellten zu gehen. Dabei bedient sich die Satire besonderer Darstellungsverfahren wie der **Verzerrung, des Rollenwechsels, der Sprachmusterverschiebung** oder des **„fremden Blicks“.** Häufig eingesetzt werden außerdem sprachliche Mittel wie die Über- oder Untertreibung, Ironie, Zweideutigkeit, Situationskomik, Methaphern, Vergleiche und ein auffälliger Satzbau.
Die Satire ist keine spezielle Textart, sie ist in allen literarischen Gattungen möglich. Verwandt ist sie mit der **Karikatur,** in der insbesondere zeichnerische Elemente einen satirischen Effekt erzielen, und der **Parodie.**

Erzählende Texte interpretieren

▷ S. 187–194

1. Schritt: Formulieren eines ersten, vorläufigen Textverständnisses
Schon die erste Lektüre eines Textes hinterlässt bestimmte Eindrücke. Man hat eine Vorstellung von den Personen und ihren Beziehungen, von Konflikten und ihren Ursachen. Diese ersten Vorstellungen sind zunächst oft vage. Es ist aber wichtig, sie sich bewusst zu machen, da sie das Textverständnis steuern. Sie sollten daher stichwortartig notiert werden.

2. Schritt: Analyse und Interpretation
Im zweiten Schritt kann das vorläufige Verständnis bestätigt werden, es kann sich aber auch herausstellen, dass es korrigiert werden muss. In jedem Fall hat man am Ende des zweiten Schrittes ein fundierteres, d. h. durch bestimmte Verfahrensweisen gewonnenes und untermauertes Verständnis des Textes. Die Verfahrensweisen lassen sich zusammenfassen in den Begriffen „Analyse“ und „Interpretation“.
Bei der **Analyse** (gr.: „análysis“ = Auflösung) untersucht man die Einzelheiten, die einen Text ausmachen, z. B. Erzählverhalten und -form, Sprache und Stil, Personen und Handlung. Diese Untersuchung ist Grundlage der Interpretation (lat.: Erklärung, Auslegung). In der **Interpretation** werden die Einzelheiten, die man bei der Analyse herausgearbeitet hat, gedeutet. Ohne genaue Analyse ist keine vernünftige Interpretation möglich.

3. Schritt: Die schriftliche Ausarbeitung

- In der **Einleitung**
  - stellt man den Autor, die Autorin vor,
  - ordnet man die Geschichte zeitlich ein (manchmal hilft auch ein Querverweis auf zentrale Ereignisse der Entstehungszeit der Geschichte) und
  - schreibt sie einer Textsorte / einem Textformat zu (z. B. Kurzgeschichte oder Parabel).

  Dann versucht man – möglichst in einem Satz – das Thema, den „Gegenstand“, um dessentwillen alles erzählt wird, in einer Aussage (Deutungshypothese) zu fassen. In diesem Satz fließt zusammen, was man von der Geschichte verstanden hat, was man von ihr hält, wohin man die eigene Deutung steuern will.
- Im **Hauptteil** werden die Ergebnisse der Analyse dargestellt, die man anhand von Textstellen belegt (s. die Hinweise zum richtigen Zitieren auf S. 353–354).
- Am **Schluss** formuliert man eine eigene Stellungnahme zum Text. Sie kann sich auf Inhalt und Problemstellung beziehen (z. B. Bewertung des Verhaltens der Personen), auf die Schreibweise des Autors oder sich mit dessen Meinung auseinandersetzen.

4. Schritt: Die Textüberarbeitung
Die schriftliche Interpretation sollte gründlich überarbeitet werden.

Leitfragen zur Erschließung eines erzählenden Textes
Fragen zu den Figuren:
- ☐ Welche Figuren kommen vor?
- ☐ In welcher Beziehung stehen sie?
- ☐ Wie gehen sie miteinander um?
- ☐ Was tun sie sonst noch, und warum tun sie es?

Fragen zur Zeit:
- ☐ Wann spielt das Geschehen (Vergangenheit – Gegenwart – Zukunft)?
- ☐ Welchen Zeitraum umfasst es?
- ☐ Gibt es Lücken im zeitlichen Ablauf, oder wird lückenlos erzählt?
- ☐ Gibt es Vorausdeutungen oder Rückblicke?

Fragen zum Ort:
- ☐ An welchem Ort spielt die Handlung?
- ☐ Wie wird der Ort beschrieben?
- ☐ Wie wirkt der Ort auf die Personen?
- ☐ Welche Bedeutung hat er für die Handlung?

Fragen zum Aufbau der Geschichte:
- ☐ Wie sind die Ausgangssituation und der Schluss gestaltet?
- ☐ Wie wird Spannung erzeugt?
- ☐ Gibt es einen Wechsel in der Darstellung von Außen- und Innenwelt?

Fragen zur Erzählperspektive, Wortwahl und zum Satzbau:
- ☐ Aus wessen Perspektive wird erzählt?
- ☐ Welches Erzählverhalten liegt vor (neutral – personal – auktorial)?
- ☐ Gibt es ein Leitmotiv, das sich durch den ganzen Text zieht?
- ☐ Werden sprachliche Bilder verwendet?
- ☐ Welche Funktion haben Wiederholungen oder Abweichungen vom gewöhnlichen Sprachgebrauch?
- ☐ Gibt es Auffälligkeiten beim Satzbau?

Fragen zum Entstehungshintergrund:
- ☐ Gibt es einen Zusammenhang zum zeitgeschichtlichen Kontext?
- ☐ Spielt die Biografie des Autors/der Autorin eine Rolle?

Erzählende Texte gestaltend interpretieren

Das Beschreiben des Stils, das Deuten des Titels und andere Aufgaben, bei denen man über einen Text spricht oder schreibt, sind **analytische Tätigkeiten.** Durch **gestaltende Tätigkeiten,** wie das Verfassen von **Briefen, Tagebucheinträgen** oder **inneren Monologen** einer literarischen Figur oder das stimmige **Fortsetzen von Erzählanfängen,** kann man ebenfalls ein tieferes Textverständnis erreichen.

- ☐ **Subtexte verfassen – Leerstellen füllen**
  Subtext nennt man den Text, der entsteht, wenn man sich als Leserin oder Leser in eine Figur eines Textes hineinversetzt und deren Gedanken in einer ganz bestimmten Situation, d. h. ausgehend von einer konkreten Stelle des Textes, so formuliert, wie die Figur denken könnte. Das kann auch durch das Verfassen eines **Briefes,** eines **Tagebucheintrags** oder eines **inneren Monologs** geschehen. Solche Subtexte füllen **Leerstellen** aus, Textstellen, die der Autor oder die Autorin bewusst nicht ausgestaltet hat.

- **Erzählanfänge fortsetzen**
  Um zu erreichen, dass die Fortsetzung möglichst genau zum Originaltext passt, muss man sich über **Besonderheiten der Schreibweise** und **Auffälligkeiten der Handlung und Personen** klarwerden. Textbeobachtungen, die für eine solche gestaltende Interpretation wichtig werden können, antworten z. B. auf die Fragen: Woran **erinnert** mich der Text? Zu welcher **Gattung** gehört der Text? Welche auffälligen **Handlungselemente** und **Figuren** gibt es?

3.5 Lyrik

Sprachliche Merkmale

▷ S. 245–264

Gedichte bezeichnet man auch als lyrische Texte oder Lyrik. Ihr bestimmendes Merkmal ist die gebundene, rhythmische Sprache in **Versen.**

Folgende Merkmale kennzeichnen die Lyrik:
- **Strophe:** Die meisten Gedichte sind in Strophen gegliedert.
- **Vers:** Besonders in älteren Gedichten haben alle Verse eines Gedichts oft annähernd dieselbe Länge, d. h. die Anzahl der Silben bleibt in jeder Zeile nahezu gleich.
- **Reim:** In vielen Gedichten werden die Verse durch einen Endreim miteinander verbunden. Die regelmäßige Abfolge von Endreimen ergibt verschiedene Reimschemata: Paarreim *(aabb)*, Kreuzreim *(abab)* und umarmender Reim *(abba)*.
- **Metrum (Versmaß):** Je nachdem, wie betonte und unbetonte Silben wechseln, unterscheidet man z. B. Jambus („Ăm gráuĕn Stránd, ăm gráuĕn Méer“), Trochäus („Méinĕ Glóckĕn láutĕn“), Daktylus („Gótischĕ Fénstĕr ŭnd máurisch vĕrzíertĕs Pŏrtál“) und Anapäst („Wĭe mĕin Glúck ĭst mĕin Léid“).
- **Rhythmus:** Betonungen, Sprechpausen und Sprechtempo geben beim Vortrag den Rhythmus eines Gedichts wieder.
- **Sprecherin oder Sprecher:** Zu jedem Gedicht gehört eine Sprecherin oder ein Sprecher, der nicht mit der Autorin oder dem Autor gleichzusetzen ist. Oft stellt sich dieser Sprecher als ein Ich vor (**lyrisches Ich**).
- **Rhetorische Figuren** ▷ S. 324

Leitfaden zur Analyse eines Gedichttextes

▷ S. 245–264

Fragen zu Sprecher/in und Adressat/in
- In welcher Form tritt der Sprecher/die Sprecherin auf (lyrisches Ich/Wir, nicht direkt im Text greifbar)?
- Was erfährt der Leser über den Sprecher/die Sprecherin?
- Gibt es eine/n in den Text einbezogene/n Adressatin/Adressaten?
- In welchem Verhältnis stehen Sprecher/in und Adressat/in zueinander?

Fragen zum inhaltlichen Aufbau
- Um welches Thema geht es in dem Gedicht?

- Wie ist das Gedicht inhaltlich aufgebaut?
- Welche Erwartungen erweckt die Überschrift, und wie verhalten sich Überschrift und Gedichttext zueinander?

Fragen zum formalen Aufbau
- In wie viele Strophen ist das Gedicht eingeteilt? Sind die Strophen gleich gebaut?
- Ist das Gedicht gereimt? Welches Reimschema lässt sich entdecken?
- Liegt dem Gedicht ein durchgehendes Metrum zu Grunde?
- Entsprechen Sprechrhythmus und Metrum einander? Welche Wirkung haben eventuelle Abweichungen?
- In welcher Beziehung steht die lyrische Form zum Inhalt?
- Lässt sich das Gedicht einer bestimmten Textsorte zuordnen (z. B. Sonett, Ballade, Lied usw.)?

Fragen zur sprachlichen Gestaltung
- Welche sprachlichen Bilder (Metaphern) enthält das Gedicht? Aus welchen Bereichen stammen sie?
- Welche Vergleiche enthält das Gedicht? Aus welchen Bereichen stammen diese Vergleiche?
- Welche Wortfelder im Bereich der Substantive, Adjektive und Verben beherrschen den Text?
- Gibt es Wörter oder Wortwiederholungen, die eine besondere, den Text erschließende Bedeutung haben (Schlüsselwörter)?
- Welche sonstigen Stilmittel prägen das Gedicht?

Fragen zum Entstehungshintergrund
- Lässt sich ein Zusammenhang zwischen Gedichttext und zeitgeschichtlichen Ereignissen und/oder kulturellen Erscheinungen erkennen?
- Ist die Biografie des Autors/der Autorin offensichtlich wichtig für das Verständnis des Gedichts?

3.6 Drama

Formen des Dramas

▷ S. 265–290

Neben der erzählenden Literatur und der Lyrik ist das Drama eine der drei Grundformen der Dichtung. Dramentexte sind in **Dialogform** verfasst und in der Regel für eine Theateraufführung vorgesehen. Die Handlung wird also vor einem Publikum auf der Bühne von Schauspielerinnen und Schauspielern dargestellt. Dazu sind neben dem Sprechtext auch die **Regieanweisungen** und die **Inszenierung** einer Regisseurin oder eines Regisseurs von Bedeutung.
Bei der Untersuchung einer Dramenszene muss man zunächst berücksichtigen, dass es verschiedene Arten von Dramen gibt.
Wir unterscheiden hauptsächlich zwischen der **Tragödie,** bei der die Konflikte tragisch enden, und der **Komödie,** bei der eine heitere Darstellung vorherrscht und die einen glücklichen Ausgang nimmt. Außerdem gibt es unterschiedliche Konzeptionen dramatischer Gestaltung.

- Das **klassische Drama** folgt einem strengen Aufbau in meist fünf Akten.
  - Der 1. Akt bietet die **Exposition** (Einführung), in der die Hauptfiguren vorgestellt werden, in der in Ort, Zeit und Atmosphäre des Stücks eingeführt wird und in der sich die Konflikte anbahnen, die die Handlung bis zum dramatischen Höhepunkt voran-treiben. Am Ende des 3. oder zu Beginn des 4. Akts tritt bei der Tragödie häufig die **Peripetie** (der Wendepunkt) ein, von der aus die Handlung unaufhaltsam der Katastrophe zustrebt.
  - Die handelnden Personen sind von hohem Stand.
  - Sie sprechen in einer gehobenen Sprache (häufig in Blankversen, d. h. fünfhebigen Jamben ohne zwingende Reimbindung).
  - Die Konfliktthemen – Liebe und Politik – regen den Zuschauer zu moralischem Denken an.
  - Die Handlung spielt im Wesentlichen an einem Ort und dauert nur wenige Stunden.
- Bertolt Brecht versteht sein Konzept des **epischen Theaters** als Gegenentwurf zum klassischen aristotelischen Theater. Die Zuschauer/innen sollen in die Rolle kritischer Betrachter versetzt werden, die aus ihren Erkenntnissen Konsequenzen für das eigene politische Verhalten ziehen. Dabei geht es Brecht um eine Veränderung der gesellschaftlichen Verhältnisse im marxistischen Sinne. Die kritisch-distanzierte Einstellung der Zuschauer/innen soll im epischen Theater durch eine Verfremdung der dramatischen Handlung (**V-Effekte**) erreicht werden. Mittel der Verfremdung sind u. a.
  - die Einführung eines kritisch kommentierenden Erzählers,
  - das Beiseitesprechen der Schauspieler/innen,
  - die Unterbrechung der Handlung durch Songs,
  - die Reihung von Bildern statt einer zielgerichteten Entwicklung der Handlung in Akten und Szenen oder auch
  - der Verzicht auf illusionsfördernde Bühnenrequisiten.

Eine Dramenszene analysieren

Vorbereitung einer schriftlichen Analyse
Zunächst sollte man – wie bei der Analyse von Lyrik und Prosatexten auch – das erste vorläufige Textverständnis kurz schriftlich festhalten.

Aspekte der Analyse einer Dramenszene
- **Stellung der Szene im Handlungsverlauf**
  - Wo steht die Szene im Handlungsverlauf?
  - Was ist ihr unmittelbar vorausgegangen?
  - Was folgt der Szene?
- **Inhalt der Szene**
  - Wovon handelt die Szene?
  - Was sind wichtige Abschnitte (Handlungsschritte)?
  - Was ist das Thema?
- **Figuren der Szene und ihr Verhältnis zueinander**
  - Was lässt sich über Herkunft, Stand und Vorgeschichte der Figuren sagen?

- Welche Gedanken, Gefühle, Eigenschaften der Figuren werden deutlich?
- Was sind ihre offensichtlichen und verborgenen Absichten und Handlungsmotive?
- Welche typischen Tätigkeiten, Gebärden und Verhaltensweisen zeigen die Figuren und was drücken diese aus?
- Wie sind die Beziehungen zu anderen Figuren?
- Welche sprachlichen Auffälligkeiten charakterisieren die Figuren?

□ **Bedeutung der Szene für die Aussage des Dramas**
- In welcher Weise wird das Thema des Dramas in der Szene entfaltet?
- Welche Bedeutung hat die Szene für die Ausgestaltung oder Veränderung des Charakters der Hauptfigur?
- In welchem Sinne gelangt die Hauptfigur in der Szene in eine bedeutsame Entscheidungssituation?
- Welche Wirkung erzielt die Szene im Zusammenhang des Dramas?
- (Tragen z. B. die Formmerkmale des epischen Theaters zu dieser Wirkung bei?)

□ **Aufbau der Analyse**
- Die **Einleitung** nennt Autor/in sowie Titel des Stücks und fasst dessen Inhalt knapp – möglichst in einem Satz – zusammen.
- Im **Hauptteil** werden die Ergebnisse der Analyse dargestellt und anhand von Textstellen belegt. Dabei kann man die oben aufgeführten Untersuchungsaspekte als Gliederungspunkte nutzen.
- Am **Schluss** kann man eine kurze wertende Stellungnahme formulieren.

3.7 Medien

Zeitung und Zeitungstexte

▷ S. 291–312

Aufbau und Grundelemente einer Zeitung

□ Damit die Leser sich in einer Zeitung zurechtfinden, ist diese in verschiedene **Ressorts** gegliedert (Singular: das Ressort, frz. Geschäfts- oder Amtsbereich):
- Politik
- Wirtschaft
- Kultur/Feuilleton (von frz. feuilleton entlehnt = Blättchen)
- Sport
- Lokalteil (Stadt, Region/Kreis)
- „Aus aller Welt“, „Panorama“ oder ähnlich

□ Auch die Ressorts sind wiederum unterteilt; so kann es z. B. im Ressort Politik eine Seite geben, die mit **Meinung** oder **Kommentar** überschrieben ist; oder es gibt eine Seite mit einem besonderen Tagesthema.

□ Man unterscheidet auch zwischen dem „redaktionellen“ und dem „nicht-redaktionellen“ Teil einer Zeitung. Letzterer enthält die **Werbung,** über die sich eine Zeitung im Wesentlichen finanziert.

□ Das **Impressum** enthält Informationen über den Verlag, in dem eine Zeitung erscheint, über Herausgeber, Chefredakteur usw. Ihr findet es in der Regel auf einer der ersten Seiten ganz klein gedruckt.

□ Die Gestaltung einer Zeitungsseite – Aufteilung insgesamt, Schriftgröße, Verhältnis Text/Bild – nennt man **Lay-out.**

Gestaltungselemente von Zeitungsartikeln

- Die Überschrift eines Zeitungsartikels nennt man **Schlagzeile.** Sie erstreckt sich über alle Spalten, ist in größeren Typen gesetzt und meist fett gedruckt.
- Zwischen Schlagzeile und Text steht oft ein so genannter **Vorspann,** der ebenfalls meist fett gedruckt ist. Er hat die Aufgabe, den Inhalt kurz zusammenzufassen. Darüber hinaus soll er häufig auch einen Leseanreiz bieten.

Journalistische Formen der Information

▷ S. 291

- **Nachricht, Meldung, Bericht:**
  - Die **Nachricht** ist eine Form möglichst sachlicher Informationsvermittlung; sie bezieht sich auf aktuelle Ereignisse. Man unterscheidet zwischen der kürzeren **Meldung** und dem ausführlicheren **Bericht.**
  - Beim **Bericht** unterscheidet man:
    - **Ereignisbericht:** ist auf Aktualität aus und geht auf mehr Einzelheiten ein als die Meldung, die sich auf das Wesentliche beschränkt;
    - **Hintergrund**- oder **Sachstandsbericht:** stellt einen größeren Zusammenhang oder eine längerfristige Entwicklung dar – oft anlässlich eines aktuellen Ereignisses, das aber nur den Aufhänger liefert. Er informiert über Hintergründe und den „Stand der Dinge".
- **Reportage, Feature:**
  - Eine **Reportage** informiert ebenfalls, sie ist jedoch deutlich subjektiv gefärbt: Die Reporterin bzw. der Reporter lässt eigene Beobachtungen und Erlebnisse einfließen. Das macht, ebenso wie eingefügte Zitate, diese Form des Berichts besonders lebendig und anschaulich. Aktuelle Ereignisse werden mit Hintergrundinformationen verknüpft.
  - In Rundfunk und Fernsehen wird diese Form der Informationsaufbereitung, die sich aus Reportage, Kommentar und Dialogen zusammensetzt, auch **Feature** genannt.

Formen der Meinungsäußerung

▷ S. 295; 303–307

Kommentar, Leserbrief, Kolumne

- Im **Kommentar** melden sich in der Regel Redakteure der jeweiligen Zeitung zu Wort; es können aber auch zu speziellen Fragen Fachleute – etwa von Hochschulen oder aus der Wirtschaft – herangezogen werden. Deren Beiträge werden dann häufig als **Gastkolumnen** bezeichnet.
- Allgemein sind **Kolumnen** ebenfalls meinungsorientierte Texte (und zwar von geringem Umfang, nämlich einer Spalte, das Wort „Kolumne" bezeichnet ursprünglich die Zeitungsspalte). Die Grenzen zum Kommentar sind fließend. In manchen Zeitungen und Zeitschriften gibt es regelmäßige Kolumnen eines bestimmten Kolumnisten.

- In einem **Leserbrief** kann jede Zeitungsleserin und jeder Zeitungsleser seine Meinung äußern. Ob der Leserbrief aber abgedruckt wird – ganz oder auch nur in Teilen –, entscheidet die Redaktion; es gibt kein Anrecht auf Veröffentlichung.
- **Essay**
  Im Gegensatz zur wissenschaftlich genauen Analyse, die einer strengen Systematik der Gedankenführung folgt, will der **Essay** (frz. *essayer* = versuchen) zum Denken anregen, oft provozieren. Das Spiel mit der Sprache, die mitunter sprunghafte Reihung subjektiver Assoziationen, kennzeichnen den Essay, den man auch als freie Form des Erörterns betrachten kann.
- Eine weitere journalistische Textsorte der Meinungsäußerung stellt die **Glosse** (von gr. *glossa* = Zunge, Sprache) dar. Glossen sind eine besondere, meist humorvolle, ironische oder satirische Art von Kommentar.

Film

▷ S. 223–244

Ein **Film** hat als Textgrundlage das **Drehbuch.** Darin werden sowohl der gesprochene Text als auch die Einstellungsgrößen und Kameraeinstellungen festgelegt.

- **Einstellungsgröße und Kameraperspektive**
  Je nach Größe des gewählten Bildausschnitts unterscheidet man bei den **Einstellungsgrößen** (von ganz weit bis ganz nah): **Panorama, Totale, Halbtotale, Halbnah, Nah, Groß, Detail.**
- Bei der **Kameraperspektive** unterscheidet man nach dem Standpunkt der Kamera zwischen **Aufsicht** (Vogelperspektive), **Untersicht** (Froschperspektive) oder **Normalsicht** (Augenhöhe).
- Ein **Schnitt** bezeichnet die Verknüpfung von zwei Einstellungen. Es gibt verschiedene Schnittarten:
  - **Harter Schnitt**: Zwei Einstellungen folgen ohne Übergang aufeinander.
  - **Weicher Schnitt:** Durch Überblendung werden Übergänge geschaffen.
- Unter **Montage** versteht man das Zusammenfügen von Bild- und Tonelementen und das Zusammenfügen von einzelnen Einstellungen zu Szenen, zu größeren Einheiten (= Sequenzen) und schließlich zum ganzen Film. Heute wird diese Bearbeitung meistens durch digitale Bild- und Schnittprogramme vorgenommen. Man unterscheidet u. a.:
  - **erzählende Montage:** Die Abfolge der einzelnen Einstellungen ist so gestaltet, dass sie inhaltlich verbunden sind, also kontinuierlich erzählt wird;
  - **Parallelmontage:** Getrennt verlaufende Handlungen werden wechselnd zusammengeschnitten. Dies kann Spannung erzeugen.
  - Es gibt noch weitere Montageformen, z. B.: **Kontrast-**, **Analog-** und **Assoziationsmontage.**
- Mit dem Begriff **Mise-en-scène** bezeichnet man die Bildkomposition. Figuren und Gegenstände werden in einem Filmbild wie auf einem Gemälde oder Foto inszeniert.

4 Arbeitstechniken und Methoden

4.1 Texte überarbeiten

Texte gezielt überarbeiten

Das Verfassen von Texten ist immer ein Prozess, der in mehreren Phasen abläuft: Planung, Niederschrift und Überarbeitung.
Bei der Überarbeitung sind mehrere Bereiche zu berücksichtigen, in denen Schwächen eines Textes liegen und Verbesserungen nötig sein können.

☐ **Stimmen** alle **Aussagen** des eigenen Textes mit denen der Vorlage überein? ☐ Ist dem Leser oder der Leserin ohne besondere Mühe **verständlich**, worum es in dem Text geht?	**INHALT**
☐ Ist der Text übersichtlich **gegliedert,** z. B. nach Einleitung, Hauptteil, Schluss? ☐ Sind alle wichtigen **Informationen** an der richtigen Textstelle **platziert** oder wird etwas vorweggenommen oder nachgeschoben (Gedankensprünge)? ☐ Sind die einzelnen **Teile** (Aussagen/Informationen) richtig miteinander **verknüpft** (Ursache – Folge; Anlass – Ergebnis; Täter – Opfer), oder gibt es Widersprüche in der Gedankenführung? ☐ Wird ein wichtiger Gedanke zu knapp oder ein unwichtiger zu ausführlich dargestellt?	**AUFBAU/ LOGIK**
☐ Werden **Zitate** und **Belege** passend verwendet und eingefügt (der richtige „Ausschnitt" aus der Vorlage, der richtige „Zuschnitt" für den eigenen Text, die richtige Funktion als Beweis, Beleg, offene Frage)?	**ZITATE/ BELEGE**
☐ Ist die **Wortwahl** abwechslungsreich, genau, anschaulich, angemessen? ☐ Ist der **Satzbau** klar und abwechslungsreich? ☐ Können die **Sätze stilistisch** noch verbessert werden (z. B. aus einem „Bandwurm" zwei Sätze machen)? ☐ Werden unnötige Wiederholungen und Füllsel vermieden?	**AUSDRUCK/ SATZBAU/ STIL**
☐ Sind die **Sätze grammatisch** korrekt in Hinblick auf Tempus, Modus (Indikativ oder Konjunktiv), grammatische Beziehungen, Wortstellung usw.?	**GRAMMATIK**
☐ Sind **Rechtschreibung** und **Zeichensetzung** einwandfrei?	**RECHT-SCHREIBUNG**

Bei einem Text, der Schwächen im Aufbau und in der Genauigkeit der gedanklichen Verknüpfung aufweist, ist ein Vorgehen, bei dem die Fehler Zeile für Zeile bearbeitet werden, nicht sinnvoll. Darum sollte man zunächst den Text ganz lesen und dann die **Textüberarbeitung planen.**

Schreibkonferenz

In Schreibkonferenzen werden eigene Textproduktionen einem kritischen Publikum vorgestellt, besprochen und gemeinsam überarbeitet:
1. Den eigenen Text vorbereiten: Damit genügend Platz für Korrekturen und Hinweise bleibt, klebt man den Text entweder auf ein DIN-A3-Blatt oder lässt bereits beim Schreiben rechts und links einen breiten Rand für Anmerkungen frei.
2. Konferenzrunde: In der Kleingruppe stellt man sich gegenseitig die Texte vor und erhält Vorschläge für die Überarbeitung. Dabei wird jeweils zunächst der Text vorgelesen, anschließend können die Gruppenmitglieder Fragen zum Verständnis stellen. Durch Markierungen und Notizen am Textrand werden dann Verbesserungsvorschläge gemacht.
3. Eigene Textüberarbeitung: Jeder schreibt nun seinen Text noch einmal und bezieht dabei die Verbesserungsvorschläge aus der Konferenzrunde mit ein. An den Texten wird so lange „gefeilt", bis sie den Ansprüchen genügen.
4. Präsentation der Texte: Schließlich werden die überarbeiteten Texte der gesamten Klasse vorgestellt. Das kann durch Vorlesen, eine Wandzeitung, ein Geschichtenbuch oder Tonaufnahmen geschehen.

4.2 Ideen sammeln und ordnen

Das Brainstorming

Brainstorming ist eine Methode, die man gut anwenden kann, um erste **Ideen** zu einem Thema zu **sammeln.**

- Beim Brainstorming äußert jeder seine Ideen spontan, wie sie ihm gerade einfallen.
- Keine der Äußerungen, auch wenn sie auf den ersten Blick noch so ungewöhnlich erscheint, soll kommentiert werden.
- Ein Brainstorming dauert in der Regel nur wenige Minuten.
- Damit die vielen spontanen Ideen nicht verloren gehen, notiert eine Protokollantin oder ein Protokollant alles so ungeordnet, wie es gesagt wird.

Der Cluster

Das Clustern eignet sich gut für eine erste **Stoffsammlung** und **Ideenfindung**. Ein Cluster („Traube") ist eine assoziative Aneinanderreihung von Begriffen, die zusammenhängen.

- Das Thema wird mit einem Wort oder einem kurzen Satz in die Mitte eines Blattes geschrieben und ein Kreis darum gezeichnet.
- Von diesem Kern des Clusters ausgehend notiert man nun spontan Begriffe und Gedanken, die einem dazu einfallen.
- Jede dieser Notizen wird wieder mit einem Kreis umgeben und mit einem Strich mit dem Kern des Clusters oder dem vorherigen Stichwort verbunden.
- Damit die Gedanken frei fließen können, sollte man sich nicht auf die innere Logik konzentrieren und zunächst auch abwegig erscheinende Ideen notieren. Sie können das „Tor" für weitere wichtige Assoziationen sein.

Die Mind-Map

- In einer **Mind-Map** werden Texte und Gedanken auf kreative Weise übersichtlicher gemacht und gegliedert. So kann man auf einen Blick die wichtigsten Begriffe und Zusammenhänge eines Themas erkennen. Wenn man ein neues Thema erschließt, sollte man zunächst im Brainstorming oder durch einen Cluster Ideen sammeln, die man dann in der Mind-Map in eine **logische Struktur** bringt.
  - In die Mitte wird das Thema notiert.
  - Ausgehend vom Thema werden Äste für die **Oberbegriffe** gezeichnet.
  - Von den Ästen gehen Zweige ab, die **Unterbegriffe** oder zusätzliche Informationen
  - anschaulich machen.
  - Inhalte können auch mit Symbolen oder kleinen Zeichnungen dargestellt werden.

Die Mind-Map kann man während des Vortrages als „Spickzettel“ benutzen. Außerdem ist diese Darstellungsform eine gute Grundlage für eine Gliederung am PC.

Flussdiagramme erstellen

Um sich einen Überblick über längere Texte (Erzähl- oder Sachtexte) zu verschaffen, kann man ihren Aufbau in einem **Flussdiagramm** grafisch darstellen.
Dabei geht man folgendermaßen vor:

- Man gliedert den Text in Handlungs- oder Sinnabschnitte.
- Diese Abschnitte werden dann jeweils in kurze, stichpunktartige Sätze zusammengefasst.
- Die Zusammenfassungen ordnet man untereinander auf einem großen Blatt Papier an, und zwar in der Reihenfolge, in der die Handlungs- oder Sinnabschnitte im Text vorkommen.
- Wenn man um jeden Stichpunkt nun noch einen Rahmen zieht, wird das Flussdiagramm besonders übersichtlich.

4.3 Ergebnisse präsentieren

Portfolio

▷ S. 313–322

- Unter einem **Portfolio** versteht man eine sorgfältig angelegte Mappe, in der wichtige Quellen und eigene Materialien zu einem bestimmten Thema und nach einem vorher überlegten Arbeitsplan gesammelt und von euch selbst beurteilt werden.
- **Mögliche Inhalte eines Portfolios:**
  - ein grafisch gestaltetes Deckblatt, das zum Thema passt;
  - ein Vorwort, in dem ihr euer Ziel und eure Vorgehensweise beschreibt;
  - ein Inhaltsverzeichnis, eine Gliederung;
  - selbst geschriebene Texte, z. B.: eine Inhaltsangabe zu einem Buch oder eine Zusammenfassung umfangreicher Informationen aus dem Internet;
  - fremde Texte und Bilder aus Zeitschriften, Büchern, dem Internet ... eingescannt oder in Kopie (mit Quellenangaben);
  - Interviews;
  - persönliche Einschätzungen zum Gelingen der jeweiligen Arbeitsschritte.

- **Materialrecherche**
  - Ein zentraler Arbeitsschritt bei der Erstellung von Referaten oder Portfolios ist die Recherche, d. h. Hintergrundinformationen müssen zusammengestellt werden.
  - Hierzu müssen Fakten, Daten, Personen, Ereignisse, die mit dem gewählten Thema zu tun haben, ausfindig gemacht und ausgewertet werden.
  - Folgende Möglichkeiten stehen für die Informationsbeschaffung zur Verfügung: Bibliothek, das Internet, Anfragen bei öffentlichen oder privaten Institutionen (Parteien, Kirche, Unicef, Stiftungen etc.).
- **Sichten von Materialien**
  - **Exzerpte anfertigen**
    Um sich Textinhalte klarzumachen, ist es sinnvoll, das Wesentliche herauszuschreiben. Im Exzerpt werden wichtige Informationen eines Textes knapp zusammengefasst. Wörtliche Übernahmen müssen als Zitate kenntlich gemacht werden.
  - **Texte paraphrasieren**
    Sprachlich anspruchsvoll gestaltete Texte (komplexe Satzgefüge, Häufung von Fachbegriffen bzw. Fremdwörtern) sollten in eine verständlichere Sprache übertragen werden. Dabei dürfen die Aussagen aber nicht verfälscht werden.
  - **Texte zusammenfassen und Informationen übersichtlich anordnen**
    Die knappe Beantwortung der W-Fragen (was?, wer?, wann?, wo?, warum?, wie?, mit welchen Folgen?) stellt die wesentlichen Informationen zusammen. Manchmal eignen sich Texte auch für eine tabellarische Übersicht: Zeit/Ort/Personen/Thema/Ziel ...

Ein Referat halten

▷ S. 55–73

Den Vortrag vorbereiten

- Zur Vorbereitung eines Referats eignet sich die Mind-Map gut. Man kann sie auch später als Grundlage für die Inhaltsübersicht und beim Vortragen als „Spickzettel" nutzen.
- Eine Inhaltsübersicht über das Referat wird meist in der Form einer klassischen Gliederung gegeben:
  - Der Inhalt des Vortrags wird nach Ober- und Unterpunkten sortiert.
  - Jeder Punkt des Vortrags erhält eine Überschrift.
  - Die Überschriften werden fortlaufend nummeriert.
  - Unterpunkte werden den Überschriften zugeordnet, z. B.: 4. Überschrift – 4.1 Unterüberschrift – 4.1.1 weiterer Unterpunkt
- **Moderationskarten** helfen einem, während des Vortrags keine wichtigen Gedanken zu vergessen. Bei der Vorbereitung der Karten sollte man folgende Schritte beachten:
  - Karteikarten im Postkartenformat DIN-A 6 einseitig beschriften und durchnummerieren.
  - Die Redeteile farbig voneinander trennen: Die Einleitung steht z. B. auf rosafarbenen, der Hauptteil auf gelben und der Schlussteil auf weißen Karten.
  - Deutlich und gut lesbar schreiben (am besten in Druckbuchstaben).
  - Symbole als Gedankenstützen zeichnen: → * ? !.

- **Thesenpapier**
  Für den gelungenen Vortrag ist ein inhaltlich und formal gut gestaltetes Thesenpapier (auch „Handout" genannt) unverzichtbar. Es dokumentiert die wichtigsten Informationen und dient dem Publikum zur Orientierung. Achtet auf Folgendes:
  - Das Thesenpapier nennt Thema sowie Verfasser des Referats.
  - Es sollte sich auf die Kernaussagen beschränken.
  - Es sollte eine klare Gliederung haben.
  - Es werden genaue Quellen- und Literaturangaben zum Referat aufgeführt.

Expertendiskussion

▷ S. 33

- Bildet Gruppen, die jeweils zu einem Thema recherchieren.
- Zur Durchführung der Expertendiskussion muss zunächst ein **Moderationsteam** aus zwei Schülerinnen bzw. Schülern bestimmt werden. Ein Podium wird gebildet, in das jede Gruppe eine Vertreterin oder einen Vertreter schickt, die zuvor ausgelost werden.
- Die Moderation benennt nun das Thema bzw. die Teilthemen und gibt den einzelnen Gruppenexperten gleich viel Zeit (z. B. drei Minuten), um ihre Ergebnisse und Einschätzungen darzulegen.
- Nun können die Zuhörer Verständnisfragen an die Expertenrunde stellen. Anschließend kommentieren die Podiumsteilnehmer/innen wechselseitig ihre Ausführungen. Ziel der Diskussion ist eine möglichst umfassende Sicht des Themas, die auch kontroverse Positionen einschließt. Ein fairer Streit der Meinungen ist möglich.

Debatte

▷ S. 35–38

Die **Debatte** ist eine besonders stark geregelte Form der Diskussion.
- Im Hinblick auf ein bestimmtes Problem stehen sich klar definierte, **unterschiedliche Positionen** gegenüber.
- Die Diskussion wird von einem **Moderator**/einer **Moderatorin** geleitet.
- **Ghost-Speaker** können die Diskutanten unterstützen.

Moderator/in:
- eröffnet und schließt die Diskussion, nennt das Thema und bittet je einen Vertreter der Fraktionen um ein erstes **Statement;**
- erteilt das Wort und achtet darauf, dass jede Seite in gleicher Weise zu Wort kommt;
- greift lenkend ein bei Themaabweichungen, oder um neue Aspekte einzubringen.

Ghost-Speaker:
- sitzen während der Diskussion hinter den Diskutierenden und helfen ihnen gegebenenfalls mit Argumenten aus.

Bei der Debatte geht es häufig darum, in einer strittigen Frage zu einer **Entscheidung** zu gelangen. In diesem Fall stellt eine der beteiligten (Meinungs-)Parteien am Anfang oder im Verlauf der Diskussion einen **Antrag,** der am Ende zur **Abstimmung** gestellt wird.

Anker, Stefan

114 Warum Deutschland freie Autobahnen braucht (Auszug)
aus: http://www.welt.de/motor/article1321458/Warum_Deutschland_freie_Autobahnen_braucht.html (02.11.2007)

Aufenanger, Prof. Dr. Stefan

303 Interview mit Petra Schraml: Leseförderung ist Teil der Medienerziehung
aus: www.lesen-in-deutschland.de/html/content.php?object=journal&lid=645 (30.04.2008)

Baudelaire, Charles (1821–1867)

252 Der Mann und das Meer
aus: Die Blumen des Bösen, übertragen v. Carlo Schmid. Insel Verlag, Frankfurt 1986, S. 30

Baurmann, Jürgen/Müller, Astrid

301 Wie Kinder und Jugendliche Sachbücher lesen und nutzen
aus: PRAXIS DEUTSCH: Sachbücher und Sachtexte lesen. Nr. 189, 2005, S. 6–13

Becht, Alexandra (*1977)

262 Koexistenz
aus: Planet Slam 1. Hg. v. Ko Bylansky & Rayl Patzak. yedermann-Verlag, München 2002, S. 19 © bei der Autorin

Benn, Gottfried (1886–1956)

258 Reisen
aus: Sämtliche Werke. Stuttgarter Ausgabe. In Verbindung mit I. Benn. Bd. 1. Hg. v. Gerhard Schuster. Klett-Cotta, Stuttgart 1986, S. 307

Beyer, Marcel (*1965)

247 Stiche
aus: Erdkunde. Gedichte. DuMont, Köln 2002, S. 28

Boie, Kirsten (*1950)

83 Von der unendlichen Arbeit am Kinde
aus: DIE ZEIT v. 25.04.1997

Borchert, Wolfgang (1921–1947)

104 Das Brot
aus: Das Gesamtwerk. Rowohlt, Hamburg 1959, S. 304–308

Böttiger, Helmut (*1956)

243 Lernziel nicht erreicht
aus: Stuttgarter Zeitung v. 21.03.1991

Brasch, Thomas (1945–2001)

255 Lied
aus: Kargo. Suhrkamp, Frankfurt a. M. 1977

Brecht, Bertolt (1898–1956)

183 Herr Keuner und die Flut (1948)
aus: Gesammelte Werke. Bd. 12. Suhrkamp, Frankfurt a. M. 1967, S. 402

257 Über das Zerpflücken von Gedichten
aus: Große kommentierte Berliner und Frankfurter Ausgabe in 30 Bänden. Bd. 22. Schriften 2. Hg. v. Werner Hecht u. m. Aufbau Verlag, Berlin und Weimar 1993, S. 453 f.

266 Die heilige Johanna der Schlachthöfe (Bild 1)

270 Die heilige Johanna der Schlachthöfe (Bild 2d)

273 Die heilige Johanna der Schlachthöfe (Bild 3)

276 Die heilige Johanna der Schlachthöfe (Bild 11)
aus: Die Stücke von Bertolt Brecht in einem Band. Suhrkamp Verlag, Frankfurt a. M. 1987, S. 271, 273–274, 275–278, 312–315

279 Kurze Beschreibung einer neuen Technik der Schauspielkunst, ...
aus: Ausgewählte Werke in sechs Bänden. Jubiläumsausgabe zum 100. Geburtstag. Bd. 6: Schriften. Suhrkamp Verlag, Frankfurt a. M. 1997, S. 467 f., 481 ff.

281 Der Gestus des Zeigens
aus: ebd., S. 469 f., 471 f.

282 Das Zitieren
aus: ebd., S. 476 f.

283 Die heilige Johanna der Schlachthöfe (Bild 8)
aus: Die Stücke von Bertolt Brecht in einem Band. Suhrkamp Verlag, Frankfurt a. M. 1987, S. 293–294

285 Die dramatische und die epische Form des Theaters
aus: Ausgewählte Werke in sechs Bänden. Jubiläumsausgabe zum 100. Geburtstag. Bd. 6: Schriften. Suhrkamp Verlag, Frankfurt a. M. 1997, S. 192

285 Die gesellschaftliche Bedeutung des Theaters
aus: Über experimentelles Theater. Suhrkamp Verlag, Frankfurt a. M. 1991

Brinkmann, Rolf Dieter (1940–1975)

251 Selbstbildnis im Supermarkt
aus: Standphotos Gedichte 1962–1970. Rowohlt, Reinbek 1980, S. 204

255 Einen jener klassischen
aus: Westwärts 1 & 2. Rowohlt, Reinbek 1975, S. 25

Buber, Martin (1878–1965)

182 Der Baalschem erzählte
aus: Werke. Bd. 3, Schriften zum Chassidismus. München/Heidelberg: Kösel Verlag/Verlag Lambert Schneider 1963, S. 26

183 Der vollkommene Schwimmer
aus: Die Erzählungen der Chassidim. Manesse Verlag, Zürich 1949, S. 680

Chan, Jackie (*1954)

33 Ich denke, er ...
aus: http://www.jackie-chan-online.de/index2.php?option=com_content&task=view&id=117&pop=1&page=0&Itemid=60 (05.05.2008)

Chang-Won, Lim

152 Koreas Sittenkodex für Roboter
aus: Rheinische Post v. 18.08.2007

Droste-Hülshoff, Annette von (1797–1848)

250 Das Spiegelbild (Strophen 1, 2, 6)
aus: Sämtliche Werke. Hanser Verlag, München 1952, S. 164 f.

Dürrenmatt, Friedrich (1921–1990)

167 Das Unternehmen der Wega
aus: Nächtliche Gespräche mit einem verachteten Menschen / Stranitzksy und der Nationalheld / Das Unternehmen der Wega. Diogenes Verlag, Zürich 1998.

Eich, Günter (1907–1972)

185 Episode
aus: Gesammelte Werke in vier Bänden. Band I. Die Gedichte. Die Maulwürfe. Hg. v. Axel Vieregg. Suhrkamp, Frankfurt 1991, S. 330 f.

Enzensberger, Hans Magnus (*1929)

164 Utopia
aus: Gedichte 1955-1970. Suhrkamp, Frankfurt a. M. 1981, S. 7

Feldmann, Jürgen

118 BURDA LIFESTYLE COMMUNITY
aus: http://www.burda.de/hps/upload/hxmedia/hbmi/HBvlaU3G.PDF (25.8.2006)

Fiva

262 Verlorene Zeit
aus: Planet Slam. Hg. v. Ko Bylansky u. Rayl Patzak. yedermann-Verlag, München 2004, S. 19 © bei der Autorin

Franke, Herbert W. (*1927)

170 Mars, dritter Tag
aus: Flucht zum Mars. Deutscher Taschenbuch Verlag premium, München 2007, S. 65-67

Frisch, Max (1911–1991)

224 Homo faber: Erste Station

227 Homo faber (2)

230 Homo faber (3)

232 Homo faber (4)

233 Homo faber (5)

235 Homo faber (6)
aus: Homo faber. Text und Kommentar. Suhrkamp Basis Bibliothek, Frankfurt a. M. 1997, S. 7–11, 24–27, 79–82, 102–104, 120–121, 216

299 Beim Lesen (1946)
aus: Tagebuch 1946–1949. Suhrkamp, Frankfurt a. M. 1985, S. 104 f.

Fröhlich, Roswitha (*1924)

102 Plötzlich
aus: Herzflattern, oder: Ist das nun Liebe? – Stories. Norgard Kohlhagen/Renate Boldt (Hg.) Reinbek: Rowohlt 1996, S. 44 f.

Gaynor, Gloria (*1949)

245 I am what I am
aus: I am Gloria Gaynor, Ar-Express (Sony BMG) 1984

Geis, Norbert

44 Der Anstieg der Kinder- und Jugendkriminalität in den letzten Jahren ...
aus: Deutsches Sonntagsblatt Nr. 22 v. 30.08.1997: http://web.archive.org/web/20010203224800/www.sonntagsblatt.de/frame-arch.htm (08.05.2008)

Germann, Stefanie

295 Verlässlichkeit und Glaubwürdigkeit im Internet
aus: Radio, Fernsehen, Internet und was dahintersteckt. Arbeitsbuch mit Unterrichtsmaterialien für die Sekundarstufe II. Netzwerk Medienkompetenz des WDR. Hg. v. Westdeutschen Rundfunk Köln in Kooperation mit dem Medienzentrum Rheinland, Köln 2007, S. 126

Mohl, Nils
108 schön, dass du da warst
© Nils Mohl 2008, www.nilsmohl.de

Morus, Thomas (1478–1535)
156 Utopia
aus: Der utopische Staat (Morus: Utopia, Campanella: Sonnenstaat, Bacon: Neu-Atlantis). Hg. v. Klaus J. Heinisch. Rowohlts Klassiker der Literatur und Wissenschaft. Rowohlt, Reinbek 1987 (102.–105.Tausend), S. 44, 53 f., 57 f.

Pecht, Andreas
131 Das Agenda-Prinzip
aus: www.pecht.info/text/2007/20070910.html (29.04.2008)

Postman, Neil
293 Das Zeitalter des Showbusiness (Auszug)
aus: Wir amüsieren uns zu Tode. Urteilsbildung im Zeitalter der Unterhaltungsindustrie. Aus dem Amerikanischen übersetzt v. Reinhard Kaiser. Fischer Taschenbuch Verlag GmbH 1988, S. 106–111

Radisch, Iris
257 Nie wieder Versfüßchen
aus: DIE ZEIT v. 24.05.2007

Rau, Johannes (1931–2006)
129 Der Rede am 30.01.2003 zum 60. Jahrestag der Hinrichtung der Mitglieder der „Weißen Rose“
aus: www.bundespraesident.de/dokumente/-,2.91449/Rede/dokument.htm (29.04.2008)

Regener, Sven (*1961)
200 Neue Vahr Süd
aus: Neue Vahr Süd. Frankfurt a. M., Wien und Zürich, Büchergilde Gutenberg 2005, S. 7–9 (Lizenzausgabe der Eichborn AG, Frankfurt a. M. 2004)

Reza, Yasmina (*1959)
94 Kunst (Exposition)
aus: Kunst. Libelle Verlag, Lengwil am Bodensee 1996, S. 11–14

Rosenstolz
245 Ich bin ich (Wir sind wir), 2006
aus: Ich bin ich (Wir sind wir), Island (Universal) 2006

Salinger, Jerome David (*1919)
21 Der Fänger im Roggen
aus: Der Fänger im Roggen. Übersetzt v. Eike Schönfeld. Rowohlt Taschenbuch Verlag, Reinbek 2004, S. 238–241 (© 2003 by Verlag Kiepenheuer & Witsch, Köln)

Schulz von Thun, Friedemann (*1944)
96 Das Kommunikationsquadrat (1981)
aus: http://www.schulz-von-thun.de/mod-komquad.html (08.05.2008)

Spitzer, Manfred (*1958)
32 Aber wenn Sie wissen ...
aus: http://www.mediaculture-online.de/fileadmin/mp3s/spitzer_landtag.mp3 (05.05.2008)

Stiglitz, Joseph E.
289 Der multinationale Konzern
aus: Die Chancen der Globalisierung. Siedler Verlag, München 2006, S. 237 f. (Lizenzausgabe der Bundeszentrale für politische Bildung)

Stöcker, Christian
153 Gentechnik Sensation – Forscher schaffen erstmals komplette künstliche DNA
aus: http://www.spiegel.de/wissenschaft/mensch/0,1518,530844,00.html (02.05.2008)

Taschau, Hannelies (*1937)
186 Parabel
aus: Verworrene Route (1959). Zitiert nach: Oskar Ansull: Trotz ungünstiger Platzkarten. In: die horen 226 (2007), S. 187

Tucholsky, Kurt (1890–1935)
85 Herr Wendriner erzieht seine Kinder
aus: Panter, Tiger & Co. Eine neue Auswahl aus seinen Schriften und Gedichten. Hg. v. Mary Gerold-Tucholsky. Rowohlt Taschenbuch Verlag, Hamburg 1954, S. 140–141

Vanderbeke, Birgit (*1956)
87 Wir Versager
aus: Das Muschelessen. Erzählung. Fischer TB Verlag, Frankfurt a. M. 1997, S. 68–70

Vogler, Gerhard
44 Im Jahre 1996 verübten Kinder ...
aus: Deutsches Sonntagsblatt Nr. 22 v. 30.08.1997: http://web.archive.org/web/20010203224800/www.sonntagsblatt.de/frame-arch.htm (08.05.2008)

Walser, Robert (1878–1956)
163 Fantasieren (1915)
aus: Träumen. Prosa aus der Bieler Zeit 1913-1920. Sämtliche Werke, Bd. 16. Suhrkamp, Frankfurt a. M. 1985, S. 97

Watzlawick, Paul (1921–2007)
88 Menschliche Kommunikation (Auszüge)
aus: Menschliche Kommunikation: Formen, Störungen, Paradoxien. Hg. v. Paul Watzlawick/Janet Bavelas/Jackson Beavin/D. Don. Unveränderter Nachdruck. Verlag Hans Huber, Bern u. a. 1990, S. 51, 53-56, 69 f.

Weisman, Alan
63 Den Dieselgeneratoren für die Kühlsysteme ...
aus: Focus Nr. 33 v. 13.08.2007, S. 80 f.

Weizenbaum, Josef (1923–2008)
296 Lernen kann ruhig schwer sein
aus: taz Nr. 6341 v. 09.01.2001, S. 4

Widmer, Urs (*1938)
144 Top Dogs
aus: Top Dogs. Verlag der Autoren, Frankfurt a. M. 1997, S. 24 f.
147 Aussagen zu „Top Dogs“
aus: ebd., S. 87–89
165 Mein Staat, eine Utopie (1973)
aus: Tintenfisch 6. Jahrbuch für Literatur. Hg. v. Michael Krüger u. Klaus Wagenbach. Verlag Klaus Wagenbach, Berlin 1973, S. 26 f.
287 Top Dogs
aus: Top Dogs. Verlag der Autoren, Frankfurt a. M. 1997, S. 19–24

Wimmer, Rainer (1944)
131 „Gelegenheitskomposita“
aus: Inwiefern sind Schlüsselwörter Indikatoren der Sprachgeschichte? In: Öffentlicher Sprachgebrauch. Hg. v. Karin Böke/Matthias Jung/Martin Wengeler. Westdt. Verlag, Opladen 1996, S. 406 f.

Wolf, Christa (*1929)
299 Tabula rasa
aus: Lesen und Schreiben. Aufsätze und Prosastücke. Luchterhand, Darmstadt und Neuwied 1972, S. 190 f., 195

Wohmann, Gabriele (*1932)
103 Ein netter Kerl
aus: Habgier. Erzählungen. Reinbek: Rowohlt 1978, S. 68–70 © bei der Autorin

Zeh, Juli (*1974)
215 Spieltrieb
aus: Spieltrieb. Büchergilde Gutenberg, Frankfurt a. M./Zürich/Wien, S. 11–16 (Lizenzausgabe der Schöffling & Co. Verlagsbuchhandlung GmbH, Frankfurt a. M. 2004)

Ziegler, Lino
263 dies wutgeschnaub
aus: Planet Slam 2. Hg. v. Ko Bylansky u. Rayl Patzak. yedermann-Verlag, München 2004, S. 122 © beim Autor

Unbekannte/Unbenannte Autoren

12 Die Lebenserwartung könnte auf 100 Jahre steigen
aus: Bonner General Anzeiger v. 01.10.2007, S. 32 (dpa)
13 Mehrgenerationenhäuser – Ein Aktionsprogramm der Bundesregierung
aus: http://www.bmfsfj.de/bmfsfj/generator/Politikbereiche/familie,did=81178.html (30.04.2008)
14 Das Kunigundenstift: Ein Lebensort für jedes Lebensalter
aus: http://www.villa-kunigunde.bnv-bamberg.de/ (30.04.2008)
24 Halbstark
aus: Kontroverse Begriffe. Geschichte des öffentlichen Sprachgebrauchs in der Bundesrepublik Deutschland. Hg. v. Georg Stötzel/Martin Wengeler. de Gruyter, Berlin 1995, S. 229
25 Umfrage: Erwachsene haben ein eher skeptisches Bild der jungen Generation (gekürzt)
aus: http://www.bertelsmann-stiftung.de/cps/rde/xchg/SID-0A000F14-B8131ACB/bst/hs.xsl/nachrichten_54219.htm (30.04.2008)
43 Jugendschutzgesetz
aus: http://www.gesetze-im-internet.de/juschg/BJNR273000002.html (05.05.2008)
52 Leipzig. Rückblick: 10. Februar 2007. Lok-Fans attackieren ...
aus: http://www.wdr.de/tv/sport_inside/sendungsbeitraege/2007/1029/gewalt_manu.jsp (05.05.2008)

52 DFB-Aktionen – TV-Spot: Stoppt Gewalt und Randale!
aus: http://www.dfb.de/index.php?id=501135 (05.05.2008)

52 Aslan: Mit 16 habe ich für die A-Jugend ...
aus: http://www.berlinonline.de/berliner-zeitung/spezial/dossiers/rechte_gewalt/51368/index.php (05.05.2008)

57 Geschichte des Klimawandels (Zeitleiste)
aus: Süddeutsche Zeitung v. 28./29.04.2007

59 Kyoto-Protokoll, Artikel 2
aus: http://unfccc.int/resource/docs/convkp/kpger.pdf; S. 2-3 (07.05.2008)

78 Karikatur
aus: Schülerduden. Die Literatur. Ein Sachlexikon für die Schule. Bibliografisches Institut, Mannheim 1980, S. 225

99 Im Wartezimmer
aus: Prof. Dr. Hein Retter: Vorlesungsmanuskript © Seminar für allgemeine Pädagogik, TU Braunschweig, S. 66 (http://www.abpaed.tu-darmstadt.de/arbeitsbereiche/bt/material/kommunikation.pdf, 05.05.2008)

115 Kollokationsgraph
aus: http://www.dwds.de/kollokationsgraph?qu=Freiheit (08.07.2008)

116 Vorwärts ist der Ruf der Zeit!
aus: Flugblätter der Revolution. Hg. v. Karl Obermann. Deutscher Verlag der Wissenschaften, Berlin 1970, S. 54

117 Hohe zweite Kammer!
aus: ebd., S. 55

118 Bundesbürger verzichten für die Liebe auf Freiheiten
aus: http://portal.gmx.net/de/themen/lifestyle/liebe/partnerschaft/837910-Bundesbuerger-verzichten-fuer-die-Liebe-auf-Freiheiten.html (16.3.2005)

119 Im März 1933, knapp zwei Monate nach ...
Aufruf der nationalsozialistischen Rundfunkkammer
aus: „Ein Volk! Ein Reich! Ein Rundfunk!“, Aus der Dramaturgie der Propaganda im Dritten Reich, Begleitheft zum Tonband. Dieter Fuß u. Gerhard Schäfer (Beiheft). Institut für Film und Bild in Wissenschaft und Unterricht, Grünwald 1973, S. 79

127 Kommilitoninnen! Kommilitonen! – Flugblatt VI. der „Weißen Rose“
aus: http://www.bpb.de/themen/JOELCK,0,0,Flugblatt_VI.html (28.04.2008)

169 Europas Express zur Venus
aus: br-online.de/wissen-bildung/thema/venus (31.12.2007)

169 Venus und Erde in Zahlen
aus: http://www.br-online.de/wissen/weltraum/planet-venus-DID1195676604885751/venus-planet-himmelskoerper-ID671195676557445155.xml (08.05.2008)

170 Leben auf dem Mars
aus: br-online.de/wissen-bildung/thema/mars (31.12.2007)

172 Der Aufruhr gilt als Meilenstein ...
aus: http://www.sueddeutsche.de/kultur/artikel/564/55509/; Autor: Adrian Kreye (02.05.2008)

172 Ein scheinbar ganz normaler Abend ...
aus: http://www.kalenderblatt.de/index.php?what=thmanu&manu_id=692&tag=30&monat=10&year=2005&dayisset=1&lang=de; Autor: Jens Teschke (02.05.2008)

289 Die Gefahren der Globalisierung
aus: http://www.attac.de/themen/globalisierung/Globalisierung.php (02.05.2008)

291 Methoden für Bildung und Lernen 2001/02
aus: Wo bleibt die Zeit? Die Zeitverwendung der Bevölkerung in Deutschland 2001/02. Hg. v. Bundesministerium für Familie, Senioren, Frauen und Jugend. Statistisches Bundesamt 2003 – 02 – 0426

292 Wie das Fernsehen den Zuschauer prägt
aus: Radio, Fernsehen, Internet und was dahintersteckt. Arbeitsbuch mit Unterrichtsmaterialien für die Sekundarstufe II. Netzwerk Medienkompetenz des WDR. Hg. v. Westdeutschen Rundfunk Köln in Kooperation mit dem Medienzentrum Rheinland, Köln 2007, S. 191–193

297 Aus der Ankündigung einer Studie über „Jugend – Werte – Medien“ im Internet
aus: http://www.beltz.de/katalog/buch.asp?ISBN=3%2D407%2D25445%2D8 (02.05.2008)

TEXTARTENVERZEICHNIS

BILDQUELLENVERZEICHNIS

S. 9: Picture Press/Astra Production
S. 11: ©: Statistisches Bundesamt, Wiesbaden 2006; Auszug aus Graphik-Ident-Nr. 2006-15-1302
S. 12: Wilhelm Mierendorf
S. 16, 32 oben rechts, 172: picture-alliance/united archives
S. 21, 258: ullstein bild – Keystone Pressedienst
S. 26: Achim Pohl/Das Fotoarchiv
S. 28, 51, 60, 221, 284, 286, 303, 308, 310, 311, 316, 317, 318, 321, 325: Thomas Schulz, Berlin
S. 29: WEIßER RING / unter Verwendung eines Bildes von Dörte Wächter, Bauhaus-Universität Weimar
S. 32 oben links: ullstein bild – Konzept und Bild; **oben Mitte**: ullstein bild – Wallocha; **unten, 53, 71, 113 unten 2. v. rechts:** picture-alliance/dpa/dpaweb
S. 33: picture-alliance/Photoshot
S. 39: nospank, USA
S. 45: ullstein bild – DIAGENTUR
S. 49, 147, 154, 170, 184, 294: picture-alliance/dpa – Fotoreport
S. 52: ullstein bild – PICTURE POINT
S. 55: © Ron Watts/CORBIS
S. 66, 68: picture-alliance/dpa/dpaweb – Report
S. 67: © Boyd & Evans/CORBIS
S. 75: Valente
S. 76 oben: VG Bild-Kunst, Bonn 2008; **unten**: Edward MCLachlan
S. 87, 203, 251: ullstein bild – Friedrich
S. 89: aus: Loriots Dramatische Werke. © 1981 by Diogenes Verlag AG Zürich
S. 93: Bridgemanart.com
S. 103: Picture Press/Illustration Source/Noma
S. 105: Peter Willi – ARTOTHEK/Succession Picasso/VG Bild-Kunst, Bonn 2008
S. 107, 119 unten, 137, 159, 163, 178, 180, 210, 266: akg-images
S. 109: Avenue Images/Index Stock/The Fringe
S. 111, 112 unten, 176: VG Bild-Kunst, Bonn 2008
S. 112 oben: The Art Institute of Chicago, Friends of American Art, Chicago, USA
S. 113 oben Mitte, 144, 152, 309: picture-alliance/dpa – Report; **oben rechts, 169, 265 oben, 265 unten** (ein Bild): picture-alliance/dpa; **Mitte, 313 unten, 328, 334 oben**: bpk; **unten links, 253**: Corel Library; **unten 2. v. links**: picture-alliance/Bildagentur Huber; **unten rechts**: Schapowalow/Brand X
S. 114: ullstein bild – JOKER/Gloger
S. 118: Cover „IVY" und Cover „Fit For Fun" © Verlagsgruppe Milchstraße GmbH
S. 119 oben: ullstein bild – Archiv Gerstenberg
S. 120, 195: picture-alliance/akg-images
S. 121: Deutsches Rundfunk-Museum, Berlin c/o Rundfunk Berlin-Brandenburg
S. 124: ullstein bild – Roger Viollet
S. 127: ullstein bild – WITTENSTEIN
S. 151 oben links, 205, 313 Mitte: ullstein bild – ullstein bild; **oben rechts**: © William Whitehurst/Corbis; **unten**: akg-images/Carl-W. Röhrig
S. 160, 243: Cinetext Bildarchiv
S. 164, 298: ARTOTHEK/ VG Bild-Kunst, Bonn 2008
S. 165: WLMKuK – ARTOTHEK/The Josef and Anni Albers Foundation/VG Bild-Kunst, Bonn 2008
S. 166: picture-alliance/KPA/TopFoto © KPA
S. 175 links: bpk/Kupferstichkabinett, SMB, Stiftung Sammlung Dieter Scharf zur Erinnerung an Otto Gerstenberg/Volker-H. Schneider; **rechts**: picture-alliance/akg-images/VG Bild-Kunst, Bonn 2008
S. 182: picture-alliance/dpa – Bildarchiv
S. 185: ullstein bild – Zemann
S. 192: akg-images/Bildarchiv Monheim
S. 197: ullstein bild – Andree
S. 200: ullstein bild – Brill
S. 223, 236–241: © Arthaus
S. 234 links: ullstein bild – Lombard; **rechts**: Museum of Antiquities, Saskatoon, Canada/Maica Förlag
S. 242 oben links: Cinetext/RR; **oben rechts**: Cinetext/Klaus Dill; **unten links, unten Mitte**: Cinetext/Richter; **unten rechts**: ullstein bild – KPA
S. 245: picture-alliance/ZB – Report
S. 246: akg-images/Erich Lessing/Succession Picasso/VG Bild-Kunst, Bonn 2008
S. 249: vario images
S. 250: ullstein bild – Imagebroker.net
S. 261: J. Mammey/unlike by STOCK4B
S. 262, 263: www.malzkornfoto.de
S. 265 links: ullstein bild – Wodicka; **Mitte**: ullstein bild – Lieberenz; **rechts**: picture-alliance/chromorange
S. 269, 275: DRAMA. Agentur für Theaterfotografie
S. 302: Emanuel Bloedt
S. 313 oben, 315: Suhrkamp/Gerda Goedhart, Frankfurt/Main
S. 330 oben: VISUM/Thomas Pflaum; **unten**: Petra Steuer/JOKER
S. 334 unten: akg-images/Archiv Klaus Wagenbach

Nicht in allen Fällen war es möglich, die Rechteinhaber der Abbildungen ausfindig zu machen. Berechtigte Ansprüche werden im Rahmen der üblichen Vereinbarungen abgegolten.

SACHREGISTER

Zu diesem Buch gibt es ein passendes Arbeitsheft (ISBN 978-3-464-68066-7), das Orientierungswissen zum Nachschlagen (ISBN 978-3-464-68116-9) sowie ein Hörbuch (ISBN 978-3-464-60379-6).
Für wertvolle Hinweise danken wir Roswitha Haase-Romeo (Berlin), Harald Kargus (Neustadt), Margot Lauer (St. Wendel), Sabine Menzel (Fulda) und Margarita Wolter (Rheinstorf).

Redaktion: Birgit Wernz
Bildrecherche: Cathérine Lau

Illustrationen:
Maja Bohn, Berlin (S. 17, 18, 22, 208, 212, 214, 216, 323, 326)
Sylvia Graupner, Annaberg (S. 74, 81, 85, 133, 138, 143, 145, 187, 198, 248, 264, 296, 300)
Kai Hofmann, Berlin (S. 36, 39, 78, 96, 99, 100, 224, 226, 228)

Umschlaggestaltung: Katrin Nehm
Layoutkonzept: Katharina Wolff
Layout und technische Umsetzung: werkstatt für gebrauchsgrafik, Berlin

www.cornelsen.de

Die Internetadressen und -dateien, die in diesem Lehrwerk angegeben sind, wurden vor Drucklegung geprüft. Der Verlag übernimmt keine Gewähr für die Aktualität und den Inhalt dieser Adressen und Dateien oder solcher, die mit ihnen verlinkt sind.

Dieses Werk berücksichtigt die Regeln der reformierten Rechtschreibung und Zeichensetzung.
Bei den mit [R] gekennzeichneten Texten haben die Rechteinhaber einer Anpassung widersprochen.

1. Auflage, 1. Druck 2009

Alle Drucke dieser Auflage sind inhaltlich unverändert und können im Unterricht nebeneinander verwendet werden.

© 2009 Cornelsen Verlag, Berlin

Das Werk und seine Teile sind urheberrechtlich geschützt.
Jede Nutzung in anderen als den gesetzlich zugelassenen Fällen bedarf der vorherigen schriftlichen Einwilligung des Verlages.
Hinweis zu den §§ 46, 52 a UrhG: Weder das Werk noch seine Teile dürfen ohne eine solche Einwilligung eingescannt und in ein Netzwerk eingestellt oder sonst öffentlich zugänglich gemacht werden.
Dies gilt auch für Intranets von Schulen und sonstigen Bildungseinrichtungen.

Druck: CS-Druck CornelsenStürtz, Berlin

ISBN 978-3-464-68060-5

Inhalt gedruckt auf säurefreiem Papier aus nachhaltiger Forstwirtschaft.